# 岗位管理与人岗匹配

GANGWEI GUANLI YU RENGANG PIPEI

（第2版）

康　丽　赵永乐◎编著

## 内 容 提 要

本书共10章，划分为五大部分，主要围绕岗位管理与人岗匹配的主要环节层层展开，系统阐述岗位管理与人岗匹配的基本原理。每章通过开篇引导案例激发学生学习兴趣，同时通过明确学习目标，构建学习导航，帮助学生把握学习重点、学习路线。

本书可供高等院校人力资源管理专业师生或企事业单位人力资源管理工作者学习参考。

**图书在版编目（CIP）数据**

岗位管理与人岗匹配 / 康丽，赵永乐编著. —2 版. —北京：中国电力出版社，2019.3（2022.1重印）
ISBN 978-7-5198-2973-5

Ⅰ.①岗… Ⅱ.①康… ②赵… Ⅲ.①企业管理－人力资源管理②企业管理－岗位责任制 Ⅳ.①F272.92

中国版本图书馆 CIP 数据核字(2019)第 042486 号

---

出版发行：中国电力出版社
地　　址：北京市东城区北京站西街19号（邮政编码100005）
网　　址：http://www. cepp.sgcc.com.cn
责任编辑：李　静　（1103194425@qq.com）
责任校对：黄　蓓　朱丽芳
装帧设计：九五互通　王红柳
责任印制：钱兴根

---

印　刷：三河市百盛印装有限公司
版　次：2013年9月第1版
　　　　2019年3月第2版
印　次：2022年1月北京第2次印刷
开　本：787毫米×980毫米　16开本
印　张：21.25
字　数：382千字
定　价：68.00元

---

# 第 2 版前言

人力资源管理工作围绕岗位的管理、人的管理、人岗的匹配和联系等内容展开，它在企业战略的指引下，通过岗位分析、岗位评价、岗位素质模型构建与管理、员工素质评估、员工配置与入岗、岗位绩效管理、岗位薪酬管理、岗位激励与控制、员工职业发展与素质开发等环节，在人与岗的互动中实现人与岗之间的最佳配置与组合，进而实现科学、高效的人力资源管理。

《岗位管理与人岗匹配》一书从 2013 年出版发行至今，五年多时间过去了。从高校人力资源管理专业课程授课使用情况来看，本书在人力资源管理专业建设、人力资源管理应用型人才培养方面，发挥了积极作用，取得了较好的效果，使用师生普遍反映本书理论体系完整、逻辑结构清晰、启发性强，课后习题对于学习巩固强化作用显著。在国网电力公司等企事业单位岗位管理实际工作领域，本书亦发挥了积极的指导作用，业界反响良好。

本书在投放市场取得积极反响的同时，我们也看到，在此期间人力资源管理形势发生了极大的变化。一方面，岗位管理与人岗匹配的重要性越来越为人们所广为认知；另一方面，人力资源管理改革进程不断加快，对岗位管理理论在实际中的应用研究提出了新的要求。为更好地满足组织岗位管理、人岗匹配机制建立的实际需要，更好地促进人力资源管理教学工作的有效开展，编写组在了解企业的反馈、广泛征求教师和学生使用意见及建议的基础上，决定对本书进行修订再版。

同本书第 1 版相比，第 2 版主要做了以下调整：

根据汇总的相关各方的意见和建议，结合当前岗位管理与人岗匹配理论与实践改革发展的最新成果，对第 1 版内容进行了全面的更新和优化。

更新了部分对理解本书正文内容颇有帮助的相关链接，结合企事业单位岗位管理实践，更新了部分案例材料。

尽管进行了修订，但本书依然坚持最初编写的原则，注重理论与实践的结合，注重体系的创新与发展，注重强化学习及训练，旨在系统阐述岗位管理与人岗匹配的基本原理，全面地介绍岗位管理与人岗匹配工作的基本知识架构，希望对高等院校人力资源管理专业或相关专业学生的学习和应用有所促进。同时，也为企事业单位的人力资源管理工作者及对人力资源管理感兴趣的学习者提供一些参考和帮助。

感谢使用本书的教师、同学及企业人力资源管理人士，感谢你们提出的宝贵建议，感谢中国电力出版社常淑茶女士对本书的修订倾注了颇多心血，给予了多方帮助，正是你们的支持和帮助，本书才得以不断充实和完善，谢谢你们。

作者

# 第 1 版前言

很多人力资源管理的课程或企业人力资源经理都认为，企业的人力资源管理就是对员工的管理，这其实是一个很片面的理解。因为人力资源管理不仅与员工有关，而且与另一个要素有关，那就是岗位。企业之所以要招聘员工，是因为岗位需要；企业之所以要培训员工，也是因为岗位需要；企业之所以要考评员工，还是因为岗位需要。因此，企业人力资源管理离不开对岗位的管理。岗位管理与人岗匹配联系着甚至决定着人力资源管理的所有模块，它以企业战略、企业组织、技术条件、业务流程和员工素质及管理模式等因素为依据，通过岗位分析、岗位评价、岗位素质模型构建与管理、员工素质评估、员工配置与入岗、岗位绩效管理、岗位薪酬管理、岗位激励与控制、员工职业发展与素质开发、岗位激励控制与员工自我管理等环节和过程，实现因岗择人，在人与岗的互动中实现人与岗之间的最佳配置与组合，进而实现科学、高效的人力资源管理，激发员工的积极性并实现员工的价值，实现岗位的高绩效进而实现组织的高绩效。

### 1. 本书的写作背景与意义

如果将企业人力资源管理比喻为高速运转的列车，那么这部列车就要沿着两条轨道运行，一条轨道是员工管理，另一条轨道就是岗位管理。员工管理和岗位管理是两条须臾不可分离的并行轨道。企业的业务流程的工作靠一系列的岗位去承担，每一个岗位的工作又靠合适的员工去完成。要想实现岗位的高绩效，需要采用相应的机制激发员工的工作积极性；要想留住优秀的人才，不仅要对员工给予有竞争力的薪酬，更为重要的是要为员工提供可资发展的岗位发展前途。因此，岗位管理与人岗匹配是当代企业人力资源管理的重大问题。

现代企业，其实何止是企业，几乎所有的组织，都离不开岗位。企业（组织）林林总总，规模有大小，行业、区域各不相同，管理、技术、产品、市场大相径庭，目标、战略也有可能存在很大差异，但是有一点肯定是相同的，那就是这些企业（组织）都是由一个个最基本的细胞岗位组成的，而岗位又都是由一个个活生生的员工主持的。岗位是组成企业（组织）的最小单位，是企业（组织）运行的逻辑起点。由此不难看出，岗位管理对企业是何等的重要！人岗匹配又是多么重要！

在岗位管理中，企业的各项工作都以岗位为最基本的出发点，即企业要因事设岗，赋予岗位不同的责任、权力和利益，岗位的责、权、利一定要对等。然后按岗位制度与要求配置人力资源，因岗择人。企业员工按照岗位制度与要求规范其工作行为，员工的各项待遇也因岗位不同而有所差别。所有的岗位的终极目标是产生企业需要的岗位绩效……而这一切，只有少量的专家学者在进行研究。

在这种背景下，研究岗位管理、探讨人岗匹配对现代企业的管理既有着重大的现实意义，又有着深远的历史意义。写作出版这样的一本著作，不仅对高等院校人力资源管理专业或相关专业的学生们具有实践应用价值，而且对企业的人力资源管理工作者、业务部门的实际工作者、分布在各种各样岗位上的员工，以及管理领域的学习者和进修者们，也都大有裨益。

**2. 本书的构架与内容**

本书注重理论和实践的结合，力求理论构架的系统和完整，技术应用的简单使用。内容以岗位管理与人岗匹配的主要环节为主线，在阐述基础性知识的基础上，围绕岗位管理与人岗匹配主要环节层层展开，通过案例引导，明确学习目标，构建学习导航，展开理论阐述。

本书从构架上可以分为五大部分。

第一部分为岗位管理与人岗匹配的基础性知识，介绍其基本概念和原理，主要包括第1章的内容。

第二部分为岗位管理的基础性工作或前期准备工作，介绍岗位分析与设计、岗位评价与岗位体系构建、岗位素质模型构建与管理，主要包括第2章至第4章的内容。

第三部分为人岗匹配的主体工作，介绍员工素质评估、员工配置与入岗，主要包括第5章和第6章的内容。

第四部分为岗位管理的核心工作，介绍岗位薪酬管理、岗位绩效管理，主要包括第7章和第8章的内容。

第五部分为岗位管理与人岗匹配的拓展性工作，介绍员工职业发展与素质开发和岗位激励、控制与员工自我管理，主要包括第 9 章和第 10 章的内容。

各大部分和有关章的关系如下图所示。

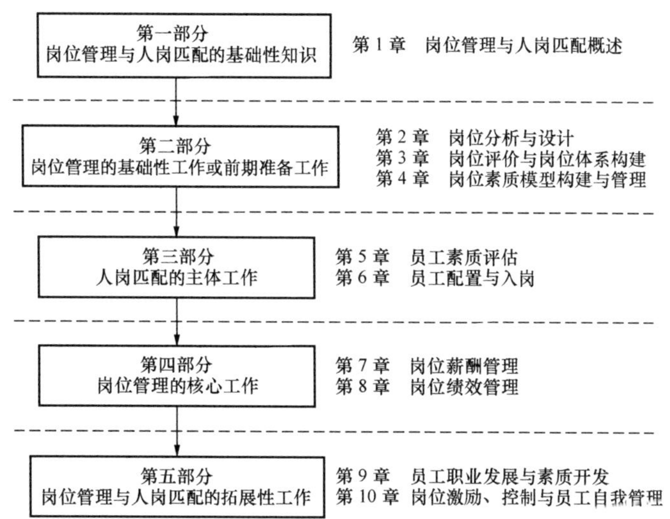


全书共分为 10 章。第 1 章即第一部分，为岗位管理与人岗匹配概述。该章主要介绍岗位管理的基本概念、原则、过程和模式，介绍人岗匹配的内涵、原理及其在岗位管理中的作用，对岗位管理中人岗匹配的实现进行了论述。

第 2 章为岗位分析与设计。岗位分析与设计是岗位管理的基础性工作。该章首先从介绍岗位分析的概念和内容入手，进而阐释岗位分析的程序和方法。然后从工作描述书、岗位说明书和任职说明书三个方面对岗位文件的编制进行了介绍。最后介绍岗位设计的概念、程序和方法。通过岗位分析对岗位方方面面的情况有具体的了解和规定，为下一步的岗位评价、岗位素质模型构建、员工能力素质评估、员工培训与开发等多项人力资源管理活动奠定了基础。

第 3 章为岗位评价与岗位体系构建。该章首先分析岗位评价的基本概念和作用，继而对岗位评价的方法和指标体系进行系统介绍。然后对岗位评价的操作流程进行分析，并对岗位评价的具体实施加以介绍。最后在介绍岗位体系的基础上，对岗位体系的构建进行了系统分析。

第 4 章为岗位素质模型构建与管理。该章在分析素质、岗位素质和岗位素质模型等概念的基础上，对岗位素质模型的特点、构成要素、理论模型，以及与岗位要素、人力资源管理主要环节的关系进行了阐述。系统介绍了岗位素质模型的构建，并重点剖析了岗位素质模型的动态维护。

第5章为员工素质评估。员工素质评估是人岗匹配的前提条件。该章从介绍员工素质评估的基本概念出发，剖析了员工素质评估的流程，对员工素质评估指标体系构建过程进行描述。最后在介绍员工素质评估常用方法的基础上解析了如何选择员工素质评估的方法。

第6章为员工配置与入岗。该章在厘清员工配置的概念与类别后，介绍了员工配置系统的构成和运作。在此基础上，分析员工入岗的概念和流程，介绍不同类型员工的入岗和不同类型的员工配置调整。最后分析了岗位的劳动关系管理。

第7章为岗位薪酬管理。该章在简介薪酬及薪酬常见模式的基础上，介绍了岗位薪酬的概念和功能，并对岗位薪酬与岗位管理其他环节的关系加以分析。在全面分析岗位薪酬设计的原则、思路、基本构成和岗位薪酬体系的构建过程之后，着重对岗位薪酬体系的动态管理加以论述。

第8章为岗位绩效管理。该章首先厘清岗位绩效和绩效管理的概念，然后全面介绍岗位绩效管理的主要流程。在此基础上，着重分析岗位绩效考评的内容和主要工具。最后介绍了岗位绩效考评的反馈与应用。

第9章为员工职业发展与素质开发。该章在简要介绍员工职业生涯管理的基础上，全面分析了员工职业发展的目标体系和三种员工职业发展通道。在此基础上，对员工岗位素质开发展开陈述，并进而对基于员工职业发展的培训体系加以介绍。

第10章为岗位激励、控制与员工自我管理。该章从岗位管理的两个层次展开阐述。在介绍岗位激励的含义、作用、原则和方法的同时，介绍岗位控制的含义类型和方法，并在此基础上对员工在岗位上的自我管理从含义、特点、作用和环节四个方面进行了全面论述。

**3. 本书的写作特点**

本书在写作上，侧重实用特点，主要介绍岗位管理和人岗匹配较为常用的分析方法和工作程序步骤，以便于读者学习和理解。

本书在内容上具有以下五个方面的特点。

（1）体系新。依据岗位管理与人岗匹配的内涵和特点，创新架构内容体系，科学、全面、系统地阐述岗位管理与人岗匹配的各个环节。

（2）内容新。吸收和借鉴当前企业岗位管理与人岗匹配相关理论与实践的最新成果，层层深入，全新展现岗位管理与人岗匹配工作的全貌。

（3）注重实践。本着提高学生应用能力、实战素质的目的，在确保专业理论教学的基础上，凸显案例教学优势，引导学生进行发现式学习。注重实际操作能力的培养，具有较强的实战特点，力求对人才培养与岗位实际工作能力进行无缝对接。

（4）语言平实。本书语言朴实，通俗易懂，没有晦涩难懂的理论和深奥复杂的数理模型计算和推导，适合有兴趣的广大读者选用。

（5）直观明了。每章的开篇，均有明确的“学习目标”和“学习导航”，提示本章的主要知识体系，便于读者直观了解各章内容，明确学习的重点和思路。每章最后都有“自测题”，便于读者学习思考；每章除了开篇都设有“引导案例”，以案例的形式引导读者思考外，还配有若干“知识链接”或“案例”，便于读者了解相关知识背景。

作者

# 目录

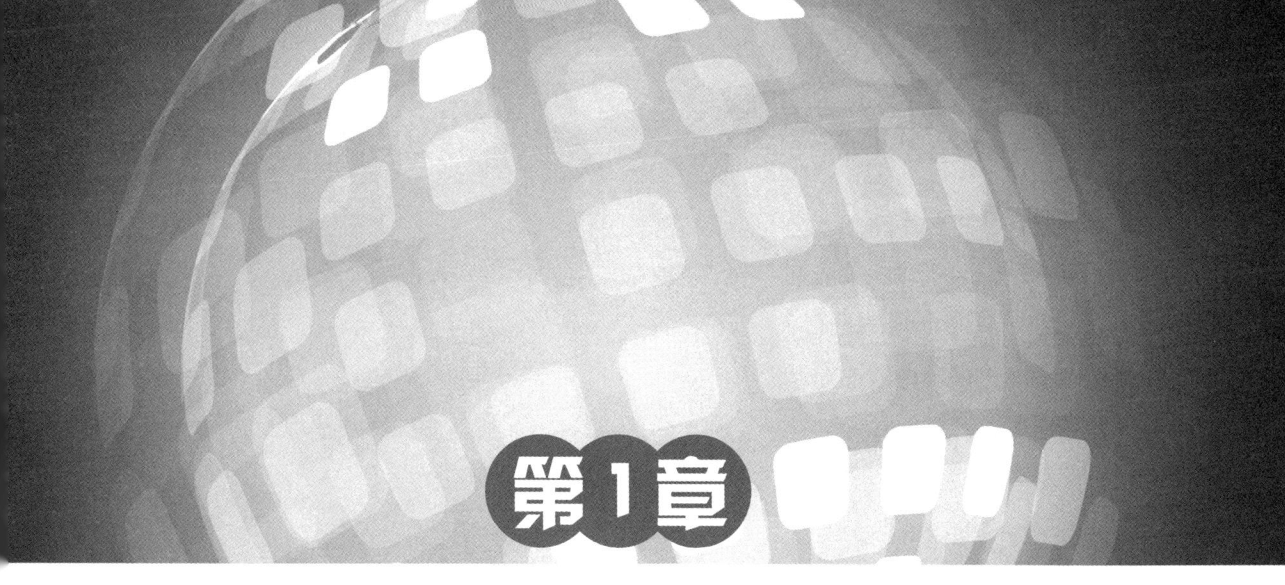


# 岗位管理与人岗匹配概述

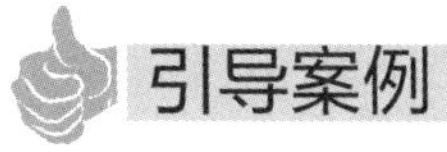


### 三顾茅庐

东汉末年，天下大乱。当时曹操占据相权，孙权拥兵东吴，唯有刘备在新野势单力薄，连立锥之地也还是借来的。刘备听说诸葛亮很有学识，又有才能，就和关羽、张飞带着礼物到隆中卧龙岗去请诸葛亮出山。谁知，出师不利，接连两次诸葛亮都不在家。第三次刘备不顾关羽、张飞的阻挠，吃了三天素，再次登门去请诸葛亮。离诸葛亮的草庐还有半里地时，刘备便下马步行。到了草庐，正赶上诸葛亮在午休，刘备便率领二位兄弟立于门外，静静地等候。一直等到诸葛亮醒来，才彼此坐下谈话。诸葛亮见刘备有志于做一番大事业，并且诚恳地请他帮助，这才下决心出山全力帮助刘备建功立业。这就是《三国演义》中刘备"三顾茅庐"的故事。

刘备对自己的人才队伍进行分析，深知缺少一名具有战略眼光的军师，在得知诸葛亮的战略才能之后，便极力将其纳入自己的人才队伍中。刘备将诸葛亮配置到军师这一岗位上，不仅实现了自己的战略需求，也为诸葛亮充分发挥自己的才能提供了舞台，可谓是人岗匹配的一段佳话。

**思考：**

刘备的"三顾茅庐"对我们今天企业的岗位管理有什么启示？

## ■ 本章学习目标

1. 理解岗位管理相关的基本概念、原则
2. 熟悉岗位管理的过程
3. 掌握人岗匹配的原理
4. 了解人岗匹配在岗位管理中的作用
5. 理解人岗匹配的实现过程

## ■ 学习导航

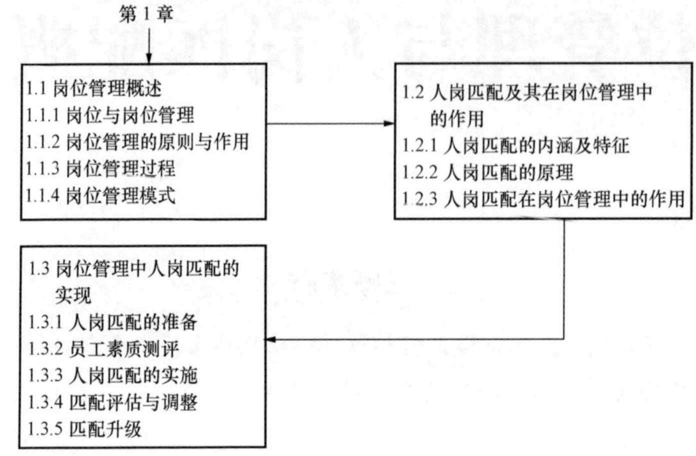

# 1.1　岗位管理概述

人力资源管理是否科学、高效，关键在于企业是否清楚自己需要些什么样的岗位才能完成业务流程的工作，这些岗位需要什么样的员工才能实现岗位的高绩效，采用什么样的机制才能激活员工的积极性并实现员工的价值。岗位管理是解决这一关键问题的重要环节，它联系着甚至决定着人力资源管理的所有模块。那么，什么是岗位及岗位管理？岗位管理的原则与作用是什么？岗位管理的过程是怎样的？本节将对上述内容进行分析。

## 1.1.1　岗位与岗位管理

### 1. 岗位的概念及构成要素

岗位，又称为职位，是企业生产经营、管理运作的最基本细胞，是分割与承载组织工作的具体单元。赵永乐提出，岗位由工作（Task）、岗位主持人（Man）、职责和职权（Responsibility and Right）、环境（Environment）及激励与约束机制（System of Motivation and Restriction）五要素组成，是五要素相互作用的整体。

（1）工作（Task）。工作是为了实现整个组织目标而要求岗位必须完成的具体任务。工作作为构成岗位的最基本的要素，是对一个岗位的界定，包括对工作的内容、方法和质量要求所做的规定，这些任务决定了每个岗位的主要功能和性质。工作要素有三个特征：一是输出特征，即岗位工作的产出结果是什么，如产品、劳务等，这是确定岗位绩效表现的前提；二是输入特征，即为了获得工作输出，应该输入哪些内容，包括物质、信息、规范等；三是转换特征，即指把输入转化为输出的程序、手段、方法等。工作要素是岗位的本质要素，是岗位五要素存在的基础。

（2）岗位主持人（Man）。岗位主持人是岗位要素中唯一的能动要素，所有的岗位都是由员工主持的。由于岗位主持人具有主观能动性，因此能够实现岗位行为的连续性。只有各个岗位的行为都体现了实现的连续性，整个企业的经营管理过程才有可能完成，组织目标才有可能实现。一方面，每个岗位都有其特殊的要求，员工要想胜任某一个工作岗位，必须具备一定的知识、技能和相应的素质；另一方面，岗位与员工的匹配是一个互动发展的过程，员工还要根据岗位的特性、报酬并结合自己的特长、爱好、个人发展机会进行选择。在双方合一的情况下，这个匹配才能达成。

（3）职责和职权（Responsibility and Right）。职责是指岗位主持人为完成工作任务所必须尽到的责任，包括职责概要、具体职责内容和安排时间。职权是指为尽岗位的职责所必须拥有的相应工作权力。岗位的职责、职权既要结合，又要对等。在明确职责时就要赋予相应的职权。职权是职责的孪生物，是职责实现的必然要求和必要补充。岗位的职责和职权都是由岗位本身来决定的，有责无权就会难以尽责，有权无责必然导致权力滥用。只有责权明晰，责权相辅，才能调动员工的积极性，使其尽职尽责，提高效益。

（4）环境（Environment）。环境是对当前岗位的工作条件的概括，包括工作环境（工作地点、湿度、温度、粉尘、噪声等）、岗位属性（职位名称、职位标号、岗位性质、直接上级、所属组织等）、职位关系（可晋升岗位、与其他岗位的关系及关系描述等）及所需培训（岗前任职培训、在职技能培训、脱产培训等）。环境要素是界定岗位工作关系的基础，不但可以使岗位主持人在合格的硬件环境中充分完成自己的工作，还对岗位主持人之间的工作关系进行了制度上的界定。

（5）激励与约束机制（System of Motivation and Restriction）。激励与约束机制是岗位的定向动力要素。岗位本身不但需要激励和约束，而且能够产生激励和约束的作用。岗位通过任务目标的激励和压力，对岗位主持人产生激励作用，激发主持人的活力和积极性。同时，通过职责和职权及业务流程和条件的规范，对岗位主持人进行约束，使岗位主持人的行为不偏不过，不脱离岗位的范畴。

从以上五个方面来看，任务是岗位的基础要素，主持人是岗位的主导要素，职责与职权是岗位的保证要素，环境是岗位的条件要素，激励与约束机制是岗位的定向动力要素。任何一个岗位任务的完成，都是岗位五要素共同作用的结果。在岗位五要素中，起主导作用的是岗位主持人，其他要素都是被动的。只有依靠岗位主持人主导作用的发挥，才能形成现实的岗位行为，带动各个要素运转，最终实现岗位的绩效。

一般来说，岗位具备三个特征：第一，岗位是客观存在的，虽然岗位的设置是人们分析和决策的结果，但却是不以人们主观意志为转移的；第二，岗位是以工作为中心来设置的，而不是“因人设岗”；第三，任何一个岗位，都要由合适的人去主持，只有这样才能实现岗位本身所拥有的功能。由此可以看出，岗位具有双重属性：一是与劳动分工相联系的自然属性（技术属性），二是与社会关系相联系的社会属性。

### 岗位理解误区

随着企业管理，尤其是人力资源管理理论与实践在我国进一步的发展，有关岗位的理解误区已逐渐被人们所认知。

（1）“因人设岗”还是“因事设岗”。到底是“因人设岗”还是“因事设岗”，这是大多数管理者都会面临的问题。从原则上来说，岗位设置遵循“因事设岗”原则，但在企业实践过程中“因人设岗”屡见不鲜。这种“因人设岗”也并非完全不可取，对于企业急需的核心人才，可以考虑采用“因人设岗”以达到“留人”目的，但绝大多数部门的岗位设置还是要遵循“因事设岗”的原则。现在也有学者提出，无论“因人设岗”还是“因事设岗”都是不尽科学的，要强调两者相结合，或者两者互相匹配。岗位设置还是要遵循“因事设岗”的原则，人岗匹配也要建立在现有岗位的基础上，由岗位来选择合适的人，“因人设岗”只能作为例外情况。

（2）岗位是静态的还是动态的。工作中，人们往往认为岗位是静态的，是恒定不变的，岗位一旦设定之后就无须再调整和改变。实际上，岗位的稳定只是相对的。从长远观点来看，岗位一直处于相对动态变化的状态。因此，岗位设置并非一劳永逸，它应当随着组织结构和对某些工作定位及管理精细程度的变化做出相应的调整。

#### 2. 岗位管理的概念

岗位管理就是对岗位进行管理的行为和过程，即管理主体对岗位五大要素进行整合与运作的过程。它是指以企业战略、环境因素、员工素质、企业规模、企业发展、技术因素六大因素为依据，通过岗位分析、岗位评价、岗位素质模型构建、员工素质评估、员工配置与入岗、岗位绩效管理、岗位薪酬管理、岗位激励与控制、员工职业发展与能力开发等过程控制，实现因岗择人，在人与岗的互动中实现人与岗、人与人之间的最佳配合，以发挥企业中人力资源的作用，谋求劳动效率的提高。具体来说，岗位管理包括：分析岗位是否需要设置，需要设置什么样的岗位，明确岗位在组织中的地位和作用，明确岗位的职责与职权，分析岗位的环境，明确岗位对主持人的要求是什么，如何选择岗位主持人，岗位主持人如何支持岗位工作，对工作的结果要求是什么，以及如何进行评价，如何有效地激励和约束岗位主持人，岗位和岗位主持人如何得到发展，等等。

岗位管理不同于以身份管理、亲情关系或者物质资源管理为中心的管理。在这种管理中，企业各项工作以岗位为出发点，企业的管理内容及管理对象首先体现在对岗位的管理上，即企业要因事设岗，赋予岗位不同的责任、权力和利益，岗位的责、权、利一定要对等。然后按岗位制度与要求通过竞争上岗的方式配置人力资源，由岗位来选择人。各级员工必须按照岗位制度与要求规范其工作行为，员工的各项待遇也要因岗位不同而有所差别。

3. **岗位管理的主体与客体**

岗位管理的主体包括组织、领导和岗位主持人三部分。作为企业内部宏观管理的主体，组织对企业内的所有岗位所进行的管理，是一种组织行为。领导对直接下级岗位所进行的管理，是一种领导行为。而岗位主持人对自己岗位所进行的管理，则是一种岗位行为，属于自我管理。岗位管理主体多元化形成有机组合，不同的主体在不同的层次上各司其职，对岗位管理的客体发生作用。在各种主体中，岗位主持人是最为重要的一种主体。所以，要充分调动岗位主持人的积极性，发挥他们的作用，使岗位主持人能够真正有效地主持他们的岗位。

岗位管理的客体，毫无疑问，必然是岗位。岗位是一切岗位管理主体作用的对象，没有岗位这个客体，就无岗位主体的存在，更没有岗位管理的必要。在岗位管理的过程中，岗位主体对岗位的五大要素分别发生作用，促使岗位管理有效展开。

## 相关链接

### 对岗位管理的不同定义

岗位管理的思想最早源于“科学管理”之父泰勒，他是传统岗位管理理论的核心代表，其主要内容是他的时间和动作研究思想。随后，法约尔、哈克曼、奥特姆、德鲁克等一批西方学者都对岗位管理进行了研究。国内关于岗位管理也有一定的研究，一些学者也对岗位管理进行了界定。例如，安鸿章提出：“岗位管理是以特定生产技术组织中各类劳动者的工作岗位为研究对象，采用科学方法进行管理活动的总称。其内容包括：系统的岗位调查、岗位信息的采集、岗位分析、岗位评价、岗位分类等。”[①]魏杰把岗位管理看作一种管理模式，他指出：“岗位管理是处于竞争特征比较明显的市场环境中企业所应该采用的一种现代

① 安鸿章. 工作岗位研究原理与应用[M]. 北京：中国劳动社会保障出版社，2012.

化的管理模式，是以岗位为轴心的管理模式。”①

### 1.1.2　岗位管理的原则与作用

#### 1. 岗位管理的原则

岗位管理既是现代企业人力资源管理制度的组成部分，也是现代企业管理制度的组成部分。根据岗位管理的内涵及人力资源开发的特点和规律来实施岗位管理，是岗位管理应当遵循的基本原则。具体来说，这个基本原则包括以下内容。

一是匹配性原则。岗位管理要求人岗要匹配，主持岗位的员工要能满足岗位的需要，岗位要能为员工在岗位上发挥作用提供必要的条件。员工是岗位的能动要素，岗位工作的实现关键在于员工的能力素质能否适应岗位的要求。因此，要根据岗位的任职资格要求来甄选员工，员工到了岗位后还要加强能力建设以满足岗位不断发展的需求。

二是动态性原则。面对千变万化的市场环境，特别是复杂多变的世界市场，岗位管理一方面必须适应组织在市场经济中的动态变化，另一方面必须适应科技进步和业务流程变革所带来的组织结构及岗位要素的变化。在组织变化的前提下，岗位的数量、性质和岗位主持人的能力素质也要变，只有这样才能使企业“肌体”保持适应一切变化的活力。

三是竞争性原则。竞争上岗是动态岗位管理的关键一环，是人岗匹配的主要手段，不实行真正的竞争上岗，就无法使能者上庸者下，就不能发挥岗位应有的职能。否则，即使岗位设计再科学、再细致，也只是徒有其表。

四是制度化原则。制度是岗位管理得以实现的保证，岗位管理的各项制度文件（如岗位分析文件、岗位评价制度、绩效考评制度，以及员工与企业之间的契约关系等）其实就是企业的法律条文，具有极其严格的约束性。制度化原则还体现在岗位管理的相对稳定上，虽然企业有时需要对岗位进行及时、适时的调整和变更，但这种调整和变更过后必须及时制度化，要在变动中谋求合理有效的稳定。

#### 2. 岗位管理的作用

实行岗位管理，能够矫正企业多年来形成的多种管理弊端，对加强人力资源管理起到十分积极的作用。

---

① 魏杰. 企业前沿问题——现代企业管理方案[M]. 北京：中国发展出版社，2001.

首先，岗位管理能纠正岗位责任制的不足与缺陷。岗位管理能够改变很多企业缺少岗位分析与设计的状况，为人力资源开发与管理奠定基础。一些企业原来实行的岗位责任制虽然曾经有效过，但毕竟是不够系统，尤其是缺少岗位分析的依据，而且目前早已时过境迁。在复杂的市场环境中，企业必须注重岗位的分析设计与调整和岗位的系统管理。

其次，岗位管理能改变过去企业岗位的能、责、权、利失衡的状态，有助于构建“使庸者下、能者上”的竞争机制。在我国的企业中，比较普遍地存在着由社会关系造成的庸者驱逐能者现象，针对这种情况，岗位管理能够有效地使各级员工的能力与所在岗位的责、权、利紧密结合，使庸者承担不了责任，对能者则有吸引力，从而激活岗位主持人的积极性、主动性和创造性，增强岗位活力。

再次，能够降低管理成本，提高管理效率。岗位管理强调按规章制度（契约）处理岗位与岗位、人与人之间的关系，用严格的奖惩手段保证各种规章制度的实施。这样，就能避免企业中的推诿、扯皮和浪费等现象，大大降低管理成本，提高每个部门乃至整个企业的运营效率。

最后，为其他管理职能的实现提供保障。岗位管理为企业进人、用人、激励人、约束人、考评人、培育人及人事变动提供最客观可靠的信息或制度性条件，使生产管理、营销管理、质量管理，以及计划、组织、指挥工作顺利进行。

总之，岗位管理不仅能够保证与提高企业人力资源开发与管理的有效性，而且能为企业管理构筑坚实的基础平台，促进企业管理的科学化和有效性。

### 1.1.3 岗位管理过程

岗位管理的过程包括一系列的环节，这些环节主要包括岗位分析、岗位评价、岗位素质模型构建、员工素质评估、员工配置与入岗、岗位绩效管理、岗位薪酬管理、岗位激励与控制、员工职业发展与素质开发、员工自我管理等。这些环节及其中的关系如图 1-1 所示。

（1）岗位分析。岗位分析是对每个岗位的功能、职责内容、工作关系、在组织所处的位置、岗位主持人的任职资格要求等做出的明确的分析和规定。通过岗位分析可以对岗位方方面面的情况有具体的了解和规定，为下一步的岗位评价、岗位素质模型构建、员工能力素质评估、员工培训与开发等多项人力资源管理活动奠定基础。可以说，岗位分析是组织岗位管理也是组织人力资源管理的一块基石。

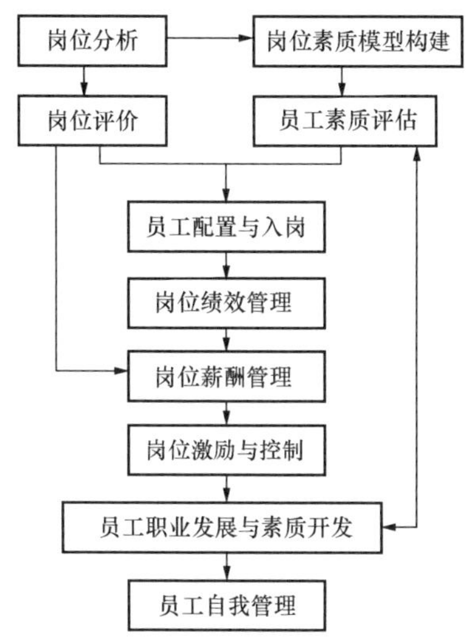


图 1-1　岗位管理过程图

（2）岗位评价。岗位评价是在岗位分析的基础上，按照测定标准，对影响岗位的诸要素进行综合评价，按岗位价值的大小排列岗位顺序的过程。岗位评价不仅使得组织的各种管理活动有了统一的尺度和便于员工理解组织的价值标准，并且决定了员工薪酬中岗位工资部分，体现了组织内部岗位薪酬的一致性和公平性。

（3）岗位素质模型构建。岗位素质模型构建是在岗位分析的基础上，对岗位主持人顺利完成工作和实现岗位价值所必须具备素质（知识、技能、能力）的模型化和标准化所进行的描述。岗位素质模型的构建为员工素质评估提供了依据，并通过素质评估对员工配置、员工职业发展与能力开发等环节产生影响，构成了岗位管理的重要内容。

（4）员工素质评估。员工素质评估是通过各种量表、问卷、指标体系等，判断员工是否具备岗位所需素质要求（依据岗位素质模型）的过程。员工素质评估是岗位管理的重要内容，它体现了人岗匹配中对人的评价，是进行员工配置的前提活动，同时也是员工职业发展与能力开发的前提活动。

（5）员工配置与入岗。员工配置以岗位要求和员工素质评估为前提，通过招聘、岗位轮换、职位升降、淘汰、接班人计划等将员工及时、合理地配置在合适的岗位中去。员工入岗是指员工按照配置的结果进入相应的岗位和档级。员工配置与入岗是岗位管理的核心内容，只有通过配置与入岗才能实现人岗匹配，完成岗位绩效。

（6）岗位绩效管理。岗位绩效是指员工从事其岗位工作的行为、表现及其结果。由于岗位管理的根本目标是实现岗位绩效目标，因此员工进入岗位后，就要对其岗位绩效进行管理。绩效管理的作用，一是通过建立绩效指标体系，可以对员工岗位目标与任务完成情况及过程进行判断；二是由于绩效也是员工素质评估的构成内容，因此通过素质评估能够对员工的职业发展与能力评估产生影响；三是直接影响员工薪酬中岗位绩效工资的部分。

（7）岗位薪酬管理。岗位薪酬管理是针对员工在各自岗位上提供的劳动和劳务确定他们应得到的薪酬总额、薪酬结构和薪酬形式的过程。岗位薪酬以岗位评价为主要依据，并受岗位绩效、组织薪酬总体预算、组织整体绩效水平等因素的影响。薪酬直接体现了员工的价值，是员工激励的重要内容，也是人岗匹配中的重要匹配因素。

（8）岗位激励与控制。岗位激励与控制是为了保证员工的绩效产出与组织的期望保持一致，并通过一些激励手段不断提高员工岗位绩效水平的过程。岗位激励与控制以岗位绩效管理为依据，以岗位薪酬、职位发展等为手段，实现人与组织的共同发展。

（9）员工职业发展与素质开发。员工的职业发展是岗位管理的重要内容，员工在组织中的岗位不是一成不变的，随着员工能力素质的提升，可以进入更高的岗位层次。员工职业发展通道是为员工岗位发展而考虑和设计的，是组织为员工设计的自我认知、成长、晋升的管理方案。员工能力开发是帮助员工实现更好的职业发展，通过素质评估确定员工能力状态，进而制订培训开发计划等。员工职业发展与能力开发是为了实现人与岗位更高层次的匹配。

（10）员工自我管理。员工自我管理指的是员工对所在岗位的自主管理，是岗位管理的内在基础。员工自我管理具有主体的自主性、过程的系统性、与支持的合一性和结果的绩效性，对人力资源管理、提高组织绩效、构建企业文化，以及增强员工主动性和责任心等方面，都发挥着重要的作用。自我管理过程分为自我认知、自我设计、自我激励、自我控制和自我提高五个环节。员工在自我管理过程中，对自己的目标、思想、心理和行为进行管理，将各种岗位要素组织起来，激励自己，约束自己，管理好自己的事务，最终完成岗位目标。

### 1.1.4 岗位管理模式

虽然现有的企业人力资源管理在实践中还没有明确提出岗位管理模式这一概念，但它在实践中确实是存在的。从企业目前的岗位管理实践中，大致可以归纳出以下四种岗位管理模式。

### 1. 以工作为导向的岗位管理模式

以工作为导向的岗位管理模式主要侧重于规范分析、设计和严格操作。它以每个岗位的岗位分析文件为基础，通过岗位分析文件的明确规定来甄选员工进入岗位并对岗位进行制度化管理。以工作为导向的岗位管理模式具有三个方面的特点：第一是岗位管理的主要工作就是通过岗位分析文件甄选员工，并形成岗位制度要求全体员工遵守；第二是要求企业员工完全遵守企业的岗位制度，严格按照岗位分析文件的具体要求进行工作；第三是企业的人力资源管理部门往往把工作重点放在岗位分析上。

以工作为导向的岗位管理要求企业人力资源管理部门建立以岗位分析为基础的制度管理体系。虽然在这种模式中，企业已经比较注重岗位分析，但是岗位匹配是一个动态的过程，仅仅依靠岗位分析文件作为企业进行一切工作的依据不利于岗位的动态管理。这种模式在岗位管理过程中对岗位评价和考核评估没有给予足够的重视，且仅仅依靠岗位分析文件并不能形成系统有效的激励与约束机制，难以调动员工的工作积极性。

### 2. 以绩效为导向的岗位管理模式

以绩效为导向的岗位管理模式主要侧重于行为结果——岗位绩效测量与评估。它以员工个人的绩效管理为基础，通过个人绩效体现企业整体经济效益。以绩效为导向的岗位管理模式具有三个方面的特点。第一是企业的经营管理活动以员工绩效为根本出发点。企业的制度、管理、运行机制、发展的战略目标和政策等都围绕如何提高员工的绩效水平来设计、运作。第二是要求企业员工不断地更新自己所学的知识和技能，提高业务水平，以达到最优绩效。第三是企业的人力资源管理部门往往把工作重点放在绩效考评上。

以绩效为导向的岗位管理要求企业人力资源管理部门建立以激励为基础的绩效考评系统，使优者获报酬，弱者获培训，达到双赢的目的。这种模式强调奖惩，但忽视了对最基本的岗位信息的确定，不利于员工的甄选和岗位之间的协作。员工工作的动力往往来自最后的绩效考评，而对岗位本身缺少应有的关注与热情。而且，单一地注重绩效考评的结果通常会导致岗位目标的缺失，而员工的工作一旦丧失了目标，则难以对员工的工作“绩效”进行确切有效的考评。在很多企业的岗位管理实践中我们都会发现，这些企业的以绩效为导向的岗位管理最后都会沦为一种形式或“平均主义”。

### 3. 以薪酬为导向的岗位管理模式

以薪酬为导向的岗位管理模式更多的是侧重于岗位评价和薪酬设计。它以各个岗位的岗位评价为基础，通过明确的岗位等级并结合员工的绩效来确定员工的薪酬。以薪酬为导向的岗位管理模式具有三个方面的特点：第一是将岗位评价看作岗位薪酬确定的基础，是企业确定员工报酬的主要依据；第二是企业员工通过在不同的岗位上达到最优的绩效得到由岗位评价和绩效确定的薪酬；第三是企业的人力资源管理部门一般更重视并把工作重点放在岗位评价上。

以薪酬为导向的岗位管理一般都将薪酬作为激励员工的唯一手段。虽然岗位评价能够在一定程度上实现“同岗同酬”，但是没有经过科学的岗位分析而进行的岗位评价很难达到客观的目的。同样，员工没有确定的目标指导员工行为，必然带来工作的盲目性和考评的“平均主义”。

以上三种管理模式各有优劣，各有其适用范围，应用方法各具特色，管理的侧重点也有所不同。企业选用哪种模式，固然与企业管理者尤其是高层战略决策领导个人的偏好有关，但另一方面也与各企业的具体情况有关。现实中，不少企业根据自己的实际情况选用或形成了某一种具体的岗位管理模式，并取得了不同程度的成功。但我们也必须清楚地看到，这三种模式各有所偏重，而对于其他方面或多或少有所忽视。因此，现实中也有相当一部分企业在套用过程中，出现了各种各样的问题。

### 4. 岗位目标管理模式

岗位目标管理模式是针对以上三种模式的不足而被提出的一种新的岗位管理模式。岗位目标管理将目标管理（MBO）方法应用于岗位管理，既将岗位目标作为一种激励手段，又把岗位目标作为一种控制手段，这对于在企业形成有效的激励和制约机制、改善组织绩效，具有明显的实际意义和效果。岗位目标管理模式是在正确的组织分析的前提下建立起来的，它以各个岗位的岗位分析为基础平台，以明确各个岗位的岗位目标为核心，以科学的绩效考评系统为控制，以有效的薪酬结构为激励，从而达到全方位地调动组织内各个群体和成员的积极性、创造力和成就感，使企业总目标与各个方面的分目标融为一体，以求得企业的长远优化和稳定快速的发展。

## 1.2　人岗匹配及其在岗位管理中的作用

岗位管理的目标之一是实现人岗的匹配和提高绩效水平，那么什么是人岗匹配？它包括哪些内容及特征？在岗位管理中的作用是什么？下文将对这些内容进行阐释。

### 1.2.1　人岗匹配的内涵及特征

人岗匹配是指人与岗位之间的匹配。作为动词，人岗匹配是指把人员配置到岗位或为岗位配置人员；作为名词或形容词，人岗匹配则是指人与岗位配置结果的一种最佳状态的描述或形容。

岗位管理中的人岗匹配是以企业战略、环境因素、员工素质、企业规模、企业发展、技术因素等要素为依据，对既定的岗位挑选合适的主持人，通过岗位管理的过程活动实现人与岗位之间的匹配。人岗匹配贯串于岗位管理的全过程之中，并构成岗位管理活动的结果。人岗匹配的核心是使人与岗的匹配达到最合理的状态，一方面，要求人在此岗位上能发挥最有效的作用，实现岗位的任务、目标和职责；另一方面，要求此岗位能满足岗位主持人的需求（如报酬、个人发展等）。

要想使人与岗位之间达到匹配，就需要将岗位的需求特征和员工的供给特征结合起来，以取得期望的高绩效产出。这个结合包括四个方面的内容。第一是每个工作岗位都要体现出具体明确的特殊要求。第二是每个员工也都需要具有胜任某一工作岗位而必须具备的知识、技能和才干。第三是在使工作岗位的需求特征与员工个人的供给特征相匹配的过程中，要考虑并把握一个适宜度的问题，因为岗位的需求特征与员工的供给特征很少能做到百分之百的吻合。在这里，岗位的需求特征是刚性的，而员工的供给特性是柔性的，只能使后者满足前者，而不是前者服从后者。因此，要确定一个合适的配合公差。第四是对每一个人岗匹配而言，都意味着匹配要产生某种结果，这就是岗位绩效。

与人岗匹配相关的匹配因素如图 1-2 所示。

从图 1-2 中可以看出，人岗匹配因素之间存在四个方面的匹配：第一，岗位的需求特征要与员工的供给特征匹配，做到事得其才，人尽其用；第二，岗位为员工提供的工作报酬与员工在岗位上所完成的绩效匹配，使酬适其绩，人尽其力；第三，员工与员工之间要匹配，做到人与人之间协调合作，共赴事功，强调团队合作；第四，岗位与岗位之间要匹配，使工作之间责权有序、流程衔接、灵活高效，发挥整体优势。

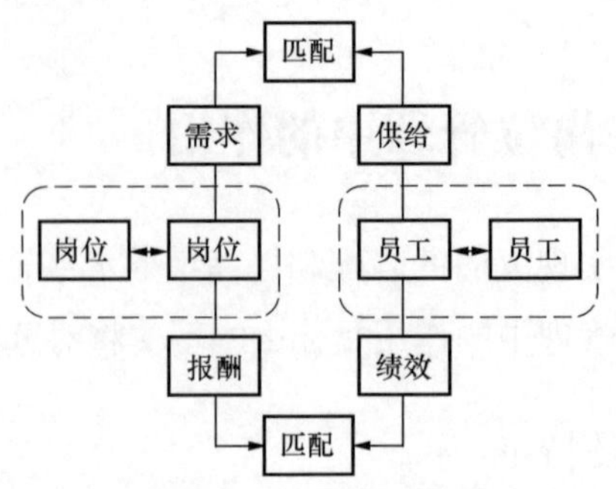


图 1-2　人岗匹配因素图

总之，岗位管理作为企业管理的重要组成部分，能够促使企业不断创新以适应企业内外部环境的发展和变化。同时，岗位管理体现的是人和岗位双核心，目标是使员工与岗位达到最合理的匹配状态，从而达到个人和组织的绩效最优。

一般来说，人岗匹配还具有两个重要特征。第一是双向选择特征。人岗匹配过程是一个人岗双向互动的过程：每个工作岗位都有相应的要求，只有符合条件的员工才有进入这一岗位的资格。同时，员工也有根据工作岗位的特性、报酬等结合自己的兴趣、特长和个人发展机会等进行选择的机会。只有在双方都合意的情况下，才能实现匹配。第二是动态匹配特征。人岗匹配是一个动态发展变化的过程，低程度的匹配可以随着个人素质的提高及岗位要求的变化逐步发展为高程度的匹配；高程度的匹配也有可能由于岗位要求不断提高，而个人素质却固步不前或个人能力退化而变成低程度的匹配。

## 相关链接

### 员工的匹配因素

在人岗匹配中，员工的匹配因素有很多，能力只是其中最主要的一个方面。在考虑人岗匹配的时候，除了能力因素以外，通常还会考虑其他一些因素。员工的匹配因素一般包括以下几个方面。

（1）气质。气质是人的情感和活动发生的速度、强度及灵活性的典型的稳定的心理特征。根据巴甫洛夫的高级神经活动学说，气质可分为胆汁质、多血质、黏液质、抑郁质四种。研究表明，不同气质的人对职业的适应能力不同。在实际工作中，根据气质安排职业或岗位，一方面可以提高工作效率，另一方面也可使员工自己心情愉快。胆汁质的人比较适合应急性强、冒险性大的工作，如抢险、救护等；多血质的人比较适合担任社交性、多变性的工作，如销售、采购、后勤等；黏液质的人比较适合做一些原则性强的工作，如人事、保管等；抑郁质的人比较适合做平静的、按部就班的工作，如会计、统计等。

（2）性格。性格指一个人在生活过程中形成的，对客观现实稳固的态度，以及与之相适应的习惯化的生活方式。人的性格与职业的匹配也存在一定的关系。美国学者约翰·L. 霍兰德（John L. Holland）经过大量的研究提出了职业选择理论，他的个性与环境类型相匹配的思想认为，职业选择是个人个性的反映和延伸。他将个性分为实际型、研究型、艺术型、社会型、企业型和传统型六个类型，并对每个性格类型最可能适应的职业选择进行了研究。

（3）能力。能力是个人综合素质中最重要的一个因素，也是人岗匹配中重点考察的关键因素。能力可分为智力、综合能力、专业技能三个部分，其中综合能力指的是领导能力、组织与计划能力、沟通能力、理解能力、分析能力、表达能力等。能力对匹配的重要性是不言而喻的。

（4）教育和学历。一个人所受的教育包含了学校教育、家庭教育、在职教育、社会教育和个人的自学教育，这些教育对个人的成长、能力的培养、专业知识的丰富都发挥着重要作用。学历是一个人所受教育及其拥有知识的外在表现。个人的学历和受教育水平在一定程度上体现了个人的能力或预示某种潜能，因此也是人岗匹配中需要考虑的重要因素。

（5）经历和经验。每个人的经历和经验都具有不可替代性。由于每个人的经历和经验都是不同的，因而不同的经历和经验的人的工作效能也是不一样的。这就要求在人岗匹配的过程中要考虑经历和经验要素。

（6）道德水平和身体素质。尽管几乎所有职业对从业者都有具备良好道德水平的要求，但不同的职位、不同的管理层次对道德的要求还是有区别的。比如，公务员、法官、裁判、保密管理等职位对道德水平的要求就比其他职位高，而且越是高层的管理者，对于其道德水平的要求就越高。这是因为他们的职业道德、价值取向对所在的群体乃至整个社会的影响相对更大。身体素质也与人岗匹配相关，比如一些岗位对体能、耐力甚至身高、体重等都有特殊的要求。

### 1.2.2 人岗匹配的原理

人与岗的匹配是相对的，且人与岗都处于不断的变化发展之中，两者的关系也是在适应与不适应之间循环往复。因此，在人岗匹配的过程中需要遵循和运用以下原理来达成两者的匹配。

#### 1. 同素异构原理

同素异构原理是来自化学中的一个原理，是指事物成分因排列次序和结构上的变化而引起不同的结果甚至发生质的变化。将同素异构原理移植到人岗匹配领域，是指将一定数量的人与岗位按不同的方式进行配置，会产生不同的岗位绩效、员工满意结果等。因此，岗位管理中要注意遵循同素异构原理，将员工与岗位按照组织需要的结果进行匹配，以实现最佳效果。

#### 2. 能级层序原理

能级概念出自物理学，表示事物系统内部按个体能量大小形成的结构、秩序、层次。将能级层序原理引入人岗匹配领域，主要是指具有不同能力的员工，应安排到不同的岗位上，给予不同的权力和责任，实行能力与岗位相对应和适应。在进行能级管理时要注意必须按层序进行，企业岗位的“级”不是随便组合的，要以系统效用最佳为原则，使不同的能级表现出不同的权、责、利和荣誉。此外，各类岗位能级的对应是一个动态过程，员工有各种不同的才能，管理者必须知人善任。随着时间的推移和事业的发展，各个岗位及其要求在不断变化，员工的素质和能力也在不断变化。因此，必须经常不断地调整“能”与“级”的关系，才能实现动态的人岗匹配。

#### 3. 要素有用原理

要素有用原理是指任何要素都是有用的，尤其是人更是有用的，关键是要为其创造发挥作用的条件。换言之，没有无用之人，只有没用好之人。从人岗匹配的角度，要把握好三个方面。第一，员工的任用需要一定的环境。一是知遇，要有伯乐式的管理者对员工的任用发挥关键作用；二是政策，如通过“公开招聘”“竞争上岗”等政策，把适合的员工配置到适合的岗位。这也对企业的招聘和任用的政策与流程提出了要求。第二，人的素质往往呈现复杂的双向性。例如，一向认真的人可能也会有大意而马虎的时候，坚强的人有时也会产生胆怯等。这不仅给了解人、用人所长增加了许多困难，而且也要求管理者克服各种困难，做到知人善任。第三，人的素质往往在肯定中包含着否定，在否定中包含着肯定。

优点和缺点共存，失误往往掩盖着成功的因素。各种素质的模糊集合使人的特征呈现出千姿百态，形成“横看成岭侧成峰，远近高低各不同”的现象。平庸的人，也有闪光的一面。因此，在进行人岗匹配的时候要全面考虑人员的素质与岗位要求进行匹配。

### 4. 公平竞争原理

公平竞争是指对竞争者要以同样的起点、用同样的规则，公正地进行录用、考核和奖惩。在岗位管理中引进竞争机制，可以较好地解决奖勤罚懒、用人所长、优化组合等问题。运用公平竞争原理，就是要坚持公平竞争、适度竞争和良性竞争三项原则。只有坚持公平竞争原则，人与岗位的匹配才能服众，才能长久。

### 5. 信息催化原理

信息是员工成长的营养液，是人们发展智力和培养素质的基本条件。在现代经济社会，能否迅速捕捉、掌握和运用大量的信息，不仅决定了企业能否在激烈竞争中站在科学技术和现代管理的前列，而且决定了人力资源的开发能否跟上迅速变化的新形势。这就是信息催化原理。根据这一原理，企业要高度重视员工的培训与开发。这种培训不应该局限于一般的岗位培训，而应扩展为全员终身性的教育培训，使每个员工树立终身学习的理念，构筑终身教育体系。要用最新的科学技术知识、工艺操作方法和管理理念去武装员工，使他们保持人力资源的质量优势，适应不断变化的岗位要求，实现动态匹配。

### 6. 激励强化原理

人的思想感情对其潜力的发挥至关重要。激励可以调动人的主观能动性，强化期望行为，从而显著提高劳动生产率，这就是激励强化原理。根据这一原理，对岗位管理中的人岗匹配要注意对人的动机进行激发。这里的关键是设置岗位目标，岗位目标在符合组织要求的基础上，要包含较多的个人需要，为岗位主持人所看重和认同，这样才能激发员工的工作积极性，提高岗位和组织绩效。

### 7. 互补增值原理

人作为个体，不可能十全十美，而是各有长短，即所谓“金无足赤，人无完人”。但我们的工作往往是由群体承担的，作为群体完全可以通过个体间取长补短而形成整体优势，达到组织目标。这就是互补原理。因此，企业在进行人岗匹配的时候，应适当注意知识互补、能力互补、性格互补、年龄互补和关系互补，以求达到整体匹配。

### 1.2.3 人岗匹配在岗位管理中的作用

在岗位管理中，将合适的员工选用到合适的岗位上，促使其充分发挥个人的才干与潜能，这是企业用好员工的关键，也是岗位管理的目标所在。人岗匹配在岗位管理中的作用可用如图 1-3 所示来表示。

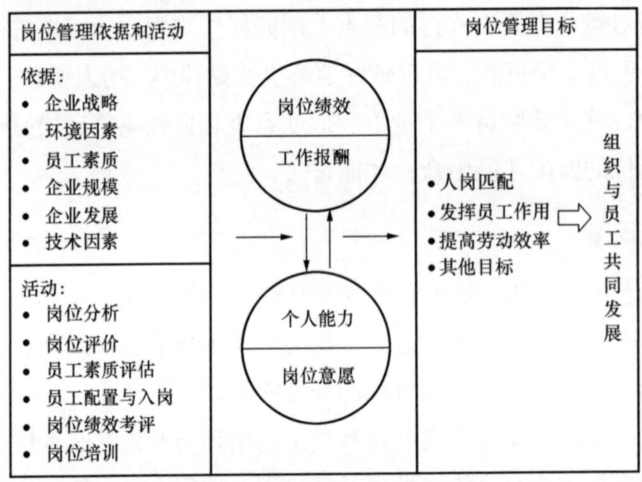


图 1-3 人岗匹配在岗位管理中的作用

由图 1-3 可知，人岗匹配处于岗位管理活动的中心，所有的岗位管理活动都围绕着这个中心进行，人岗匹配贯串于岗位管理的全过程。

## 1.3 岗位管理中人岗匹配的实现

人岗匹配的实现是一个动态的过程，这个过程与岗位管理的过程既有一定的相似性，又有一定的区别性。人岗匹配的实现过程包括人岗匹配的准备、员工素质测评、人岗匹配的实施、匹配评估与调整、匹配升级等环节。

### 1.3.1 人岗匹配的准备

人岗匹配的准备环节包括岗位分析和岗位评价两个部分。

#### 1. 岗位分析

通过岗位分析，我们可以了解岗位的职责、任务、工作环境等，以及该岗位对主持人在知识、技能、能力、经验、气质、个性等方面的要求。岗位分析的结果不仅为员工素质的测评提供指标，而且为合适的员工配置到合适的岗位上提供了可能。随着企业内外部环境的变化，岗位对员工的要求也会发生变化。因此，要想始终如一地保持员工与岗位匹配，岗位分析就不能一成不变，而应随着环境、形势的变化而变化。

通常意义上的岗位分析是从岗位本身出发，分析的是能够胜任岗位的最基本的要求，这些最基本要求往往不能涵盖最佳匹配的要求。因此，人岗匹配的岗位分析还要从整个组织系统出发，分析要使得整个系统达到最佳状态的该岗位对人的要求。

此外，为实现人岗匹配而进行的岗位分析还要侧重于岗位序列、类别的划分及岗位分级分档。岗位序列的划分是指根据工作特征将岗位划定为序列的组合，如决策序列、行政管理序列、生产服务序列、后勤保障序列等；岗位类别的划分是指将某一序列中工作性质相近的岗位进行组合，形成岗位类别，如管理类、专业技术类、执行操作类、辅助操作类、维护保障类等；岗位分级是指根据岗位任职要求的不同将岗位划分为不同的档级，不同的档级意味着对员工岗位胜任力的不同要求。

**2. 岗位评价**

岗位评价是对岗位价值的评定，评价的结果与体现任职者价值的岗位薪酬直接相关。因此，岗位评价就构成了人岗匹配的准备工作之一。随着人力资源管理的发展，岗位评价也形成了一套完整的方法体系并遵循一定的原则，有关岗位评价的具体内容将在本书第 3 章中进行详细介绍，这里不再细述。

### 1.3.2　员工素质测评

素质是判断一个员工能否胜任一项工作时必须考虑的因素，包括知识、技能、个性、价值观与内驱力等内容。对员工素质的测评包含两个部分：一是构建岗位的素质模型，即确定组织需要哪些素质；二是对员工的素质进行评价。

**1. 构建岗位素质模型**

岗位素质模型的构建是员工素质评价的基础和标准，它表明组织和岗位需要的素质种类和每项素质的重要性程度，也是判断人岗是否匹配的直接依据。岗位素质模型的建立是一项复杂且专业性很强的工作。

### 2. 员工素质评估

在确定了岗位素质模型后就可以此为标准对员工的素质进行评价以判断员工是否具备岗位所需的素质或能够达到的岗位档级。员工素质评价的方法有很多，不同的素质类别、不同的职位层次所用的评估方法往往也不同，不同评估方法得出的结论也不完全一致。由于评估方法的使用与评估结果的准确性直接相关，这就使得评估方法的选择尤为重要。常用的评估方法有笔试、结构化面试、心理测验、情景模拟、评价中心和绩效考评等，这些方法一般被综合运用于测评活动中。在测评结束之后，需要对每个员工的测评结果进行整理并形成个人的能力评价文件。能力测评文件不仅是初次判断人岗是否匹配的依据，也是人员培训、薪酬发放的参考依据。

## 1.3.3　人岗匹配的实施

### 1. 素质与岗位要求匹配

在确定岗位档次标准（以下简称“档级”）与员工能力级别（以下简称“能级”）之后，可以对岗位要求与员工能力进行匹配。在匹配过程中应注意：档级与能级的最佳匹配状态是一一对应的。在最佳匹配状态下，岗位没有不称职现象，员工没有能力浪费现象，员工匹配的经济效益达到最大化。但显然这只是一种理想状态，在现实中是很难实现的，因此，档级与能级的匹配在很多情况下都是相对匹配的状态。

档级与能级的匹配有一个最低要求，低于这个要求，则认为这种匹配不合适，应该进行调整。因为这种不合适可能会导致两种后果，一是大材小用，员工的能力出现剩余或浪费；二是小材大用，无法保证岗位职责的圆满完成。

当能级与档级相符时，员工可以进入岗位成为岗位主持人；当能级与档级不相符时，可以通过进行岗位晋升、岗位调换、岗位培训或者直接淘汰等手段来优化配置。

**相关链接**

#### 档级与能级

档级指的是将岗位按照对能力的不同要求划分为不同的档次，通常情况下将岗位划分为七个档次，每个档次对应于不同的岗位绩效要求和任职要求，这七个档次就构成了岗位的不同档级。能级指的是在员工素质的测评活动中，对应岗位所要求的每项能力进行打分，并给每项能力分配相应的权重，从而得出每位员工的能力评价分数，再按照相应的标准将这些得分归入相应的级别中，得出该员工的能力级别，也就是能级。

2. 岗位意愿与报酬匹配

人岗匹配不仅要求员工素质与岗位需求相匹配，而且还要求员工岗位意愿与工作报酬相匹配。员工工作意愿与报酬是否匹配决定了人岗匹配最终是否能够成功。

这里的工作报酬是一个广义的概念，不仅包括工资、奖金、福利等外在报酬，还包括工作挑战性、个人发展机会等内在报酬。

员工岗位意愿与工作报酬的匹配也是人岗位匹配的重要方面。岗位意愿与报酬是否匹配的关键在于岗位报酬与员工的期望是否相符。若两者完全相符或相差不大，则两者可以匹配；若岗位报酬大于员工期望，则增加了组织的用人成本，对组织的长期发展不利；若岗位报酬低于员工期望，员工会觉得个人价值被低估，则降低个人岗位意愿。后两者都为不匹配的表现。

报酬与员工意愿匹配如何？企业可以做报酬满意度调查（以包括工资、奖金、福利在内的薪酬满意度调查为主），根据调查结果，调整薪资方案和有关政策措施。在这里，最主要是使薪酬具有内部公平性和外部竞争性，增强员工的满意度和岗位意愿。

### 1.3.4 匹配评估与调整

岗位匹配实施以后需要对匹配的结果进行评估以判断人岗匹配程度如何。企业实施岗位管理的最终目标是提高岗位绩效和组织绩效，因而绩效的评估就成了判断人岗匹配度的最有效方式。

对个人而言，其绩效的好坏是检验其是否适合所在岗位的重要判断依据，虽然绩效不是衡量一个人是否人岗匹配的唯一标准，但员工个人与岗位不匹配，必然会影响绩效产出。比如，一个人的能力达不到岗位的要求，那必然在工作效率与效能方面不能达到理想的成绩，从而使得岗位绩效欠佳。

对部门而言，部门绩效的好坏是检验该部门所有人员与岗位是否一一匹配的重要依据。部门内部所有岗位与人员的匹配有利于提高部门的整体绩效，而一旦有一个或部分人员不适合他们的岗位（某些岗位与其人员不匹配），就会影响部门的整体工作绩效，造成部门绩效欠佳。

对企业而言，个人的绩效和部门的绩效构成了企业的绩效。由于时代、地域、政策等因素的不同，企业绩效的高低受多重因素的影响，但人岗匹配的程度是一个重要的影响因素。它通过影响个人的绩效和部门的绩效而影响整个企业的绩效，它的影响不容忽视。

人岗匹配与否与岗位绩效、部门绩效乃至组织绩效密切相关，因此可用绩效水平的高低反过来判断人岗的匹配程度。当发现绩效水平不高时就要判断绩效水平不高的原因，如果是人岗匹配不佳的问题，则要进行匹配调整，对人员进行重新评估，进行岗位调换、岗位培训等。

### 1.3.5 匹配升级

**1. 适时培训**

企业招聘新员工并使其与岗位进行合理组合，从而实现了员工与岗位的初始匹配。然而，随着时间的推移，由于设备更新、流程再造或技术革新，岗位状态可能会发生很大变化，员工原有的知识、技能可能变得陈旧，不能再满足该岗位的需要。这时，企业不能轻易对员工做出下岗或辞退的决定，而应考察员工是否能通过培训重新获得该岗位所需的知识和技能，如果可以则应对其实施相应的培训和开发，从而重新达到个人与岗位的匹配。这样的措施将有利于激励员工并提高他们的忠诚度。培训对企业实现人岗匹配所起的作用如图 1-4 所示。

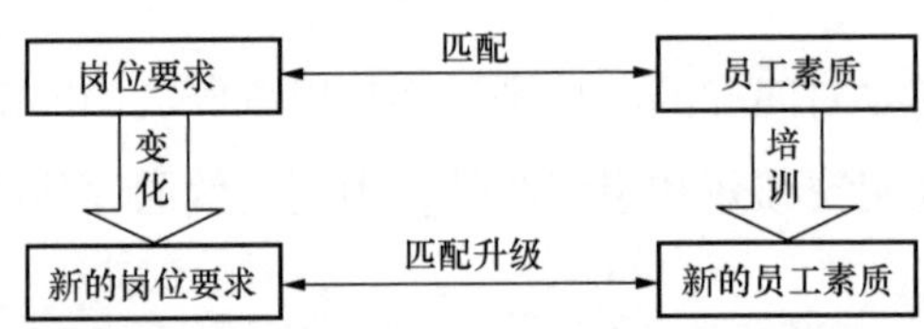


图 1-4　培训对人岗匹配升级的作用

还有一种情况也需要培训。那就是员工被安排到与其素质相匹配的岗位上去，但他对该工作并没有产生多大的兴趣。实际上，在现实当中并不存在着什么所谓的“好工作”，人们从不同的角度来评价同样一份工作，自然会得出不同的结论。原因是对所谓“好工作”的评价并不存在客观统一的标准，往往企业认为比较适合某个员工的工作，而该员工却不是这样认为。即使是同一个员工，对同一项工作的评价，也可能会随着时间和情境的变化而表现出很大的差异。所以，即使企业将某个员工与某个岗位匹配了起来，但这个员工可能对这个岗位工作的评价并不高，或是先高然后逐渐降低，最终彻底否定。之所以这样，可能由四个方面的原因导致。

第一，员工对自己的素质可能并不十分了解，也不知道自己目前所在的岗位与自己的素质是否相匹配。由于员工对该岗位工作缺少相应的动机，所以就无法产生认同感和动力，其对工作的投入就会不足，最终导致员工与岗位无法匹配。

第二，员工片面强调目前从事的工作和自己的素质并不匹配，因此工作缺少积极性，效果肯定不佳。

第三，虽然员工也知道目前从事的岗位工作比较适合自己，但由于自己就是不喜欢这项工作，因而在岗位上只是应付而已，当然更谈不上匹配了。

第四，有的员工这山望着那山高，总是排斥自己的岗位，总是期待别人的岗位。有着这种心态的员工和自己的岗位是没有办法匹配的。

通过培训可以改变以上状况或是弥补以上不足。不管在哪种情况下，都要使员工了解自己的素质，并把握判断自己与岗位匹配的标准，提高对岗位的热爱程度，积极投入工作，脚踏实地完成岗位绩效。在这里，转变观念和端正心态是关键。因此，要加强员工的心智开发，确保员工的心理健康，使培训对企业实现人岗匹配起到动态保障和升级的作用。

2. **不断激励**

根据马斯洛的需求层次理论，在某一种需求得到相对满足之后，这种需求就失去对行为的动力作用，或失去成为主要动力的作用。这时另一种需求就会产生，于是人们又要采取新的措施来满足新的需求。员工的岗位意愿也是一种需求，当员工最初的岗位意愿得到满足之后，又可能会出现新的岗位意愿。这时，原来的人岗匹配模型被打破，需要及时建立新的人岗匹配模型。为实现再次匹配，就需要对员工进行再激励。一方面可以采取晋升、轮岗、加大岗位工作范畴或提升岗位职责等办法进行激励，另一方面也可以采用加薪、提高奖金、福利或者无形薪酬（如培训、荣誉等）等激励措施来满足员工的新需要。如图 1-5 所示为激励对人岗匹配升级作用的一般原理。

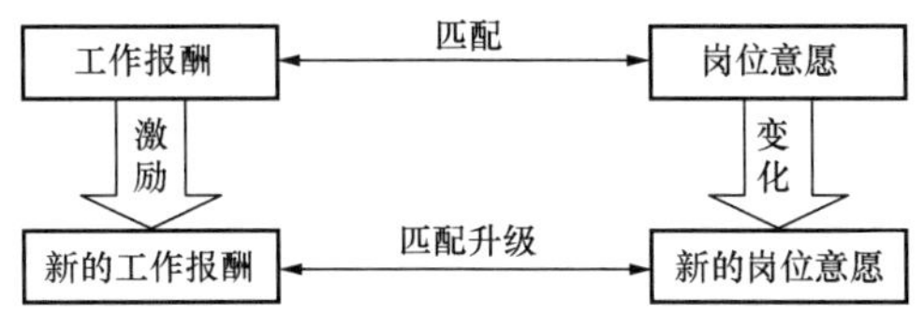


图 1-5　激励对人岗匹配升级的作用

为实现人岗匹配升级，可采用以下激励方法激励员工。

一是薪酬激励。设计合理有效的薪酬制度，以绩效考评为基础，设计能上能下、优胜劣汰的机制，保证各能级员工符合相应职级岗位的要求。晋升和淘汰都要有公平、量化的标准，不同能级员工的标准根据其重要性由不同部门或人员决定。

二是考评激励。完善绩效考评制度，对企业整体的考评确定企业本年度可供分配的薪酬总额，对部门的考评确定该部门应得的薪酬份额，对个人的考评确定其个人薪酬额度和档级升降。

三是培训激励。制订企业培训计划，一方面把培训当成一种奖励给那些有潜力、有需求、工作业绩好的员工，另一方面把培训当作一种动力帮助那些能力不足、潜力有限、工作业绩存在各种问题的员工。

四是职业发展激励。为员工制订职业生涯发展规划，使员工对自身的职业发展有清晰的认识，从而更好地完成岗位工作。

五是组织激励。树立企业品牌，让员工参与管理，职责分明，充分授权。

六是荣誉激励。为工作成绩突出的员工授予荣誉称号，代表着公司对这些员工工作的认可。例如，成立一个“百分百俱乐部”，当员工完成其年度任务，就可以被批准成为“百分百俱乐部”成员，该员工及其家人就可以应邀参加公司隆重的聚会。

七是支持激励。领导尊重下级的人格、尊严、首创精神，爱护下级的积极性和创造性。领导信任下级，放手让下级大胆工作，当下级遇到困难时，主动为下级排忧解难，增加下级的安全感和信任感。当工作遇到差错时，领导承担自己应该承担的责任，创造一定的条件，使下级能胜任工作。

八是企业文化激励。创建突出“以人为本”的企业文化，用文化塑造员工，使其融入每个员工个人的价值观。

九是工作内容激励。了解员工的兴趣所在，让员工自主选择自己的工作（轮岗），由人力资源部协调，发挥自身特长，从而提高效率。

十是环境激励。包括政策环境激励（完善公司的各项规章制度，确保员工的公平性）和客观环境激励（进一步改善公司的客观环境，如办公环境、办公设备、环境卫生等）。此外，对于特殊员工，如高层领导者可采用股权激励等方法，研发人员可采用团队激励等方法。

## 相关链接

### 从“失街亭”看人岗匹配

马谡“兄弟五人，并有才名”，随刘备入川，可见马谡是年少成名，素有才气，因而得以辅佐刘备，并随刘备入川。所以，当初在选拔上，马谡不是随随便便就被招聘的。

刘备临死之时对诸葛亮说：“马谡言过其实，不可大用，君其察之！”可见诸葛亮对马谡的任用也十分谨慎。马谡在诸葛亮平定南中的过程中，定下攻心之计，与诸葛亮的战略思想相一致，于是诸葛亮就让他担任了参军。在七擒孟获的过程中，马谡又屡屡出谋划策，并常与诸葛亮不谋而合。在诸葛亮担忧北魏的威胁时，马谡又献策使北魏罢免了大将司马懿，去除了蜀国最大的威胁，所以在诸葛亮北征时，他被提拔为安远将军。街亭一战，他自告奋勇为先锋去守街亭，终于犯下大错，导致蜀军大败。诸葛亮把他留在身边，处处观察，发现他并非浪得虚名，很有计谋，而且常常与诸葛亮想的不谋而合，因此在守街亭时才大胆启用马谡，最后却发现他并不能胜任这个岗位。

马谡在失街亭前的表现可以说是非常胜任，因此他在街亭一战中自告奋勇担任新的岗位，但是诸葛亮没能意识到其岗位的要求和能力之间的差距，也没有进行必要的、有针对性的训练，便让其上岗，最终酿成大错。

## ☑ 自测题

### 一、判断题（请在题后的括号内打“√”或“×”）

1. 岗位是企业生产经营、管理运作的最基本细胞，是分割与承载组织工作的具体单元。（　　）

2. 岗位设置应遵循因人设岗为主，因事设岗为辅。（　　）

3. 岗位分析是组织岗位管理也是组织人力资源管理的一块基石。（　　）

4. 以薪酬为导向的岗位管理模式的特点之一是企业人力资源管理部门将工作重点放在绩效考评上。（　　）

5. 员工配置与入岗是岗位管理的核心内容。（　　）

## 二、单选题（请在题后的括号内填上选中项的序号）

1. 下列岗位要素中，具有能动性的是（　　）。

A. 工作　　B. 岗位主持人

C. 职责与职权　　D. 环境、激励与约束机制

2. 岗位的最基本要素是（　　）。

A. 工作　　B. 岗位主持人

C. 职责与职权　　D. 环境、激励与约束机制

3. 下列各项不是岗位所具有的特征的是（　　）。

A. 岗位是客观存在的　　B. 岗位是以工作为中心的

C. 岗位必须由人来承担　　D. 岗位是因人设置的

4. 岗位管理最基础的活动是（　　）。

A. 岗位评价　　B. 岗位素质模型构建

C. 岗位分析　　D. 员工素质评估

5. 全方位地调动组织内各个群体和全体成员的积极性、创造力和成就感，使企业总目标与各个方面的分目标融为一体，以求得企业的长远优化和稳定快速的发展的岗位管理模式是（　　）。

A. 以工作为导向的岗位管理模式　　B. 以绩效为导向的岗位管理模式

C. 以薪酬为导向的岗位管理模式　　D. 岗位目标管理模式

## 三、多选题（请在题后的括号内填上选中项的序号）

1. 岗位管理的主体包括（　　）。

A. 组织　　B. 领导

C. 下属　　D. 岗位主持人

2. 岗位管理的原则有（　　）。

A. 动态性原则　　B. 竞争性原则

C. 匹配性原则　　D. 制度化原则

3. 人岗匹配的特征包括（　　）。

A. 单向选择　　B. 双向选择

C. 动态匹配　　D. 静态匹配

4. 人岗匹配活动的准备工作有（ ）。

A. 岗位分析　　B. 员工素质评估

C. 员工入岗　　D. 岗位评价

5. 岗位管理模式主要有（ ）。

A. 以工作为导向的岗位管理模式　　B. 以绩效为导向的岗位管理模式

C. 以薪酬为导向的岗位管理模式　　D. 岗位目标管理模式

## 四、练习与思考

1. 什么是岗位与岗位管理？
2. 简述岗位管理的原则有哪些。
3. 岗位管理过程包含哪些内容？相互间的关系是什么？
4. 试述不同岗位管理模式的内容及各自的特点。
5. 简述岗位管理中人岗匹配的实现过程。

## 五、案例分析题

1. 古语有云：骏马能历险，犁田不如牛；坚车能载重，渡河不如舟。这句话想表达的意思就是——适当的人和物要用在适当的地方，也就是我们常说的人岗要匹配，这也是人力资源工作中的重点和难点。

针对这一情况，英才网联旗下机械英才网于 2009 年 7 月 17 日举办了名为“人才招聘与岗位安置时如何实现人岗匹配”的主题沙龙活动，特意邀请来自北京智鼎管理咨询有限公司的咨询师王立娜，与众多人力资源管理者们探讨人岗匹配对于提高员工效率的作用。

王立娜强调，要做到人岗匹配，首先要通过建立岗位素质能力模型确定组织中各岗位的素质能力要求，才能了解不同岗位的不同用人需求。而有效的人岗匹配还应建立在了解员工的基础上。

“了解员工”听上去是一个很简单的问题，当王立娜问在场的人力资源管理者是否了解员工时，得到的大部分回答是：当然了解。而当问到具体的细节：您了解他们具备什么能力吗？了解他们的思维方式和做事风格吗？了解他们的喜恶吗？了解他们的价值观吗？不少的人力资源管理者就回答不上来了。而这种不了解正是导致很多举措不能深入人心，公司不能带来高绩效的关键因素。

“我们以往谈到人岗匹配时，常常只考虑人的能力和特定岗位要求的能力相匹配。采取的办法是考察员工的知识结构和工作技能是否达到岗位的要求。事实上，只有这方面的匹配是不够的。”王立娜说，“要更有效地做到人岗匹配，还应该考虑员工个人的行为风格和个性、动机等特质与工作要求，个人的价值观是否和企业的价值观匹配。”

企业环境和员工个性的匹配度越高，员工就越能愉快、高效地工作，所以企业的最高管理者及人力资源管理者们一定要把合适的人用到合适的岗位。

（资料来源：http://www360doc.com/content/11/0927/11/1800 151564628.Shtml）

**思考题：**

（1）你同意咨询师王立娜对于人岗匹配的理解吗？请说明理由。

（2）什么是人岗匹配？在岗位管理中如何实现人岗匹配？

2. 小王在一家三十多人的互联网创业公司工作。本着学习的心态，从公司成立至今，工作已经快两年了。在最近这一年半的时间里，公司人事助理更换了七个：

第一个待了三周，平时老玩游戏，领导和同事对他都不满意，经过一次谈话之后，离职了；

第二个是个刚结婚的女孩，也待了三周，觉得公司下班晚，照顾不到家里，然后离职了；

第三个待了两周；

第四个是同事介绍的，在公司的时间长点，但是工作一直都不用心，待了一个月就有了离职的想法，觉得做得不开心；

第五个高中学历，但工作经验久，有次跟领导发生冲突，领导说了难听的话，后来以离家远为由走了；

第六个情商低，很自我，跟领导冲突之后，离职；

第七个待了一个月，开始还蛮有冲劲的，但现在也有离职的想法。

公司这两年资金流比较紧张，人事助理岗位薪资不占优势，给得很低，工作量也不饱和，这些是不是都会影响新同事对公司的评价？这么频繁地离职，到底问题出在哪儿了？

（资料来源：https://www.hrloo.com/lrz/14134166.html）

**思考题：**

（1）材料中该公司的人事助理离职频繁，到底哪里出了问题？

（2）你认为应如何解决材料中的问题？请提出具体的解决建议。

# 岗位分析与设计

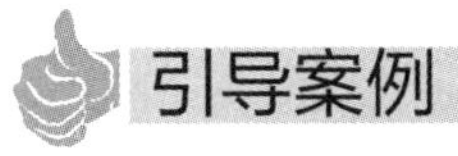


### 生产车间招聘前的准备工作

新组建的生产车间王主任到人力资源部来找招聘专员小李："小李，帮帮忙，赶快帮我到人才市场上去招一个电镀工艺师和三个模修工，要快！"然后，王主任把自己的要求详细地向小李叙述了一遍。不料小李听后却回答："王主任，没有岗位说明书，我没办法帮你招。"随即两人在办公室里争吵起来，王主任气得不辞而别。

第二天一上班，小李就把前一天的情况向人力资源部的张部长做了汇报。张部长带着小李来到了生产车间，先向王主任道歉，然后说："老王，咱们企业有规定，招聘员工必须以岗位说明书为依据，所以请你原谅。"这时王主任气已经消了，对张部长诉起苦来。"老张啊，你是知道的，生产车间刚刚组建起来，工作头绪多，哪有时间去搞什么说明书？再说了，车间组建后对电镀工艺师和模修工都有新的要求，原来的说明书都不好用了。你说，小李这不是故意难为我吗？"小李在一旁插话说："王主任您别生气，说明书过时了没关系，我来帮您重新编写怎么样？"王主任一听乐了："我生什么气呀，你能帮我，我乐还来不及呢。"

小李在生产车间连调研带编写，经过王主任的审查，很快就将两份岗位说明书拿了出来。没用三天的时间，小李就在人才市场上招聘到了合适的人选。经过车间现场测试，王主任非常满意。

从上述案例可以看出，岗位分析和设计是一项非常重要的工作，它不仅是人员招聘的依据，而且是人力资源管理各项工作的基础。上述案例还说明，工作分析与设计工作离不开人力资源部与业务部门的紧密协作。

**思考：**

小李一开始为什么回绝了王主任的要求，后来他为什么又满足了王主任的要求？小李在生产车间干了什么工作，这项工作有什么意义？

## ■ 本章学习目标

1. 了解为什么要进行岗位分析
2. 理解岗位分析的内容、原则
3. 熟悉岗位分析的方法及开展岗位分析的流程
4. 熟悉岗位文件的内容及编制要求
5. 了解岗位设计的基本流程和常用方法

## ■ 学习导航

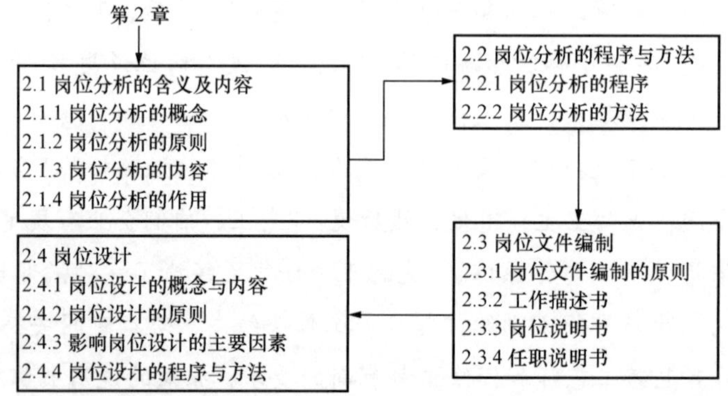

## 2.1 岗位分析的含义及内容

岗位分析又称职位分析，是工作分析的主要内容之一，也是岗位管理必不可少的逻辑起点。对于企业来讲，岗位分析是指对组织内部各岗位工作的认识和分类的过程，是企业人力资源管理的基础。

### 2.1.1 岗位分析的概念

岗位分析，顾名思义，就是对组织所设置的岗位进行的分析。具体来说，指的就是由企业的专业人员对岗位及其相关因素进行分析，最后形成各种有关岗位信息描述的活动。岗位分析对每个岗位的功能、职责范围、工作关系及对人员的素质要求等都要做出明确的分析和规定。

岗位分析是一个研究活动过程，在这个过程中综合应用各种方法来对企业中岗位的工作内容、职责权限、工作关系、任职要求等基本因素进行收集、分析和确定。岗位分析以企业中的岗位及岗位主持人为研究对象，最终的结果是形成工作描述书和任职资格书，这个结果对企业确定人力资源规划、员工招聘甄选、绩效考评、薪酬与福利、培训开发等人力资源管理模块来讲也是重要的参考依据。

**相关链接**

**岗位分析相关术语界定**

以下是美国职业介绍所的职业研究计划所用的术语，在世界上具有代表性。

1. 要素

要素是指工作活动中不便再继续分解的最小单位，如速记人员正确书写的各种速记符号，或打字员在打字前的开机行为。

2. 任务

任务是指为达到某一特定目的所进行的一项活动，是工作活动中达到某一工作目的的要素集合。例如，一个办公室文职人员打印一份文件，要达到打印的目的，必须将“熟悉字词句章、在电脑中用某种打字法拼写这些字句、校正语句误用及用词错误、将校订的文件打印出来”等几个工作要素系统地结合起来，才算完成该项任务。

3. 职责

职责是由一个人负担的一项或多项任务组成，是多项相关任务的集合。例如，一场笔试的职责包括“设计考卷、为考生发放考卷、回收考卷、参照一定依据或答案为每张考卷赋分、将考试结果以某种形式予以公告或反馈给各位考生”等项任务。

4. 职权

职权是指赋予完成特定任务所需要的权力。特定的职责要赋予对等的特定职权，甚至特定的职责要等同于特定的职权。

5. 职位

职位就是岗位，是由一个人完成的一项或多项相关职责组成的集合。例如，人力资源部经理这一职位，一般来讲它所承担的职责有以下几个方面：员工的招聘录用、员工的培训开发、企业的薪酬管理、企业的绩效管理、员工关系的管理等。

6. 职务

职务是对主要职责在重要性和数量上相当的一组职位的统称。在企业中，通常把所需知识技能类似的一组任务和责任视为同类职务，从而形成同一职务、多个职位的情况。例如，企业的副总经理是职务，可以对应生产副总经理、行政副总经理等职位。

7. 职业

职业是指由不同时间内不同组织中工作要求相似或职责相近的职位集合。例如，教师职业，虽然每个学校的教师具体工作的内容不尽相同，但是他们彼此担负的职责等却相似。

### 2.1.2 岗位分析的原则

企业实施岗位分析应注意遵循以下几条原则。

**1. 整体原则**

任何组织都是一个独立的系统，系统内各元素有着千丝万缕的联系。在对组织内的某一岗位进行岗位分析时，要注意该岗位与组织内的其他岗位之间的联系，从整体上分析该岗位的相关信息。

**2. 参与原则**

岗位分析一般是组织内某一特定部门主持开展的工作，但是这项工作也需要组织内全员参与来共同完成，因此，组织内的各级员工应该广泛参与，通力配合。

### 3. 实际原则

人力资源的管理，无论是人员招聘、选拔、培训，还是考核、激励，都必须在岗位分析的基础上完成，岗位分析的结果可以应用到人力资源管理的各个方面。因此，工作分析的组织者必须根据组织的实际情况来确定岗位分析工作开展的内容、方法等。

### 4. 动态原则

岗位分析是一个动态变化的过程。随着技术进步和企业发展及组织结构的变化，对原有的岗位分析文件必须给予适时的修正和调整。只有把这个基础打好了，人力资源管理的所有工作才能做到有根有据，才能实现规范化管理。

### 5. 应用原则

应用原则是指岗位分析的结果、工作描述与工作规范，一旦形成职务说明书后，管理者就应该将其应用于企业管理的各个方面，无论是人员招聘、选拔、培训还是绩效考评、薪酬发放等都需要根据岗位分析文件的要求和标准来进行。

## 2.1.3　岗位分析的内容

岗位分析的内容往往根据目的的不同而有所区别。一般情况下，岗位分析主要包括以下三个方面的内容。

### 1. 岗位基本信息描述

这是对当前岗位的基本信息进行的简单介绍，也可称为岗位工作描述。这部分内容主要包括：岗位属性（岗位名称、岗位标号、岗位性质、可兼职岗位、直接上级、所属组织、直接下属、组织内本岗位数）、工作环境（工作地点、湿度、温度、粉尘、噪声、安全性、必备工具、经常使用工具、偶尔使用工具等）、岗位关系（可晋升岗位、可由何岗转至本岗、可转至岗位、降级后岗位、与其他岗位的关系等）。

### 2. 岗位权责利描述

这是对本岗位的权责利的描述。这部分内容主要包括：职责概要（包括具体的职责内容和时间安排等）、工作权限、注意避免的过失、考评项目（产量、质量、消耗、出勤率）、监督及考评机关、所需培训（岗前任职培训、在职技能培训、脱产培训）等。

### 3. 岗位任职条件描述

这是对本岗位任职资格要求的描述。这部分内容主要包括：资格要求（文化程度、工种及等级、工作经历和经验等）、应知应会要求、工作态度（责任心、主动性、安全意识、成本控制意识等）、生理要求（年龄、性别、身高、健康状况等）等。

## 2.1.4 岗位分析的作用

岗位分析主要是为了解决七个方面的重要问题：岗位要完成什么样的工作（what）？为什么要完成此项工作（why）？怎样完成此项工作（how）？谁来完成此项工作（who）？为谁完成此项工作（for whom）？此项工作在哪里进行（where）？何时完成此项工作（when）？

岗位分析工作是建立人力资源管理体系的基础工作。通过岗位分析可以对岗位方方面面的情况有具体的了解，这就为下一步的人力资源合理配置奠定了基础，进而成为企业人力资源管理的一块重要基石。此外，岗位分析的结果形成若干岗位文件，而这些岗位文件是一个企业一系列人力资源管理工作的前提和基础，具有相当于法律约束的作用（见图 2-1）。可以说，来自岗位分析的数据和资料实际上对人力资源管理的每一方面工作都有重要的影响。

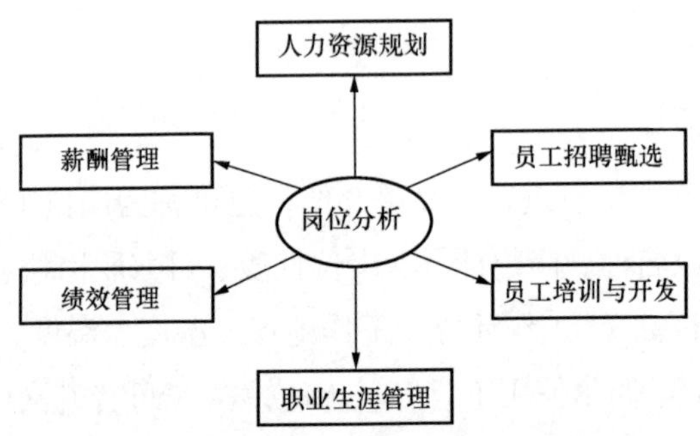


图 2-1　岗位管理对人力资源管理的作用

### 1. 岗位分析在人力资源规划中的作用

每一个企业对于组织中的岗位安排和人员配备，都会有一个合理的计划，并根据生产和组织的发展趋势做出人力资源规划和预测方案。一个组织中有多少种工作岗位，这些岗位目前的人员配备能否达到工作和岗位的要求，今后几年内将发生哪些变化，组织的人员结构需要做怎样的调整，储备人员应该具有怎样的能力素质等问题，都可以依据岗位分析做出适当的处理和安排。

### 2. 岗位分析在员工招聘甄选中的作用

岗位分析的文件能够为企业人员招聘、选拔和调整提供有效的依据。通过岗位分析，能够明确地规定工作岗位的近期和长期目标，掌握工作任务的静态和动态特点，提出有关岗位主持人在知识、技能等素质方面的要求，选择招聘甄选工作的具体程序和方法等。这有利于企业进一步确定选人、用人的标准，以实现人岗匹配。

### 3. 岗位分析在员工培训与开发中的作用

为了满足企业发展的需求，员工在工作中需要不断地提高自身的能力，因此企业有必要对员工进行持续的培训与开发。企业通过岗位分析文件制订出相应的培训计划，有针对性地开展各种培训活动。通过岗位分析的结果，管理者可以设计和制订培训方案，根据实际工作要求和聘用人员的实际情况，有区别、有针对性地安排培训内容和方案，以培训来促进员工素质的提高和发展，不断提升工作效率。

### 4. 岗位分析在员工职业生涯管理中的作用

岗位分析可以为员工职业咨询和职业指导提供可靠和有效的信息。岗位分析确定了各项工作所应包括的工作事项，通过岗位分析文件，员工可以发现自己有哪些方面的不足，从而可以有针对性地提高自己的能力素质，促进职业生涯的进步与发展。

### 5. 岗位分析在员工绩效管理中的作用

员工绩效管理是人力资源管理的主线，特别是绩效考评如果缺乏科学依据，不仅影响员工的工作积极性，而且使岗位工作受到影响。岗位分析可以为员工工作的绩效考评和岗位调整提供标准和依据。岗位分析文件明确了工作任务要求，根据岗位分析的结果，管理者可以制定各项工作的考评标准，促进员工提高工作效率。

### 6. 岗位分析在员工薪酬管理中的作用

岗位分析可以帮助企业建立合理的工作定额和薪酬制度。一般来说，工作的职责越重要、员工所从事的工作难度越大、工作要求的知识和技能越高，其所应得的相应报酬也就越高。岗位分析是制定企业部门定员标准和工资奖励制度的重要依据，把工作定额和技术等级标准等内容的评定建立在岗位分析的基础上，有利于制定出比较合理公平的薪酬管理制度。

除此之外，开展岗位分析工作，也是企业改革和发展的客观要求，在改善组织结构和组织设计及其他企业管理方面都具有重要的意义和作用。

## 2.2 岗位分析的程序与方法

岗位分析作为现代人力资源管理所有职能工作的基础和前提，技术性要求很高，是一项复杂而细致的工作。要做好岗位分析工作，就必须对岗位分析的程序和方法给予充分的认识和把握。

### 2.2.1 岗位分析的程序

岗位分析的整个流程可以看成是一个岗位工作信息由收集到分析再到形成结果的动态过程，整个过程从程序上来看可以概括为五个环节，分别为准备环节、信息获取环节、分析整理环节、形成结果环节及应用反馈环节。

#### 1. 准备环节

在这一环节中，企业首先需要成立岗位分析的工作小组。工作小组的成员一般可以分为人力资源管理专家、工作的任职者和组织的高层领导三类人。人力资源管理专家可以是组织中的人力资源管理专员，也可以是外聘的人力资源管理专家。组织内的人力资源管理专员应该具有岗位分析的专业知识和具体实践操作的能力，对于组织中各岗位工作的情况有基本的了解。如果组织内缺少精通岗位分析的专员，也可以聘请“外脑”进行协助，同时，组织中的人力资源管理部门应该派员负责协调和组织实施。工作的任职者包括部门的中层领导和基层员工，他们最了解本部门各岗位或本职岗位的工作内容及相关信息。组织的高层领导对组织的战略、岗位分析的目标有宏观把握的能力，同时对岗位分析的过程能够进行监督和指导。

在这一环节还需要完成的其他准备工作主要包括：确定岗位分析的目标、制订岗位分析的工作计划、开展岗位分析的宣传工作、对参加岗位分析的成员进行相关的培训等。这里很重要的一点，就是要使组织的全体成员了解岗位分析的意义和目的，全员参与，积极投身于岗位分析工作之中。一般来讲，在准备阶段要召开动员大会，由企业主要领导和专家宣讲岗位分析的意义和具体要求，使广大员工提高认识，从思想上充分认识岗位分析工作的重要性。

### 2. 信息获取环节

信息获取环节是岗位分析流程中一个基础环节，其内容就是全面准确地收集各个岗位的相关信息。

在收集信息的过程中，要把计划安排明确告知相关参与人员，以免参与人员产生抵触情绪，从而使所收集的信息出现缺失和失真现象。另外，还需要注意统筹兼顾，尽量避免由于岗位分析工作的开展而影响有关部门和人员的日常工作，要把对企业日常工作秩序的影响尽量降到最低。

信息获取的来源一般可以分为两大方面，一是组织现有资料中的信息，二是实地收集的信息。组织现有资料主要指的是企业档案部门或资料部门所存档或保存的企业内部资料（如组织结构图、工作流程图、现有的部门职责说明书及岗位说明书等）和企业外部资料（如国家或职业分类标准、同行业其他企业的岗位描述信息等）。

实地收集信息是根据调查方案对各岗位进行认真细致的调查研究。调查通常是面对面的访谈和问卷调查，还可以结合观察法、关键事件法、小组讨论等方法，广泛、深入地收集有关岗位的各种数据和资料。

### 3. 分析整理环节

在岗位信息获取完毕后，就要对收集来的这些信息进行归类、分析，把大量无序的工作信息整合为有序完整的书面文字材料。分析整理环节一般可以从四个方面进行。

首先是岗位名称分析。岗位的名称必须能够体现出本岗位最主要的工作内容，使人们对岗位有直观的认识，同时要注意使岗位名称标准化，要与本部门的整体岗位名称体系相符合。

其次是工作内容分析。工作内容分析是分析整理环节的一个重要内容，根据收集到的资料，总结提炼出各岗位的工作信息，主要包括：工作职责与权限、工作关系、工作量和工作时间等。工作职责就是各岗位工作内容的概括提炼，可以按照岗位工作内容类型的不同来划分。

再次是工作环境分析。工作环境是岗位任职者工作所处的外在环境，主要包括工作场所的温度、湿度、噪声水平、粉尘浓度、辐射强度等自然环境，以及工作中任职者所要面临的安全威胁，包括工作中可能发生的各种事故、导致任职者易患得的职业病等。

最后是任职者的任职资格分析。任职资格分析是为了明确岗位工作对于任职者的胜任要求。运用比较多的任职资格条件主要有教育水平、从业资格、培训经历、经验要求、知识要求、技能技巧要求、个人身体素质要求等。任职资格分析既可以在招聘的过程中作为人员的甄选标准，又可以作为组织评价现有岗位任职者是否能够胜任的标准，如果其能力不符合岗位的任职资格要求，组织就可以为其提供必要的培训提升机会，或者将其调配到其他可以胜任的合适岗位。

#### 4. 形成结果环节

在分析整理环节结束后，工作小组就可以形成一份书面的分析报告，并且开始编制岗位文件，这是岗位分析最主要的成果之一。岗位文件一般包括工作描述书、岗位说明书和任职说明书三份文件，也可以将工作描述书和岗位说明书合并为一份文件。对于工作内容比较简单的岗位，也可以将三份文件合并成为一份岗位说明书。

#### 5. 应用反馈环节

此环节是组织根据岗位分析结果实际运行的阶段，在运行过程中对岗位文件进行验证。组织所处的环境在不断变化，组织自身的发展也在不断变化，因此岗位文件的内容必须不断地进行反馈与修正。如果岗位说明书长时间不进行调整和修改，就会逐渐落后于组织的发展，也就难以很好地发挥作用。

岗位文件编写结束后，就是岗位分析的一些后续工作了。后续工作主要包括两个方面：一是岗位分析结果的应用与反馈，真正运用到企业的实际工作中，发挥其价值，同时在应用过程中进行反馈与调整；二是岗位分析文件的不断更新。随着企业经营环境的变化和企业的发展，岗位工作内容与要求也会不断发生变化。当企业发生重大组织变革和战略调整、业务流程发生变化时，企业应及时修订岗位文件。这样才能充分发挥岗位文件的规范和指导作用。

### 2.2.2 岗位分析的方法

为了准确地进行岗位分析，描述岗位的工作内容，提出胜任岗位的资格要求，必须采用有效的方法对岗位系统进行分析。岗位分析的方法多种多样，常用的方法有访谈法、问卷调查法、观察法、资料分析法和关键事件法等。

### 1. 访谈法

访谈法是指访谈人员就某一岗位与访谈对象，按事先拟定的访谈提纲进行交流和讨论。访谈对象包括：现在从事该岗位的任职者、该岗位的直接主管人、与该职位工作联系比较密切的人员、任职者的下属等。为配合需要，有时也可以采用座谈会的方式来进行访谈。为了保证访谈效果，一般要事先设计访谈提纲。需要注意的是，访谈提纲的内容根据访谈对象的不同也应该有所区别。

访谈法是收集岗位信息采用最广泛的一种方法，其特点是可以得到标准和非标准的，以及其他不易观察到的多方面信息。其不足之处是被访谈者对访谈的动机往往持怀疑态度，回答问题时有所保留，从而导致信息失真。因此，访谈法一般不单独使用，最好与其他方法配合使用。

### 2. 问卷调查法

问卷调查就是根据岗位分析的目的、内容等，事先设计一套岗位调查问卷，由被调查者填写，再将问卷加以汇总，从中概括提炼，形成对岗位分析有用的描述信息。问卷调查法的关键是要制定一份针对性强、内容分量适中的问卷。问卷设计形式分为开放型和封闭型两种。开放型问卷由被调查人根据问题自由回答。封闭型问卷则是由工作小组事先设计好若干答案，由被调查人选择确定。

问卷调查法在岗位分析中使用较为广泛，其优点是速度快、调查范围广。但是，这种方法对问卷设计要求较高，同时需要被调查者积极配合。因此，这种方法也最好与其他方法配合使用，如访谈法、观察法等。

### 3. 观察法

观察法就是指通过直接观察将有关岗位工作过程表现出来的内容、方法、程序、设备、工作环境等信息记录下来，最后将取得的信息归纳整理为适合使用的结果。利用观察法进行岗位分析时，需要根据岗位分析的目的和组织现有的条件，事先确定观察的内容、观察的时间、观察的位置、观察所需的记录单等，做到省时高效。

采用观察法进行岗位分析，结果比较客观、准确，但不适用工作循环周期很长的工作。

一般来说，观察法适用于外显特征较明显的岗位工作，如生产一线岗位的工作。

4. **资料分析法**

资料分析法是指工作小组人员通过对现有资料进行分析整理而形成岗位文件的一种方法。通过对组织现有资料的整理和分析，能够明确整个组织的业务流程和管理流程，以及各岗位的基本信息，从而可以基本确定每个岗位在组织中的地位和作用。但是，组织往往处在不断变化的环境中，现有资料的很多内容可能已经过时了，因此，现有资料也只能作为参考，在利用资料进行分析时，还要配合使用其他一些方法。

5. **关键事件法**

关键事件法要求岗位任职人员对能反映其绩效好坏的“关键事件”进行描述。即找出对岗位工作任务造成显著影响（如成功与失败、盈利与亏损、高产与低产等）的事件，将其归纳分类，最后对岗位得出一个全面的了解。关键事件的描述包括：导致该事件发生的背景和原因、员工有效的或多余的行为、关键行为的后果、员工控制上述后果的能力等。

要想了解一个岗位的关键事件一般需要长期的观察，需要耗费大量的时间、人力、物力等。除此之外，关键事件的数量应足够说明问题，事件数目不能太少。因此，关键事件法的使用频率一般没有其他方法高。

上述岗位分析的方法各有特点，岗位分析工作小组可以根据所分析岗位的工作性质、目的，选择适当的方法，通常选择几种方法结合起来使用。

## 2.3 岗位文件编制

岗位文件包括工作描述书、岗位说明书及任职说明书，是岗位分析的重要成果，也是组织重要的人事文件之一。工作描述书主要包括职务名称、工作程序、工作条件、工作关系等，具体说明了工作的物质特点和环境特点。岗位说明书主要说明了工作职责、工作内容、工作权限等。任职说明书是指从事该岗位工作的人员必须具备的相关资格条件，如年龄、性别、学历、工作经验、健康状况、知识和技能等。

### 2.3.1 岗位文件编制的原则

岗位文件编写一般应遵循以下四项原则。

1. **统一性原则**

岗位文件格式要统一。岗位文件的具体形式虽然有很多种，但是其核心内容却应当建立在统一的格式要求上，否则岗位文件很难发挥管理的作用。

2. **实用性原则**

每个岗位的职责要明确、任职资格要界定清楚，在实际运用中，要具有很强的实用性和操作性，使任职者或监督者可以理解、操作、监督和反馈。

3. **准确性原则**

岗位文件的描述内容须清晰明了，在界定工作岗位时，要确保指明工作的范围和性质。保证每个岗位只有一套岗位文件，避免“千岗一面”或“一岗概全”。

4. **参与性原则**

岗位文件的编写不应当闭门造车，应当与该职位的任职者、上级主管、人力资源管理专家等共同讨论协商。

### 2.3.2 工作描述书

一个完整的工作描述书应包括岗位基本情况、工作条件、岗位关系、工作背景等。在实际应用中，组织可以根据自身的情况做适当的调整。

1. **岗位基本情况**

岗位基本情况主要包括岗位名称、岗位性质（如职能管理类岗位）、所属部门、所属科室、岗位编号等，还可增加工资等级、工资水平、定员人数等，视具体情况而定。

其中，岗位名称要做到“名”与“责”相符，能够准确地反映其主要的工作职责。岗位编号可以根据组织内的各个部门进行编号，目的在于能够迅速查找出所有的工作，而且能够区分出各个岗位的所属部门。

2. **工作条件**

工作条件主要包括办公（工作）地点、工作环境、设备工具三项内容。

办公（工作）地点指任职者工作的地理位置，有些岗位的办公（工作）地点没有固定在某个具体的办公室内，因此要根据实际情况来确定。工作环境指任职者工作的自然环境和安全环境，主要包括温度、湿度、粉尘、噪声、异味、安全性等。设备工具指从事该岗位工作所应用或配备的设备名称，根据各岗位的工作性质和工作内容来确定。

### 3. 岗位关系

岗位关系一般包括四个方面：可晋升的岗位、可由何岗位转升至本岗位、可转至其他岗位及降级岗位。岗位关系的描述可以让员工明确自己将来的发展，对自己的职业生涯进行规划设计。

### 4. 工作背景

工作背景主要包括岗位层次、工作性质、相关关系及关系描述四个方面的内容。

岗位层次是指该岗位在整个组织的岗位体系中位于哪一层次上，一般来说，组织中所有的岗位可以划分为五个层次：高层决策层、中层管理层、基层管理层、执行管理层及执行层。工作性质是指按照各个岗位工作的具体职责内容的不同，其性质可以划分为岗位操作、组织管理、现场管理、决策管理、监督管理等。相关关系是指任职者所在岗位与组织内其他岗位的关系，包括领导关系与协作关系。关系描述则是对这些相关关系的一个简单的概述。

表2-1是一个工作描述书的实例，以某集团财务中心财务主管这一岗位为例。

**表2-1 “财务主管”工作描述书**

表一：

| 岗位名称 | 财务主管 | 岗位编号 | CW-2-01 |
|---|---|---|---|
| 所属部门 | 集团财务部 | 部门本岗位数 | 1 |
| 直接上级 | 集团财务部部长 | 直接下属 | 总账会计、出纳、投融资专员 |

表二：

| 项目 | 具体说明 | |
|---|---|---|
| 办公地点 | 集团财务部办公室 | |
| 工作环境 | 粉尘：无 | 噪声：无 |
| | 异味：无 | 温度：常温 |
| | 安全性：安全 | |

续表

| 项目 | 具体说明 | |
|---|---|---|
| 工作时间 | 工作班次：常白班 | 工作均衡性：忙闲不均 |
| | 加班：偶尔加班 | 出差：偶尔出差 |
| 设备工具 | 常用办公设备 | |

表三：

| | |
|---|---|
| | 1. 职位层次：基层管理层 |
| | 2. 工作性质：组织管理 |
| | 3. 相关关系：<br>（1）领导关系：<br>（2）协作关系：<br>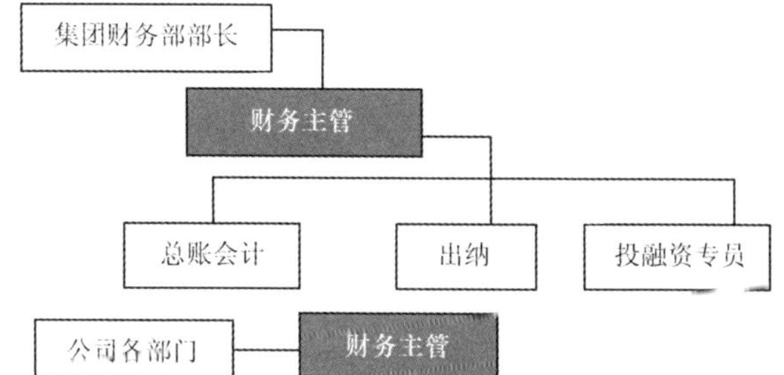<br> |
| | 4. 关系描述：<br>领导关系：<br>集团财务部部长：上报工作，接受指导、监督<br>总账会计、出纳、投融资专员：分配任务，指导、监督和考核<br>协作关系：<br>公司各部门：采集所需的公司各部门数据，编制各部门预算，并配合各部门对比业绩数和实现数，及时反馈，提高工作效率 |

## 2.3.3 岗位说明书

岗位说明书是指用书面的形式对组织中各类岗位的工作职责、工作权限及对该岗位的考评、培训情况进行描述的文件。根据需要，也可以将工作描述书与岗位说明书合并成一份文件——岗位说明书。

岗位说明书主要包括两大项内容：工作职责和岗位培训。

其中工作职责包括职责概要、工作职责、工作权限、注意避免的过失等。职责概要是对具体职责的概括提炼，指出该岗位工作的中心任务，而工作职责则是对该岗位工作内容进行逐条说明。工作权限主要是对任职者在工作活动内容上的权限范围进行界定，包括决定的权限，对他人实施监督管理的权限等。注意避免的过失主要是对任职者在工作活动中容易发生的过失进行描述，旨在提醒任职者在实际工作中尽量避免造成这样的过失。

岗位培训主要是针对各岗位的情况，确定该岗位需要哪些培训项目，具体可以分为岗前培训、在职培训和其他培训。

在编写岗位说明书时，要注意对职责概要的描述尽可能简练，具体职责要尽量包括该岗位的所有工作职责。同时，涉及专业术语时，要尽量使用专业术语。相关的文字叙述应当简明、清晰，并检查文件是否有与实际情况不相符之处。

表 2-2 是一个财务主管岗位说明书的实例。

**表 2-2 “财务主管”岗位说明书**

表一：

| 职责概要 | 协助集团财务部部长主持公司财务预决算、财务核算、会计监督和财务管理工作，监督财务计划执行情况 |
|---|---|
| 工作职责 | |
| 职责 1 | 协助领导根据公司发展战略，制定公司财务政策，参与公司重大财务决策 |
| 职责 2 | 合理安排资金运用，保证满足生产经营活动资金需求，确保保值增值 |
| 职责 3 | 组织财务分析，提供财务分析报告 |
| 职责 4 | 负责管理日常的会计业务处理 |
| 职责 5 | 负责各部门费用指标并监督管理，负责公司及各部门奖金审核、核算和分配 |
| 职责 6 | 完成集团财务部部长安排的其他工作 |

表二：

| 工作权限 | | ① 对下级工作监督检查权；② 对各项费用开支的监督检查权；③ 对限额资金使用的批准权；④ 对下级管理、业绩考评的评价权 |
|---|---|---|
| 注意避免的过失 | | 财务核算误差等 |
| 培训 | 岗前培训 | 企业文化培训、公司规章制度培训、岗位职业道德培训、岗位职责培训 |
| | 在职培训 | 财务、会计、税务等知识，投融资分析、管理知识 |
| | 脱产培训 | |

### 2.3.4　任职说明书

任职说明书是对岗位任职者所必须具备的知识、能力、技能及其他特征素质的概括。企业人力资源部门可以根据任职说明书来确定招聘人员所应具备的基本条件，并可将任职说明书用于人员筛选。

任职说明书一般包括四个方面的内容。

一是一般要求。主要包括学历、资历、专业、年龄、性别等。一般来说，学历要求是指胜任该岗位的最低学历。

二是人格特征。主要包括工作态度、责任感、忍耐力、价值观等。例如，是否有责任心，主动性是否强，进取心如何，有无安全意识，是否有成本控制的意识等。

三是应知应会。主要包括胜任本岗位工作所必须具备的知识、技能和其他能力素质。应知是指胜任本岗位工作应该具备的知识结构和知识水平，主要包括专业知识和相关的岗位操作知识。应会是指胜任本岗位工作应该具备的技能，主要包括运用专业知识的能力和岗位操作能力。其他能力素质是指诸如理解判断能力、组织协调能力、决策能力、开拓能力、语言表达能力等。

四是身体素质要求。主要包括对在该职位工作的任职者的身体特征和健康状况等方面的要求。

在编写任职说明书时，要注意任职说明书所列出的任何资格条件都必须与工作有关，也就是说要与实际的任职资格相符合，并且所列出的资格要求应为岗位的基本资格。

表 2-3 是一个财务主管任职说明书的实例。

**表 2-3　“财务主管”任职说明书**

| 条件结构 | | 内容描述 |
|---|---|---|
| 资格条件 | 文化程度 | 本科及以上学历 |
| | 专业背景 | 财务管理、会计等相关专业 |
| | 工作经历 | 在大型企业从事会计、财务工作两年以上 |
| 知识技能 | 专业知识技能 | 具有全面的财务管理专业知识、账务处理及财务管理经验，精通国家财税及法律规范，具备优秀的职业判断能力和丰富的财会项目分析处理经验，熟练运用相关的办公软件和各种财务软件 |

续表

| 条件结构 | | 内容描述 |
|---|---|---|
| 知识技能 | 关键能力和素质 | 具有较强的领导能力、组织协调能力、判断与决策能力、计划与执行能力，良好的人际沟通能力 |
| 生理要求 | 性别 | 无特别要求 |
| | 年龄 | 无特别要求 |
| | 健康状况 | 良好，具有充沛的精力，能够胜任办公室工作 |
| 其他要求 | | |

## 2.4　岗位设计

一个新建的企业或部门，员工定员定编乃至规划的依据是企业的岗位设计，如果没有岗位设计，或岗位设计不科学，那么员工定员定编就会子虚乌有，员工规划也会成为“鬼话”。而一个老企业在市场竞争中能够得以生存，证明了其原有的岗位分工相对是合理的，但是随着企业的进一步发展，原有岗位分工有可能难以适应现实的要求，成为企业发展的瓶颈。即使是经过预先周密设计的岗位分工，由于企业内外部经营环境的变化，也有可能无法满足企业进一步发展的需要。此时，基于企业的业务流程对岗位进行重新设计，是非常必要的。

### 2.4.1　岗位设计的概念与内容

**1. 岗位设计的概念**

岗位设计（job design），是将组织的任务以岗位为单位组合起来构成一项完整工作，包括确定岗位工作的具体内容和职责，并对该岗位任职者所必须具备的工作能力、所从事的日常工作活动，以及该项工作与其他工作之间的关系进行规定。为了有效地达到组织目标并满足个人需要，不断提高工作绩效，需要对岗位工作内容、职责、权限和工作关系等各方面进行设计和整合，这个过程就是岗位设计。

岗位设计是在岗位分析的信息基础上，研究和分析岗位工作怎样做才能促进组织目标的实现，以及如何使员工在工作中提高满意度以调动员工的工作积极性。在企业里，有些常规性的岗位其任务是标准化和经常反复出现的，另一些非常规性的岗位其任务则是非标准化的也不一定反复出现；有些岗位要求具有变化的和多样的技能，另一些岗位则只要求具有范围狭窄的技能即可。岗位设计就是要通过对工作和员工的需求进行分析，对工作进行有意识的设计和安排，以反映组织工作的要求和员工的技能、偏好和水平，从而开发员工的潜力，以此来提高岗位绩效。

**2. 岗位设计的内容**

岗位设计的内容由六个方面组成：工作内容、工作职责、工作关系、工作的产出、工作结果的反馈及任职者的反应。

第一，工作内容。工作内容是岗位设计的重点，这是关于工作范畴的问题，主要包括工作的种类、自主性、复杂性、难度、强度和工作完整性。其中，工作的完整性能够使员工有成就感，即使是流水作业中的一个简单程序，也应是全过程，让员工见到自己的工作成果，感受到自己工作的意义。

第二，工作职责。工作职责包括工作责任、权限、信息沟通、工作方法和协作关系，是关于工作本身的描述。

第三，工作关系。员工在工作中所发生的岗位与岗位之间的关系，包括同事之间的关系、上下级之间的关系、与其他部门之间的关系及与外部单位之间的关系等。

第四，工作的产出。这是指工作的业绩和成果的产出情况，包括工作绩效和工作者在工作中的表现。前者是工作任务完成所达到的数量、质量和效率等具体指标，后者是指工作者对工作的满意程度、出勤率和离职率等，以及组织根据工作结果对任职者所做出的奖惩。

第五，工作结果的反馈。这是指工作本身的直接反馈和来自别人对自己所做工作的间接反馈，即同级、上级、下属岗位、下游岗位和客户等方面的反馈信息。

第六，任职者的反应。这是指岗位任职者对工作内容、职责关系、产出和反馈的意见。

一个好的岗位设计能够为组织的人力资源管理提供依据，使得人尽其才，人事相宜。既能优化人力资源配置，又能为员工提供实现岗位匹配、提高工作效率的环境保障。

## 相关链接

岗位设计是人力资源管理工作的基础，在整个人力资源管理平台建设中起决定性作用。

然而，传统的岗位设计过于强调管理者的管理，忽视了员工自下向上的发展轨迹，存在较大的缺陷。

综观众多企业的岗位设计，其主要特征如下。

（1）公司中的所有岗位划分成两个部分：员工与管理者。

（2）所有员工未来的发展诉求是向上争取管理者的位置。

（3）管理岗位非常有限。

（4）管理者与员工可转换的空间与机会较小。

由于以上这些特征，导致其在企业管理中呈现出两个方面的较大缺陷。

（1）管理者诉求严重受限。管理岗位在企业中很少，且可转换的空间也非常有限。作为管理者其面临的只有两种选择：一种是继续向上晋升，另一种是向下沦为普通员工。中国企业实际存在着的干部“能上不能下”的现象导致一些在位的管理者处于一种停滞不前、缺乏创新与活力，甚至遏制优秀员工发展的状态。这与激烈的人才竞争形成鲜明的对比。另外，企业中也往往将一些优秀的技术人才强制放在管理者的位置，而不去考虑他是否具备管理能力，也不考虑该人才的个人诉求是什么等。最终导致结果是：企业肯定失去一位优秀的技术骨干，而可能多了一位平庸而无能的官僚。

（2）员工诉求严重受限。员工的岗位在企业中是最多的，而他们的诉求空间却是最小的，因为金字塔形岗位设计逼迫着员工努力向上争取进入管理者的位置。但是，企业中管理者的位置毕竟是有限的，多数的员工在漫长的争取中渐渐地失去了原有的斗志，甚至在竞争中逐渐流失。这不仅影响了员工的工作积极性、主动性，而且对企业的发展起到了严重的滞碍作用。

### 2.4.2 岗位设计的原则

岗位设计一般需遵循以下四项原则。

#### 1. 因事设岗原则

岗位设定的依据是工作，也就是说要按照企业各部门职责范围设定岗位，而不是因人设岗。在对组织的发展目标进行层层分解的基础上，根据各部门的目标、任务和职责，对原有的岗位体系进行完善，并通过岗位分析，明确每个岗位的职责和权限。

#### 2. 动静结合原则

工作总是在不断地发生着变化，因此需要经常对工作进行细微的调整以适应环境条件的变化。随着生产技术、客户需求、市场环境、企业战略意图的改变，企业必将经常性地对组织结构、生产方式加以调整，以适应不断变化的环境。所以，岗位设计绝不是一劳永逸的事情，而应是基础性、常规性的工作。岗位设计的结果不是一成不变的，要根据实际情况及时加以调整。

#### 3. 最优化原则

在一个组织系统中，为了实现其总目标和总功能，必须设置一定数目的岗位，而岗位设置的决策应体现优化原则，即以最低数量岗位的设置，谋求总体的最高效率，确保系统目标的实现。在企业里，每个岗位的工作量都应当饱满，使有效劳动时间得到充分利用，这是改进岗位设计的一项基本任务。

#### 4. 系统原则

任何一个组织都是相对独立的系统。在岗位设计中，应将每个岗位放在整个系统中，从总体上和相互联系上进行系统性分析研究。不能从孤立角度分析某个岗位的特征和任职资格，应分析这个岗位在组织中的位置，以及同其他岗位的联系，这样才能从总体上把握这个岗位的全部特征。

### 2.4.3　影响岗位设计的主要因素

岗位设计必须综合考虑各种影响因素，需要对工作进行周密的、有目的的计划安排，并考虑到员工的具体素质、能力及各个方面的因素，也要考虑到本组织的管理方式、劳动条件、工作环境、政策机制等因素。具体进行岗位设计时，必须考虑以下三方面的影响因素。

#### 1. 环境因素

环境因素主要包括人力资源供给和社会期望两方面。首先，岗位设计必须考虑到组织人力资源的供给情况，确保组织能够提供足够数量的合格任职者从事所设计的工作。其次，岗位设计必须考虑到员工的社会期望情况，确保足够数量的员工愿意从事所涉及的工作。员工的社会期望是指员工希望通过工作满足些什么。不同的员工其需求层次是不同的，包括社会需求和精神需求两个方面。随着社会的发展和文化教育水平的不断提高，人们对工作、生活质量都有了更高的期望，这就要求在岗位设计时更加人性化。

2. **组织因素**

岗位设计的目的之一就是为了提高组织效率，这就要求在岗位设计时要充分考虑组织因素，诸如专业化、工作流程及工作习惯等。专业化就是要按照工作时间最短、所需努力最少的原则分解工作，岗位设计时要有助于发挥员工的个人能力，保证每个人满负荷工作。工作流程主要是指在设计岗位时要考虑到在相互协作的工作团体中，每个岗位负荷的均衡性，确保工作的连续性。工作习惯是在长期工作时间中形成的传统工作方式。

3. **行为因素**

随着文化教育和经济发展水平的提高，员工的需求层次提高了，除了追求一定的经济收益外，他们还希望自己在工作中得到锻炼和发展，对工作环境质量的要求也更高了。只有重视员工的要求，对他们进行有针对性的开发，并引导其兴趣，为员工的成长和发展创造有利条件和环境，才能激发员工的工作热情，增强组织留住人才的吸引力。因此，岗位设计时要尽可能地使工作特征与要求适合员工个人特征，满足员工的个人需要，使员工能在工作中发挥最大的潜力。

### 2.4.4 岗位设计的程序与方法

1. **岗位设计的程序**

企业的大多数岗位在运行的过程中，总会出现这样或那样的问题，这些问题可能是由于岗位设置不合理、不完善所导致的。为了解决岗位运行中的这些问题，需要对岗位的内容及相互关系进行调整或重新设置。

岗位设计的过程其实就是岗位工作任务确定的过程，主要可以分为三个阶段，包括设计部门内的岗位、界定岗位工作和形成岗位设计文件。在进行岗位设计前，企业可以根据需要及自身的实际情况来进行组织任务的确定与部门工作任务的确定。岗位设计具体的流程如图 2-2 所示。

图 2-2　岗位设计的流程

工作任务是靠岗位的员工来完成的，所以这一阶段的工作就是将企业的基本职能细化为独立的、可操作的以岗位为基本单元的具体业务活动的过程。

首先是设计部门内的岗位。企业中的每个部门都有相应的职能，而部门总是要配备相应的岗位才能完成工作任务。部门需要什么样的岗位？需要多少岗位？岗位的体系结构是怎样的？这些都需要岗位设计人员进行设计。部门内的岗位设计也可以通过岗位体系图体现出来，如图 2-3 所示就是以某公司财务部为例的岗位体系图。

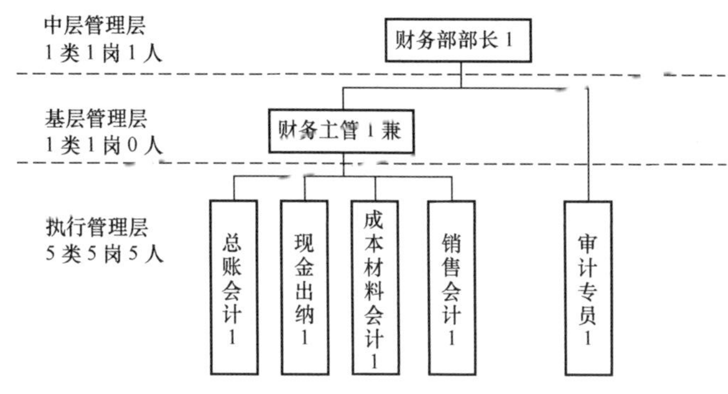


图 2-3　某公司财务部岗位体系

其次是界定岗位工作。每一个岗位上应有相应的工作，有工作也就有了相应的岗位。在这个阶段，需要对岗位的性质、职责、职权、任职资格等方面进行具体的设计。

最后是形成岗位设计文件。岗位设计的结果就是形成岗位设计文件。岗位设计文件和岗位分析文件相同，也包括工作描述书、岗位说明书和任职说明书等。

以上流程是针对一般企业岗位设计的程序。需要说明的是，我们平常所说的组织，除了一般企业即既定组织之外，还有新设立的企业即新组织。因此，在岗位设计时应该对新组织与既定组织加以区别，因为针对新组织的岗位设计与既定组织的岗位设计从内容到程序都是有很大区别的。

新组织的岗位设计是一个从无到有、从组织设计再到具体的岗位设计的过程。首先要确定企业的战略定位、企业文化等基本问题，根据组织的目标及工作的需要确定组织结构。在此基础上先对组织的工作进行细分，确定各个部门的职责，然后再进行岗位设计，确定岗位的性质、职责、职权、任职资格等内容。

既定组织的岗位设计则主要包括组织与岗位分析、问题诊断及针对问题的岗位再设计。通过组织与岗位分析，企业会发现在实际操作过程中岗位存在的问题，并进行分析与诊断，在此基础上根据问题的不同而进行岗位的再设计。

**2. 常用的岗位再设计方法**

岗位设计的方法可以分为两大类：第一类是指常用的再设计方法，针对存在的不同问题，可以有不同的解决方法；第二类是指为了改善职业专业化、提高员工的工作满意度和积极性而采取的其他岗位设计方法。

常用的岗位再设计方法，主要从管理层次、业务流程、组织职责和岗位自身四个角度展开。

第一，针对企业管理层次过少而导致管理幅度过宽的问题。要想解决这一问题，可以考虑适当增设管理岗位，对过宽的幅度进行适度分解，使管理责任具体化。有两种形式可供参考：一是不增加中间层次，直接增加同类管理岗位，分解原岗位的管理任务；二是增加中间管理层次，在中间管理层次上设置若干管理岗位，由下一层次岗位里的适合员工兼任该管理岗位工作，对上一层次管理岗位的工作进行分解。需要说明的是，前者虽然是没有增加层次，但是增加了岗位，也增加了主持岗位的人员，即增岗增员；后者虽然增加了层次，也增加了岗位，但实际上并没有增加人员，即增层增岗不增员。

第二，针对组织的业务流程不合理的问题。企业在科学分析的基础上按照流程精简的原则，对原流程进行改进或重构，通过改变作业和岗位体系的顺序，来减少流程周转时间。这时需要注意三点：一是对于多余的岗位要予以果断撤销，撤销岗位的有关必要职责要及时转移到相关岗位上去；二是对于新增加的业务，要考虑是否有相关岗位可以承担，如果没有就要设置新的岗位；三是原有岗位的工作如果发生变化，则要对该岗位进行重新设计。

第三，针对组织职责不清的问题。企业在进行分析的基础上，对各部门的职能进行严格界定，明确各部门的职责，按照新的职责设计岗位体系。新的岗位体系设计出来后，要和部门职责进行对照，一方面看部门的所有职责是否都能在岗位体系中体现出来，是否有职责而没有岗位覆盖，或是重叠覆盖；另一方面看岗位体系是否有效体现部门职责，是否有岗位超出了部门职责，或是有悖于部门职责。对于任务过多的部门可以考虑另设新的部门，将其中一部分岗位分解出来。

第四，针对岗位设置不合理和岗位职责不清的问题。企业在分析的基础上明确各个岗位的职责和权限，对不合理的岗位要重新设置，对多余的岗位或撤销或归并，对含义不清的岗位要进一步理清，对新增任务可考虑增设新的岗位。

### 3. 岗位设计的其他方法

其他方法主要是为了改善职业专业化带来的问题，提高员工的积极性和满意度。现代企业中，职业专业化带来了工作单调性，影响员工的正常工作状态，容易形成各种事故隐患，需要在管理工作中加以重视和解决。可以采取的有效途径之一就是运用岗位设计技术，在一定程度上提高员工的投入程度，提高工作中的注意力并减少岗位的单调性，对既定工作岗位进行重新设计或改进设计，常用的方法有以下三个方面。

第一，工作轮换。工作轮换（job rotation）是指当员工觉得一种活动已不再具有挑战性时，将员工由一个岗位调到另一个岗位以扩展其经验的培训方法。这一岗位设计方法使员工的活动得以多样化，从而避免产生厌倦。工作轮换可以有计划地予以实施，如制订培训规划，让员工在一个岗位上从事两三个月时间的活动，然后再换到另一岗位，对员工来讲，定期的工作轮换拓展了他们的工作领域，给他们更多的工作体验，同时能够激发员工的工作积极性和创造性。

这种方法也有一些不可避免的缺陷，如这种方法只适用于少数的工作岗位，组织内可能很难找到双方正好都能适合对方职务资格的要求。除此之外，使用不当可能会致使组织中原有的工作关系被打乱，产生一些新的矛盾。因此，组织在选用工作轮换方法时，需要根据自身的实际情况来实行，并在实施时做好跟踪观察工作。

第二，工作扩大化。工作扩大化（job enlargement）是指通过增加工作的范围，即增加一项工作所完成的不同任务数目，改善原来狭窄的工作范围、频繁的循环重复的情况，形成广泛的工作范围和较少的工作循环重复的一种工作设计方法。例如邮件分类职务，不局限于按单位分发收到的邮件，而是可以扩大到包括邮件运到各个单位或用邮资总付计数器在寄出的邮件上打戳。通过这种方法，虽然可以增加同一责任水平的工作内容，但要求企业要相应地提高员工的待遇。工作扩大化可能在减少过度专业化造成的单调性上起了一些作用，但是这种方法没有给员工带来多少挑战性和实际意义。

第三，工作丰富化。工作丰富化（job enrichment）是指在工作内容和责任层次上的基本改变，使得员工对计划、组织、指挥、协调、控制等方面承担更多的责任。如果把工作扩大化看成是同一级别上的工作横向扩展，那么工作丰富化就是强调通过提高工作的挑战性和自主性，增加工作的责任来达到向工作的纵深方面发展，从而不断提高劳动生产率，减少员工离职率和缺勤率。不足在于为了使员工掌握相关的工作技能，企业将要增加培训费用，增加整修和扩充工作的设备费用，同时需要支付给员工更高的劳动报酬。

除了以上方法外，岗位设计还有其他方法，如工作团队、工作专业化。在实际操作过程中，企业要根据自身的实际情况，有效选择一种或几种方法进行岗位再设计。

## 相关链接

### 人工智能时代的岗位设计

2017年10月10日，故宫全部实行网络售票，近百名售票员面临下岗的消息就引起了一阵不小的骚动。人工智能会让人类失去工作吗？比如保安，被安防机器人取代；司机，被无人驾驶汽车取代等。但是，《与机器人共舞》一书中同时也指出：互联网行业，每使一个岗位消失，会新创造出2.6个岗位……而未来每部署一个机器人，会创造出3.6个岗位。虽然大多数保安会被人工智能取代，但新的岗位必将应运而生，比如既能操控安保机器人又有丰富安保经验的智能安保管理员岗位等。

人工智能时代，人力资源专业人士需要重新审视未来的工作，工作将被重新定义，企业要充分利用人工智能，重新进行组织设计，重新设计工作岗位和工作任务，进一步加强人与技术的整合，而人力资源部门在促进和统筹工作，重新设计及培训增强劳动力方面起着战略性作用。

## ☑ 自测题

### 一、判断题（请在题后的括号内打“√”或“×”）

1. 问卷调查法调查速度快，范围广，在岗位分析中使用较为广泛。（　　）

2. 岗位说明书中的学历要求根据当前在职员工的最低学历确定。（　　）

3. 岗位说明书主要包括岗位的工作条件和工作环境两大项内容。（　　）

4. 岗位分析法中的访谈法一般不单独使用，最好与其他方法配合使用。（　　）

5. 关键事件法针对工作中对绩效有重大影响的关键事件进行分析，因此省时省力。（　　）

## 二、单选题（请在题后的括号内填上选中项的序号）

1. 岗位分析是（　　）的一项基础工作。

A. 生产管理　　B. 人力资源管理

C. 财务管理　　D. 战略管理

2. 1972 年，由普渡大学教授麦考密克（E.J. McCormick）、詹纳雷特（P. R. Jeanneret）和米查姆（R.C. Mecham）设计开发出来的岗位分析方法是（　　）。

A. 职位分析问卷法　　B. 任务清单分析法

C. 人体工程法　　D. 关键事件分析法

3. 关于利用观察法进行工作分析信息采集的优缺点，以下说法正确的是（　　）。

A. 不用事先设计观察提纲，观察到什么记录什么，省时省力

B. 适用于周期短、体力活动等具外显特征的工作

C. 适用于工作周期较长的工作

D. 有利于收集有关任职资格方面要求的信息

4. 在岗位文件中，描述工作场所及工作的自然环境、安全环境的部分是（　　）。

A. 任职说明　　B. 工作背景

C. 工作描述　　D. 工作关系

## 三、多选题（请在题后的括号内填上选中项的序号）

1. 岗位分析的内容主要包括（　　）。

A. 岗位基本信息　　B. 岗位权责利

C. 岗位任职条件　　D. 岗位主持人信息

2. 岗位文件编写一般应遵循（　　）原则。

A. 统一性　　B. 实用性

C. 准确性　　D. 参与性

3. 以下属于工作描述中的岗位基本资料的有（　　）。

A. 岗位名称　　B. 岗位性质

C. 所属部门　　D. 岗位工资等级

E. 定员人数

4. 问卷调查法的问卷可分为（　　）两类。

A. 开放型问卷　　B. 封闭型问卷

C. 知识型问卷　　D. 技能型问卷

5. 任职说明书的内容主要有（　　）。

A. 学历要求　　B. 能力要求

C. 生理要求　　D. 职责要求

E. 心理要求

## 四、练习与思考

1. 岗位分析是人力资源管理活动的基础。试述其基础作用体现在哪些方面。

2. 选择一种岗位分析的方法，简述其优缺点及适用范围。

3. 岗位分析的最终成果如何体现？

4. 岗位分析与岗位设计有何关系？联系实际说明岗位设计的重要意义。

## 五、案例分析题

1. 某天，一家原材料供应商运送原材料到 A 公司的二车间。运货车走后，车间刘主任发现车间门口洒落了一地的胶质液体。刘主任就近喊了一个生产工人来打扫，遭到了工人的拒绝。“我的工作是搞生产，这是清洁工的责任。”刘主任立即叫来一个清洁工：“你马上把车间外面打扫干净。”不料这个清洁工却说：“我负责的清洁区域是车间内部，这车间外面的事归行政部清洁工管。”车间主任没有办法，只好打电话给公司行政部张部长：“你赶紧派清洁工来处理一下。”张部长听完这件事后立即派了一个清洁工过来，谁知行政部派的这个清洁工看了一眼后对刘主任说：“刘主任，真的对不起，这不属于我们岗位的职责范围。谁洒的谁处理，跟我们没关系。”说完一走了之。刘主任气得够呛，无奈之下只好自己动手将车间门口打扫干净。

刘主任满腹牢骚，他想：“难道这是我的责任？车间主任的岗位说明书里也没要求我做清扫工作呀。”

思考题：

（1）你认为案例中的这件事应该由谁负责清扫？

（2）就妥善解决 A 公司岗位管理中出现问题提出你的建议。

2. A 公司招募了 20 名新的质量检测员。但是，这些新检测员上任后不久，发现他们很难胜任工作，而且常常是无从下手。

原因在于：A 公司是一家规模较小的企业，原来的质量检测员工作纯熟，因而就忽视了编写岗位说明书这一环节。眼下新手无所适从，老的检测员又摆架子，不热心指点，于是出现了质量检验方面的危机。更大的危机在于由于质量检测环节的脱钩，将面临无法按时交货而受罚的危险。

人力资源总监老赵建议马上进行岗位分析，制定岗位说明书，自称“亡羊补牢，犹未为晚”。但老赵在使用问卷法进行工作分析时，发现原有的 8 名老质量检测员过分夸大质量检测的责任。而当老赵指出这一点的时候，8 名老质量检测员感到受了伤害，不但不愿意继续合作，而且还提出调换工作，有的甚至还要辞职。老赵面临困境。

思考题：

（1）人力资源总监老赵的做法妥当吗？

（2）你认为老赵该怎么做才能标本兼治？请提出具体的解决方案。

# 岗位评价与岗位体系构建

## 究竟谁更重要?

马季先生有个相声段子，说有个技术人员科研项目获了奖，准备买些好吃的东西，回家犒劳犒劳自己，这时眼睛、鼻子、耳朵、脑袋不乐意了，纷纷指责这个技术人员太偏心，有了成绩只顾着给嘴吃东西，忘记其他器官的重要性了。眼睛说："我是最重要的，没有我你什么都看不见，你能搞科研吗？能获奖吗？"耳朵说："我才是最重要的，没有我你什么都听不见，听都听不见，你还能干什么？"鼻子也跳出来说自己是最重要的……它们都说自己重要，究竟谁更重要一些呢?

一个企业也是这样，有几十个甚至上百个岗位，有总经理、副总经理、采购部经理、财务部经理、人力资源部经理、后勤部经理、技术部经理、生产部经理，还有工程师、技术员、一线的生产工人、检验员、清洁工……所有这些岗位，究竟谁重要、谁不重要，究竟谁的工资应该高一些、谁的工资应该低一些，你说得清楚吗?

要解决上述这些问题，其实涉及一个非常核心的问题，那就是分配问题。分配或许是很简单的一件事情，但要实现分配过程的公平公正，却非常不容易。

在薪酬学术界，公平原则是实现薪酬功能的重要原则，总的来说主要有三大观点：一种是依据岗位价值支付薪酬，一种是依据员工能力支付薪酬，一种是依据员工业绩支付薪酬。这里想谈的薪酬观是第一种，即依据岗位价值的高低来支付薪酬。

**思考：**

什么是岗位价值？如何对岗位的价值进行分析和量化评估？

## ■ 本章学习目标

1. 理解岗位评价的内涵和基本原则
2. 掌握岗位评价的主要方法
3. 了解岗位评价的指标与标准
4. 熟悉岗位评价的操作流程
5. 了解岗位体系的内涵及构建方法

## ■ 学习导航

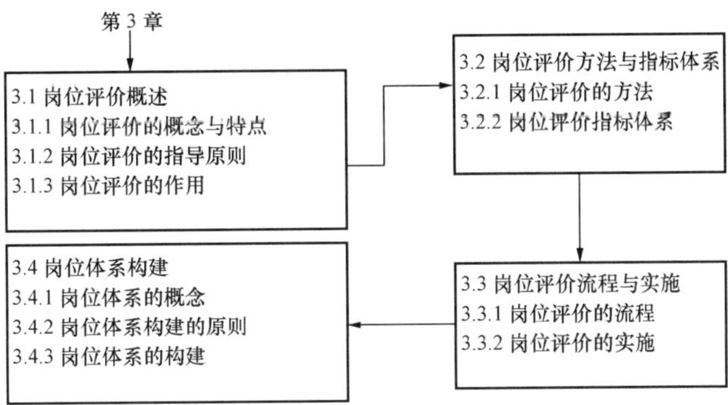

# 3.1　岗位评价概述

通常在一个企业中，财务经理和销售经理两个岗位的岗位工资是不一样的。尽管这两个岗位对企业而言都不可或缺，具有重要作用，但是由于这两个岗位为企业创造的价值不一样，在企业整个岗位等级结构中，按对企业的相对价值进行排列，这两个岗位所在的位置就不一样，因此两者岗位工资也会不一样。岗位评价的目的在于决定出每一岗位相对于同一组织中其他岗位而言，对组织的相对价值的大小，是确保薪酬体系达成公平性的重要手段。

## 3.1.1　岗位评价的概念与特点

岗位评价作为一项人力资源管理技术，主要用于解决组织内部各岗位薪酬的公平性问题。岗位评价是一种对岗位相对价值进行系统、客观量度的评价方法，它是在企业内部科学设岗的基础上，根据一定的评价方法，以岗位任务在整个工作中相对重要程度为标准，以某具体岗位在正常情况下对任职者的要求为依据，实际测定每一岗位在组织内部工资结构中所占位置的一种技术。岗位评价主要体现每种岗位对企业贡献的大小，即确定各岗位在企业中的相对价值。

岗位评价作为一项人力资源管理技术，具有以下四个基本特点。

**1. 岗位评价以岗位为评价对象**

岗位评价是对岗位五要素进行评价的过程。对岗位的最基本要素——工作，岗位评价从岗位的工作内容、大小、方法、质量等方面进行评价；对岗位的能动要素——岗位主持人，从岗位的任职资格要求等方面来进行评价；对岗位的保证要素——职责和职权，从岗位所必须尽到的责任和岗位所赋予的权利等方面进行评价；对岗位的条件要素——环境，从岗位所处的各种环境方面来进行评价；对岗位的定向动力要素——激励与约束机制，则从岗位的业务流程、规范，岗位所产生的激励等方面来进行评价。岗位评价所依据的评价要素正是根据这五个方面归纳得出的。虽然在评价过程中会涉及员工，但是它是从员工所在岗位的五要素展开评估和测定，并不涉及具体的岗位主持人。因此，岗位评价的首要特征是以岗位为对象，对“岗”不对“人”。

### 2. 岗位评价是对企业各类具体岗位抽象化、定量化的过程

岗位评价是一项评价技术，它需要根据事先规定好的相对系统的、能全面反映岗位本质的一套评价指标体系，按照一定的程序，对影响岗位的主要因素逐一进行评价。通过岗位评价，得出企业内各个岗位价值的一个相对量值，将其结果进行排列，从而形成企业的岗位等级结构。因此，整个岗位评价的过程是一个抽象化、定量化的过程。

### 3. 岗位评价需要运用多种技术和方法

岗位评价不是一项简单的人力资源管理技术，它是一项技术性强、涉及面广、工作量大的工作。岗位评价的开展需要大量的人力、物力和财力，还需运用到许多学科的专业技术知识。在岗位评价过程中，不但需要运用劳动心理、劳动卫生、管理学等学科的相关知识，而且还需要借助于一定的科学方法。常用的岗位评价方法有排列法、分类法、评分法、因素比较法。另外，岗位评价还要对大量的数据进行处理，这需要运用各种数理统计方法，并需要借助于计算机技术。

### 4. 岗位评价需要全员参与，确保公平，有效激励

岗位评价应该体现全员参与性。它不但要求管理层参与整个岗位评价过程，而且要求员工参与整个评价过程，包括制定评价指标、评价标准、评价方法及结果处理。另外，全员参与可以增加员工对整个评价过程的公正性和结果的可接受程度，员工如若不认可还可以申诉，这样就能确保岗位评价的公平性。岗位评价通过岗位主持人的过程参与、结果参与，保证了管理层和员工对制定薪酬制度的基础达成了认识上的一致，对员工能够产生激励作用。最后，薪酬制度的确定结合了岗位评价的结果及绩效考评的结果，这两个过程的实施能够调动员工的积极性，对员工产生激励作用。因此，岗位管理中的岗位评价实现了人力资源管理的激励作用。

## 3.1.2　岗位评价的指导原则

岗位评价的原则可以告诉评价人员在评价时应该注意什么，这为评价结果的科学性和准确性提供了保证。岗位评价作为岗位管理系统的一部分，必然要从评价全过程中的各个细节之处体现岗位管理的特点。为有效进行岗位评价，在评价之前必须明确岗位评价的通用原则。除了要遵循通用原则外，岗位管理中的岗位评价还需要遵循岗位归类、同岗分档、

异岗衔接、岗位结构曲线平滑四条指导原则。

## 相关链接

### 岗位评价的通用原则

（1）系统原则：把整个组织看成一个具有特定功能的大系统，由相互作用和相互依赖的若干小系统（中层组织或基层组织）构成。

（2）实用性原则：岗位评价必须从目前组织的实际情况出发，评价结果能直接应用于经营管理实践，提高岗位评价的应用价值。

（3）标准化原则：具体表现在评价指标及标准的统一性、评价技术方法的统一性和数据处理的统一性。标准化的作用在于能统一要求，使岗位价值具有可比性，并能保证工作质量，提高工作效率和减少劳动成本。

（4）能级对应原则：把相应的管理内容和管理者分配到相应的级别中去，各占其位，各显其能。一个岗位能级的大小，是由它在组织中的工作性质、繁简难易、责任大小、任务轻重等因素所决定的。功能大的岗位，能级就高，反之就低。

（5）优化原则：按照岗位评价的目的，在一定的约束条件下，寻求最佳方案。优化原则不但要体现在岗位评价的各项工作环节上，还要反映在岗位评价的具体方法和步骤上，甚至落实到每个参与评价的人身上。

#### 1. 岗位归类原则

所谓岗位归类，就是企业在横向上将各类岗位按岗位的业务性质分为若干的序列和类别，在纵向上按岗位的责任、工作的复杂程度、所需具备的专业知识和技能的高低分为若干等级。

组织中存在的若干岗位对于组织的价值是不一样的。通过岗位归类，将全部岗位分为几个大的序列、每一序列又分为若干类别，然后进一步细分为若干级别，每一级别都由若干岗位组成。同时，同一岗位可能因员工差别进入而造成岗位所处阶段不同，相对应的素质要求也不一样，一般可以将同一岗位设为 5 ~ 7 个档次。

通过岗位归类这个过程，将组织中所有的岗位进行归类、归等，每一序列、每一类别、每一级别都分别体现着相应岗位对于组织的价值，这样便于岗位评价时，根据不同序列确定相应的权重，根据不同的级别确定不同的分值。

2. **同岗分档原则**

任何一个组织都是由若干个岗位组成的，同一岗位即使岗位的职责相同，但是由于员工素质的具体情况不一样，也会造成岗位效果的很大差别。因此，根据岗位所在的不同级别状态，不但要求具有相应素质的员工来担任该级别岗位的工作，而且还要求不同素质的员工在同一岗位上进入不同的档次完成相应的工作。

通过岗位分档，同一岗位设计出不同的档次，每一档次对应着不同的素质要求。这样，员工在同一岗位上，只要他能达到相应档次的要求，他的薪酬就会随着档次的不同而改变。因此，通过同岗分档，可以实现岗位、薪酬的柔性化管理，也为员工的发展提供了更为广阔的空间，形成了一个岗位内部的职业生涯通道和激励机制。岗位分档时，将同一岗位按要求不同分为七档（也可以分为五档或四档），并对各档分别进行定义。其中规定第四档是标准岗，是一个达到工作分析文件标准要求的岗位档次，具体如图 3-1 所示。

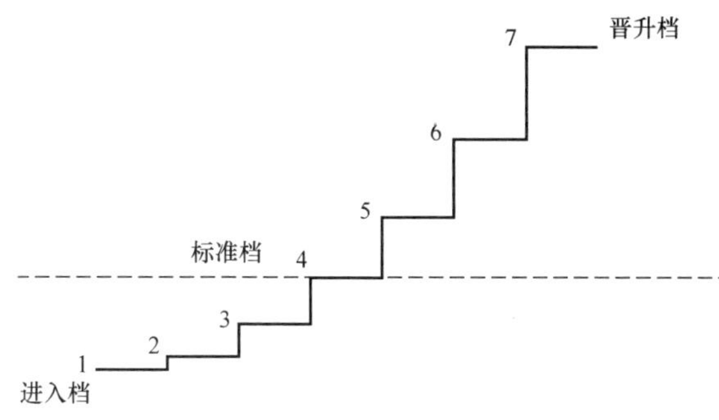


图 3-1　同岗分档示意图

1——进入档：具备基本条件，但不具备操作技能，或仅为见习工作。

2——在指导下能完成本岗位工作。

3——能基本胜任本岗位工作。

4——标准档：胜任本岗位工作。

5——胜任本岗位工作，具备相邻岗位的部分知识和技能，能指导低级岗位开展工作。

6——胜任本岗位工作，具备相关领域内的专业知识和技能，能指导低级岗位开展工作。

7——晋升档：胜任本岗位工作，具备相关领域内的所有专业知识和技能，能指导低级岗位开展工作，并能很好地协助上级岗位开展工作。

同一岗位的不同档次，犹如七级台阶，不同的台阶代表着同一岗位对素质的不同要求。岗位分档好似台阶一样，逐渐上升，对素质的要求随着台阶的升高而提高。台阶之间的档差是不一样的，档次越高，档差越大，表示要求具备的素质越高，晋升的难度也越大。第四档是标准档，即工作分析结果所规定的标准岗位。第四档台阶要求员工具备能正好胜任该岗位工作的素质。从进入档达到标准档能力跨度不大，相对而言比较容易实现。但是从标准岗再往上跨越，档次越高，晋升难度越大，只有具备了相当素质的员工才能实现。员工在同一岗位上的发展，意味着要跨越不同的台阶，这也是员工在岗位内发展的生涯通道。

与此相适应，不同档次对应的薪酬也不一样。第七档工作的岗位工资应比第一档工作的岗位工资要明显高得多，这就充分体现了员工素质差异的重要意义。因此，即使是同一岗位，在不同档次上工作，得到的岗位报酬也不一样，从而实现了同岗异酬。

另外，员工总是希望自己的薪酬呈不断上升趋势。通过同岗分档，只要员工的素质不断上升，他就能跨越岗位档次，得到的岗位薪酬也会不断提高。相反地，如果员工素质达不到岗位对应档次的要求，那么他所获得的岗位薪酬也应相应下降。这样，员工薪酬的上升或是下降，不一定要通过调换岗位来实现，而可以通过岗位的不同档次进行自动调节。通过岗位档次的变换来调节员工的薪酬，不仅更加灵活，而且对岗位主持人也能产生更大的激励作用。

### 3. 异岗衔接原则

异岗衔接是指两个不同级别的岗位之间应该有重叠和交叉，使岗位系统形成一个相互衔接的完整体系。

岗位结构是一个连续的结构，只有具备一定的知识和技能达到相应的条件后，才能在不同的岗位之间跨越。如果两个在级别上紧邻的岗位之间跨度偏大，那么不仅晋升难度加大，而且晋升后其相应的岗位工资、岗位价值都会有一个较大的变化，这会使薪酬发生大的变化，两个岗位之间也可能因此出现断档，不利于岗位及岗位薪酬的平滑过渡。另外，如果两个岗位之间的跨度越大，要求的素质就越高，也就越难达到，对员工的激励作用不但不能增加，反而会降低员工向上跨越的积极性。因此，紧邻的岗位之间应该能互相衔接，以便增加员工晋升的机会。

### 4. 岗位结构曲线平滑原则

通过岗位评价所形成的岗位评价结果，反映了各个岗位对组织相对价值的大小。所有岗位的相对价值的数量值应落在一条平滑的曲线上。也就是说，所有岗位最后形成的值在平面上的分布应满足某一条曲线分布形式。岗位结构曲线平滑是岗位管理中的岗位评价所应达到的一个重要要求。虽然由于岗位五要素的不同而导致不同岗位在整个组织中的作用存在差异，但是各岗位相对价值的数量值在大小上应是连贯的，它们对于组织的价值作用之间应呈现一种从小到大的连续性。从整个岗位构架来看，所有的岗位值的连线都应是一条平滑曲线。

在任何一个组织中，对组织价值作用较大的岗位相对于价值作用一般或较小的岗位会少很多，这符合“二八原理”。即在一个企业的价值创造过程中，20%的骨干岗位创造企业80%的价值。“二八原理”在每一位员工身上同样适用，也就是说 80%的工作任务是由 20%的关键行为完成的，即大部分的价值是由 20%的岗位来创造的。因此，岗位价值形成的这条曲线还应满足的条件是：岗位相对价值越小，岗位的分布越密集；岗位相对价值越高，岗位的分布越稀疏。岗位结构曲线如图 3-2 所示。

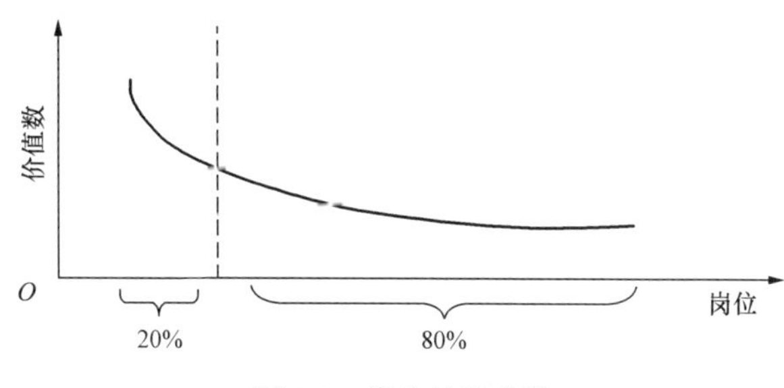


图 3-2　岗位结构曲线

### 3.1.3　岗位评价的作用

岗位评价作为一项重要的人力资源管理技术，对于整个组织具有十分重要的作用。通过评价，可以明确各个岗位的类别、系统、等级的高低，以及岗位性质和职责的重要性。将任职资格条件相当的岗位归于同一等级，这样就能保证企业在进行员工招聘、考核、晋升或奖惩等管理时，具有统一尺度和标准。

岗位评价的作用归纳起来主要有以下四个方面的内容。

#### 1. 能促进人岗匹配

在组织分析和工作分析的基础上，岗位评价进一步比较企业内部各个岗位的相对重要性，确定各岗位的相对价值，得出岗位等级序列。不同岗位主持人根据各岗位在组织的价值位置，结合自己的素质、能力、兴趣，选择自己的岗位和对应的档级，从而实现人与岗的匹配。同时，岗位管理系统根据工作分析对各岗位的职责、职权、任职要求等来选择、配置具备相应能力的人力资源，达到岗与人的匹配。通过人岗匹配，实现了人力资源与岗位的最佳配置。因此，通过岗位评价，岗位既与员工的价值建立了联系，又与员工的能力相连。

**2. 影响员工的目标设定**

岗位管理要求岗位主持人根据组织整体目标的分解情况，设定个人的岗位目标。显然，不同岗位，设定的目标会不同。即使同一岗位，处于不同档级的岗位主持人由于能力、岗位要求的不同，设置的目标也会不一样。因此，目标设定要紧密结合相应岗位和级别。

**3. 影响组织的激励与约束机制**

组织在制定薪酬制度时，要考虑的因素固然有绩效考评的结果，但是也不能忽视要以岗位评价的结果为基础。首先，员工所选择的岗位级别和岗位档级及其设定的目标对员工的工作行为本身就是一种约束。其次，岗位评价的结果决定了岗位薪酬体系中的岗位工资。岗位评价是岗位工资的重要基础，可以更好地体现同工同酬和按劳分配的原则，为公平合理地支付报酬提供了可靠的保证。在这里，一方面在岗位评价基础上建立起一个公正、公平的工资制度，这对提高员工的满意度，激励员工有着重要的作用；另一方面，通过岗位评价，确定了同一岗位的不同档级，而不同档级对应的岗位工资不一样，这又对员工起着约束作用。最后，绩效工资根据绩效考评的结果来决定。由于设定的目标不一样，绩效考评的标准、结果也会有差异，绩效工资也就不同。这就激励员工选择相应的岗位级别和岗位档级，设定对应的目标，以取得最佳的绩效水平。

**4. 关系员工的职业发展和晋升途径**

通过岗位评价，对组织内岗位的相对价值进行比较确定，能够引导员工形成统一的企业价值观。员工在企业内部跨部门流动或晋升时，也需要参考各岗位等级。透明化的岗位评价标准，便于员工理解企业的价值标准是什么，员工该怎样努力才能获得更高的职位。

## 3.2　岗位评价方法与指标体系

岗位评价的开展有赖于方法和指标体系的科学和健全。首先是选择方法，其次是建立指标体系。

### 3.2.1　岗位评价的方法

岗位评价的方法有很多，其中通用的四种主要评价方法是排列法、分类法、评分法和要素比较法。

#### 1. 排列法

排列法是在岗位评价上较早使用的方法，也是最简单快捷、最容易被员工理解和解释的方法。该评价方法费用最低，它从整体上将一种岗位与另一岗位就重要性和必要性进行比较。常用的排列法又分为交替排序法和配对比较法。交替排序法又称轮流排序法，这种方法是在若干岗位中找出价值最高和价值最低的两个岗位，再在剩下的岗位中找出价值最高和价值最低的两个岗位，以此类推，直到最后排完或剩下一个岗位为止，得出岗位价值排序。配对比较排序法是将若干岗位中的每一岗位都与其他岗位轮流配对进行比较，最后得出岗位价值排序。

排列法的优点在于简单，无须复杂的量化技术，企业可以自行操作，因而成本较低，但其明显缺点在于主观性较强，无法客观量化岗位的相对价值。它只适用于规模较小、结构简单、岗位序列较少的小型企业。

**相关链接**

**交替排序法举例**

某公司某部门有六个岗位，分别为经理、副经理、策划、营销、文秘、内勤。

利用交替排序法可以依据以下步骤进行操作：

（1）评价者先在所有的岗位中判断出价值最高的一个，并将岗位名称写在另一页纸的第一行，然后将原来那页纸上的岗位名称划掉。

（2）再从剩下的岗位中判断出价值最低的一个，将岗位名称写在另一页纸的倒数第一行，同样将它的岗位名称从原来的那页纸上划掉。

（3）再从剩下的岗位中判断出价值最高的一个，并将岗位名称写在另一页纸的第二行，然后将原来那页纸上的岗位名称划掉。

（4）再从剩下的岗位中判断出价值最低的一个，将岗位名称写在另一页纸的倒数第二行，然后将它的岗位名称从原来的那页纸上划掉。

（5）重复以上程序，一直持续到将所有的岗位都进行了排序为止。

交替排序比较见表 3-1。

表 3-1 交替排序比较表

| 岗位名称 | 价值顺序 | 被选择顺序 |
|---|---|---|
| 经理 | 1 | 1 |
| 副经理 | 2 | 3 |
| 营销、策划 | 3 | 5 |
| 文秘 | 4 | 4 |
| 内勤 | 5 | 2 |

## 相关链接

### 配对比较排序法

某公司某部门有六个岗位，分别为经理、副经理、策划、营销、文秘、内勤。

先设计一个配对比较排序表，然后将六个岗位分别列在表格的各行和各列，再把每一个岗位与其余的五个岗位逐一配对进行比较。一个岗位如果比另一个岗位价值高，则得 2 分；如果价值相当或不好比较，则得 1 分；如果价值低，则得 0 分。比较结束后在表中“总分数”一栏中加总计算每个岗位的最后得分，得分最高的岗位，它对组织的价值或贡献也就最高。最后根据配对比较得到的总分数，得到岗位等级排列的先后顺序。

某公司某部门六个岗位配对比较的结果见表 3-2。

表 3-2 配对比较表

| 岗位名称 | 经理 | 副经理 | 策划 | 营销 | 文秘 | 内勤 | 总分数 | 岗位相对价值次序 |
|---|---|---|---|---|---|---|---|---|
| 经理 | — | 2 | 2 | 2 | 2 | 2 | 10 | 1 |

续表

| 岗位名称 | 经理 | 副经理 | 策划 | 营销 | 文秘 | 内勤 | 总分数 | 岗位相对价值次序 |
|---|---|---|---|---|---|---|---|---|
| 副经理 | 0 | — | 2 | 2 | 2 | 2 | 8 | 2 |
| 策划 | 0 | 0 | — | 1 | 2 | 2 | 5 | 3 |
| 营销 | 0 | 0 | 1 | — | 2 | 2 | 5 | 3 |
| 文秘 | 0 | 0 | 0 | 0 | — | 2 | 2 | 4 |
| 内勤 | 0 | 0 | 0 | 0 | 0 | — | 0 | 5 |

### 2. 分类法

分类法是评价者预先制定出一套供参照用的岗位级别标准，如技能水平、责任、工作所要求的教育水平或经验、职责的复杂性、技术知识、决策权限等方面标准，然后将待定的岗位与标准进行比较分析和整体的综合性评价，并将其编入相应的岗位级别中。这种方法减少了评价人员的主观影响，但它难以指出各级岗位之间的具体差距的大小，不能明确赋予他们对应的数值，因而无法确定具体工资额。这种方法在公共部门中运用比较广泛。

分类法的一般步骤为：

（1）收集与岗位有关的信息，如岗位设置目的、职责、职权、工作关系、岗位所需的教育水平、知识技能等。

（2）对岗位按关键性进行分类。

（3）根据岗位分类，确定岗位等级数量，并对相应等级定义，以此建立描述岗位等级。

（4）将所有岗位分别归类到合适的等级中。

（5）综合分类结果，对不合理的地方进行调整，形成最终的结果。

### 3. 评分法

评分法又称要素计点法、点数法等。评分法是目前应用最广泛的岗位评价方法。美国50%～85%的岗位评价方案采用评分法。评分法选择一组评价要素并为每个要素定义若干个评价指标，然后为这些指标定义不同的权重和分数，如责任、知识技能、工作环境等因素，每种因素被分成等级层次，最后依据评价指标给每个岗位打分，汇总分数就可以得出该岗位的价值，确定该岗位在岗位序列中的位置，并以此进一步确定该岗位的薪酬水平。

评分法的主要优点在于它不仅可以得到一个岗位等级，还能提供关于两个岗位之间的价值差距的具体信息。此外，这种量化的价值可以用来决定内部岗位价值与外部的岗位价值之间的关系。由于评分法往往被员工认为是正确和有效的，因而其结果能够被员工接受。

**4. 要素比较法**

要素比较法是四种方法中最复杂、最烦琐的一种方法。它是在确定关键因素和报酬因素的基础上，制成关键岗位等级排序表，再按照各薪酬因素对工资的贡献进行比例分配，将关键岗位当前所获得的工资分配到每一薪酬因素中，然后将待评岗位与关键岗位进行比较，确定待评岗位的工资。

要素比较法的一般步骤为：

（1）收集与岗位有关的信息，如岗位设置目的、职责、职权、工作关系、岗位所需的教育水平、知识技能等。

（2）选择具有市场代表性、在组织内普遍存在、工作内容相对稳定的岗位作为基准岗位。

（3）分析基准岗位，找出能体现岗位之间本质区别的报酬因素，然后将每个基准岗位的工资或所赋予的分值分配到相应的报酬因素上。

（4）将需评价岗位按报酬因素分别与基准岗位相比较，确定需评价岗位在各个因素上的分值或工资率。

（5）将各岗位的分值或工资率汇总并换算成工资额，得到其相应的工资水平。

要素比较法的突出优点是可以根据在各个报酬因素上得到的岗位评价结果计算出一个具体的报酬金额，这样可以更加精确地反映出岗位之间的相对价值关系。但是，要素比较法十分复杂，这种系统的公平性往往难以为员工所接受，并且也没有任何证据可以证明这一系统的复杂性能使它比其他简单的方法更为准确。

**相关链接**

**海氏（Hay Group）三要素评估法**

海氏三要素评估法是由美国工资设计专家艾德华·海于1951年以20世纪30年代的因素比较法为基础设计，通过不断改进和完善形成的岗位价值评价方法。海氏三要素评估法将报酬因素提炼为具有普遍适用性的三大因素，即知能水平、解决问题的能力和承担的岗位责任，并相应设计了三套标尺性评价量表，通过对三大因素的评价，最后将所得分值加以综合，就可以得出被评价岗位的相对价值。海氏三要素评估法不仅具有广泛的行业适用性，而且也广泛应用于技术、管理、文员、蓝领等工作的评价工作中。海氏三要素评估法是世界公认的、最为精确的岗位评价方法。据统计，世界 500 强的企业中有 1/3 以上的企业进行岗位评价时都采用了海氏三要素评估法。

海氏三要素评估法的优点之一是运用时要素的定义可根据客户的特点量身定制。评价体系的每个因素分为若干个等级，并赋予每个因素一定的分值，使得抽象的各因素评价结果能直观地转化为简单的分值，从而能够对各类岗位的相对价值进行比较。

海氏三要素评估法通过三个方面对工作的价值进行评价，并且通过较为准确的分值计算确定岗位的等级。该方法认为，一个岗位之所以能够存在，是因为它必须承担一定的责任，为组织做出一定的贡献，即能为组织做出产出。那么通过投入什么要素才能得出相应的产出呢？这就是该岗位承担者所具有的知识、经验和技能。那么具备一定知识和技能的员工通过何种方式来获得产出呢？是通过在工作中解决所面对的问题，即投入“知能”通过“解决问题”这一生产过程，来获得最终的产出“应负责任”。

### 3.2.2　岗位评价指标体系

要想开展岗位评价，必须建立一整套科学的、符合实际需要、能反映生产经营特点的岗位评价指标体系。岗位评价指标体系是岗位评价的工具和基础，由评价指标、评价指标标准及权重三方面内容构成。岗位评价指标体系是决定岗位评价能否成功的关键。

#### 1. 评价指标

在进行岗位评价前，必须要找出评价指标。只有确定了合适的评价指标，才能达到对岗位进行全面、科学的评价的目的。选择评价指标首先要尽量做到少而精，只要能达到评价目的即可，应尽量避免指标的重复。其次，选择指标要全面、综合考虑到各方面因素，保证评价的全方位，使得评价更具客观性。尽管每个岗位的内容和职责不一样，但相同的是各种岗位的运作都要耗费智力和体力，都要受到环境和其他因素的影响。因此，选择的评价指标要能比较科学地反映不同岗位在这些方面的差别。

一般的岗位评价主要从工作责任、工作技能、工作强度、工作环境、工作心理这几方面来考虑确定评价指标。除此之外，也不能忽视整个组织的构架、岗位的性质对岗位的价值影响。岗位序列相当于整个组织的不同部位，而不同岗位层次、所在组织层次都能反映该岗位在某一序列中的价值大小。因此，在岗位管理中，岗位评价选择的一级指标通常有工作责任、工作技能、工作环境、工作强度、岗位层次、所在组织层次、序列地位等。选定一级指标后，按层层分析的原则，逐一进行分解，将每个一级指标分为若干二级指标。具体的二级指标及其数量，根据可评价性、全面实用性原则，视不同情况而定。

工作责任指标包括：管理责任、产量责任、质量责任、安全责任、研究开发责任、技术指导责任、工作依据、监督指导责任、沟通协调责任等。

工作技能指标包括：职务所需知识、综合能力、工作复杂程度、职务所需能力、培训难易程度、文化程度、工作经验等。

工作强度包括：工作压力、精神集中程度、工作紧张程度、体力要求等。

工作环境包括：工作时间特征、危险性、职业病、环境舒适性等。

岗位层次、所在组织层次、序列地位可以不进行细分，设定二级指标。

不同类型的企业，评价指标可以根据各自的实际情况来确定。另外，确定评价指标还需要考虑企业所倡导的企业文化和价值观。

表3-3是某公司的岗位评价指标举例。

**表3-3　某公司岗位评价指标**

| 一级指标 | 序数 | 二级指标 | 指标说明 |
|---|---|---|---|
| 工作责任 | 1 | 战略决策责任 | 岗位所需的对经营环境中各种不确定性因素、突发异常情况的战略层面的认知判断和应变应对能力 |
| | 2 | 管理责任 | 以岗位在计划、组织、领导、控制等管理工作上的责任大小为基础，遵循整体价值取向 |
| | 3 | 质量责任 | 指对内产品生产质量和对外服务质量的影响程度 |
| | 4 | 职务所受指导与考评 | 指岗位工作所受直接上级的领导程度及对工作结果的考评方式 |
| | 5 | 外部沟通协调责任 | 指在正常工作中，对外需要维持密切的工作关系，以顺利开展工作所负有的责任、责任大小及对方的重要性作为决断标准 |

续表

| 一级指标 | 序数 | 二级指标 | 指标说明 |
|---|---|---|---|
| 工作责任 | 6 | 内部沟通协调责任 | 指在正常工作中，需要与之共同顺利开展业务的协调活动。其责任的大小以所协调对象所在层次、人员数量、频繁程度和失调后果大小作为判断基准 |
| | 7 | 工作结果贡献及影响 | 指在完成工作任务后，所产生的结果对部门工作目标和企业整体发展的贡献和影响程度 |
| | 8 | 市场责任 | 指对外部市场产生价值大小所负的责任，遵循市场取向原则 |
| 工作技能 | 9 | 职务所需知识 | 指从事岗位工作必须具备的专业知识和相关知识，包括接受学校教育、进修及在专业工作实践中积累所获得的知识 |
| | 10 | 职务所需能力素质 | 指从事本岗位所必须具备的能力素质程度，如撰写、分析、判断、决策、协调、公关、组织、指挥等能力 |
| | 11 | 职务所需资格 | 指工作中所需要的由国家或者相关机构进行认证的非教育序列的资格类证书要求 |
| | 12 | 工作复杂程度 | 指由岗位解决问题本身的性质、难度所决定的工作内容、工作过程和方法的复杂程度 |
| | 13 | 工作经验 | 指从事岗位工作必须具备的在专业工作实践中积累所获得的知识。该工作经验是职务经验（从事过与岗位职责要求相同的工作年限）或行业经验（从事过与本组织同行业的工作年限） |
| | 14 | 文化程度 | 指岗位所要求的国家承认的高中、中专、大专、本科等学历 |
| 工作强度 | 15 | 工作压力 | 指工作本身给任职者带来的压力 |
| | 16 | 工作疲劳程度 | 指完成岗位工作所产生的疲劳程度 |
| | 17 | 工作均衡性 | 指每天工作忙闲不均的程度 |
| | 18 | 管理幅度 | 按管理人数的范围来区分 |
| 工作环境 | 19 | 舒适性 | 指工作所处环境中对人员的身体、心理健康影响的程度 |
| | 20 | 潜在危险性 | 指工作所处环境中对人员的有害影响和潜在危险的程度，以及工作地接触有害环境的概率 |
| 岗位层次 | 21 | 岗位层次 | 可以分为高层管理层、中层管理层、基层管理层、执行管理层、执行层 |

### 2. 评价指标标准

评价指标标准包括指标定义和指标等级定义。指标定义指对评价指标进行界定，给出其含义，包括标题和对标题词或短语的意思的正式表达。例如“学历”指标，就可以对其定义为：“学历，完成岗位工作所需要的正式学校教育的层次。”

评价指标必须分成若干个等级，从高到低，不同等级，其标准也不一样，这样评价人员才能根据不同等级的定义来评判岗位在该评价指标上属于哪个级别，以此来对岗位进行评价。等级定义要能够使评价人员比较容易地区分出不同等级之间的差异，以便于评价。等级定义越是清晰，在进行岗位评价时不同评价人员的判断越是能够趋向一致。

表 3-4 是某公司的岗位工作责任指标的评价标准，从 0 级到 5 级六个级别分别代表着不同的要求。

表 3-4　某公司岗位工作责任指标评价标准

| 评价指标 | 评价指标标准 |
|---|---|
| 战略决策责任 | 5：对所在组织的决策负有重大的战略性责任。<br>4：对所在组织的分管部门或分管系统负有战略性责任。<br>3：对所在组织负有一定的战略性责任。<br>2：对所在组织有决策责任，不具有战略性责任。<br>1：对所在岗位具有决策责任。<br>0：没有决策责任 |
| 管理责任 | 5：对所有组织和岗位有全面领导、考核与分配的责任。<br>4：对内有关组织和岗位有协助领导、考核与分配的责任，或对分管组织和岗位有领导、考核与分配的责任，或对组织之外的组织有重大的业务指导、管理责任或负有重大连带责任。<br>3：对组织内的岗位有指导或安排工作的责任，或对组织内的相关岗位有重大的业务指导、管理责任或负有重大连带责任。<br>2：有岗位管理自主权，同时对相关岗位负有连带责任或管理、指导相应岗位。<br>1：有岗位管理自主权，不监督、指导任何人。<br>0：受其他岗位管理，岗位管理自主权很小 |

续表

| 评价指标 | 评价指标标准 |
| --- | --- |
| 质量责任 | 5：对最终产品质量有完全直接责任。<br>4：对最终产品质量有很大的直接责任。<br>3：对最终产品质量有一般的直接责任。<br>2：对最终产品质量有很大的间接责任。<br>1：对最终产品质量有一般的间接责任。<br>0：对最终产品质量无任何责任和影响 |
| 职务所受指导与考评 | 5：根据组织的需要和发展趋势，开创性地提出有重要价值的新途径和新任务，把工作业绩对组织产生的作用作为考评的重点。<br>4：工作任务可以在组织既定的方针、原则及说明下，自行决定工作的方法、步骤，工作成果是其考评的重点。<br>3：每项工作内容要求、方法均需得到指示，例行性工作的步骤、过程由自己决定。在上级的批准下能决定非例行性工作的操作步骤和方法，对工作结果的定期考评是重点。<br>2：每项工作内容要求、方法均得到指示，自行决定常规的操作步骤、过程。非例行性工作必须向上级请示后，按上级要求进行。对工作过程及工作结果的定期考评是重点。<br>1：每项工作的内容及操作步骤、过程和方法等均要得到具体指导，对工作过程与结果都要进行定期检查和考评。<br>0：每项工作的内容、操作步骤、过程、方法基本上不变，工作过程中不需要上级过多的指导，对其考评的内容、标准基本不变 |
| 外部沟通协调责任 | 5：需要与外部业务主管部门的负责人或是相关行业高层领导，保持密切联系，沟通频繁，联系的主要原因往往涉及组织的重大决策或重要问题。<br>4：需要与合作单位、政府机构的部门负责人保持密切的联系，联系的原因限于组织的业务事宜。<br>3：需要与合作单位、政府机构的工作人员保持一定的联系，联系的原因限于组织具体的业务事宜。<br>2：工作需要与外界固定部门的一般人员发生频繁的业务联系，所开展的工作属于常规性的工作。 |

续表

| 评价指标 | 评价指标标准 |
| --- | --- |
| 外部沟通协调责任 | 1：工作需要与外界固定部门的一般人员发生频繁不多的业务联系，所开展的工作属于常规性的工作。<br>0：不需要与外界保持密切联系，若有，也仅限于与一般工作人员，且偶然性极强 |
| 内部沟通协调责任 | 5：完成岗位工作，需要与各部门负责人及所有员工保持密切联系，随时进行沟通，沟通协调不利对整个组织有重大的影响。<br>4：完成岗位工作，需要与部分部门负责人及部分员工保持密切联系，沟通协调不利会对组织产生一定的影响。<br>3：完成岗位工作，需要与本部门员工及其他部门员工有密切的工作联系，沟通协调不利会影响双方的工作。<br>2：完成岗位工作，仅需要与本部门员工进行工作协调，偶尔与其他部门员工进行一些个人协调。<br>1：完成岗位工作，仅需要与本部门个别员工进行沟通协调。<br>0：完成岗位工作，不需要与任何部门或员工进行协调或沟通。若有，也是偶尔与本部门的一般员工，其结果不影响自己与他人的工作 |
| 工作结果贡献及影响 | 5：工作结果直接关系到整个组织的利益和发展。<br>4：工作结果影响到几个部门的工作，工作成果能改善这些部门的长期发展和日常运作，局部影响组织的发展。<br>3：工作结果对所在部门工作目标的完成和发展有很大的影响，且对组织整体目标完成和发展有一定影响。<br>2：工作结果对所在部门工作目标的完成和发展有一定的影响，且对组织整体目标完成和发展有一定的影响。<br>1：着重个人负责，工作结果对所在部门工作目标的完成和发展影响比较小。<br>0：工作结果对所在部门工作目标的完成和发展没有影响 |
| 市场责任 | 5：在日常工作中，需要直接负责开拓与维护所有外部市场，实现外部市场价值最大化。<br>4：在日常工作中，需要积极开拓与维护部分外部市场。<br>3：在日常工作中，实现部分市场价值最大化，需要维护所有外部市场。<br>2：在日常工作中，实现部分市场价值最大化，需要维护部分市场。 |

续表

| 评价指标 | 评价指标标准 |
| --- | --- |
| 市场责任 | 1：在日常工作中，对开拓与维护外部市场无须负重大责任，但仍需协助相关部门开拓与维护外部市场。<br>0：在日常工作中，基本不涉及开拓与维护外部市场的工作 |

总而言之，评价指标标准的定义必须清楚、明确，指标等级要真实客观而不能模棱两可。

### 3. 权重

权重是一个相对概念，每一个权重都对应着一个指标。某一指标的权重就是指该指标在整个评价体系中的相对重要程度，对各评价指标差异的区分就是通过权重的不同来实现的。由于评价的侧重面不同，评价的重点也就不同，没有重点的评价是不客观的。权重的最终目的是将若干评价指标分出轻重。一组评价指标对应的权重构成了权重体系。

在岗位评价中，一级评价指标、二级评价指标权重的确定是重要环节。权重的设定反映着企业的价值观、技术水平，而且关系到最终的评价结果值。设置的权重不一样，对同一个评价岗位，最后得到的评价值也会不一样。

在确定权重时，要着重注意两个方面的问题。

一是企业的性质。在一些技术含量高的高新技术企业中，由于企业强调技术、对技术的要求较高，因此与技术、研发、营销等相关的指标的权重，相对来说就应该高一些。而在一些劳动密集型企业和低技术含量的企业中，与操作相关的指标的权重就可能要高一些。

二是权重要能反映企业的价值取向。岗位归类本身就体现着岗位的不同价值，不同的岗位序列权重应该不一样。不同的序列，反映着其在组织中的不同地位。因此，设定权重时要考虑到序列的因素及企业的价值观对评价指标权重的影响因素。

总之，不管设定怎样的指标、怎样的权重，都不能脱离岗位管理中岗位评价的四个指导原则，最终的结果也要能反映出这四个指导原则。

## 3.3 岗位评价流程与实施

在选择了方法和建立了指标体系之后，就可以对企业里的岗位进行具体的评价。本节将围绕着岗位评价的流程和实施，介绍在岗位管理过程中怎样开展岗位评价。

### 3.3.1 岗位评价的流程

岗位评价的实现需要经过三大环节，这就是前期准备、具体实施和结果形成。前期准备包括组织分析、岗位分析和岗位归类。具体实施包括评价文件资料的准备、成立评价委员会、员工培训及自评、评价委员会评价。结果形成包括数据处理、形成岗位评价文件和员工申诉。岗位管理中的岗位评价过程如图 3-3 所示。

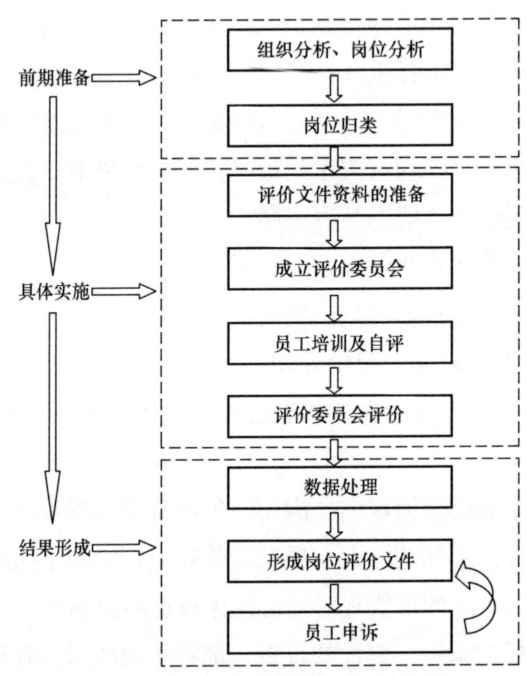


图 3-3　岗位管理中的岗位评价过程

#### 1. 前期准备

岗位评价的前期准备环节是进行岗位评价的基础，主要是为岗位评价的具体实施提供信息资料和文件准备。前期准备包括组织分析与岗位分析，以及在此基础上的岗位归类。组织分析与岗位分析在上一章已有介绍，此处不再赘述。下一步工作就是岗位归类。

在完成组织分析和岗位分析后，岗位的基本信息和资料如组织的发展战略、发展目标、组织框架结构、各部门业务流程、价值核心、岗位结构、岗位相互间关系、各岗位的五要素等信息资料都能从组织分析和岗位分析所形成的文件中获取。

岗位的归类按照岗位的价值和作用进行区分，是一个由粗到细、从横向归类到纵向归类的过程。所有的岗位都由岗位五要素构成，但是各个岗位的业务性质不同，必然会有责任轻重和困难程度的不同，要在此基础上进行岗位归类。

岗位归类可以按以下顺序进行分类：岗位序列→岗位类别→岗位→岗位级别。首先，将岗位分为不同的序列，如分为战略管理序列、职能管理序列、生产服务序列、营销序列、研发序列等。然后，将同一个序列中性质相近的各个岗位综合成岗位类别，如生产服务序列中可分为管理类、专业技术类、生产服务操作类、辅助保障类等。在形成不同的岗位类别后，将不同类别中的岗位区分为一个个具体的岗位。最后，根据不同的岗位级别将岗位分为若干个级别，每一级别都代表着该岗位不同的素质要求。

岗位归类方便了岗位评价的具体实施，为评价指标的确认和权重的确定提供了参考依据。

### 2. 具体实施

岗位评价的具体实施环节包括评价文件资料的准备、成立评价委员会、员工培训及自评、评价委员会评价，具体内容将在“3.3.2 岗位评价的实施”中展开。

### 3. 结果形成

岗位评价的结果形成环节主要包括数据处理、形成岗位评价文件和员工申诉。

数据处理是对岗位评价委员会的评价结果进行处理。评价委员会评价出来的仅是对各个岗位不同指标的各个级别的抽象判定，不能直接得出各岗位相互间的比较关系。数据处理过程就是要将这些文字判定，结合每个评价指标的权重，以数值的形式表示出不同岗位的判定结果。通过数据处理，将不同岗位的相对价值大小用数值来表示，以便在不同岗位之间进行比较。同时，通过数量关系，在不同岗位之间建立起某种联系。

得出每个岗位相对价值的数值以后，要按照岗位的分类、同岗分档的要求进行处理，形成整个组织的岗位评价文件，包括新的岗位价值结构、各序列岗位结构、每个岗位的分级情况等。

由于建立了新的岗位结构，员工所在岗位位置可能会发生变化，因此一些员工可能会产生疑义。特别是一些岗位被排到了比他们认为低的岗位后面的岗位主持人，就有可能会向岗位评价委员会提出申诉。因此，这里还有一个员工对评价结果申诉和对员工申诉进行处理的问题。只要员工提出申诉，岗位评价委员会都应及时给予处理。如果员工的申诉意见正确而又合理，就需要对岗位评价结果进行调整。如果评价结果不是由评价过程本身所造成的，而是由于岗位文件的描述不准确或不正确所造成的，这时还要重新修订岗位文件。如果员工的申诉意见没有根据或是误解，岗位评价委员会要对此做出解释。对于无理取闹的员工，要给以严肃批评直至纪律处分。

### 3.3.2 岗位评价的实施

#### 1. 评价文件资料的准备

评价文件资料主要指评价时所需要的所有文件资料，包括评价指标和标准的确定、权重的确定、评价辅助资料等。

评价指标、标准及权重在前面一节已有详细介绍，在开展评价之前应做好准备。

确定了评价指标、标准和权重后，并不能就此开展岗位管理中的岗位评价，还需要准备评价所需的评价辅助资料。这些资料根据评价方法、评价指标和评价标准来制定，主要是一些评价文件的表格。这些文件资料都是为了能更好地进行评价，方便岗位主持人和岗位评价委员会的评价工作，是一些辅助但又必不可少的文件资料。

#### 2. 成立评价委员会

岗位评价是一项围绕人的判断进行的科学技术，它虽然有科学的评价标准、评价指标和计算方法，但是必须看到，岗位评价并非完全精确、科学，具体的评价仍需要由人来进行。人虽然是客观存在的，但其评价具有主观性，因此在评价过程中不可避免会出现一些主观判断上的误差。为了保证岗位评价能尽量做到科学，减少人为因素，在岗位评价过程中，需要设立岗位评价委员会。

岗位评价委员会的主要职责是根据岗位评价方案对所有岗位进行评价，并负责处理员工对评价结果的申诉和岗位评价的日常维护。岗位评价委员会是一个临时机构，其人员数量由组织内岗位数量决定，一般来说，5 ~ 7 人即可。选择的岗位评价委员会的组成人员要符合以下两个要求：一是能得到大部分组织管理人员和员工的信任，在技术上能胜任该项工作；二是对组织内岗位相对熟悉，能够公正、客观、实事求是地评价所有岗位。如果条件允许，最好聘请一些外部专家参与。

### 3. 员工培训及自评

员工培训及自评是岗位评价工作的一项重要内容。对员工进行岗位评价培训，让他们了解岗位评价的含义、特点及程序，阐明岗位评价对于他们的影响和意义，让他们明白岗位评价关系到每个岗位、每个岗位主持人的切身利益。另外，还要对员工就岗位评价的方法、评价指标、评价标准进行解释，让他们明白每个指标和标准的意义，从而能对各自岗位进行自我评价。在对员工培训结束后，由各岗位主持人对各自所在岗位，参照评价指标和评价标准进行客观评价。评价结果要经其直接上级审核确认，如有异议，还需要直接上级与该员工进行探讨。签字确认后的评价表交岗位评价委员会。

通过员工培训和岗位主持人自评，让员工真正参与到岗位管理中来，能让他们了解到组织的激励机制——岗位工资是如何确定的，明确岗位价值如何判定和体现，这对于岗位主持人参与岗位管理，提高工作积极性具有重要意义。岗位评价的特点之一就是广泛的参与性，通过员工自评，也充分体现了岗位评价的这一特性。

### 4. 评价委员会评价

岗位评价委员会的评价在员工自评后进行。由于岗位评价确定的是岗位的价值序列，它将在组织内建立一个新的岗位结构。这个岗位结构体现的是岗位对组织的相对价值，是组织建立新的薪酬结构的基础。因此，岗位评价的过程和结果对组织和组织内所有成员都具有重要的意义。但是，单靠员工自评来确定最后的评价结果有可能会有失公允，这是因为员工在进行自评的时候，往往会有意无意地过高评价自己所在岗位，这就会造成评价的失实，无法体现评价结果的公正性和准确性。因此，岗位评价需要有一个客观、公正的机构来做出最后的评判，岗位评价委员会评价的重要性就体现在这里。另外，尽管有统一的评价指标和评价标准，但是每位岗位主持人在评价时，掌握的尺度难以达到一致，这也会影响岗位评价的公正性。若以此为最终结果，无疑是不公正的。所以，由一个公正的机构——岗位评价委员会来统一进行评价是必要的。当然，在正式评价前，还要对参加评价的委员们进行严格的培训，以便让委员们能够全面掌握岗位评价的原则、原理和标准尺度，客观公正地进行评价。

岗位评价委员会以一个统一的尺度来对所有岗位进行评价，能最大限度地减少偏差，保证最后结果的公正性，也提高了可接受性。

在评价过程中，岗位评价委员会往往以大家商量讨论的形式，依据评价指标和评价标准，把握一个尺度对所有岗位逐一进行评价。

## 3.4 岗位体系构建

岗位体系是企业人力资源管理的基础结构，是人员体系、绩效体系、薪酬体系等人力资源管理各工作环节的依据。本节将介绍什么是岗位体系，以及如何构建岗位体系。

### 3.4.1 岗位体系的概念

岗位体系是指通过将企业内部的岗位进行明确的职责划分，进而构建岗位序列和岗位类别，然后通过岗位评价区分岗位等级，从而建立起交叉一致的企业岗位管理系统。构建岗位体系的过程是企业综合考虑岗位和人的过程。建立一个有序的、合理的岗位体系，应该满足两个条件。第一个条件，能够影响和决定员工岗位的，应当是那些获得性因素起主要作用，比如教育、努力程度、能力、专业技术、经验等，而不是继承性因素，包括出身、家庭背景等。第二个条件，员工获得的岗位，必须和员工所付出的成本相匹配，如教育、培训、科研、创新等成本。

有关岗位的设置、职责描述、权限设计及任职要求等构成了企业岗位体系的要素。这类要素在第2章“岗位分析与设计”中已有介绍，这里不再赘述。

**相关链接**

**岗位体系的相关术语**

1. 岗位系列（岗系）

岗位系列是指由工作性质和特征相同或充分相似，而责任轻重和繁简难易程度不同的一些工作岗位所构成的系列或群体。岗位系列是最基本的工作岗位业务分类，例如，操作工是一个岗位系列，而操作工系列中的车工则是一个具体的岗位。

2. 岗位类别（岗类）

岗位类别是由工作性质相似的若干岗位和岗位系列构成的群体。例如，生产执行类岗位就是一个岗位类别，而操作工、维修工、搬运工等岗位系列构成了生产执行类岗位。

3. 岗位序列（岗序）

若干工作性质和特征相近的岗位类别归结在一起，称为岗位序列。凡是属于不同岗位序列的岗位，它们的工作性质是完全不同的，如决策序列、研究开发序列、市场营销序列、生产序列等。每一个岗位序列里都包括若干的岗位类别，如生产服务序列里岗位可以分为生产管理类、生产技术类、生产执行类、生产服务类等岗位类别。

4. 岗级

把工作性质不同，但工作繁简难易、责任大小及所需资格条件等因素充分相同的岗位归纳为同一岗级。一般来说，同一岗级的所有岗位，不管它们属于哪个序列的哪个类别，其岗位价值相当，薪金报酬也相同。

5. 档级

档级是岗位体系构建中一个很重要的概念，与岗位能力的发展密切相关。对于同一岗位，即使岗位所要求的职责相同，但是由于岗位任职者的情况不一样，会产生不同的岗位能效。因此，同一个岗位需要规定不同的档次状态，分别对应具有不同素质的人来适应该档次的工作。岗位分档就是将同一岗位设计出不同的档级，每一档级对应不同的素质要求。这样，员工在岗位上，只要他达到某档级的素质要求，他就能进入该档级，就应完成该档级的绩效，就会获得该档级的薪酬。如果他的素质提高了，他就有可能进入高一层的档级，完成该档级的绩效，获得该档级的薪酬。相反地，如果他无法达到岗位某个档级的素质要求，他的档级就会下降，绩效考评标准也会下降，当然薪酬也就会随之下降。

## 3.4.2 岗位体系构建的原则

岗位体系的构建应以“事”为中心，根据岗位的工作性质、繁简难易程度、工作责任轻重及所要求人员的任职资格条件等几方面因素进行，力求适当、准确和合理。在构建过程中应遵循以下四个方面的原则。

### 1. 因事设岗原则

构建岗位体系要以客观存在的“事”为依据，即从现实存在的工作出发，考虑其性质、特点、工作量和难易程度等，来对岗位进行分类和分级。也就是强调岗位构建的客观依据，不凭主观臆断。

**2. 系统性原则**

岗位构建应遵循系统性原则，即分类时按照岗位的业务性质进行归类，找出各岗位之间的内在本质联系，将关键业务要素相似的工作岗位归为一类。例如，研究开发序列岗位要具有相似的业务性质，而管理类岗位则要求其关键业务要素相似。岗位分级分等时也应遵循系统思想，做到统筹规划，兼顾效率与公平。

**3. 适度原则**

岗位体系的构建应适度反映工作岗位间各种因素的差异，既不能过大，也不能过小。如果差别过大、过粗，则不能准确反映出各岗位间的差异；如果过小、过细，则会造成专业分类过度，使管理过于僵化和缺乏弹性。所以，度的把握非常重要。

**4. 前瞻性原则**

岗位体系构建后，经过一段时间的运行，可能会有少数岗位的工作职责发生变化，导致工作的责任轻重、繁简难易程度或人员资格条件等发生变化。此时，就需要重新审视这些岗位，给予重新定位。因此，为保证企业的岗位体系具有良好的稳定性和实用性，在分类分级的构建过程中，就要充分考虑这种情况，并做好预测，为后续的变化留有一定余地。这样，当未来工作岗位发生一些变化时，只需对岗位体系做一些小的调整就能适应企业的需要了。

### 3.4.3 岗位体系的构建

岗位体系的构建包括横向划分岗位序列和岗位类别的分类过程，以及纵向建立岗位等级的分级过程。

**1. 横向岗位分类**

横向分类过程是建立在科学细致的工作分析基础上，主要是基于业务性质进行的划分，结果是形成不同的岗位序列（岗序）、岗位类别（岗类）、岗位系列（岗系）和岗位。

岗位分类总的原则是以“事”为中心，从实际出发，力求适用、准确、可靠和精简。在岗位的分类过程中，应遵循以下四点原则。

（1）单一性原则。即每一个工作岗位只能归于一类，而不能既归于这一类，又属于那一类。比如技术中心的配方员，如果归于研究开发序列，就不能再归到其他序列中。配方员是一种专业类岗位，而非管理类等其他类岗位。

（2）关联度原则。当某一个岗位的工作性质分别与两个以上的岗位类别有关时，以关联度高的一类为准来确定其归属。

（3）耗时性原则。当某一个岗位归属两个以上的岗位类别且关联度相当时，以耗时较多的一类为准来确定其归属。

（4）选择性原则。当对某一岗位划分类别，按照前述原则也很难决断时，以该岗位的主管领导意见为准来确定其归属。

**2. 岗位分类的步骤**

岗位分类是一个由粗到细的工作过程。

首先，划分岗序。将组织内的工作岗位按照工作性质划分为若干序列，这是岗位的第一次分类。岗位分序前组织中的岗位往往处于无序、混乱状态，在岗位分序后，组织中的岗位应根据工作性质逐渐走向有序。

其次，划分岗类。这是岗位的第二次分类，将各岗位序列中的岗位再根据工作性质的异同继续进行划分，把业务相同或相近的岗位归入同一岗位类别。

再次，划分岗系。这是岗位的第三次分类，将同一岗位类别中的岗位再一次按照工作性质进行划分，把业务性质相同的岗位组成同一岗位系列。

最后，细分岗位。这是岗位的第四次分类，在每一个岗位系列中，根据工艺技术、工具和设备、原材料产品用途和劳动工作对象相似（同一性）的原则，再进行细分，形成细类，即一个个具体的岗位。

岗位分类的基本方法有归纳法、演绎法等。归纳法的程序与上述分类过程正好相反，先将岗位按工作性质的完全相同与否归为岗位系列，再将工作性质近似的岗位系列归为岗位类别，最后将工作性质相似的岗位类别归为岗位序列。演绎法则是从粗到细，按工作性质将岗位分成若干大、中、小类。企业在进行具体的岗位分类时，并没有一套完全适合的、统一的分类标准可参照执行。有的企业规模较大，业务较复杂，岗位分类可以细致些；而有的企业规模小，业务简单，岗位分类就可简化些。

## 相关链接

### 某企业的岗位分类过程

某企业在岗位分类时，分成四步进行。

1. 划分岗位序列

某企业根据工作性质同一性和相应的能力水平进行划分和归类，将岗位划分为若干大类，形成岗位序列，如决策序列、行政管理序列、市场营销序列、生产序列等七大序列岗位。每一个序列岗位都是一系列从事类似工作，需要类似的知识、技能和素质要求的岗位组合，如图3-4所示。

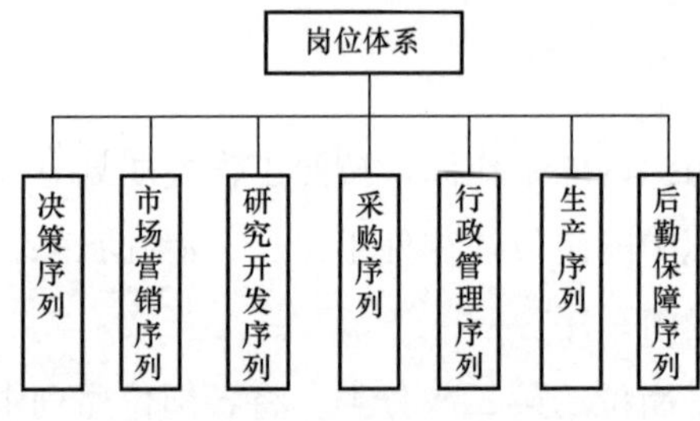


图3-4 岗位序列图

决策序列：指能决定组织的经营方向、重大投资方向，具有战略地位的一类高层领导岗位。

市场营销序列：指开发市场、研究市场和从事产品销售与客服的一类岗位。

研究开发序列：指从事新产品、新工艺研究开发工作的一类岗位。

采购序列：指从事原材料的采购，保障企业正常生产运作的一类岗位。

行政管理序列：指在组织内从事行政性、事务性职能管理工作的一类岗位。

生产序列：指进行产品生产的一类岗位。

后勤保障序列：指为组织的正常运转提供保障的一类岗位。

2. 划分岗位类别

将各岗位序列内工作性质、任务和分工相近的岗位进行组合，即将大类细分为中类，形成岗位类别，如生产序列分为生产管理类、生产技术类、生产执行类和生产服务类等四大类别岗位（见图3-5）。相比于岗位序列，同一类别的岗位除了具有相似的工作性质外，其岗位职责在重要性和工作量上也具有相当的一致性。正是由于岗位类别对于岗位职责在多个层面都具有相似性的要求，因此不同的岗位类别可能同属于一个岗位序列，如生产管理类中的车间主任岗位和生产执行类中的搬运工同属于生产序列。或同一岗位类别分布在不同的岗位序列中，如行政管理序列和市场营销序列中都有管理类岗位。

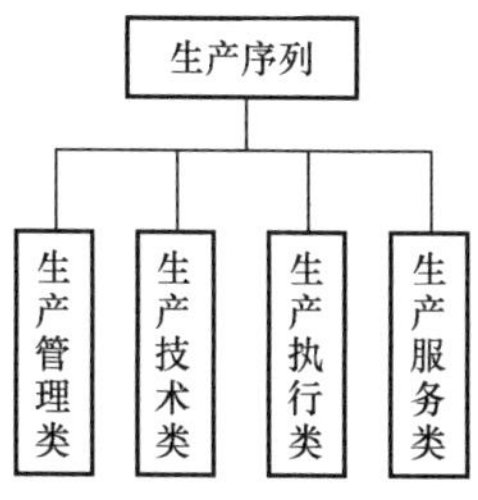


图 3-5　岗位类别图

生产管理类岗位：主要是指生产序列中的管理岗位，如生产车间主任、工段长、班组长等。

生产技术类岗位：主要是指生产序列中的负责技术、工艺工作的岗位，如工艺员等。

生产执行类岗位：主要是指生产序列中直接从事制造、安装产品的一些一线操作岗位，如操作工、维修工等。

生产服务类岗位：主要是指生产序列中负责服务性、辅助工作的一些岗位，如清洁工等。

3. 划分岗位系列

再将各岗位类别中的岗位按工作的环境、条件、功能及相互关系的相似同一性，划分为若干小类，组成岗位系列。例如，生产执行类岗位中分为操作工系列、维修工系列、搬运工系列等系列岗位（见图 3-6）。

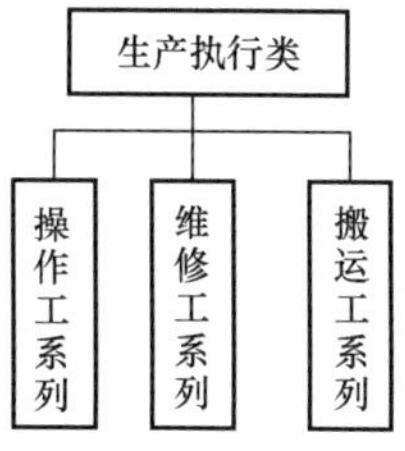


图 3-6　岗位系列图

4. 形成岗位

最后，在每一个岗位系列的基础上，按工作分析方法，根据工艺技术、工具和设备、原材料产品用途和劳动工作对象相似（同一性）的原则，将岗位系列再进行细分，形成最基本的细类——岗位。例如，操作工系列又分为车工、钳工、吊车工、电镀工、热处理工、压机工等（见图3-7）。

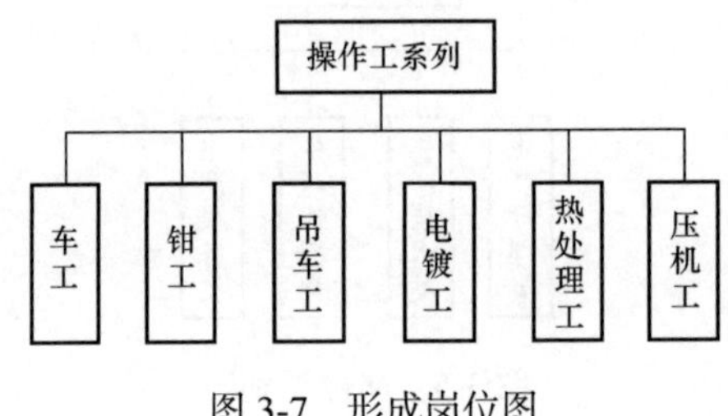


图3-7　形成岗位图

某企业以上岗位分类过程如图3-8所示。

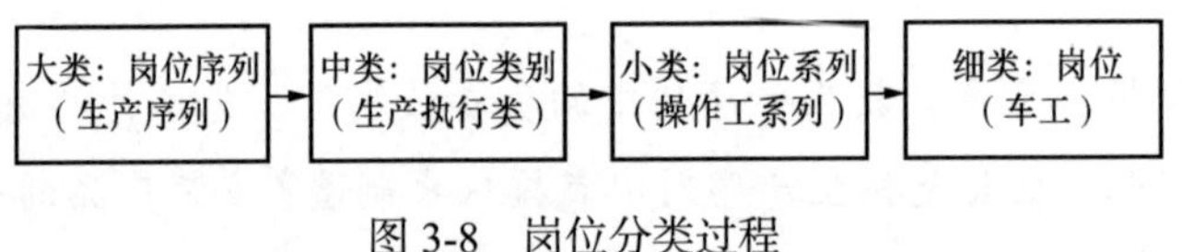


图3-8　岗位分类过程

### 3. 纵向岗位分级

纵向分级过程也是建立在岗位评价的基础上，依据工作岗位的责任轻重和繁简难易程度进行的划分，结果是形成不同的岗级和档级。

横向岗位分类工作结束之后，就可以进行纵向岗位分级。在明确了企业的岗位序列、岗位类别和岗位系列，并配套完成岗位说明书全套文件后，利用科学有效的岗位评价机制和方法，统一衡量和确定不同岗位的相对价值，进而通过价值比较进行岗位等级的划分和排列，最终形成岗位评价文件，并以此作为转化薪酬及开展人力资源其他管理活动的依据。

岗位纵向分级的一般步骤如下。

（1）将各岗位的评分结果按从低到高的顺序制成散点图，观察各岗位分值的分布情况。

（2）确定评价得分的最低值和最高值。最低值一般是最基层岗位的评价得分，最高值则一般是最高级岗位的评价得分。

（3）确定一级区间跨度及区间跨度变化率。一级区间即岗位的最低级区间，跨度是指区间最高分值与最低分值之差。一级区间跨度通常取值为岗位评价最低值的 10%～15%，可根据总体分数分布情况进行适当调整。以岗级较高的岗位之间岗位评价差距较大，而岗级较低的岗位之间岗位评价差距较小为原则设定区间跨度，表明简单劳动的价值区别较小，而复杂劳动的价值则相对区别较大。区间跨度变化率一般控制在 15%～30%。

至于岗级划分的区间宽窄及级数多少，则主要根据企业薪酬结构线的斜率、岗位总数的多少、企业的工资管理政策和晋升政策确定。总的原则是，岗级的数目不能少到相对价值相差较大的岗位都处于同一岗级而无区别，也不能多到价值稍有不同便处于不同岗级而进行区分的程度。此外，级数太少，难以晋升，不利于激励员工；级数太多，晋升过频，也使激励性下降。因此，岗级的确定应根据企业的实际情况来定。

（4）得出相应的级别数和各级区间跨度，确定各岗位所处级别。根据上一步骤得出的一级区间跨度及区间跨度变化率，即可对岗位进行分级。

将岗位分级后，有利于对人员进行统一管理。也就是说，无论你处于哪个岗位序列和何种岗位类别，都可以和相同或不相同序列、类别的岗位进行价值比较。处于同一等级的岗位，虽然工作性质千差万别，但是工作的繁简难易程度、所承担的责任轻重程度及对任职者的资格条件要求等均是相似的，因而，他们的报酬和待遇也应是相近的。另一种情况是，某些岗位虽然工作性质相同，但工作的繁简难易程度、所承担的责任轻重程度及对任职者的资格条件要求等都不同，那么这些岗位就处在了不同的岗位等级，他们的报酬和待遇也应是不同的。

一般来讲，各岗位区间的跨度应有所区别。岗位评价得分较低的区间跨度相对要小，而岗位评价得分较高的区间跨度相对要大一些。所以，纵向岗位分级曲线应该是一条指数曲线。

另外，各岗位区间所容纳的岗位密度也应有所区别。岗位评价得分较低的区间容纳的岗位密度相对要高，而岗位评价得分较高的区间容纳的岗位密度相对要疏一些。所以，纵向岗位分级结果应该像金字塔一样，呈下宽上窄的形状。

## 相关链接

### 某公司的岗位分级表

某公司的岗位体系分成 7 个等级，见表 3-5。

表 3-5　某公司岗位等级表

| 岗位分级 | 决策类岗位 | 生产类岗位 | 技术类岗位 | 行政类岗位 | 市场类岗位 |
|---|---|---|---|---|---|
| 第7级（高层） | 公司总经理 | | | | |
| 第6级（高层） | 公司副总经理 | 事业部总经理/副总经理 | 总工程师 | 总经理助理 | |
| 第5级（中层） | | 生产计划部部长<br>品管部部长/新品部部长/供应部部长 | 技术部部长<br>高级工程师 | 综合部部长/财务部部长/企管部部长/行政部部长 | 市场部部长 |
| 第4级（中层） | | 总调度/生产主管/质检主任/品质工程师/模具主管 | 工程师/技术咨询工程师/开发办主任/试验中心主任 | 副部长 | 市场部副部长 |
| 第3级（普通员工） | | 调度员/计划员<br>外协员/仓库主任 | 助理工程师<br>工艺员 | 企管管理员<br>助理会计师<br>保安室主任 | 市场分析员 |
| 第2级（普通员工） | | 质检员/统计员<br>核价员/跟单员/采购员 | 试验员/技术员<br>绘图员/技术服务员 | 出纳/会计/合同管理、联络员、样品管理、清欠员 | 营销员 |
| 第1级（普通员工） | | 仓库保管员/操作工 | | 文员/前台/司机/文印 | 内勤员 |

## ☑ 自测题

### 一、判断题（请在题后的括号内打“√”或“×”）

1. 岗位评价的首要特征是以人为对象，对“人”不对“岗”。（　　）
2. 岗位评价只要求管理层参与整个岗位评价过程，不需要员工参与整个评价过程。（　　）

3. 员工薪酬的上升或是下降，一定要通过调换岗位来实现。（　　）

4. 岗位评价委员会是一个常规机构，其人员数量由组织内岗位数量决定。（　　）

5. 岗位体系的构建包括横向划分岗位序列和岗位类别的分类过程，以及纵向建立岗位等级的分级过程。（　　）

**二、单选题（请在题后的括号内填上选中项的序号）**

1. 岗位评价重在解决岗位薪酬的（　　）问题。

A. 对内公平　　B. 对外公平

C. 员工自我公平　　D. 相对公平

2.（　　）是目前应用最广泛的岗位评价方法。

A. 排列法　　B. 分类法

C. 评分法　　D. 要素比较法

3. 评价指标必须分成若干个等级，评价人员根据不同等级的定义来评判岗位在该评价指标上属于哪个级别，以此来对岗位进行评价。以下是“战略决策责任”指标的若干等级标准，按照从高到低进行排序，正确的顺序是（　　）。

① 对所在组织的决策负有重大的战略性责任。② 对所在组织负有一定的战略性责任。③ 对所在组织的分管部门或分管系统负有战略性责任。④ 对所在岗位具有决策责任。⑤ 对所在组织有决策责任，不具有战略性责任。

A. ①③②⑤④　　B. ①②③④⑤

C. ③①②⑤④　　D. ①③⑤④②

4. 关于评分法的特点，以下说法错误的是（　　）。

A. 是目前应用最广泛的岗位评价方法

B. 方法复杂，难以为员工所接受

C. 选择一组评价要素并为每个要素定义若干个评价指标

D. 不仅可以得到一个岗位等级，还能提供关于两个岗位之间的价值差距的具体信息

5. 关于评价指标权重的描述，以下说法错误的是（　　）。

A. 权重的设定反映着企业的价值观、技术水平，而且关系到最终的评价结果值

B. 在一些劳动密集型企业和低技术含量的企业中，与操作相关的指标的权重就可能要高一些

C. 不同的岗位序列中的指标权重应该是有区别的

D. 设定权重时不需要考虑到序列的因素

## 三、多选题（请在题后的括号内填上选中项的序号）

1. 以下属于岗位评价的指导原则的有（　　）。

A. 系统原则　　B. 同岗分档原则

C. 实用性原则　　D. 岗位归类原则

2. 岗位评价指标体系包括（　　）。

A. 评价指标　　B. 评价指标标准

C. 权重　　D. 评价委员会

3. 岗位评价的前期准备工作主要有（　　）。

A. 组织分析　　B. 岗位分析

C. 岗位归类　　D. 员工申诉

4. 岗位评价的实施包括（　　）。

A. 评价文件资料的准备　　B. 成立评价委员会

C. 员工培训及自评　　D. 评价委员会评价

5. 一般的岗位评价主要从（　　）方面来考虑确定评价指标。

A. 工作责任　　B. 工作技能

C. 工作强度　　D. 工作环境

E. 工作心理

## 四、练习与思考

1. 联系实际说明岗位评价在企业岗位管理中的具体作用。

2. 岗位评价的方法有多种选择。选择一种岗位评价的方法，简述其概念及特点。

3. 岗位体系构建中的岗位分类是一个由粗到细的工作过程，举例说明岗位分类的具体步骤。

4. 岗位评价的流程有哪些环节？最关键的环节有哪些？

5. 什么是岗位体系设计？举例说明如何构建岗位体系。

## 五、案例分析题

1. A 广告公司是一家专业从事信息传播服务、广告设计制作、媒体代理和发布的企业。由于对市场把握敏锐，该公司从 1993 年创立以来取得了良好的业绩。随着公司的发展壮大，员工人数大量增加，众多的组织问题和人力资源问题逐步凸显出来。A 公司存在的主要问题表现为：

（1）组织结构混乱、岗位层次不清、职责职权不明。公司现有的组织结构，是基于创业时的规划，有些部门和岗位的设立没有一个规范的标准，岗位之间的职责与权限缺乏明确界定，扯皮推诿现象不断发生。岗位的价值也没有明确的主次之分，部分岗位的管理幅度过窄，部分岗位又兼职其他诸多岗位。

（2）公司的用人机制在很大程度上没有市场化、社会化，个别岗位的员工流动不自由，不能优胜劣汰。由于对关键的管理岗位的评价价值过低，过分注重业务岗位，轻视管理岗位，管理人才流失严重，高层次的管理人才奇缺。

（3）无一套完善、合理的绩效考评体系。由于各部门的职责分工不明确，各岗位的价值关系不一，对绩效目标的分解不能到岗到人，绩效考评更多的是流于形式，考评结果也未能与各岗位的薪酬、晋升、培训等挂钩。

（4）薪酬体系没有合理设计，激励作用有限，员工流失现象极其严重。由于公司没有一套岗位评价机制，岗位的级别层次也不明确，员工的薪酬几乎都是老板说了算。薪酬的设计缺乏内部公平性，各岗位之间的薪酬呈现严重的两极分化现象，甚至有的岗位的薪酬与岗位的贡献成反比。

（5）缺少对员工培训的系统安排及职业发展规划。由于各岗位的价值不明确，公司对有的岗位价值评定过高，对有的岗位价值评定又过低，新员工刚进入公司没有系统的培训过程，对岗位的适应期过长，员工的个人发展不能得到有效保证。

**思考题：**

（1）请用简洁的语言概括一下 A 公司面临上述问题的主要原因？

（2）就妥善解决 A 公司面临的问题，提出你的建议。

2. C 公司是一家高速发展的综合性企业，声名显赫，在当地很有影响。新任总经理一上任就发现一个有趣的现象：公司里很多人都愿意当看车员。是不是看车员有崇高的政治荣誉，由此可以通往公司高层的宝座？事实上，看车员仅仅是负责看护自行车、汽车而已，绝无加官晋爵的可能。是不是看车员工作条件舒适宜人？看车员虽有凉亭为伴，风吹不着，雨打不着，但毕竟不如坐办公室吹空调舒服。而且该职位也绝不是能锻炼人、让人迅速成长的职位。那究竟是什么原因？原来，看车员工作轻松，没有风险和压力，最重要的是工资不少拿，和一线业务人员、研发人员拿得差不多，所以大家都愿意当看车员。

总经理与人力资源部郑经理交流此问题时，又引出了他一肚子的苦水：原来 C 公司工资相对较高，但高低收入相差不大，主要在资历、学历、劳动条件上有少许差别。很多人都感觉不公平，认为自己拿得少别人拿得多，因此常常向郑经理诉苦。如有的业务人员抱怨工作量大、条件艰苦该加薪；而有的司机以手握生死盘、脚踏鬼门关为由来说明工作危险要求涨工资；有的管 100 人的经理因为和管 10 个人的经理拿差不多的薪酬而牢骚满腹，凡此种种，搞得郑经理疲惫不堪，加上他们说的都有些道理，结果谁闹得凶就给谁加工资。由此也招来了更多的抱怨，都说会哭的孩子有奶吃，搞得郑经理里外不是人。

郑经理对此感到很困惑：薪酬究竟按什么原则来定？每个岗位到底该拿多少钱比较合理？同样是经理，岗位工作有明显的差距，但如何区分出高低来？高低之间薪酬差多少才是合理的？上述有些人的观点明显有些谬论，但如何解释才能让他们心服口服？有没有一个工具能把所有人的工资都公平地比较出来？

**思考题：**

（1）C 公司出现上述这些问题的主要原因有哪些？

（2）假如你是人力资源部经理，接下来打算采取哪些措施来解决上述问题？

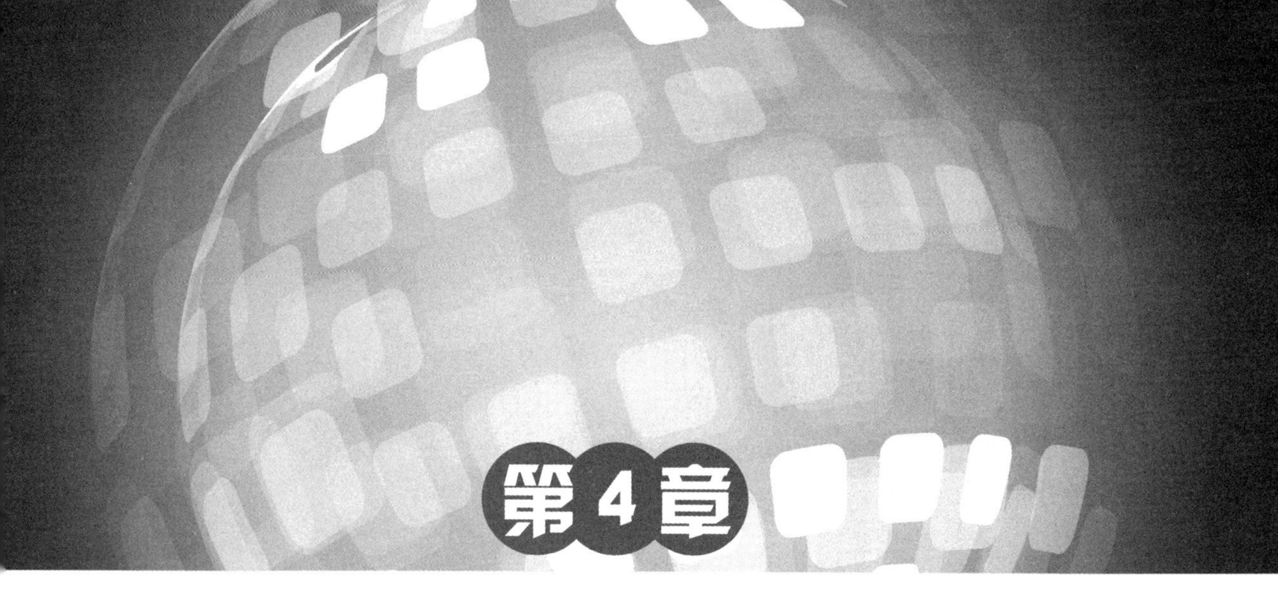

# 第4章 岗位素质模型构建与管理

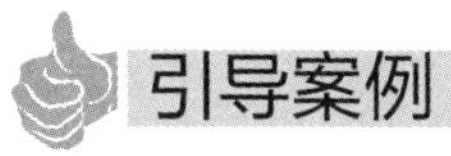

## 引导案例

### 刘邦为什么能夺取天下?

汉高祖刘邦打败项羽夺得天下之后，在洛阳大宴群臣。宴席上刘邦向大家提出一个问题："我为什么能夺得天下？"群臣七嘴八舌，所云不一。刘邦听后皆不以为然，他说："运筹帷幄之中，决胜千里之外，吾不如子房；镇国家，抚百姓，给馈饷，不绝粮道，吾不如萧何；连百万之军，战必胜，攻必取，吾不如韩信。此三人，皆人杰也，吾能用之，此吾所以取天下也。"刘邦的一席话，道出了一个君王要想成就天下所应具备的关键素质——善于分析工作、善于分析自己、善于识别人才、善于使用人才。

**思考：**

在今天，一个企业的领导人应该具备什么样的素质？企业应该用怎样的标准去招募员工？员工的晋降级应该参照什么样的标准？

## ■ 本章学习目标

1. 理解素质、岗位素质、岗位素质模型等基本概念
2. 了解岗位素质模型的特点、构成要素、理论模型，以及与岗位要素、人力资源管理主要环节的关系
3. 熟悉岗位素质模型的构建
4. 了解岗位素质模型的动态维护过程

## ■ 学习导航

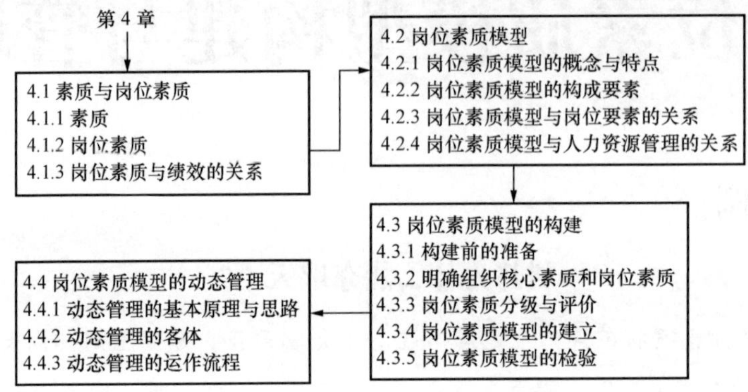

# 4.1　素质与岗位素质

## 4.1.1　素质

素质（competency）这一概念最早出现在 1973 年美国著名心理学家大卫·麦克利兰的文章《测试能力而不是智力》(*Testing competence rather than intelligence*）中，为素质理论的诞生奠定了基础。

### 相关链接

20 世纪 60 年代后期，麦克利兰领导的研究小组经过大量深入研究发现，传统的学术能力和知识技能测评并不能预示工作绩效的高低和个人生涯的成功。同时，他们发现从根本上影响个人绩效的是诸如“成就动机”“人际理解”“团队影响力”等一些可称为素质的东西。

为识别和测评素质，麦克利兰创造了“行为事件访谈法”(Behavioral Event Interview，BEI)。首次采用行为事件访谈法的是一个为美国政府甄选驻外联络官（Foreign Service Information Officers，FSIO）的项目。麦克利兰研究小组采用行为事件访谈法收集信息，试图研究影响外交官工作绩效的因素，以及哪些因素能够预测某一外交官能够在未来工作中取得较大的成功。通过一系列总结与分析，麦克利兰小组得出了一名杰出的外交官与一般员工在行为和思维方式上的差异，从而找出了 FISO 的素质。

在这里，我们可以将素质定义为，在既定的情境下，产生绩效差异的个人生理和心理特征的集合。既然如此，素质应该具有以下六个方面的特性。

第一，素质具有基础性。良好的素质是产生高绩效的一个基础，是一个必要条件，而不是充分条件。要产生高绩效除了具备合适的素质以外，还必须要有各种环境因素的配合，并辅以正确的行为方法。

第二，素质具有稳定性。素质在个体身上往往反映为经常性和一贯性，素质不是仅存在于一时一事之中，而是体现于个体在全部时空的全部活动中，虽然在个别的时空上可能有所反常（这具有偶然性），总体来看仍是稳定的。另外，素质不会经常改变，在一定的时空内相对稳定。

第三，素质具有可塑性。一个人的素质既包含先天遗传的成分，也包含后天塑造的成分，先天缺乏或者比较薄弱的素质，经过后天的培养和锻炼，可以获得并逐步得到完善。

第四，素质具有隐蔽性。素质隐含在个体内部，看不见摸不着，但它却客观存在，只有通过活动或专业测评才能体现出来，特定的素质总会以特定的方式表现出来。

第五，素质具有差异性。由于先天遗传和后天塑造的不同，不同的个体所具有的素质是不同的。

第六，素质具有可测性。所有素质都是可以测评的。其中岗位知识、技能等显性素质的测评相对较为简单，能力、特质等隐性素质的测评则相对复杂，但也可以通过能力测验、心理测验、情境测验等方法进行测评。总之，素质是可以通过具体化和量化来测评的。

### 4.1.2 岗位素质

人们在谈论素质的时候，经常会出现“员工素质”和“岗位素质”两个词，这两者之间确有很多相同之处，但也存在不少差别。

员工素质是指员工实际具备的素质，可以认为是员工可以供给的素质。员工素质可以分为与岗位工作直接相关的素质和与岗位工作无关的素质。

岗位素质是指岗位对工作于该岗位的员工要求实际具备的素质，可以认为是岗位需求的素质。

#### 相关链接

**车工与音乐家的素质**

员工素质中与岗位工作直接相关的素质能够和岗位素质相匹配。例如，一个车工关于车床等方面的知识、技能、能力和特质就是与他的岗位工作直接相关的素质，直接影响着他的工作效率与效果。而他在音乐方面的素质则与他的工作无关，不直接影响他的工作效率与效果。同样，一个音乐家在音乐方面的知识、技能、能力和特质就与他的工作直接相关，而有没有车床方面的素质则与他的工作效率无关。

因此，这里可以将岗位素质定义为，在特定的工作岗位和组织环境中，岗位要求其主持人具备的，并可产生岗位绩效差异的素质。

从这一定义中，我们可以看出岗位素质具有三个特点。第一，确定岗位素质的目的是实现工作绩效。换句话说，之所以要求岗位主持人具有相应的素质，就是为了实现岗位的工作目标，即工作绩效。第二，岗位素质与一般人们所说的人的素质的最大区别就在于，岗位素质要求的是能区分绩效水平的个性特征。毫无疑问，岗位素质的内涵要小于人的素质的边界。第三，岗位素质仅与特定的工作岗位和组织环境相关，也就是说，岗位不同或者组织环境不同，对岗位素质的要求也不同。

岗位素质主要包括岗位素质要项、岗位素质要求、评价方法和评价标准。其中，素质要项分为阈限素质和效能素质两大类，阈限素质包括身体素质、品德素质及企业指定的其他素质。效能素质包括知识、技能、经验、能力与特质等素质类别，而各大类素质要项中又包含了更为细致的具有结构层次的素质要项，不同的素质要项中又有具体的不同素质要求，素质要项及素质要求共同构成了素质评价的指标。不同的素质要项对应有不同的相应的评价方法和评价标准。岗位素质的划分见表 4-1。

**表 4-1　岗位素质划分表**

<table>
<tr><th colspan="2">素质要项</th><th colspan="2">素质要项要求</th></tr>
<tr><td rowspan="4">阈限素质</td><td>身体素质</td><td colspan="2">身体健康</td></tr>
<tr><td rowspan="2">品德素质</td><td colspan="2">遵守国家法律法规和社会道德规范</td></tr>
<tr><td colspan="2">遵守企业规章制度和企业价值观要求</td></tr>
<tr><td>其他素质</td><td colspan="2">……</td></tr>
<tr><td rowspan="4">效能素质</td><td rowspan="4">岗位素质</td><td>知识</td><td>应知（掌握相关理论）</td></tr>
<tr><td>技能</td><td>应会（岗位要求运作的熟练程度）</td></tr>
<tr><td>经验</td><td>对岗位工作要求和生活的感悟</td></tr>
<tr><td>能力与特质</td><td>成就导向、客户导向等</td></tr>
</table>

### 4.1.3　岗位素质与绩效的关系

岗位素质是产生高绩效的一个必要条件，而不是充分条件。要想产生高绩效，不是说有岗位素质就行，而是说要有合适的岗位素质，而且除了要有合适的岗位素质外，还要有合适的环境、合适的做事方式。即

高绩效 = 合适的岗位素质 + 合适的岗位环境 + 合适的做事方式

这里所说的合适的岗位素质，并不是要求岗位素质越高越好、越全越好，而是说岗位素质要与岗位要求相匹配。也就是说，岗位素质既不能高于岗位要求，也不能低于岗位要求，要匹配合适。岗位素质如果低于岗位要求，亦即人们经常讲的“小材大用”，就难以保证岗位工作正常进行，也不能保证产生岗位高绩效；反之，岗位素质如果高于岗位要求，亦即人们经常讲的“大材小用”，则不仅会造成岗位主持人才干的浪费，而且还由于不能体现自我价值而使主持人难以接受“低级”岗位的工作。在这种情况下，一方面会影响主持人工作积极性，难以实现高绩效；另一方面有可能造成人才流失。所以，岗位的素质要合适，要做到“材用相宜”。

仅有合适的岗位素质不行，还要有合适的岗位环境。岗位环境亦称工作环境，指的就是岗位所处的环境，对岗位工作的完成无疑有着密切的关系。合适的岗位环境对岗位工作的完成能起支持作用，不合适的岗位环境则对岗位工作的完成不起支持作用或起相反作用。合适的岗位环境具体包括完成岗位工作所必需的物质环境、人际环境和社会环境。物质环境是完成岗位工作所要求的最基本的设备和条件，如工作场所、机器设备、生产流程、温度湿度等条件。没有物质环境支持就不可能完成岗位工作，比如车工没有车床就不可能完成岗位工作。人际环境主要指岗位主持人与上下级、同事之间的人际关系，以及其对主持人岗位工作的支持程度。每一项岗位工作都不是独立的封闭系统，上有上级的领导，下有下级的支持，中间还需要同事的配合，只有这样才能产生岗位绩效，实现岗位价值。社会环境对一般的岗位工作影响较小，但是对于特定的岗位有较大的影响，比如销售类岗位等。

有了合适的岗位素质和合适的岗位环境还不行，还要有合适的做事方法。合适的做事方法包括标准的作业程序和企业倡导的行为方式。素质只有外化为具体的行为才能产生绩效。标准的作业程序是在特定的岗位上，通过科学研究能够产生特定绩效的作业步骤的组合。标准作业程序是行业标准作业程序，不分具体的组织，不受具体组织特点的影响。企业倡导的做事方式是建立在企业文化的基础之上，反映企业对员工行事风格的某种期望和要求。

只有当岗位主持人具备合适的素质，在合适的环境中，采用合适的做事方法，才能够形成高绩效。

# 4.2　岗位素质模型

## 4.2.1　岗位素质模型的概念与特点

### 1. 岗位素质模型的概念

作为组织最基本细胞的岗位，其存在的意义就在于通过岗位主持人完成岗位工作，实现岗位绩效，进而实现组织绩效，体现组织价值。要达到这一目的，关键在于岗位主持人要能够高质高效地完成岗位工作，而岗位主持人能否高质高效地完成岗位工作，关键就在于岗位主持人是否具备特定的岗位素质。这个特定的岗位素质就是岗位素质模型。

通常，岗位素质的理论模型有两种：冰山模型和洋葱模型（见图 4-1）。

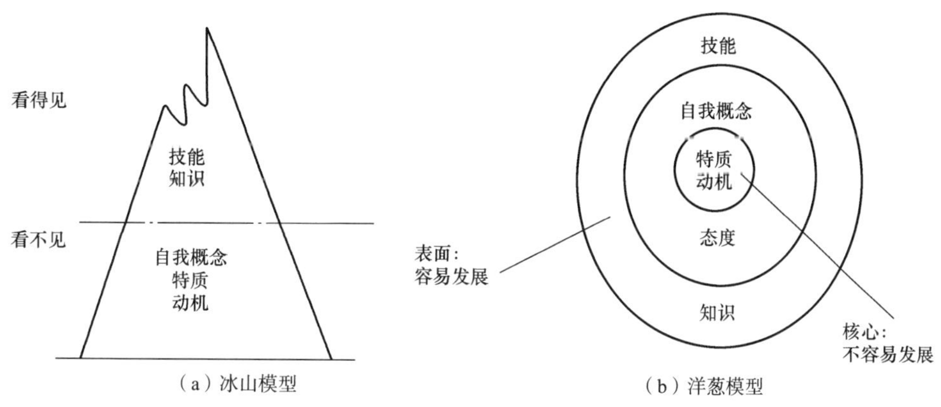

（a）冰山模型　（b）洋葱模型

图 4-1　岗位素质的理论模型

## 相关链接

### 岗位素质：冰山模型和洋葱模型

冰山模型把岗位素质形象地描述为漂浮在洋面上的冰山，岗位的素质特征依次分为五个层次，由低到高分别为：动机、特质、自我概念、知识、技能。其中，动机、特质和自我概念三个层次隐藏于水平面之下，也就是我们平常所看不到的深层部分；知识和技能两个层次暴露在水平面之上，也就是我们平常所能看到或感觉到的。

水面下有三个层次。最低层次——动机，是指一个人想要干一件事情而在心里形成的一种付诸行动的念头，由于有了动机，这个人就会对这件事情持续渴望，进而付诸行动。一个有强烈成就动机的人，会不断地为自己一次又一次地设定具有挑战性的目标，并持之以恒地去实现。最低的第二个层次——特质，一般用来描述一个人的人格特点，在这里是指人的身体的特性，以及拥有的对情境或信息的持续反应，如人的外向性、和悦性、公正性、情绪性和创造性等。最低的第三个层次——自我概念，是一个人对自己的体验和认识，涉及一个人关于自己的态度、价值及自我形象。例如自信，一个人深信自己不论在任何情况下，都可以高效工作，就是一种对自己的自我概念的认定。这三个层次是潜藏于水下深层的不易改变的素质特征，是个人驱动力的主要部分，也是人格的中心能力。通过对这三个层次素质特征的考察和认识可以预测一个人工作上的长期表现。

水面上有两个层次。知识一般是指人们积累的经验和认识，在这里特指一个人在特定领域里所具有的专业知识。例如，对外科医生而言，其应该具备的知识是指外科疾病发生、发展规律及其临床表现、诊断、预防和治疗的专业知识。技能是指人们运用专业知识的本领，或者说是执行有形或无形任务的能力。例如，对外科医生而言，其应该具备的技能是指他根据外科专业知识为病人看病、治疗乃至开刀动手术的能力。知识和技能是一个整体，密不可分。这两个层次是暴露在水平面上的可以看得到的素质特征，也是容易改变的素质特征。

洋葱模型的本质内容与冰山模型大同小异。在这个模型里最表层的是知识和技能，由表层到里层，越来越深入，最里层是动机和特质，是个体最深层次的胜任特征，最不容易改变和发展。

在本书中，岗位素质模型是指为了顺利地完成岗位工作、实现岗位价值，岗位要求主持人所必须具备的素质的综合模式，这个模式包括知识、技能、能力与特质等素质，亦即岗位素质的综合。

岗位素质模型给人力资源管理与开发带来一个新的视角，一方面它为组织提供了一种大家都能听懂并能进行交流的“普通话”，管理人员可以凭借这种“普通话”改进和指导岗位员工的绩效、选拔、开发和发展问题；另一方面它为组织提供了一个带有刚性的标准约束平台，不管是管理者还是岗位员工都必须照此办理，有效地避免了随意性有可能带来的偏差。岗位素质模型着眼于个人、岗位与组织的动态匹配，深刻发掘个体深层次的特征，强调个体在以后工作中的表现和对岗位的适应性，这对传统的管理模式无疑是一种超越。

### 2. 岗位素质模型的特点

岗位素质模型具有以下五个方面的特点。

第一，岗位素质模型具有多维性。岗位素质模型既包括员工的知识、技能等表象素质，又包括能力、特质等潜在的心理品质。因此，岗位素质模型具有多维性。

第二，岗位素质模型具有特定性。岗位素质模型与具体的工作岗位相联系，受到该岗位的职责、职权、环境，以及激励与约束机制等岗位要素的影响，这些要素决定了岗位主持人想要胜任本岗位工作就必须具备的各种知识、技能、能力等综合素质。不同的工作岗位，其岗位素质要求是有区别的。因此，具体的岗位素质模型因岗位的不同而不同。

第三，岗位素质模型具有动态性。由于企业的外部环境和内部环境处于不断的变化之中，特别是随着科技进步的不断推进和市场竞争的不断演变，岗位环境和岗位要素也必须随之不断变化。岗位素质模型要能够随着环境的变化而变化，根据环境的要求与时俱进，体现出环境对岗位素质的要求。这就是岗位素质模型的动态性。

第四，岗位素质模型具有层次性。虽然在同一岗位工作，但员工的素质肯定存在一定的差异。为了反映这种差异，岗位内部可以划分为不同的档次，档次与档次之间具有层次性，员工进入岗位，根据不同的素质进入相应的档次。既然有差别，那么每一个具体的档次就都应该有不同的素质要求，即每一个档次就都应该有自己的岗位素质。因此，岗位素质模型是一个模型集，包括不同档次岗位素质模型的综合。岗位档次的层次性决定了岗位素质模型的层次性。

第五，岗位素质模型具有战略性。岗位素质模型所收录的素质都是岗位的核心素质，这些核心素质能够支持岗位主持人优质、高效地完成岗位工作，通过岗位工作促进组织战略的实现。

## 4.2.2 岗位素质模型的构成要素

岗位素质模型由组织核心素质集、岗位档次素质模型、岗位素质要项、岗位素质要项要求四个要素构成。岗位素质模型的构成要素如图 4-2 所示。

在图 4-2 中，组织核心素质集是指组织为了实现其战略目标而要求其团队必须具备的核心素质的集合。组织核心素质集是根据组织所处的环境、组织本身的战略目标、实现组织战略目标的关键环节等，进行分析、整理和提炼，最后得出的组织的核心素质集合。毋庸置疑，这些核心素质能够起到支撑组织战略有效实施的作用。组织核心素质集是岗位素质模型建立的基础，岗位素质模型中的素质要项来源于组织核心素质集，岗位素质模型中的素质要求的描述也是从核心素质集出发对素质进行分级的。

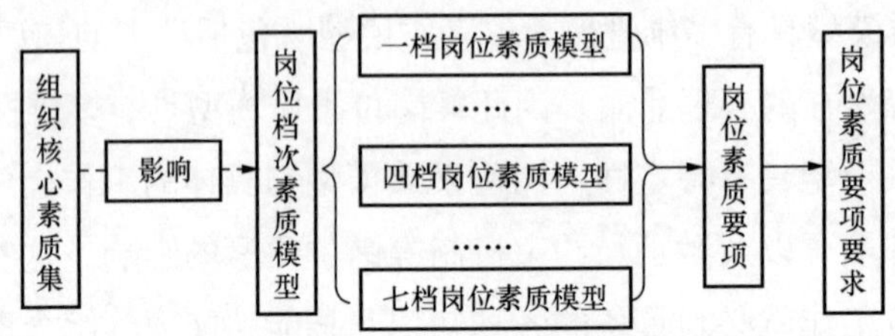


图 4-2　岗位素质模型构成要素

岗位档次素质模型，顾名思义，指的就是岗位中每一个档次的素质模型。岗位是由不同的档次所构成的，组织对每一个档次主持人的要求和期望各不相同，每一个档次的职责、工作的绩效目标也不相同，所以岗位的每一个档次都应该有自己的素质模型，不同档次的素质模型之间呈现出层次性。岗位档次素质模型是岗位素质模型的具体化，其包含岗位素质要项和岗位素质要项要求。

岗位素质要项就是岗位素质模型中具体包含的岗位素质类型，在同一个岗位的不同档次的素质模型中，所包含的素质要项不完全相同。岗位素质要项是根据岗位绩效要求、岗位工作内容、岗位工作环境、岗位职责等要素的要求从组织核心素质词典中选择出来，直接构成岗位素质模型的一个重要因素。

岗位素质要项要求就是岗位素质要项在该岗位档次中的具体要求，其来源于组织素质词典的素质分级，其表现形式为素质分级与岗位特色的结合。在同一个岗位档次素质模型中，岗位素质要项与岗位素质要项要求应该是一一对应的。

### 4.2.3　岗位素质模型与岗位要素的关系

岗位素质模型建构在岗位的基础之上，与岗位的五要素之间存在着密切的关系。

一是与岗位工作的关系。岗位工作是为了实现组织战略目标而要求岗位必须完成的各种任务，它是岗位存在的基础，决定了岗位的性质和主要功能。岗位工作也是岗位素质模型的基础，岗位素质模型设计的依据就是岗位工作。之所以每个岗位的素质模型不同，就在于各个岗位要完成的工作不同。

二是与岗位主持人的关系。在企业里，所有的岗位都是由岗位主持人来主持的，所有的岗位工作都是由岗位主持人来完成的。岗位由人为而设计，其本身并没有素质可言，岗位的素质其实就是岗位要求主持人优质高效地完成岗位工作而应该具备的素质，也就是说，岗位素质就是对岗位主持人的要求。岗位素质模型可以细化为岗位档次素质模型，一方面可以适合不同层次的岗位主持人，也为低层次的岗位主持人的职业发展指明了方向，明确了其应该发展的素质和应该达到的要求；另一方面为岗位主持人团队的建设奠定了基础。有些岗位不是由一个主持人主持的，而是由若干主持人主持的，比如有的岗位两班倒、三班倒甚至四班倒，有的岗位并行设置，若干个岗位其内涵一模一样，或是大同小异。这些主持人构成了一个团队，在这个团队中并不是所有成员的素质都越高越好，而应该呈现出一定的层次性，岗位档次素质模型也确定了不同层次岗位主持人所应该具备的素质。

三是与岗位职责、职权的关系。岗位职责是指岗位主持人在完成岗位工作时应该尽到的责任，包括数量、质量和时间上的责任。不同的职责对应不同的职权。岗位工作、岗位职责、职权共同决定了岗位主持人应该具备的素质——岗位素质。

四是与岗位环境的关系。岗位环境是岗位工作条件的概括，包括工作环境、岗位属性、职位关系等，岗位环境受到行业环境、组织环境的影响。岗位环境、岗位主持人素质和合适的方法是完成岗位工作的三个关键因素。岗位工作、岗位职责、职权共同决定了岗位素质，但是岗位环境的变化将直接影响到岗位素质模型的调整。在岗位素质模型的动态管理中，主要就是监控岗位环境的变化，根据岗位环境的变化确定对岗位工作、岗位职责、职权的影响，进而对岗位素质模型的影响，根据岗位环境的变化调整岗位素质模型。

五是与激励约束机制的关系。激励与约束机制是岗位的一个定向动力要素。岗位素质模型对岗位主持人而言，既起激励作用，又起约束作用。其中最重要作用之一就是要鼓励岗位主持人不断地主动改善和提升自己的知识、技能、能力和特质结构，促进素质的发展，以更好地完成岗位工作。

### 4.2.4　岗位素质模型与人力资源管理的关系

构建岗位素质模型是人力资源管理的一个重要环节，与人力资源管理的其他主要环节都有着密切的关系。

1. **与工作分析的关系**

工作分析尤其是岗位分析，是人力资源管理的基础工作，绩效、薪酬、培训等诸多方面的人力资源管理工作都要以工作分析形成的文件为依据。工作分析文件主要包括三个方面的内容：第一，工作描述书主要包括岗位名称、岗位的工作内容、岗位的物理环境、岗位的组织环境；第二，岗位说明书主要包括岗位的工作职责、工作权限、工作考核等；第三，任职说明书描述即岗位主持人完成岗位工作实现岗位目标所应该具备的条件和资格，主要包括生理素质、思想素质、知识、技能、能力与特质、工作经验。很显然，工作分析文件的第三方面任职资格描述是建立岗位素质模型的重要依据。因此可以说，工作分析是岗位素质模型的构建基础，而岗位素质模型也可以检验工作分析的准确性和科学性。

2. **与员工招聘的关系**

传统的员工招聘主要考察应聘者的学历、经历等外显的特征和应聘者的知识、技能等显性素质，而忽略对隐性素质的考察。根据素质理论可知，知识和技能等显性素质是做好岗位工作的必要条件，要想使应聘者成为一个优秀的员工，还要要求其所具备的隐性素质能够符合岗位要求。岗位素质模型的构建为招聘奠定了基础，在招聘时可以按照岗位素质模型中所列的关键素质和具体要求对应聘者的综合素质进行全面考察，使招聘进来的新员工既具有适当的知识和技能，又具备符合岗位要求的隐性素质，从而提高招聘的质量，为组织提供合适的人力资源。

3. **与薪酬体系的关系**

影响薪酬的因素主要有岗位价值、主持人素质和工作绩效三个方面。岗位价值包括岗位的市场价值和组织价值，决定了岗位薪酬的范围。主持人的素质对薪酬的影响主要体现在“同岗不同酬”上，同一岗位的主持人根据其岗位素质的高低进入的档次不同，薪酬也不一样，从而使组织薪酬体系更具有公平性和激励性。工作绩效决定了主持人绩效工资的高低。因此，岗位素质模型使岗位主持人依据不同的素质进入不同的档次，获取不同的薪酬。

4. **与绩效管理的关系**

绩效管理既包括对岗位目标实现结果的管理，也包括对岗位目标实现过程的管理，涵盖绩效计划、绩效实施、绩效考评和绩效反馈四个环节。岗位素质模型与绩效管理的关系主要体现在与绩效考评和绩效反馈的关系上。岗位素质模型事后动态管理的基础就是对绩效考评的管理。根据绩效考评的结果，确定是否需要修改调整岗位素质模型，若绩效出现异常则要考虑岗位素质模型是否已经不适应新的环境了，若没有异常则不需要修改。绩效反馈的重点之一就是分析产生如此绩效的原因，诸如环境、员工素质、员工态度等。岗位素质模型的建立为分析员工素质奠定了基础，可以将员工素质和岗位素质模型进行对比以确定员工素质的短板。

### 5. 与员工培训的关系

通俗地讲，培训就是企业有计划地提高员工工作能力的过程。培训过程一般包括培训需求分析、培训计划设计、培训计划实施及培训评估四个环节，岗位素质模型为培训需求分析提供了很大的方便。通过对员工实际具有的素质和岗位素质模型中所列的核心素质进行比较，找出其间的差距，以此为依据对员工开展培训。通过对员工自身素质短板分析可以更客观、准确地进行培训需求预测，同时使培训更具针对性和系统性。传统的培训需求分析是在员工工作效率低于预定要求时进行，而定期进行员工素质短板分析，可以提前采取措施，提高培训的前瞻性。同时，岗位建立内部的档次素质模型后，使员工不仅有了奋斗的目标，而且有了不断参加培训的动力，向更高档次努力。

### 6. 与职业发展的关系

职业发展是企业发展的根本动力，因而是人力资源管理的永恒主题。为实现企业的职业发展，组织和员工个人都要对员工职业生涯进行管理。组织职业生涯管理主要是对组织职业通道的管理，个人职业生涯管理主要是对自我和环境识别及个人职业生涯进行规划。岗位素质模型的建立更加细化了职业发展通道，员工既可以在一个序列上晋升，又可以在一个岗位内部晋升。岗位素质模型明确了员工发展所应具备的素质，为员工自我发展指明了方向。

综上所述，岗位素质模型与人力资源管理主要环节的关系可以用如图 4-3 所示内容表示。

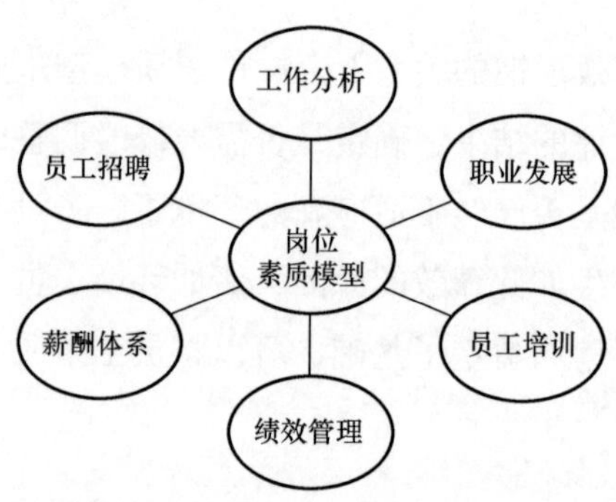


图 4-3　岗位素质模型与人力资源管理主要环节的关系

# 4.3　岗位素质模型的构建

岗位素质模型的建立是一个复杂的系统过程，除了要做好前期的准备工作外，还要明确组织的核心素质和岗位素质，在对岗位素质分级与评价的基础上建立岗位素质模型，最后对岗位素质模型进行检验。岗位素质模型构建思路如图 4-4 所示。

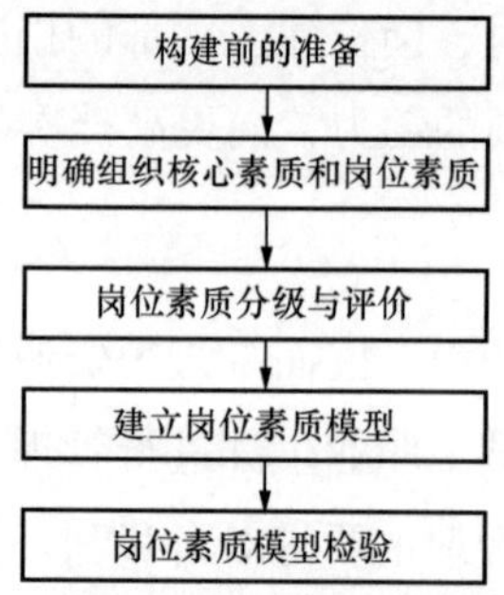


图 4-4　岗位素质模型构建思路

根据以上构建思路图，可以为岗位素质模型的构建指明方向，从而保证该构建工作的计划性和有效性。

## 4.3.1　构建前的准备

完善的准备工作是岗位素质模型构建的基础。准备工作主要包括岗位素质模型构建主体的确定、全员的动员培训、系统的调研工作三个方面。

### 1. 确定岗位素质模型构建主体

岗位素质模型的建立是一项专业性很强的工作，必须成立专门的专家组。专家组应该包括组织内外专家、公司高层、各部门负责人和人力资源部成员。组织内专家应尽可能挑选那些与该组织没有直接利害关系的专家，比如已经退居二线或退休的原部门负责人，以确保专家组的公平性。专家组成立之后，要对专家组成员进行关于岗位素质模型构建方面的专题培训。

### 2. 全员的动员培训

进行全员的动员培训就是要让全体员工都能够认识到该项工作对于组织和组织内的每个员工个人发展的意义和作用，明白该项工作关系到全体员工的切身利益，从而达到使多数员工积极主动参与、配合该项工作的目的。动员培训的形式可以是召开组织的动员大会，也可以采用专家讲授、示范与员工提问相结合的方式。

### 3. 系统的调研

一个组织的素质模型由支持组织战略的关键素质构成，在素质模型构建之前先要调查清楚组织的战略和支持组织战略的关键部门与岗位。所谓支持组织战略的关键部门与岗位，是指对组织业务成败具有核心作用的、掌握关键资源（人才、技术、资金、市场）的、可以对组织进行价值增值的部门和岗位。对于构建素质模型的组织来讲，能否将这些关键的部门和岗位集中调研清楚，这是组织成功建立素质模型的关键之一。

## 4.3.2 明确组织核心素质和岗位素质

### 1. 明确组织核心素质

组织核心素质的建立是岗位素质模型构建的基础，岗位素质模型中的素质就来源于组织素质，岗位素质模型中素质要求的描述以组织素质词典中对素质分级为基础，保证不同岗位间素质的可比性。由于组织所需素质是为组织战略的实现服务的，因而都来源于组织的战略。确定组织所需素质的主要步骤如下。

第一步，明确企业战略。企业发展战略目标是建立岗位素质模型的总纲，构建素质模型之前应先分析影响企业发展战略目标实现的关键因素，研究企业面临的竞争挑战，然后提炼出企业员工应具有的核心素质，从而构建符合企业文化及环境的岗位素质模型。岗位素质模型与企业战略的关系如图 4-5 所示。

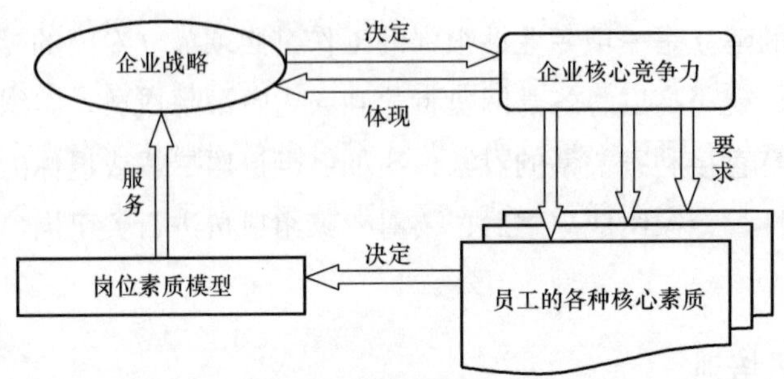


图 4-5　岗位素质模型与企业战略的关系

对企业战略的了解可以采用 PEST 分析法和波特五力模型分析法。PEST 分析法主要分析组织所在的宏观环境，即政治法律环境、经济环境、社会文化环境和技术环境。通过对这些宏观环境的分析有助于组织明确直接、间接影响其未来发展趋势和环境中所蕴含的机遇和威胁。波特五力模型分析法主要对行业竞争环境进行分析，从竞争者对手、潜在竞争者、替代品、供方议价能力和买方议价能力五个方面研究行业的结构和竞争状况。分析完外部环境后，还要对组织自身的资源、条件、能力等组织内部情况进行研究，明确组织本身的优势和劣势，将组织本身的优势、劣势与环境提供的机遇、威胁进行匹配，进而确定组织的发展战略。

第二步，明确组织的核心素质。在企业发展战略明确之后，由专家组对完成企业发展战略的每一个重要环节需要的员工素质要求进行深入讨论，得出对组织战略支持力度最大的核心素质。核心素质的设置不宜过多，否则难以实际操作。

一般来讲，组织所需要的核心素质包括专业知识、专业技能、思维能力、成就导向、团队合作意识、学习能力、坚韧性、主动性、客户导向、影响力、沟通能力、亲和力、创新能力、培养人才等内容。

第三步，对核心素质进行分级。分级的素质主要指的是那些隐性素质。素质分级所使用的方法与明确组织核心素质的方法基本类似，采用专家组讨论的方法，从素质可能产生的结果和素质产生结果的过程两个角度来对素质的层级进行划分，如图 4-6 所示。

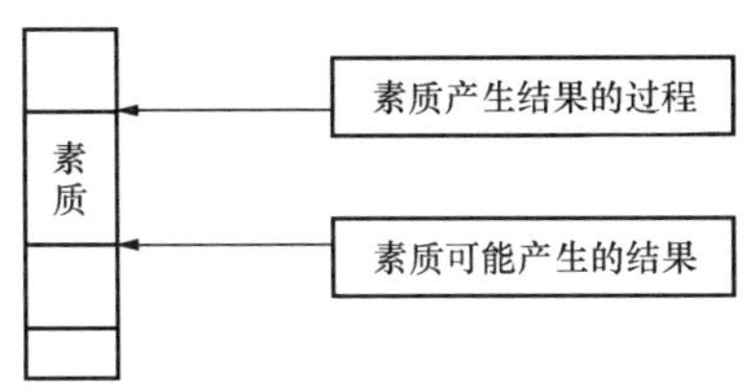


图 4-6　素质分级示意图

通过各种方法收集得来的资料通常是零碎、不成体系的，因此需要通过信息整理使信息系统化、条理化。这一过程的目的就是将收集来的资料进行归类，分析出对个人关键行为、思想、感受和工作态度有重要影响的过程和因素，找出岗位优秀主持人和岗位一般主持人在处理关键事件时的思想、行为等方面的差异，识别导致关键行为及其结果的、能够通过层次化进行区别的素质特征，进而对这些素质进行定义，并对其进行层次级别划分。对于整个组织的核心素质词典，专家组应该采用统一的语言，使核心素质词典理论化和概念化。初步形成的素质模型框架应该包括特定的素质要项、素质要项的定义、素质要项级别的划分，以及每一个级别的描述。

## 相关链接

### GE 领导人应具备的关键素质——4E

Enerjy——活力。巨大的个人能量——对于行动有强烈的偏爱，干劲十足。这意味着不屈服于逆境，不惧怕变化，不断学习，积极挑战新事物的充满活力的人才。

Energizre——鼓动力。激励和激发他人的能力。能够活跃周围的人，善于表达和沟通自己的构想与主意。

Edge——锐力。竞争精神、自发的驱动力、坚定的信念和勇敢的主张。坚定的意志与注意力，还要有清除那些碍手碍脚的人的勇气。

Execution——实施力。提交结果，能够将构想和结果联系起来。不仅仅是口头说说就完了，将构想变成切实可行的行动计划并能够直接参与和领导计划的实施。

**2. 明确岗位素质**

岗位素质的形成，不是简单地将组织核心素质集里的素质照搬过来，而是在组织核心素质集的基础之上，结合岗位工作本身，在素质层级的划分和具体的描述上进行再加工和再创作。岗位素质确定在整个岗位素质模型构建过程中是一个关键环节，只有确定了岗位素质，才能在此基础上进一步构建岗位素质模型。岗位素质确定的主要步骤如下。

第一步，明确岗位所在的层级和序列。一般的企业都可以分为五个层级：高层管理层、中层管理层、基层管理层、执行管理层和执行操作层。组织又可以分为若干个序列：决策序列、职能管理序列、市场营销序列、研究开发序列、生产服务序列、采购序列、后勤保障序列等。每个岗位都处于特定的层级和序列之中，由于所处的层级和序列不同，岗位的工作职责、工作内容、岗位绩效标准、岗位素质等都有所不同。明确岗位所在的层级和序列，有助于专家组明确一些特殊名称岗位的内涵和实质，有助于就其所需的素质进行讨论。

第二步，明确岗位的绩效标准。岗位的绩效标准指岗位工作在过程和结果上应该达到的程度，即具体的数量和质量，主要包括具体的指标和指标值。对于具体岗位绩效标准的研究可以采用工作分析法和专家讨论法。工作分析法对岗位文件进行分析，通过岗位文件明确该岗位的工作和工作标准。专家讨论法通过专家组对岗位工作的具体讨论，从企业战略入手，明确该岗位对组织战略的促进作用，形成该岗位工作的绩效标准。不管采用什么方法，其分析研究的过程一定是从组织战略入手，明确该岗位设立的目的，明确该岗位促进部门战略进而促进企业战略实现的手段方法，明确能对企业战略起真正促进作用的工作任务完成的程度，这个程度就是该岗位的绩效标准。

第三步，明确评价的样本。明确评价的样本是具体实施岗位素质评价的前提。不管用什么方法去具体实施评价，都要对具体的样本进行研究。根据上一步明确的绩效标准，一般选取两组样本，一组是绩优样本组，另一组是绩差样本组。在选择样本时要注意其代表性，同一组样本尽量有着不同的背景，专家组在选择时要与岗位的直线经理充分沟通。

第四步，实施岗位素质评价。这一步是整个岗位素质建立过程的核心步骤。实施评价就是采用科学的方法，对遴选出来的样本进行分析研究。具体评价过程中可以采用行为事件访谈法、现场观察法、资料查阅法、专家讨论法等。其中，行为事件访谈法是最基本也是最关键的方法，访谈的对象是岗位主持人（包括绩优和绩差的岗位主持人）和岗位的直接领导，访谈的内容是了解该岗位最关键的行为有哪些、最关键的工作有哪些，在做这些工作时会产生什么样的困难，岗位主持人在什么时间、什么情况下、采用什么方法、具体克服了什么困难，关键步骤是什么，产生了什么绩效，岗位主持人当时的心理过程是什么样的？在访谈之后再由专家进行对比分析，找出导致两组样本差异的素质，提炼出其解决困难过程中所应用的素质。这些素质即为岗位的关键素质。

第五步，确定岗位素质。根据企业现实的战略发展需求、对绩优标准岗位素质评价结果和素质要素分类方法的选取，最终得出岗位素质。岗位素质包括阈限素质和效能素质。阈限素质主要包括身体素质、品德素质等；效能素质主要包括知识、技能、能力素质等。

## 相关链接

### 某公司生产运行处处长的主要高绩优的素质

◆ 知识丰富

基础知识方面，熟悉计算机和专业英语；专业知识方面，精通产品的工艺知识、工艺标准、生产流程；掌握生产设备的基本知识；掌握会计及财务管理基本知识。

◆ 专业技能强

全面熟悉生产流程，全面掌握车间的生产工艺；能够组织制定车间的各项管理制度、车间各工种的操作规范手册；能够组织执行公司制定的工艺标准、质量标准并检查完成情况。

◆ 经验丰富

有多年的实际操作能力和管理能力，在相关的岗位和本岗位工作 2~3 年，储备了大量的工作实务经验。

◆ 能力和素质

成就导向：能够不断学习与工作相关的专业知识及管理知识，主动为自己的团队设立合适的长短期目标，制订合适的计划，并带领下属实现。

战略决策能力：能从公司整体的角度出发，就经营目标和内外部资源的获取与使用等问题进行谋划，并积极推动谋划的实施。

沟通协调能力：有高超的沟通技巧和协调能力，协调好与公司领导、下属、相关处室的关系，使各方尽力支持本部门的工作，使部门工作富有成效。

控制能力：控制生产局面的能力较强，能够准确定位工作中的问题，把握工作中的机遇，把风险降低到非常小的程度。

## 4.3.3 岗位素质分级与评价

在明确了岗位素质后，结合组织核心素质和岗位分档，对岗位素质进行级别划分和具体描述，并对岗位素质进行评价。

1. **岗位素质分级标准**

各种岗位素质一般分为五级，每一级都有相对应的标准。需要说明的是，岗位素质的分级与岗位档次的分级不是一回事，两者有着本质的区别。前者对任何一种岗位素质都由低到高进行分级，并不涉及一个具体的岗位。后者对具体的岗位进行分档，每一个档次对一种具体的素质都会有具体的要求。也就是说，岗位素质的级别与岗位档次的级别并不对应，即五级的某岗位素质并不等于五级的某岗位档次。往往有这种情况，即 A 岗位的一档（进入档）要求主持人具有的 B 素质要达到三级以上。例如，车间主任岗要求进入一档的主持人在团队合作素质上起码要达到四级要求。

下面以知识与技能、思维能力、团队合作三种素质为例分析分级的标准。

表 4-2 表示的是岗位知识与技能的分级标准。

表 4-2　岗位知识与技能分级表

| 级　别 | 水　平 | 测评标准 |
| --- | --- | --- |
| 一级 | 略知 | 通过专门的培训或专业经验略知某一专业的构成要素与主要特点 |
| 二级 | 理解 | 通过某种工作方式，参与某专业领域的工作，获得有关本专业大量知识，并能与有关专家进行有效的交流 |
| 三级 | 运用 | 通过在某一专业领域的工作获得专业知识，并能运用这些知识取得合格的成绩 |
| 四级 | 专业精通 | 在专业领域内有丰富的知识与技能，并能运用专业知识取得优异的成绩 |
| 五级 | 全面精通 | 全面精通本专业领域及相关专业领域的职业知识与技能。专业领域内的高层管理人员或公认的带头人 |

表 4-3 表示的是思维能力的分级要求。

表 4-3　思维能力评价等级表

| 级　别 | 素质要求 |
| --- | --- |
| 一级 | 不具备准确而周密地考虑事物发生的原因，或者不能根据已有的经验或知识对当前所面临的问题做出正确的判断 |

续表

| 级　　别 | 素质要求 |
| --- | --- |
| 二级 | 能够准确地分析一个不太复杂的问题，并能把握问题的原因及可能的结果 |
| 三级 | 能将一个复杂的问题分解成不同的部分，使之更容易把握，根据经验和常识迅速发现问题的实质 |
| 四级 | 发现事件的多种可能的原因和行为的不同后果，或找出复杂事物之间的联系，表现为能够从不同的方向去寻找问题发生的可能原因，并逐步排除不太相关的信息，实现对于问题的准确定位 |
| 五级 | 恰当地运用已有的概念、方法、技术等多种手段找出最有效的解决问题的方法。面对非常棘手的问题，运用已有的经验或已经掌握的知识或技术分析问题产生的原因，或最终找出解决问题的方法 |

表 4-4 表示的是团队合作素质的分级要求。

**表 4-4　团队合作素质评价等级表**

| 级　　别 | 素质要求 |
| --- | --- |
| 一级 | 在工作中单独作业，不善于与他人沟通。也表现为与不同部门的成员之间在日常工作环节中缺乏沟通 |
| 二级 | 愿意与他人合作，与群体中的其他成员共同交流，分享信息和知识 |
| 三级 | 愿意帮助工作群体中的其他成员解决所遇见的问题，或无保留地将自己所掌握的技能传授给其他成员 |
| 四级 | 主动与其他成员进行沟通，积极寻求并尊重他人对问题的看法和意见；或者积极主动与其他成员交换思想和看法，以便对于问题取得共识 |
| 五级 | 鼓励群体中的其他成员互相沟通，从而促进群体成员之间的合作或提高群体的合作气氛。这个水平表现为个人有意识地鼓励群体成员相互合作，使得每个人时刻感到群体的存在，从而促进团队精神 |

### 2. 岗位素质的评价

对岗位素质的评价在方法上要注意两点：一是根据素质的内在要求不同，岗位素质评价的方法不同；二是任何一种评价技术与方法都不是万能的，或者说只能在某一方面起作用。因此，对于员工岗位素质的评价，要通过多种途径和方法来进行，防止以点代面，以偏概全。

相关链接

### 知识和技能的评价

◆ 知识素质评价

知识素质分为专业知识和非专业知识两个方面。对知识素质的评价主要是考察一个人的知识占有量，以及理解运用知识的熟练程度。评价以笔试为主。笔试的特点是针对性强，涉猎的知识面广，可以大面积实施，结果可以量化。

笔试的试卷由企业人力资源管理部门组织企业内外的专家成立命题组，根据各部门知识、技能词典命题提供标准答案，批阅试卷，并根据考生答题情况和等级标准确定每个考生知识素质所在的等级。

◆ 技能素质评价

技能是运用知识、经验和体能有效完成任务的本领。技能素质的确定主要依据被评价者所拥有的国家承认的技能等级证书（必须经技能素质评价专家小组鉴定认可）和进行工作样本测试。

技能素质评价专家小组由企业人力资源管理部门牵头，由业务部门中高级主管及业务专家组成，一般3~5人为宜，必要时可以邀请企业外专家。原则上，一个职种组建一个任职资格评价专家小组。员工通过技能素质评价申请材料提供本人专业经验与技能方面真实有效的证据，由技能评价专家小组在评价会议上集体鉴定。

由技能素质评价专家小组结合评价会议的鉴定意见、工作样本测试情况和等级标准来确定每个被测试者的技能素质等级。

## 4.3.4 岗位素质模型的建立

岗位素质模型的语言要有岗位特色、有岗位专业用语，要把岗位的具体工作嵌入融汇到岗位素质模型中。岗位素质模型建立的关键是要构建岗位标准档的素质模型（如果一个岗位分为七个档次，那么标准档就是第四档），完整的岗位素质模型以标准档为基础包括所有档次（一档到七档）的素质模型。

### 1. 完整的岗位素质模型建立思路

完整的岗位素质模型包括七个档次的素质模型，在岗位标准档素质模型确定之后要结合相关岗位、上级岗位的标准确定每一个档次的素质模型。完整的岗位素质模型构建思路如图 4-7 所示。

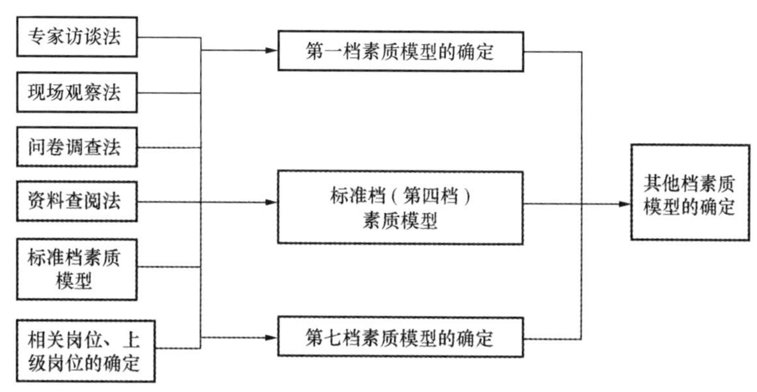


图 4-7　完整的岗位素质模型构建思路

### 2. 完整的岗位素质模型建立的步骤

第一步，确定相关岗位。一个岗位的相关岗位，要么是与该岗位存在着较大业务关联度的岗位，要么是与该岗位从属于同一个小组织或者与该岗位并行的并且在小组织中起着较大作用的岗位。相关岗位都是同一序列、同一层级的岗位，基本的岗位素质要求有一定的同质性。相关岗位的概念是个非常重要的概念，是开展大规模轮岗培训的选择基础。

第二步，确定标准档的素质模型。所谓的标准档，其实就是在进行岗位分档时，将工作分析和岗位评价得出的岗位标准列为档次体系中间形成的一个档次。其档次素质模型表示能够按照要求独立自如地主持岗位的全面工作，对本岗位负责。标准档（第四档）的素质模型主要通过专家访谈法、现场观察法、问卷调查法、资料查阅法来建立。

第三步，确定第一档的素质模型。一个岗位的第一档又称为进入档，其档次素质模型表示进入这一岗位应该具备的最基本条件，即应该具备该岗位所要求的相关基础知识、企业知识和基本能力及有关条件，但尚不具备该岗位的基本工作经验。第一档素质模型的构建方法除同第四档外，还要结合第四档的标准素质模型。

第四步，确定第七档的素质模型。一个岗位的第七档又称为晋升档，其档次素质模型表示进入这一岗位应该具备的最高条件，即不仅能够指导、帮助本岗位低档员工开展工作和兼岗，同时还应达到上级岗位三档以上的要求，必要时可根据组织或领导的授权，临时替代上级岗位进行工作。第七档的素质模型的构建方法除同第一档外，还要结合上级岗位第四档的标准素质模型。

第五步，确定其他档的素质模型。在第四档、第一档、第七档的素质模型确定之后，可以采用专家访谈法、现场观察法、问卷调查法、资料查阅法，结合第四档、第一档、第七档的素质模型，在岗位档次划分标准的基础之上，确定其他档次的素质模型，进而形成完整的岗位素质模型。

### 4.3.5 岗位素质模型的检验

在岗位素质模型基本框架形成之后，通常还要通过检验对岗位素质模型进行评估和确认，以最后确定岗位素质模型。岗位素质模型的检验主要有两种方法：一是分析检验，二是实践检验。

分析检验就是将岗位素质模型的框架让岗位的优秀主持人及其上级领导进行审核，在此基础上由岗位素质模型的制定者与主持人和上级领导共同讨论分析，确认素质模型中所列出来的素质是否为岗位主持人完成岗位工作达成高绩效的关键因素，素质的定义表述是否准确，素质的分层是否能够体现出层次性、区别性，是否还有其他的重要素质被遗漏等。分析检验法一方面能够使素质模型具有更高的科学性、合理性和操作性；另一方面，员工通过参与讨论，更加明确自己岗位工作所必需的关键素质，从而可以提高自身的素质，改变行为方式，实现岗位工作绩效的提高。

实践检验就是通过管理实践来检验岗位素质模型的科学性和有效性。主要是根据岗位素质模型挑选出两组样本，一组是优秀员工，另一组是一般员工，对两组样本进行测试，从而检验素质模型对员工行为差异及绩效差异的预期。

## 4.4 岗位素质模型的动态管理

随着经济的快速发展，环境的变化加快并日益复杂化，由此将引起整个行业系统、整个组织系统及组织的所有子系统的非线性变化，以及子系统和整个系统之间的非线性变化。这些变化将使组织的整个系统及所有的子系统直至所有的岗位发生变化，岗位发生变化则岗位职责、岗位素质都要发生变化。在这种情况下，为使岗位素质模型跟上这些变化，就必须建立一个科学的动态管理系统。

### 4.4.1　动态管理的基本原理与思路

岗位素质模型动态管理的目的，就是要使岗位素质模型能够及时调整，适应岗位环境的变化。只有这样，才能更好地引导员工素质的发展，更好地根据岗位要求选择员工，更好地实现人岗匹配，更好地促进岗位目标的完成，更好地促进组织战略的实现。

**1. 岗位素质变化的因果关系**

岗位素质模型动态管理的原理，就是通过对影响岗位素质模型的因素分析，根据影响因素的变化，适时调整岗位素质模型。事实上，岗位素质是由岗位要素决定的，岗位要素的变化必然导致岗位素质的变化。而岗位要素又是由岗位环境决定的，行业环境和组织环境乃至大的宏观环境的变化都有可能导致岗位环境的变化。图 4-8 表示了引起岗位素质变化的因果关系。

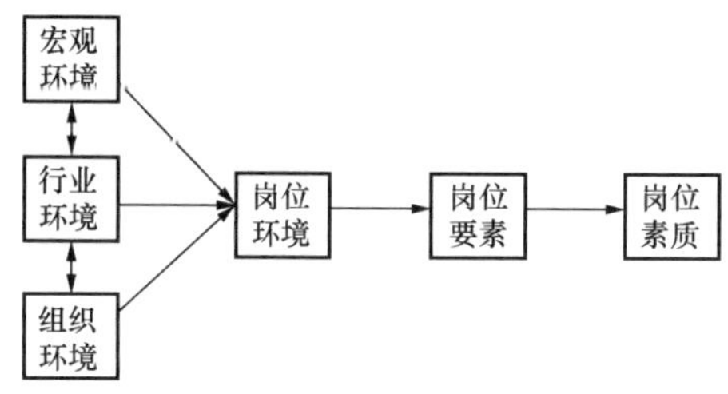


图 4-8　岗位素质变化的因果关系

如图 4-8 所示，宏观环境、行业环境和组织环境决定了岗位环境，岗位环境决定了具体的岗位要素，岗位要素如岗位工作、岗位职责等决定了岗位素质，如果岗位素质变化了，而岗位主持人的素质没有跟上变化就会使绩效产生异常，此时就必须对岗位素质模型进行重建。

**2. 岗位素质模型动态管理的类型与周期**

岗位素质模型的动态管理可以从岗位素质模型变化的原因和结果两个角度展开。从原因即从环境变化的角度进行的管理称为事前管理，事前管理是在人岗不匹配产生消极作用之前进行的管理。从结果的角度进行管理称为事后管理，事后管理是在人岗不匹配产生消极作用之后进行的管理。一般来讲，事前管理的效果要好于事后管理的效果，因为人岗不匹配一旦产生消极作用肯定要造成一定程度的损失。但由于并不是每一个变化都能被我们察觉到或是能做出正确的判断，因此在岗位素质模型的动态管理上既要重视事前管理，也要重视事后管理，同时还要重视事前管理与事后管理相结合。

岗位素质模型动态管理的事前管理和事后管理的周期有所不同。事前管理的周期一般为一个月，遇到环境的突然变化也可以随时召开部门联席会议讨论环境变化的影响。事后管理一般以绩效管理周期为管理周期，一个绩效周期结束时没有绩效异常的岗位一般不进行调整。有的时候环境变化并不明显，但可能突然出现人岗不匹配现象，这时要及时查找变化的原因，并及时加以调整。

### 3. 岗位素质模型动态管理的主体

岗位素质模型动态管理的主体是人力资源部和所涉及岗位的部门，但是在事前和事后两种模式中涉及的主体并不完全相同。

在岗位素质模型的事前动态管理中，由各个部门收集与本部门相关的变化在联席会议中讨论，由联席会议根据具体情况由人力资源部和所涉及的部门进行进一步研究、论证，最终修改岗位素质模型。

在岗位素质模型的事后动态管理中，由人力资源部和出现异常绩效岗位所在部门共同对情况进行分析研究，及时调整岗位素质模型，这时一般不涉及部门联席会议。

### 4. 岗位素质模型动态管理的思路

从总体上来讲，岗位素质模型的动态管理要统筹兼顾事前事后全过程。但是由于其事前动态管理和事后动态管理的原理有所不同，因此岗位素质模型动态管理的思路有必要分开叙述。

岗位素质模型事前动态管理从分析宏观环境、行业环境和组织环境入手，确定宏观环境、行业环境和组织环境的变化有可能对岗位环境带来的影响，再确定岗位环境的变化可能对岗位要素带来的影响，最终确定对岗位素质的影响，修改岗位素质模型。岗位素质模型动态管理思路如图 4-9 所示。

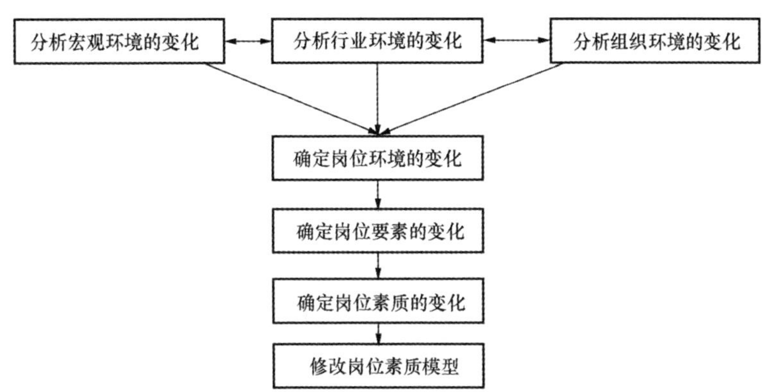


图 4-9　岗位素质模型事前动态管理思路

岗位素质模型事后动态管理从绩效分析入手，找出导致绩效异常的原因，若是人岗不匹配造成的，则进一步分析人岗不匹配的原因，确定岗位素质的变化，最后修改岗位素质模型。岗位素质模型事后动态管理思路如图 4-10 所示。

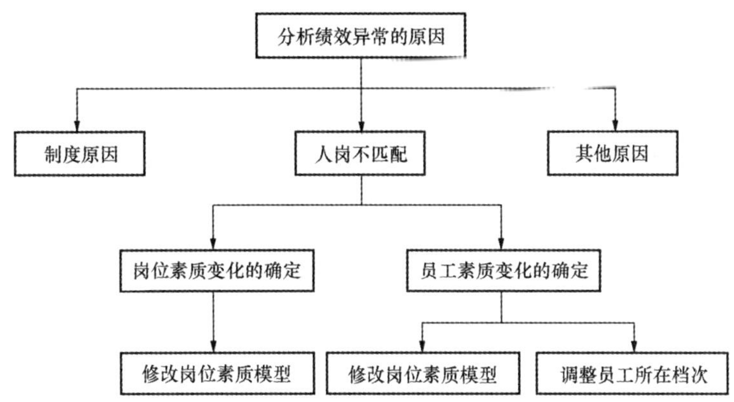


图 4-10　岗位素质模型事后动态管理思路

## 4.4.2　动态管理的客体

岗位素质模型动态管理的主体在前面已经论及过，这里分析的是管理的客体。岗位素质模型动态管理的客体主要包括信息和岗位素质模型本身两个方面。

### 1. 对信息的管理

岗位素质模型是以信息为客体的动态管理，可以分为事前动态管理和事后动态管理。

（1）对信息的事前动态管理。岗位素质模型事前动态管理的原理就是跟踪宏观环境、行业环境和组织环境的变化，评估这些环境变化给岗位环境带来的影响，评估对岗位要素的影响，评估对岗位素质的影响，及时调整岗位素质模型。因此，分析岗位素质模型事前动态管理影响因素的关键是分析宏观环境、行业环境和组织环境的变动信息。

宏观环境是指整个国家宏观领域当中的总体环境，这是影响其他一切因素的基础。行业环境主要是指行业的竞争环境，其每一种力量的变化都有可能直接影响到行业里的每一个组织直至每一个岗位。行业环境的变化引起组织环境的变化而导致岗位素质的变化。组织环境是指组织内部环境，主要包括组织战略、组织结构、组织人事、组织重大决策等。组织战略的变动将引起组织结构和组织战略目标的改变，组织战略目标的改变将引起组织绩效目标的变动，进而引起组织岗位目标的变动，岗位目标发生了变动，岗位素质必然随着变化。组织结构的变革将引起岗位的变动，岗位的工作内容、工作职责、工作目标、工作激励和约束机制等岗位要素都要变动，导致岗位素质的变化。组织人事的变动主要是指组织高层人事的变动，高层人事的变动将可能引起组织战略和组织机构的变化，进而影响岗位素质的变革。组织重大决策如并购、进入新的行业、退出一些行业等，可能导致组织机构、部门目标的变革，进而导致岗位素质的变化。

（2）对信息的事后动态管理。岗位素质模型事后管理影响因素仍然是上述的三个环境因素，只是由于环境变化的复杂性使得我们不可能对每一次变化的信息都能准确地把握和分析，所以事后动态管理是从结果的信息入手，即分析绩效不佳的原因。

组织将战略目标转换为绩效目标，进而细化到部门绩效目标，再精确到岗位绩效目标。事后动态管理的主要信息来源于岗位绩效目标的考评结果。岗位素质模型事后动态管理的基础是绩效管理体系，只有组织拥有完善的岗位绩效管理体系，才能够进行岗位素质模型的事后动态管理。

岗位绩效发生异常的原因很复杂，可能是由于企业激励制度或国家政策等客观因素的影响，使岗位主持人产生了消极的情绪，导致了绩效的异常；也可能是由于人岗不匹配，岗位主持人的素质高于或低于岗位的素质要求，而导致绩效达不到要求。岗位主持人的素质已经高于岗位原档次的素质要求，而自己没有得到应有的提升，心理不平衡会造成岗位绩效的异常。岗位素质发生了变化，岗位主持人的素质没有跟上，也会导致绩效异常。

### 2. 对岗位素质模型本身的管理

岗位素质模型以本身为客体的动态管理，主要是指对岗位素质模型中素质的类型及素质的具体要求等进行的动态管理，也可以分为事前动态管理和事后动态管理。

（1）对本身的事前动态管理。随着环境的变化，岗位所需要的关键素质类型也处于变化之中，这方面的管理属于事前的动态管理。如果环境发生了变化，除了素质的类型要随着调整，素质要求的具体描述也要随着调整。

（2）对本身的事后动态管理。这方面的管理主要表现在对以前错误的纠正、对事前管理的补充和对岗位主持人岗位档次的调整三个方面。

以前在建立素质模型时可能存在误差或是错误，如没有将关键素质列入岗位素质模型或是将非关键素质列入岗位素质模型，这样的问题一旦发现就应该立即加以纠正。

岗位素质模型的事后动态管理虽然也能够对岗位素质模型进行管理，但是绩效降低的消极影响已经产生，影响到岗位目标和部门目标的完成，对整个组织的战略目标也产生了消极影响。因此，我们不能消极地等待绩效问题的出现再进行被动的事后管理，而是要对事前管理进行积极主动的有效补充。对事前管理的补充管理，指的是对事前没有及时发现的环境的变化，或是对事前没有及时分析出的环境变化对岗位素质的影响，及时找出或是分析出并及时调整。这样做有利于弥补事前管理的不足或失误，有利于减少岗位绩效异常给组织带来的消极影响。

员工素质的提升使岗位绩效有了较大的提高，除了要分析岗位素质模型是否需要调整，还要对绩效有明显提高的员工根据岗位管理的相关规定晋升其岗位档次。

## 4.4.3 动态管理的运作流程

岗位素质模型的动态管理不需要单独成立管理部门。事前的动态管理借助于企业里各个职能部门参加的联席会议，在联席会议中及联席会议以后进行处理。事后的动态管理则由人力资源部和相关职能部门联合处理。

### 1. 岗位素质模型事前动态管理的运作流程

岗位素质模型事前动态管理的具体运作流程如图 4-11 所示。

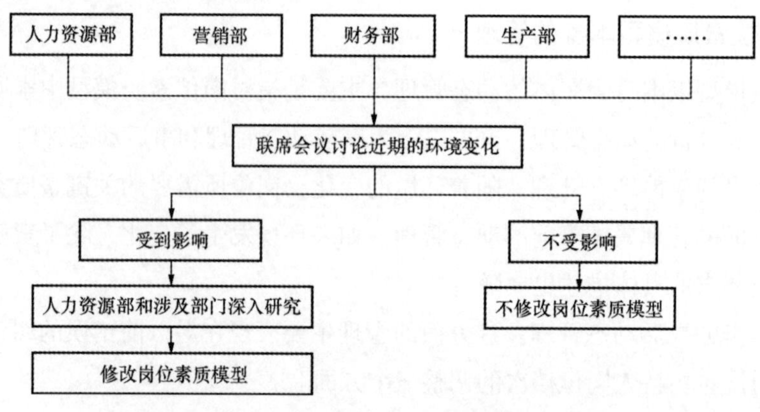


图 4-11　岗位素质模型事前动态管理的运作流程

组织联席会议是由企业的全体高层领导和人力资源部、营销部、生产部、财务部等各个职能部门主要负责人参加的会议，一般来讲是企业的高层扩大会议。不仅重要的战略决策、重大决定都由这个会议正式传达，而且各部门的重要情况也都由这个会议向上级领导汇报。一般的企业都有组织联席会议，尽管在各个企业里其具体名称可能有所不同。有了联席会议制度，企业无须专门成立一个岗位素质模型的事前动态管理的管理机构，具体的管理工作可在联席会议中完成。在联席会议中增加一个讨论分析环节：环境变化对组织、岗位的影响讨论。

各个职能部门负责收集与本部门相关的各类信息，如市场部主要收集国家经济、法律政治、技术、社会文化、行业竞争等环境对市场销售的影响情况。在联席会议召开之前，各个职能部门应该把收集到的信息整理成书面形式，并进行初步分析。在联席会议的讨论环节中，各个职能部门将收集到的信息提到会议上共同讨论，分析这些新的变化能够给组织带来什么，能够给企业的组织结构、岗位结构带来什么影响，带来多大程度的影响。会议如果认为企业将受到一定的影响，则将具体的分析工作交由人力资源部和涉及的职能部门进一步分析；如果认为企业基本不受影响，则不需修改岗位素质模型。

联席会议结束后，人力资源部门和有关的具体职能部门将对有可能影响到组织结构、岗位结构的变化进一步深入讨论，分析这种变化对岗位环境构成的影响，并进一步分析岗位环境的变化对包括岗位工作、岗位主持人、岗位职责、岗位激励与约束机制在内的岗位要素的影响。经过分析之后，认为确实对岗位素质产生了影响，人力资源部门和相关职能部门应该根据变化了的环境重新组织岗位素质的评估，进而修改岗位素质模型。

### 2. 岗位素质模型事后动态管理的运作流程

岗位素质模型事后动态管理的具体运作流程如图 4-12 所示。

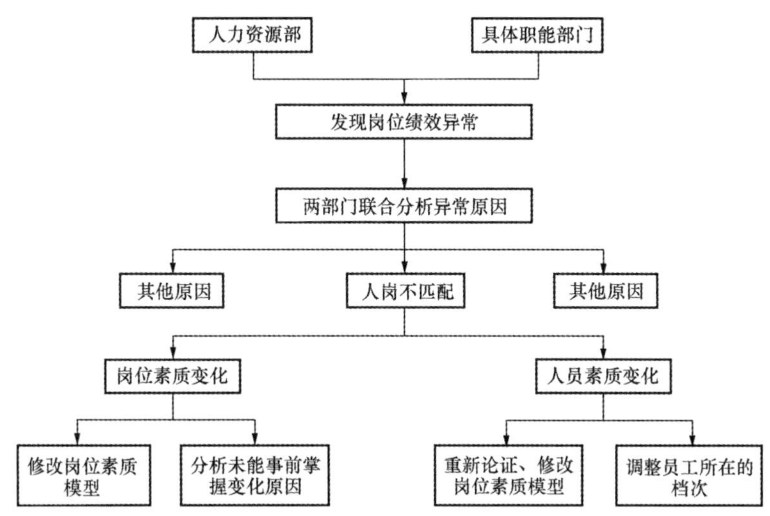


图 4-12　岗位素质模型的事后动态管理运作流程

企业在每一个绩效管理周期都会对员工进行绩效评价，通过对比既定绩效目标和同期绩效完成情况，可以发现绩效是否正常。一般认为，岗位绩效如若波动 20%以上，那么就可以认定岗位绩效发生异常。岗位绩效异常通常有两种情况，一是绩效明显变差，二是绩效明显提升。不管岗位绩效发生了哪种情况的变化，都需要进行认真分析。

一旦发现岗位绩效异常，就需要及时分析岗位绩效异常的原因。岗位绩效出现异常的原因很多，有可能是员工的素质得到较大的提升，也有可能是岗位发生了较大的变化，还有可能是激励制度出现了问题等。在出现异常的情况下，由岗位所在部门先期进行分析，若是原因超出了部门的管理权限，就可以与人力资源部共同分析，确定员工绩效异常的原因。若原因确实是由人岗不匹配造成的，则应进一步分析是岗位素质发生了变化还是人员素质发生了变化。

在员工素质没有发生较大变化的前提下，可以认定人岗不匹配是由岗位素质变化所造成的。岗位素质的变化既包括岗位素质指标的变化，也包括素质指标标准的变化，要根据实际情况具体分析并进行科学的调整。如果有事前没有掌握变化的原因，则应将原因记录在案，作为下一次事前分析的基础。

如果岗位素质没有变化，则可以认定人岗不匹配是由员工素质变化所引起的，这时就应分析员工素质的变化情况。通常有这种情况，即员工通过实践、培训或是自我开发，使得自己的某些素质发生了较大的提高。若这些素质是原来岗位素质模型上所没有的，或者表述不是很恰当，人力资源部则应该根据情况调整岗位素质模型。若这些素质列在岗位素质模型中，并且表述也恰当，则应该提升该员工所在岗位的档次。

## 相关链接

### Y 公司岗位素质模型构建

Y 公司是一家大型国有生产型企业。为了提升企业的管理水平和管理档次，Y 公司决定建立科学有效的岗位目标管理模式，建立人员岗位目标管理体系、能力评价体系和业绩管理考评体系，最终建立一个科学、合理、公平并较富市场竞争力，能有效促进组织战略目标实现的人力资源管理系统。岗位目标管理模式工作主要包括六个模块：组织分析与工作分析、人岗匹配设计、岗位目标设立、建立绩效考评体系和建立薪酬系统，其中人岗匹配设计的基础之一就是构建岗位素质模型。岗位素质模型的构建可以有效地提高员工招聘、员工培训的科学性和针对性，可以对工作分析工作进行有效的检验，可以促进薪酬体系、绩效考评体系和员工职业生涯管理体系的改革。表 4-5 表示的是 Y 公司某车间 G1 岗位第四档标准档的岗位素质模型。

表 4-5　G1 岗位第四档的岗位素质模型

| 素　质 | | 特　征 | 评价方法 | 评价标准 |
|---|---|---|---|---|
| 知识与技能 | 基础知识 | 同本岗位第二档 | 笔试 | （1）笔试、工作样本测试、领导和班组评价分数都必须在 70 分以上； |
| | 专业知识 | （1）熟练掌握 G1 机的操作知识，熟练掌握 G1 机的工作原理及主要部件名称、性能、作用；<br>（2）熟练掌握原辅材料特征，熟悉 G1 机易损零件的规格、型号材质、标准编号及使用周期；<br>（3）熟悉 G1 机的基本参数、操作符号标志和信号显示 | | |

续表

<table>
<tr><th colspan="2">素　质</th><th>特　征</th><th>评价方法</th><th>评价标准</th></tr>
<tr><td>知识与技能</td><td>专业技能</td><td>（1）能够独立操作 G1 机；<br>（2）能根据仪表数据和计算机显示的机器信号、图像、数据等准确辨别零件质量；<br>（3）熟练使用机台控制面板；<br>（4）能非常熟练地完成对设备的三级保养，并学习其他设备的保养技能；<br>（5）能够根据已有技能和知识降低消耗；能够完成车间下达的产、质、耗指标。<br>（6）能发现并排除一般故障</td><td>工作样本测试（实操）、绩效考评</td><td rowspan="7">（2）在岗人员绩效考评达到要求</td></tr>
<tr><td colspan="2">受教育情况</td><td>（1）高中（含同等学力）以上学历；<br>（2）具备中级工资格；<br>（3）获得××市计算机初级资格证书</td><td></td></tr>
<tr><td colspan="2">经验</td><td>具有本岗位 1 年以上第三档工作经验</td><td>经验技能评价</td></tr>
<tr><td rowspan="4">能力与素质</td><td>主动性</td><td>（1）自觉投入更多的努力去从事工作，不需要领导的督促自主地完成工作；<br>（2）主动学习 G2 岗位的知识技能，能够尽力多做些事情或主动承担一些责任</td><td rowspan="4">领导、班组评价，绩效考评</td></tr>
<tr><td>责任心</td><td>（1）自觉地独立完成本岗位的工作任务，同时提高工作效率，降低原辅材料的消耗率和机器设备损坏率；<br>（2）对于发生的故障等问题，主动承担责任，并能够及时去发现可能存在的隐患，避免故障、问题的发生</td></tr>
<tr><td>协调沟通能力</td><td>在生产过程中，自觉与班组长、工艺员、机修工、检验员、G2 等岗位及时沟通，交流相关信息，在表达观点时能够获得别人的理解和支持</td></tr>
<tr><td>控制能力</td><td>质量、消耗、时间、流程控制比较合理，节约资源</td></tr>
</table>

## ☑ 自测题

### 一、判断题（请在题后的括号内打“√”或“×”）

1. 员工所具备的素质就是岗位素质。（　　）
2. 组织核心素质的建立是岗位素质模型构建的基础。（　　）
3. 岗位素质的级别与岗位档次的级别是一一对应的。（　　）
4. 岗位素质是产生高绩效的充分必要条件。（　　）
5. 岗位素质模型一旦确定，就应保持不变。（　　）

### 二、单选题（请在题后的括号内填上选中项的序号）

1. 素质这一概念最早是由（　　）提出来的。

A. 麦克利兰　　B. 马斯洛

C. 赫茨伯格　　D. 斯金纳

2. 知识、技能、经验、能力与特质等素质类别属于（　　）。

A. 阈限素质　　B. 效能素质

C. 品德素质　　D. 其他素质

3. 确定岗位素质的主要步骤的正确顺序为（　　）。

（1）明确岗位所在的层级和序列

（2）明确岗位的绩效标准

（3）明确评价的样本

（4）实施岗位素质评价

（5）确定岗位素质

A.（3）（1）（2）（4）（5）　　B.（1）（2）（3）（4）（5）

C.（5）（3）（4）（1）（2）　　D.（5）（3）（1）（4）（2）

4. 下列说法正确的是（　　）。

A. 岗位素质越高，岗位绩效就越高

B. 岗位的环境越好，岗位绩效就越高

C. 岗位的做事方式越好，岗位绩效就越高

D. 只有合适的岗位素质、环境及做事方式，才能形成高绩效

## 三、多选题（请在题后的括号内填上选中项的序号）

1. 岗位素质的构成要素包括（　　）。

A. 岗位素质要项　　B. 岗位素质要求

C. 岗位素质评价方法　　D. 岗位素质评价标准

2. 岗位素质的理论模型主要有（　　）。

A. 冰山模型　　B. 洋葱模型

C. 层次模型　　D. 等级模型

3. 岗位素质模型的特点有（　　）。

A. 多维性　　B. 特定性

C. 稳定性　　D. 相似性

4. 岗位素质模型构建的专家组通常包括（　　）。

A. 公司高层　　B. 组织内外专家

C. 各部门负责人　　D. 人力资源部成员

5. 岗位素质模型由（　　）等要素所构成。

A. 组织核心素质集　　B. 岗位档次素质模型

C. 岗位素质要项　　D. 岗位素质要项要求

## 四、练习与思考

1. 如何区分员工素质与岗位素质?

2. 岗位素质模型由哪些内容组成?

3. 如何构建岗位素质模型?

4. 简述如何对岗位素质模型进行动态管理。

## 五、案例分析题

1. A 公司的人力资源部张经理在一次公开课上接触到素质模型，他认为终于找到了一个实现人岗匹配的有效方法。回到公司后他立刻召集部门所有人员，讨论如何开发公司的素质模型，并确定了开发计划。第一，开发素质模型的具体任务由张经理本人直接负责，承担模型开发的两名职员（一名招聘专员、一名培训专员）直接向张经理汇报；第二，送两名负责模型开发的职员参加素质模型的培训，并提供购买相关资料的费用；第三，结合全年工作计划，确定首先开发公司商业客户经理岗位的素质模型；第四，将开发素质模型直接应用到商业客户经理的招聘，验证素质模型的有效性，如果有效，就建立公司所有岗位的素质模型。

负责开发素质模型的两名员工仅仅用了两周的时间便开发出了商业客户经理的素质模型，主要包括两部分内容：第一部分内容是客户经理素质模型的要素及其释义，认为商业客户经理的素质模型包含“结果导向特质、协调沟通能力、主动自信特质、人脉经营能力、承受挫折能力、关注细节特质和信息收集能力”；第二部分内容是对每一项素质进行分级，每一项素质都分为非常出色、优秀、成长、基本合格、不合格五个级别，并对每一个级别进行了简单的定义。张经理看到两名员工的成果，感觉比较满意，认为可以应用到下一步的招聘工作中。

在对商业客户经理的招聘工作中，A 公司采用案例分析和面试两种方法来考察商业客户经理素质模型包含的七项要素，考官根据应聘者的表现为应聘者的七项要素打分，面试评分表中规定了 9.5~10 分为非常出色级别，8.5~9.4 分为优秀级别；7.5~8.4 分为成长级别，6~7.4 分为基本合格级别，6 分以下为不合格级别，但没有明确说明打分的具体标准与依据。最后，A 公司按照这种方法，对得分在基本合格水平以上的候选者进行择优录取，录用了 16 名客户经理。

经过半年的试用，张经理对素质模型失望了。因为这批客户经理两极分化非常严重，满足岗位要求的客户经理只有 4 个，其他客户经理都不能很好地满足岗位要求，表现出的主要问题包括：①缺乏基本的销售技能，不能独立承担销售任务；②不能与其他同事和谐共处；③缺乏财务、法律、产品和计算机等方面的基本知识；④经常在同事中散布对公司的负面情绪和不满；⑤解决突发事件的能力较差；⑥经常违反公司的规定；⑦不善于接受新的思想、方法；⑧不能很快适应新的环境等。

因此，张经理决定放弃进一步开发素质模型的念头。

（资料来源：http://bbs.icxo.com/thread-185075-1-1.html）

**思考题：**

（1）请分析是什么原因导致 A 公司岗位素质模型构建项目失败。

（2）你认为应该如何解决上述问题，才能让岗位素质模型成功运用于我国企业中？

2. 华润以贸易起家，从 20 世纪 80 年代开始向实业转型，中间经历了从贸易到实业，从无序多元化到有限相关多元化，从没有市场地位到成为行业领先者这样一些大的转型，每一次转型，都对领导力提出全新的要求。自 2008 年起，华润集团开始大力发展领导力，为集团培养受到国际业内高度尊重的职业经理人队伍，并逐渐形成适合经理人发展的文化和制度环境，将华润打造成为经理人价值最大化的平台。华润的领导人是指独立负有经济责任和管理责任的“一把手”（含董事长和总经理），包括三批人及其有潜力的继任者：集团领导、一级利润中心及部室总经理、各一级利润中心区域总经理、城市公司总经理、部门总经理，包括厂长等。华润集团领导力的发展对象，主要是指以上三批人及其继任者。

其领导力素质模型由三大类八大项素质组成，每项素质由素质定义、素质分级、素质四个层级描述构成。第一类素质是赢得市场领先，它是由华润战略使命决定的，主要包括为客户创造价值、战略性思维、主动应变三项素质。第二类素质是创造组织优势，就是要建立企业的核心竞争力，主要包括塑造组织能力、领导团队、跨团队协作三项素质。第三类素质是引领价值导向，主要包括正直坦诚、追求卓越两项素质，企业的核心价值观是企业文化的基石，优秀的文化是企业基业长青的基础。以第一类素质赢得市场领先为例，其中为客户创造价值的素质描述如下。

素质类型：第一类，赢得市场领先。

素质名称：为客户创造价值。

素质定义：以客户为中心，研究并洞察其需求，不断驱动产品和服务的改善和创新，为客户创造价值，赢得忠诚的客户。

注释：客户在这里指的是外部的客户，是指对客户需求的满足程度。

层级四：引领需求，创新价值

（1）前瞻性地预测客户需求可能的发展趋势，提前做出筹划，引领客户需求。

（2）与客户缔结利益共同体，与客户建立长期的双赢战略伙伴关系，共同应对未来挑战，携手客户获得长期成功。

（3）重塑产业价值链，为客户提供创新的增值服务。

层级三：洞察潜在需求，超越客户期望

（1）基于对客户需求的深入研究，发现客户的潜在需求，通过额外的努力，完成对客户的服务，使客户感受到超出期望的服务质量。

（2）根据客户的需求，在不增加客户的开支及不损失公司利益的前提下，提供超值的解决方案、产品或服务。

注释：潜在需求指的是客户已经意识到的需要但还未寄望会被满足。

层级二：不断反思及改进对客户的服务

（1）主动反思产品和服务的问题，并提出改进措施。

（2）从客户提出的问题中，找出背后在制度和流程中的漏洞，通过制度和流程的改进，保障产品和服务的持续优化，根治问题。

（3）和客户保持密切联系，以主动沟通、倾听客户声音等方式，去总结及反思对客户服务的改进。

层级一：提供满意的服务，响应客户的要求

（1）迅速响应，以真诚、负责的态度及时提供令客户满意的服务和产品。

（2）当顾客提出问题时，以首问负责的态度花时间与精力为顾客处理问题。

华润集团领导力的发展，大致可以分为三个主要的阶段，第一阶段，是建立领导力素质模型，有了模型，就有了选拔和培养领导人的标准，这是领导力发展的起点，也是非常关键的一步。第二阶段，是要建立测评与发展中心，这是将素质模型落地的非常重要的方式，真正实现基于模型的测评与发展。第三阶段，是建立基于素质模型的完整的领导人才选、育、用、留的机制和流程，将领导力的发展流程同战略流程、运营流程、文化塑造流程等实现无缝链接，一体化运行。

（资料来源：根据华润公司领导力素质模型网站相关材料改编而成）

**思考题：**

（1）华润的领导力胜任素质由哪些要素构成？

（2）华润的领导力模型主要体现了岗位素质模型的哪些特点？

# 员工素质评估

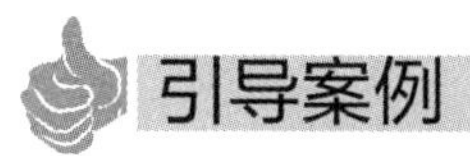


### 飞利浦的人才评价中心

如何发现优秀人才，鉴别员工是否具备领导潜质，飞利浦有着完善的评估体系，包括360度评价、调查问卷等。其中，评价中心是最重要的工具之一。每个被选拔出来、有望进入管理层发展的员工，都必须经过评价中心这一关的考验。

评价中心就像一个虚拟的公司，被评价者按照要求在其中处理各种工作任务，在他周围有众多的专家给他的工作表现打分。在这样一个"众目睽睽"的环境下处理工作，被评价者各方面的能力孰优孰劣一看便知。飞利浦在全球设有多个评价中心，用来评价世界各地的优秀员工。员工按照不同的职位层次被送往不同级别的评价中心，亚太区的员工通常在新加坡或荷兰接受测评。

在人力资本成为企业核心竞争力的今天，对员工素质进行评估并筛选出组织需要的人才成为了人力资源工作的核心部分之一。飞利浦的人才评价中心就是为了这一目标而服务的。

（资料来源：http://www.manager365.com/Artical/rlzygl/ZP/200708/20070822121908.html）

**思考：**

什么是人员素质评估？飞利浦的人才评价中心有什么作用？

## ■ 本章学习目标

1. 了解员工素质评估的概念与作用
2. 掌握员工素质评估的一般流程
3. 掌握员工素质评估指标体系构建过程
4. 了解员工素质评估的常用方法
5. 掌握员工素质评估方法的选择

## ■ 学习导航

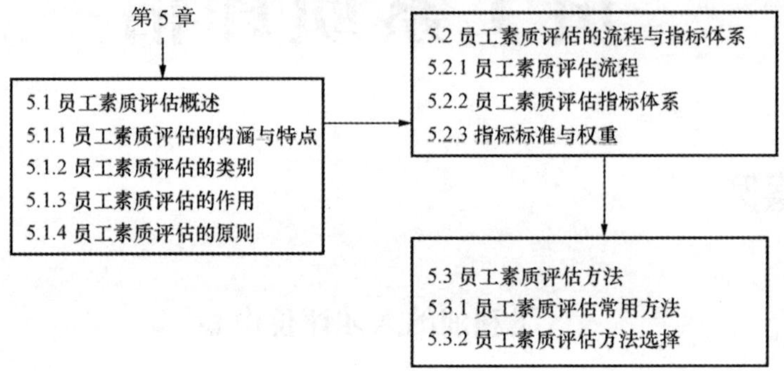

# 5.1 员工素质评估概述

第 4 章“岗位素质模型建构与管理”明确了胜任岗位所需的各项能力素质，体现的是岗位的要求。为了实现人岗匹配，接下来就要判断员工所具有的素质是否达到岗位的素质要求，亦即岗位素质模型的要求。这就是本章要讨论的内容——员工素质评估。

## 5.1.1 员工素质评估的内涵与特点

员工素质评估是指以岗位素质模型为主要依据，采用科学的方法，对员工的知识水平、能力水平、个性特征、工作绩效、职业取向和发展潜能等各项素质进行测量和定性的活动。所谓测量，是定量过程，是通过各种量表、问卷、指标体系等对员工的基本素质、业绩进行定量分析。而评定则是定性过程，是对测量的定量结果，根据测评目的进行综合定性分析。

员工素质评估在人力资源管理中具有极其重要的地位，它是人员招聘录用和人岗匹配的依据，是建立员工职业发展通道和以素质为基础的绩效管理的基础，既是企业培训的基础，也是职业生涯管理的一个重要环节。

一般而言，素质评估的开展以下面四个方面的条件为依据。

### 1. 个体素质的可知性和差异性

个体素质的可知性和差异的存在性是素质评估存在的前提条件。人是社会的存在物，其素质可以通过语言行为和非语言行为及对外部世界的反映表现出来。而且每个人的素质是有差异的，正因为存在差异性，所以每个人都是独特的个体，素质评估才有必要。

### 2. 个体素质的相对稳定性

个体素质的相对稳定性是素质评估存在的必要条件。人的素质是相对稳定的系统，在相应的时间内不会发生质的变化。某个人具有的某种品质，在不同的环境刺激下，往往会做出一致的反应行为。这种素质的相对稳定性，使得建立在统计学基础上的素质评估具有了真实性和可靠性。少了这种稳定性，素质评估就没有了实践意义。

### 3. 个体素质的可测性

个体素质的可测性是人才测评存在的充分条件。尽管人的心理素质是无法直接观测的，但人的素质是隐蔽在个体身上的客观存在，具有内在抽象性，它总会通过人的行为反映出来。这样，我们就可以通过人对外界刺激的反应来间接测量其心理。现代素质测评技术正是通过人的外显行为来推断其心理过程和心理素质。人的心理活动是可以有效地加以测量的，也就是说测评具有可操作性。

**4. 岗位与人的匹配性**

现代社会是由许多不同层次、不同部门的岗位系统所组成的。由于每一个岗位对工作性质、工作内容、技术难度和责任的规定都不相同，所以对任职者的素质要求也不相同。由此，人与岗位的匹配问题成为现代人力资源管理的重大研究主题。而要做到人岗匹配，首先需要对人和岗位进行客观认识与评价。为了了解岗位，就有了工作分析、工作描述、岗位评价等岗位分析和评价技术。而为了了解和评价人，就产生了心理测验、面试、评价中心等人才评价手段。

### 5.1.2 员工素质评估的类别

素质评估按照不同的目的有不同的划分方法。例如，按照评估范围可分为单项评估与综合评估，按照评估技术与手段可分为定性评估与定量评估，按照评估时间周期可分为定期评估与不定期评估等。本章按照评估的目的与用途不同，将评估分为选拔性素质评估、配置性素质评估、开发性素质评估、诊断性素质评估和考评性素质评估①。

**1. 选拔性素质评估**

选拔性素质评估是人力资源管理活动中经常进行的一种评估，以选拔优秀人员为目的。组织的一些岗位，常常有不止一位的申请者，在初步删除了不合格的申请者之后，就需要采用评估手段进行进一步的筛选，这就是选拔性素质评估。

选拔性素质评估具有以下特征：第一，选拔性素质评估强调区分作用，选拔优秀的求职者是一种相对性评估，目的在于挑出最优秀的求职者；第二，选拔性评估的刚性较强，评估标准事先确定并严格执行；第三，与其他类型的评估指标相比，选拔性评估指标的选择性更大，甚至可以有一些看似与评估标准不太相关的指标，而其他类型的评估，指标多与评估目标直接相关。

---

① 萧鸣政. 人员测评与选拔[M]. 上海：复旦大学出版社，2010.

2. **配置性素质评估**

配置性素质评估以人岗的合理匹配为目的，现代企业人力资源管理要求以人为“中心”，使人力资源进入最佳发挥状态。人力资源最佳发挥的前提是人岗匹配，只有当任职者的素质符合岗位的要求时，个体的人力资源才能主动发挥，创造出高水平的绩效。因此，在人员配置中经常需要运用配置性素质评估。

从整个评估的组织实施与目的上来看，配置性素质评估具有针对性的特点，评估的目标是为岗位配置合适的人，评估的针对性明显。此外，从评估标准上看，配置性素质评估具有客观性，即评估的标准以岗位的客观要求为依据，且评估标准要与岗位要求相适应，避免标准定得过高或者过低。最后，随着岗位要求和人员素质的发展变化，配置性素质评估还具有动态性的特点，即对人员配置要进行适时调整。

3. **开发性素质评估**

开发性素质评估是以开发人力资源潜力为目的的评估。人的素质具有潜在性和可塑性，如何开发出员工的潜能，让员工发挥出更大的绩效水平，一直是人力资源管理活动的核心之一。如何识别员工的潜能？开发性素质评估就是为了实现这个目标。只有在识别出了个体不同的潜能之后，才能有针对性地实施相应的培训开发活动。与其他类型的评估相比，开发性素质评估是为人力资源培训开发活动服务的，前提是对人力资源要进行调查，了解总体及个体的素质情况，以确定需要开发的潜在素质或短缺素质。

4. **诊断性素质评估**

诊断性素质评估是指以了解组织现状或组织诊断问题为目的的素质评估。组织中经常出现各种各样的问题，需要从人员素质评估方面查找原因，这时候实施的评估就被称为诊断性评估。诊断性素质评估具有系统性，根据所需诊断问题的需要，有时评估的内容精细而深入，或者全面广泛。诊断性素质评估的结果一般不公开，只供内部掌握与参考。

5. **考评性素质评估**

考评性素质评估是以鉴定与验证某种素质是否具备或者具备程度大小为目的的素质评估。考评性素质评估经常穿插运用在选拔性素质评估与配置型素质评估之中。考评性素质评估是一种总结性评估，涉及的范围比较广泛，涉及素质表现的各个方面。考评性素质评估要求评估结果具有较高的信度与效度，也就是说考评性素质评估要求所做的评定结论要有据可查，而且充分全面，更要求所做的评论结论能够验证有关的结果。

以上各种评估类型的划分是相对的，在实践中往往是几种评估交织在一起，运用时既要综合发挥又要有所侧重。

### 5.1.3 员工素质评估的作用

员工素质评估是现代人力资源管理活动的重要内容，也是人力资源管理的基础工作，涉及人力资源管理工作的方方面面，其在人力资源管理活动中具有以下四个方面的重要作用。

#### 1. 招聘选拔工作的核心工作内容

人员招聘选拔工作的核心内容之一就是对岗位候选人进行评价并据此做出选择，确定能够胜任岗位的人选，也即为岗位找到能够匹配的人。这项工作就是通过员工素质评估来实现的，素质评估帮助组织了解应聘者的各项素质条件，使组织能够按照岗位素质模型的要求筛选出合适的应聘者。

#### 2. 人力资源优化配置的基础

把合适的人放到合适的岗位上是人力资源管理的核心理念之一，亦即要求做到人岗的动态匹配。一般而言，岗位的要求在一定的时间内是稳定的，人的发展却是动态的，因此，不断地对员工的能力素质进行评估，就成了员工在组织内部晋升流动的依据。例如，是否要将员工晋升到更高的岗位，是否要调换员工的工作岗位，都要以评估的结果为依据。

#### 3. 人力资源开发的重要工具

员工素质评估的结果是培训开发需求与方案制订的重要依据。培训开发需求分析主要从三个方面进行，即组织分析、任务分析和人员分析。其中，人员分析的重要内容就是通过素质评估了解员工当前的能力素质水平，找到需要培训提高的方面。此外，素质评估也是评估培训开发效果的重要工具。例如，目前评价中心在人力资源管理中的运用已经不仅仅局限在招聘选拔方面，而是已经向发展性评价中心的方向发展。在发展性评价中心中，通常首先会运用情境模拟等测评方法对每个参与者能力素质现状进行评估，然后安排他们参加适当的培训开发项目，培训开发项目结束后再对其能力素质进行评估，判断培训开发是否达到了预期的效果。

**4. 员工自我职业生涯规划的重要工具**

素质评估不仅对组织的人力资源管理具有重要作用，对个人的职业生涯发展来说也同样如此。在制订个人职业生涯规划时，要进行自我分析，包括对自己的能力、个性、职业兴趣和动机等方面进行分析，确定适合自己的职业发展目标和道路。这些都要借助于素质评估来实现。在无边界职业生涯的时代，员工在人力资源市场上的流动越来越频繁，员工个人承担了更多的关于自己的职业生涯发展的责任，素质评估显得更为重要。

### 5.1.4 员工素质评估的原则

员工素质评估要遵循以下三项原则。

**1. 静态测评与动态测评相结合的原则**

在员工素质评估中把静态测评与动态测评相结合，是由多方面的因素决定的。首先，从测评的目的来看，不同的测评目的需要不同方式的测评。静态的测评便于横向的比较，区分出同一类型素质的差异，可用于选拔和储备人员。而动态的测评从发展的角度看待人的素质发展，可用于激励和开发人力资源。其次，从测评的要素来看，在某一时点上，员工的素质状态是稳定的，这时测评的要素也是相对稳定的。但静止是相对的，测评要素要随着时间的推移和条件的变化而不断更新。员工素质本身就具有动态性和过程性，深入、准确地把握员工的素质更是一个渐进的动态过程，这就要求评估工作要在变化的过程中进行。另外，测评的指标与标准体系也是一个动静结合的过程，有的指标需要通过大量的实验研究得出常模，这样的标准才具有标杆意义，才能被推广到各类人群中；而有的指标和标准则要随着条件的变化而不断更新。

**2. 客观测评与主观测评相结合的原则**

所谓客观测评，就是指在评估过程中尽量采用客观的工具进行测量和评定，减少主观因素的干扰。所谓主观测评，是指凭借人的专业知识和经验，通过对人的观察，做出主观的评定。客观测评和主观测评相结合，要求在评估过程中追求客观化的同时也要从人的主观方面来考量。测评所使用的很多工具是人的经验总结和固化，人的复杂行为素质只有人自身才能理解和准确把握。在测评工具的选取方面及在测评过程中应注意充分发挥人的主观性。

3. **分项素质测评与综合素质测评相结合的原则**

人的素质是一个复杂的整体，是一个系统，每一个外显的行为都是多方面素质共同作用的结果。素质整体虽然是由不同的素质分项组成，但每一个素质分项又有其独特的表现形式，因此可以通过一定的方法将其测评出来。把整个系统分解开来，逐项测评有助于深入认识人的素质状况、细化研究和提高测评的准确性。但是，不能只将某种行为视为某一要素分项的体现，而应该看作多项素质特征的表征，在某项测评中只不过是把这项素质提取出来进行单独的测评。对人的素质的认识应该从整体上进行认识，不可把一个单项的结果推及个人素质特征的整体。所以，在分析和认识人的素质时，应该把素质分项和素质整体结合起来。

## 5.2 员工素质评估的流程与指标体系

员工素质评估是一项科学、系统的工作，进行员工素质评估首先要对员工素质评估的流程有所了解，弄清楚员工素质评估的依据是什么，评估指标的由来，以及如何构建评估指标体系。

### 5.2.1 员工素质评估流程

员工素质评估虽然有不同的类型，但大体上都遵循以下步骤，即准备阶段、实施阶段、分析阶段、结果运用与反馈阶段。

1. **准备阶段**

准备阶段的工作是整个员工素质评估的基础工作，直接关系到整个评估工作的展开和纵深发展，准备阶段的工作如果做得比较充分到位，就可以为下一阶段的工作创造便利条件，否则就会影响整个评估工作的进度和质量。准备阶段的工作主要包括以下六个方面。

一是确定评估目的。在实施评估之前首先要明确评估的目的是什么，是出于选拔、配置、开发或是其他的什么目的，这对评估活动组织实施的要求都会有所不同，而不同的评估目的对评估方式和方法要求也有所区别。评估目的是评估活动开展的方向指引，因此，明确的评估目的是评估活动开始的前提条件。

二是成立评估小组。评估活动是一项系统的工程，需要成立一个专门的评估小组来负责评估活动的组织与实施。评估小组中需要有具有专业知识的人员负责评估中的技术工作，如数据的分析处理等。也需要有组织的相关管理人员，负责评估活动中的沟通协调等事宜。此外，还需要有人力资源管理工作者，负责评估活动的具体落实、指导、培训宣传等工作。

三是确定评估主体。评估主体是指评估的主试。主试是对被试进行评价的一方，通常需要专业的评估人员、部门的管理人员及评估的执行部门人员参与。一般评估活动对主试的人数有一定的要求，主试的人数过多或者过少都会影响评估的质量，通常为 5~9 人。主试人选有时也受被试的影响，被试所处的组织级别越高，对参与主试的要求也就越高。例如，对组织高层管理人员进行开发性能力素质评估，一般需要聘请外部专业人员进行评估活动，以保证评估结果的有效性和可用性。

四是确定评估指标体系和选择评估方法。确定评估的指标体系和评估的方法体系是整个评估工作的灵魂，是评估工作能否有效的关键所在。指标体系的构建主要以岗位素质模型为依据，根据素质模型中各素质要项和评估目的来选择指标。评估方法的选择要考虑的因素较多，不仅要考虑评估的目的，还要考虑被试的岗位性质、岗位类型，岗位层次等。各种评估方法都有各自不同的侧重点，有时也要综合考虑集中评估方法，以达到最佳的评估效果。有关评估指标和方法选择的内容将在本章后文中详细介绍。

五是宣传与培训。为了使员工正确地理解评估目的，在评估实施之前，尤其是配置性评估与考评性评估等容易在员工中造成误解的评估活动实施前，一定要向被试解释评估的目的及评估结果的处理方式，消除员工关于评估的疑惑，让员工从主观上接受并配合评估活动的实施。此外，在评估实施前还要对被试进行必要的培训，如评估流程的讲解、注意事项的说明等。这个环节还有一个活动就是对主试人员进行培训，实施评估的人员必须对评估的流程、方法、操作细节都非常熟练，所以必须由专业的人员对主试人员进行培训，培训的内容包括评估纪律及其监控、评估的方法、评估的具体过程、评估的具体操作方法和程序步骤，以及评估中有可能出现的突发状况及应对办法等，必要的时候要进行事先的演练。这项活动通常由人力资源部门负责组织安排。

六是环境准备。这里的环境主要指两个方面的内容，即评估所需的仪器、设备和评估进行的场所。评估所需的仪器、设备根据评估技术的不同而有所不同，如需要借助软件进行的评估就需要计算机，做工作样本答辩时可能需要计算机和投影仪等。评估进行的场所包括评估室、受测者候测室、考官办公室等，它是素质评估构成的空间要素。场所还要按照一定的条件来选择和布置，目的都是为被试者提供便利，以发挥出好的水平。

**2. 实施阶段**

评估活动的实施阶段也是评估数据的获取阶段，是评估活动的核心环节。在这个阶段中，被试者按照事先设定的评估方案参加各项评估活动，由主试人员观察、记录和界定被试者的行为，按照评估标准对被试者的表现进行打分评价，对被试者的能力素质进行评估等。实施阶段的结果为一系列可以进行说明的分数、等级和评语等。不同的评估方法在实施阶段的流程及注意事项等各有不同，相关的内容将在介绍具体评估方法时进行说明。

**3. 分析阶段**

在测评实施结束后，就要对获取的数据进行汇总、整理和分析，即将测评收集到的数据、信息进行统计处理，并将结果与既定标准进行对照，做出分析与评判，从而获得测评的结论。在分析阶段中，第一，要依据科学的计算方法进行计算，从而将定性的、模糊的、离散的信息转化为定量的、清楚的、统计的结论；第二，要根据特定的标准对测评结果进行分析和比较。同时，结果处理也应对环境条件进行分析，因为不同的环境条件可能产生误差，要针对这些误差进行调整。

**4. 结果运用与反馈阶段**

评估活动的分析结果出来以后，就要将结果上报有关部门和领导，然后加以运用。比如，按照结果进行人员的选择录用，或是根据评估分析的结果为被试者安排开发性培训活动等，这就是对评估结果的运用。评估的结果按照评估目的的不同几乎可以运用于人力资源管理的所有环节。

反馈包括向被试者、向受测群体、向评估组织反馈等方式。使不同的对象能够获取各自所关心的不同信息。向被试者反馈是指将评估结果反馈给参加评估的人员，使他们了解自己的评估成绩，了解自己的优势和不足，以便确定未来的努力方向。向评估组织反馈是使评估的组织了解其人员的相关能力素质状况，为人员整体的素质开发和人员结构调整等提供依据。同时，评估工作是循环连续的，为使下一个周期有所提高，就必须对本次的评估过程进行评估，因此要对评估中出现的问题及时修正完善，以使其在实践中不断完善和成熟。至此，才算是一个完整的评估工作循环过程。

### 5.2.2 员工素质评估指标体系

对什么（素质要项）进行评估和以什么为标准进行评估是员工素质评估的主体内容。评估指标是评估内容的具体化，即将被评估对象所具有的特定素质要素转化为可测量和评估的项目的过程。只有通过设定评估指标，评估工作才具有可操作性。只有选择合适的指标，评估的目的才能得以实现。

指标的选取应注意以下三个方面的问题。

首先，选择通过被试的行为而展现的指标。这种指标要能够便于观察。岗位素质模型提供了每一个岗位每一档级的岗位主持人需要具备的岗位素质类别及级别，并且用行为描述做了定义，每种类型的岗位素质都是可以测评的。但是对于能力与特质这种隐性素质，需要通过在模拟的情境演练中对被测的行为进行观察，所以甄选出的指标还需要便于观察。

其次，甄选管理岗位的待测指标。这种指标应该在岗位素质模型提供的信息的基础上结合评估的整体目标进行。具体来说，就是不仅要从岗位素质模型提供的岗位要素类别仔细挑选合适的测评指标，而且还要根据评估的目标选择合适的指标种类。

最后，要选取能够测评的指标进行施测。例如，有些岗位素质可以通过测评的方式在短期内获得了解，但有些岗位素质如诚信正直，必须通过长时间的观察才能得出较为准确的结论，故较难通过评估方法获得准确的考量。因此，选取指标类别还要考虑是否能在短期内通过对行为的观察进行施测。

总之，指标的设置要遵循具体性、可衡量性、可操作性、全面性原则，并符合实际情况。前文已经提及，员工素质评估测评的是员工胜任岗位工作所需的能力素质，岗位素质模型就是对这些胜任素质的归纳和描述，实际上包含了一系列关键素质指标。有了岗位素质模型，素质评估就有了主要依据。因此，员工素质评估指标的甄选就是在岗位素质模型的基础上，结合评估目的对岗位素质模型提供的素质要项进行筛选（素质要项的增加与减少）与具体化，再经过论证和调整得出素质评估指标体系，如图 5-1 所示。

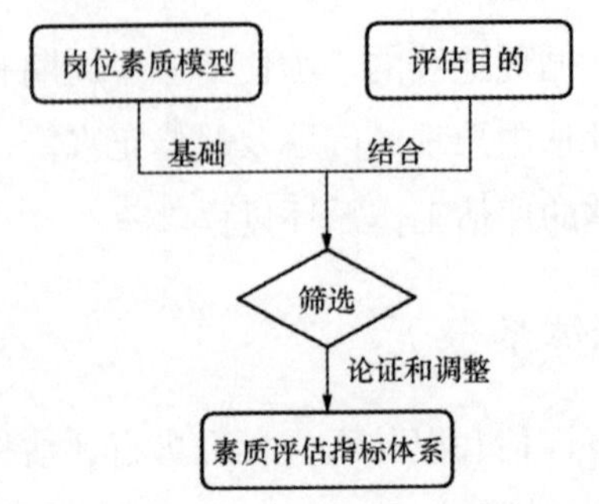


图 5-1　员工素质评估指标体系构建过程

为了使设计出来的评估指标体系更加完善、更具有实用性和操作性，往往还需要经过专家论证、修改和补充。专家通常包括企业的中高层管理者、富有经验的人力资源管理者和外部专家等。专家论证可以采用个别访问、座谈研讨、问卷征询等多种形式。在经过论证的基础上，对初步的指标体系进行修正，从而得出最终的评估指标体系。

根据素质的分类，员工素质评估指标一般可分为知识、技能、能力与特质三大方面。

（1）知识指标，包括基础知识指标和专业知识指标。基础知识指标测量的是员工对企业及所处行业、企业的基础业务流程、企业的经营目标、文化价值观等适用于所有员工的知识。专业知识指标测量的是员工工作所需专业知识的掌握情况，如财务知识、营销知识、法律知识等。

（2）技能指标，包括通用技能指标和专业技能指标。通用技能指标测评的是一般性、大众的技能，例如，日常办公软件的操作、语言表达能力等。专业技能指标测量的是员工为胜任工作所需掌握的特殊技能，如对专业仪器仪表的操作使用等。

（3）能力与特质指标，一般测评的是隐性素质，即冰山模型中水下的素质部分，如成就动机、客户导向、团队协作能力、领导能力、计划组织能力、沟通能力、创新能力、归纳分析能力等。

此外，受教育情况、经验、身体素质、道德品质也是经常测评的项目。具体评估指标须根据具体岗位的素质模型和测评目标进行设置。某企业人力资源管理岗位（人力资源经理）的选拔性素质评估指标见表 5-1。

表 5-1 某企业人力资源经理选拔评估指标体系

| 一级指标 | 二级指标（指标标记） | 指标说明 |
|---|---|---|
| 知识素质 U1 | 战略管理知识 U11 | 战略的分析制定等相关知识 |
| | 企业管理知识 U12 | 企业的流程及企业文化等知识 |
| | 政策法规知识 U13 | 与工作相关的政策法规知识 |
| | HR 专业知识 U14 | HR 各模块的专业知识 |
| 技能素质 U2 | 调查研究技能 U21 | 进行调查及研究的技能 |
| | 软件操作技能 U22 | 办公软件和信息系统的基本操作技能 |
| | 人际沟通技能 U23 | 在工作中进行良好的人际沟通的技能 |
| | HR 专业技能 U24 | HR 各模块的实践能力 |
| 品质素质 U3 | 综合品质 U31 | 社会伦理及价值取向等综合品质 |
| | 职业道德 U32 | 符合相关法规政策规定的职业道德要求 |
| 能力与特质 U4 | 战略管理能力 U41 | 人力资源战略对企业总体战略的支持能力 |
| | 危机管理能力 U42 | 处理突发事件及驾驭复杂局面的能力 |
| | 领导能力 U43 | 领导组织成员协作完成任务的能力 |
| | 组织协调能力 U44 | 在岗位工作过程中进行组织、协调的能力 |
| | 知人善任能力 U45 | 合理配置人才、选拔人才的能力 |
| | 创新能力 U46 | 敢于打破常规、善于进行革新的能力 |
| | 亲和力 U47 | 容易令人接近进而建立起和睦的人际关系 |
| | 主动性 U48 | 善于主动承担责任、主动工作的意识 |
| | 责任感 U49 | 对本职工作具有高度的责任感 |

### 5.2.3 指标标准与权重

#### 1. 指标标准

确定了评估指标还只是确定了测评的维度，要对评估对象做出准确评价，还需要确定指标的标准，即衡量那些维度的“尺子”。

任何评价工作都必须建立在同等、一致的评判基础上，否则评价工作就失去了应有的意义。同样，员工素质评估也需要制定相应的评价标准，以此来衡量被评价者的各项素质要素是超出还是低于设定的期望水平，或对应所设定的哪个岗位档次。

由于企业和岗位的实际情况有差异，员工素质的评估标准也是千差万别的，但在制定过程中都应符合以下几个要求。

一是具体性。员工素质评估指标标准应该是具体的，内涵明确，概念界定清晰。标准越具体，就越便于为评价者理解、掌握，越能更好地提高评估结果的准确度。

二是一致性。在制定员工素质评估指标标准时，应根据岗位本身的要求，即不管谁在做这项工作，标准都应该一样。对从事同一岗位工作的主持人，其员工素质评估标准都是一致的，在对应岗位分档标准进行入档时，其依据也都是要统一的，这样才能保证评估结果具有可比性。

三是可量化性。尽可能量化素质评估指标标准，可减少评价者主观因素的影响，从而使评价结果相对客观、有效。

指标标准具体包括指标标志与指标标度。指标标志是为每一个评估要素确立的考评标准，要求必须具有可辨别、易操作的特征。指标标度是指描述评估要素或要素标志的程度差异与状态水平的顺序和度量。这种程度差异或状态水平的刻度表示，可以是数量化的（见表 5-2），也可以是等级区分形式的（见表 5-3）。

表 5-2　专业知识指标标准示例

| 指标名称 | 指标标志 | 指标标度 |
|---|---|---|
| 专业知识 | 完全不具备相关专业知识和技能 | 0 分 |
| | 通过专门的培训或专业经验略知某一专业的构成要素与主要特点 | 1 分 |
| | 通过参与某专业领域工作，获得有关本专业大量知识技能，并能与有关专家进行有效的交流 | 2 分 |
| | 通过在某一专业领域的工作获得专业知识和技能，并运用这些知识技能取得良好的成果 | 3 分 |
| | 在某一专业领域通过学习、比较，取得丰富的经验，获得专业知识技能，并获得最佳成果 | 4 分 |
| | 专业领域内的高层管理人员或公认的带头人 | 5 分 |

表 5-3 人力资源经理危机管理能力指标标准

| 指标名称 | 指标标志 | 指标标度 |
| --- | --- | --- |
| 危机管理能力 | 建立良好的危机预警机制和危机处理机制，能够有效防止危机的发生，或在危机发生的初始阶段就能化解危机，使危机对组织的损害率达到最低 | 优秀 |
| | 具有较强的危机处理意识，建立危机处理机制，能够很好地处理突发事件 | 良好 |
| | 反应迅速，基本能处理好突发事件，随机应变，能控制局面但没有建立相应的机制 | 一般 |
| | 能处理一些突发事件，有一定应变能力 | 较差 |
| | 面对突发危机事件表现慌乱，手足无措，随机应变能力较差 | 差 |

#### 2. 指标权重设置

由于各项素质的重要性程度不同，因此在评估指标和标准设置完成后，还需要确定各项评估指标的权重。指标权重是各评估指标在评价体系中相对重要性的体现。评估指标权重对员工素质的提高具有强烈的导向作用，引导员工素质朝着企业最为重视的方向发展。指标权重是指标体系的重要组成部分，指标权重的设置合理与否，直接影响到评估的结果。

确定权重的方法有很多，如经验分析法、德尔菲法、等级序列法、对偶加权法、模糊矩阵法、层次分析法等。每种方法都有各自的优点和不足，在使用时，企业可根据实际情况进行选择。权重确定后，评估指标体系就完整了。

## 5.3 员工素质评估方法

评估指标确定后，接下来面临的就是如何对这些素质进行评估，亦即选择何种方式和方法进行评估。不同的评估方法适用的范围和效度都不一样，这只有在了解了常用的评估方法的基础上才能进行选择。

### 5.3.1 员工素质评估常用方法

常见的员工素质评估方法有履历档案分析、笔试、心理测验、面试、评价中心和工作样本测试等。

### 1. 履历档案分析

履历档案分析是根据个人履历或档案中记载的事实，了解一个人的成长历程和工作业绩，从而对其人格背景有一定的了解。履历分析既可用于初审个人简历，迅速地排除不合格的人员，也可根据与工作要求相关性的高低，事先确定履历中的各项内容的权重，按照要求的加权总分确定选择决策。研究结果表明，履历分析对员工今后的工作表现有一定的预测效果，个体的过去总是能从某个程度上表明他的未来。这种方法用于人员测评的优点是较为客观，而且成本低；但也存在一定的问题。如履历的真实性问题，预测的效度随着时间的推进越来越低等。尽管如此，它仍是一种常用的素质评估手段。

### 2. 笔试

笔试是指测评前由主试命题制卷，以纸笔为测评材料的测评方法。笔试能够在统一时限内以团体方式对所有测评对象同时进行测试，所有的测评对象都使用同一份试卷（或等值复本试卷），测试的程序和规则相同，应试环境大体一致，能够比较有效地控制测试过程中各个环节的误差。笔试因其具有实施简便、经济、易于接受等优点而在现代企业员工素质评估中得到广泛使用。但有一种观点认为，笔试对分析性智能的测评效果好，而对创造性智能和实践性智能的测评则显得力不从心。在实践运用中，笔试较多地被用于对知识素质（基础知识、专业知识）、逻辑推理能力、语言表达能力的测评。

### 3. 心理测验

心理测验使用的是能够对人的智力、潜能、气质、性格、态度、兴趣等心理素质进行有效测度的标准化的测量工具。心理测验具有以下三个优点。一是信度和效度高。它往往是心理学家经过多年开发出的心理量表，并得到检验。二是标准化程度高。一套科学的心理测验量表，必须有非常详细的、标准化的指导语，其中必须解释本量表的信度效度是多少；标准化的心理量表会带有标准化的常模，这个常模是心理测验解释测评结果的依据。三是客观性强。心理测验的专业化开发和验证过程已经排除了很多主观因素，其结果的客观性相对较强。正因为上述优点，心理测验在人员素质测评中得到了广泛使用。根据测验的具体对象，心理测验可划分为认知测验与人格测验。认知测验测评的是认知行为，可分为成就测验、智力测验与能力倾向测验。人格测验按其具体的对象可分为态度、兴趣与品德测验等。

## 相关链接

### 心理测验的起源与发展[①]

心理测验起源于实验心理学中个别差异研究的需要。1879 年德国心理学家冯特（Wandt）在德国莱比锡大学设立了第一所心理实验室，试验中发现个体的行为相互间存在个别差异。个别差异的存在引起了心理测验的需要。

心理测验的发展大约可以分为萌芽时期、成熟时期、昌盛时期与完善发展时期。

1869—1904 年，心理测验处于萌芽时期。首先倡导测验的是英国的生物学家高尔顿（F.Galton），他提出有必要测量人的差异及特性和有关智力测量等观点。正式提出心理测验的是美国的心理学家卡特尔（J.M.Cattell）。卡特尔编制了许多测验，如反应时测验和记忆力测验，在 1890 年发表的《心理测验与测量》论文中，首次提出“心理测验”这一术语。但在这一时期，心理测验尚未形成自己的体系，依附于实验心理学与个别差异的研究而存在。测验的内容大都限于感觉、运动、力量和反应速度等的测量，属于简单身体素质测评。

1905—1915 年，心理测验处于成熟时期。这一时期，心理测验已步入了独立发展的轨道。法国心理学家比纳（A.Binet）与西蒙（Simon）通过测量感官、理解、判断、推理等，鉴别智力低下的儿童。1905 年这一测验方法公开发表，简称比纳–西蒙量表，这一量表是科学测量史上第一个量表，宣告了科学心理学的诞生。

1916—1940 年，心理测验处于昌盛时期。这一时期，不仅智力测验在广度与深度上有了突破性的发展，而且出现了团体智力测验、一般智力测验、特殊能力测验、人格测验等，心理测验在理论上得到完善，应用上得到了空前的发展。测验的形式由个体扩展为团体；测验的客体由儿童扩展为成人；测验的表现形式由文字扩展到图形、操作等非文字的智力测验，由直接的测量扩展到投射与预测的测验；测验的功用由研究走向社会服务。

第一次世界大战期间，美国应用团体智力测验挑选士兵，防止低能的和不合格的人进入部队内，后又广泛应用于军队官员的选拔与安置。第二次世界大战期间，美国又编制了一般分类测验，简称 GCT，借以预测军人的能力。两次大战后，美国把测验应用于服务行业，兴起了职业测验。

---

① 萧鸣政. 人员测评与选拔. [M]上海：复旦大学出版社，2010.

1941年至今，心理测验处于完善发展时期。在这一时期，心理测验一方面接受教育评价运动的挑战，另一方面在测验的理论、技术与编制方法方面都有非常大的进步。

1938年，瑟斯顿（Thurstone）发表了“主要的心理能力”论，在使用因素分析法数学化之后，概括出了其中主要的智力：知觉速度、推理能力、词语理解、词语流畅、空间知觉、记忆和计算能力；同年，默里与摩根（Murray & Morgan）编制了投射测验之一的主题统觉测验，简称TAT；哈特威（Hathaway）和麦金利（Mckinley）在20世纪40年代初期编制了调查个人适应和社会适应能力的明尼苏达多相个性调查表（MMPI）；1953年，艾森克（Egsenck）夫妇编制了人格（个性）问卷（EPQ）；1973年，卡特尔编制了16因素测验。这一时期兴起了职业性向与职业技能测验的新高潮，用于挑选各行各业的职业与管理人员。

### 4. 面试

面试是人力资源管理领域中应用最普遍的一种测评形式，是指在特定时间、特点地点通过主试与被试双方面对面的交流沟通的方式，观察、了解应试人员的素质特征、能力状况及求职动机等方面情况的一种人员甄选与测评技术。从理论上来讲，设计精细的面试可以测评个体的多项素质内容，以及其他测评方法难以测评出来的素质项目。面试能够测评的内容包括举止仪表、语言组织与表达能力、思维能力、应变能力、情绪控制与自我控制能力、自我认知能力、综合分析能力、沟通能力、计划组织与协调能力、进取心与成就动机、专业知识水平、一般性技术水平、兴趣爱好等。

根据面试的标准化程度可以将面试分为结构化面试、非结构化面试及半结构化面试三种形式。结构化面试是指对面试内容、程序及评价标准等都进行统一规定的一种面试。非结构化面试是指在面试中事先没有固定框架结构（指没有预先确定测评要素等），也不对被试使用有确定答案的固定问题的一种面试。而半结构化面试是指界于结构化和非结构化之间的一种面试。事实上，“结构化”这个概念不是用来描述面试标准化状态的概念，而是用来描述标准化程度的概念。相比较而言，在员工素质评估中结构化面试比非结构化面试的信度和效度更高。

### 5. 评价中心

评价中心是一种标准化的测评活动，通过多种测评方法对被评价者的能力、技能、个人特征等因素进行综合评价，它的主要特点是使用情境性的测验方法对被试的特定行为进行观察和评价。这种方法通常将被测对象置于一个模拟的工作情境中，采用多种技术，观察和评价被试者在这种模拟工作情境中的心理和行为。该技术主要用于对管理素质的测评。

与其他测评方法相比，评价中心具有以下几个突出特点。一是综合性。评价中心是对其他多种测评技术与手段的综合运用，如它可以同时使用角色扮演、无领导小组讨论、文件筐测验、面谈、情境模拟等多种测评方法与手段。二是标准化。虽然评价中心的形式多样，但一定是标准化的，测评的流程、过程与内容都是事先设计好的。一般来说，测评的内容都是按照工作分析来设计的。三是动态与互动性。评价中心通过一系列的活动安排、环境布置与压力刺激来激发被试者的潜在素质，使其在群体互动中充分表现，使主试能够对被试进行动态的观察，从而实现全面而整体的测评。四是行为性。评价中心主要考察的是被试者的行为，通过对特定行为的观察达到评价目的。当然，测评中心技术也存在不足之处，总体而言，主要表现为测评的成本一般较高、技术要求高、实施难度较大，对测评者的能力素质要求较高。另外，测评的效度仍然有待进一步检验。下面对几种常用的评价中心技术进行介绍。

（1）管理游戏。在管理游戏中，测评对象以小组为单位被分配一定的任务，必须合作才能较好地完成，如购买、供应、计划等。有时引入一些竞争因素，如三四个小组同时进行销售或进行市场占领，以分出优劣。有些管理游戏中包括劳动力的组织与划分和动态环境的相互作用，以及更为复杂的决策过程。主试通过被试在完成任务的过程中表现出来的行为来测评其素质。

（2）公文处理。公文处理又称公文筐测验、提篮练习等。它是对管理人员的潜在能力进行测定的有效方法。在这种测评活动中，给被试者假定某一管理角色，要求被试者在一定的时间内处理一大堆亟待处理的文件事务，包括备忘录、信件、电报、电话记录、报告等。通过观察被试者对这些来自组织内外不同的级别、重要性也各不相同的文件的处理，测评被试者在管理方面的计划能力、组织协调能力、判断能力、沟通能力、决策能力及领导能力等，此外还反映了对信息的收集和利用能力、处理问题的条理性程度和灵活性，以及对他人的敏感性等。公文处理具有较大的灵活性，操作实施比价简便，且具有良好的效度，对工作绩效的预测性较好。

（3）角色扮演。角色扮演主要是用以评测人际关系处理能力的情境模拟活动。在这种活动中，主试设置了一系列尖锐的人际矛盾与人际冲突，要求被试者扮演某一角色情境，模拟实际工作情境中的一些活动，去处理各种问题和矛盾。主试者通过对被试者在不同人员角色的情境中表现出来的行为进行观察和记录，测评其素质潜能。角色扮演可以根据工作情境的需要进行设计，较为灵活，对评价者的要求较高。

（4）无领导小组讨论。无领导小组讨论也是评价中心常用的一种形式。其操作方法是给被评价者一个待解决的问题，给他们一定的时间，让他们展开讨论以解决这个问题。所谓“无领导”，就是参加讨论的这一组被评价者在讨论问题的情境中地位是平等的，其中并没有指定哪一个人充当小组的领导者。无领导小组讨论主要考察被评价者的组织协调能力、领导能力、人际交往能力、辩论说服能力及决策能力等。同时，也可以考察被评价者的自信心、进取心、责任感、灵活性及团队精神等个性方面的特点及风格。无领导小组讨论具有仿真模拟性，评价较为客观，但对评价主体的要求较高，一般适用于较高层次管理人员素质测评。

#### 6. 工作样本测试

工作样本测试是对相关岗位的实际工作场景、工作内容进行抽样和模拟，然后观察和评价被试在这种与实际工作背景非常相似的情境下的表现。例如，各种操作工在现场的实际操作测试，管理人员在模拟实际工作背景下的答辩等。由于工作样本测试系统地测量了与工作直接相关的行为，可以直接获得关于员工工作能力的信息，因而通常被认为是所有测试中效度和信度最高的测试。但是，工作样本测验有两个缺点：第一，由于工作样本测试是专门针对特定工作设计的，因而它的普遍性和适用性都很低；第二，由于对每一种工作都必须设计新的测试，加上这种测试的非标准化模式，工作样本测试的开发成本相对较高。

### 5.3.2 员工素质评估方法选择

从前文对一些常用素质评估方法的介绍中可以看出，不同的素质评估方法适合测评的指标不一样。在进行评估方法选择时，要注意方法与评估指标的匹配。下面对不同类型素质常用的评估方法进行简要介绍。

#### 1. 知识素质评估

知识素质评估主要是考察一个人与岗位相关的知识结构与占有量，以及理解、运用知识的熟练程度。对知识素质的评估一般以笔试为主，也可采用结构化面试的方法，由人力资源管理部门组织进行，根据事先设计好的题目和答案，判断被评价者对知识的掌握情况。

### 2. 技能素质评估

对技能素质的评估常常是结合多种方法一起使用，常使用的评估方法有以下几种。

（1）资格认证。资格认证的依据是被评估者获得的由相关部门认证或承认的技能等级证书，如大学英语四级证书、计算机等级证书、从业资格证书等。

（2）工作样本测试或工作样本答辩。工作样本测验主要用于评估员工实际操作的技能。工作样本测试是根据需要测评的技能，抽取相关工作内容，让员工实地操作，通过员工的表现判断其技能等级。例如，判断员工的仪器操作技能，可用此方法进行。

评估管理人员的实际操作技能一般称为工作样本答辩。评估时先确定岗位的工作内容、职责和职权，以及任期内的任务目标，同时提供相关的背景资料，让被评估者对岗位和个人的基本概况进行分析，提出工作思路、理念、实现路径和对策保障，并在此基础上针对评估者提出的问题进行答辩。

（3）绩效考评。绩效考评也常被用于技能素质的评估。通过对员工以往岗位工作绩效的考评，判断员工相关技能的掌握情况。绩效评价是对过去真实发生过的事情进行评估，有利于克服素质评估中的主观性、片面性和随意性。

### 3. 能力与特质素质评估

由于能力与特质的复杂与多样性，常用的评估手段也比较多，诸如面试、评价中心、360 度评价、工作绩效考评等都是常用的评估方法。根据具体的评估指标选择适合的测评方法，且对同一指标的测评可以使用不同的测评方法，以综合考虑各方法得出的结果，判断员工该项素质的等级情况。例如，对主动性、责任心的评估可以使用面试、上级评级和绩效考评的方法。对团队合作能力、组织协调能力的评估可使用评价中心技术和绩效考评的方法。对一些个性特征的评估可使用心理测验方法进行。

通过前文的介绍可知，评估方法的选择要与需测评的素质指标相匹配，由于员工素质的多样性，在评估活动中，评估方法的选择常常也是多种方法综合使用，见表 5-4。另外，在评估方法的选择过程中，还要注意方法的实用性、信度与效度、可操作性及实施的成本等因素。

表 5-4　某企业人力资源经理素质评估方法组合

<table>
<tr><th>一级指标</th><th>二级指标（指标标记）</th><th>评估方法</th></tr>
<tr><td rowspan="4">知识素质 U1</td><td>战略管理知识 U11</td><td rowspan="4">笔试法<br>面试</td></tr>
<tr><td>企业管理知识 U12</td></tr>
<tr><td>政策法规知识 U13</td></tr>
<tr><td>HR 专业知识 U14</td></tr>
<tr><td rowspan="4">技能素质 U2</td><td>调查研究技能 U21</td><td rowspan="4">面试<br>工作样本测试<br>绩效考评</td></tr>
<tr><td>软件操作技能 U22</td></tr>
<tr><td>人际沟通技能 U23</td></tr>
<tr><td>HR 专业技能 U24</td></tr>
<tr><td rowspan="2">品质素质 U3</td><td>综合品质 U31</td><td rowspan="2">360 度评价<br>心理测验</td></tr>
<tr><td>职业道德 U32</td></tr>
<tr><td rowspan="5">能力与特质 U4</td><td>战略管理能力 U41</td><td rowspan="5">面试<br>360 度评价<br>绩效考评<br>评价中心技术</td></tr>
<tr><td>危机管理能力 U42</td></tr>
<tr><td>领导能力 U43</td></tr>
<tr><td>组织协调能力 U44</td></tr>
<tr><td>知人善任能力 U45</td></tr>
<tr><td rowspan="4">能力与特质 U4</td><td>创新能力 U46</td><td rowspan="4"></td></tr>
<tr><td>亲和力 U47</td></tr>
<tr><td>主动性 U48</td></tr>
<tr><td>责任感 U49</td></tr>
</table>

评估方法组合确定之后，就要根据具体情况设计各项评估的具体内容，并根据方法要求实施测评活动。

## 相关链接

### 某公司人力资源主管素质评估

某公司根据人力资源管理岗位素质模型设计了人力资源主管的评估指标体系。并采用模糊矩阵法确定指标权重。评估指标体系见表 5-5。

表 5-5　某公司人力资源主管胜任素质评估指标体系

| 一级指标 | 权　重 | 二级指标 | 权　重 | 三级指标 | 权　重 |
|---|---|---|---|---|---|
| 心理素质 | 0.283 9 | 价值观 | 0.454 3 | 人本精神 | 1.0 |
| | | 智力 | 0.210 9 | 学习能力 | 0.513 1 |
| | | | | 综合分析能力 | 0.486 9 |
| | | 人格 | 0.334 8 | 成就动机 | 0.5 |
| | | | | 诚信度 | 0.5 |
| 知识素质 | 0.283 9 | 专业知识 | 0.635 4 | 人力资源管理专业知识 | 0.635 4 |
| | | | | 劳动法规知识 | 0.364 6 |
| | | 综合管理知识 | 0.364 6 | 战略管理知识 | 0.393 2 |
| | | | | 企业文化知识 | 0.273 4 |
| | | | | 企业管理知识 | 0.273 4 |
| 工作技能 | 0.432 2 | 专业技能 | 0.500 0 | HR 专业操作技能 | 1.0 |
| | | 工作能力 | 0.500 0 | 战略规划能力 | 0.251 4 |
| | | | | 领导与管理能力 | 0.177 5 |
| | | | | 科学决策能力 | 0.177 5 |
| | | | | 知人善任能力 | 0.196 8 |
| | | | | 人际交往能力 | 0.196 8 |

指标标准采用等级标志法，以人际交往能力为例，见表 5-6。

表 5-6　某公司人力资源主管人际交往能力指标标准

| 指标名称 | 指标标志 | 指标标度 |
|---|---|---|
| 人际交往能力 | 衣着整洁，端庄大方，举止得体，合乎礼仪规范<br>外向热情，喜欢结交朋友，善于和陌生人交流<br>希望融入团体，与人和睦相处 | 优秀 |
| | 衣着整洁，举止得体<br>外向，能够和陌生人交流<br>在团体中能与人和睦相处 | 良好 |

续表

<table>
<tr><th>指标名称</th><th>指标标志</th><th>指标标度</th></tr>
<tr><td rowspan="3">人际交往能力</td><td>衣着较整洁，举止较得体，较合礼仪<br>较外向，与陌生人交谈时基本能应付<br>基本能与人和睦相处</td><td>一般</td></tr>
<tr><td>衣冠不整，举止随便，多数情况下不合礼仪<br>内向，不善于和陌生人交谈<br>喜欢独处，不能较好处理与周围人的关系</td><td>较差</td></tr>
<tr><td>衣着邋遢，举止令人反感，不合礼仪<br>内向甚至自闭，基本不和陌生人交谈<br>与周围人一般不来往</td><td>很差</td></tr>
</table>

人力资源主管素质评估的指标方法体系见表 5-7。

**表 5-7　某公司人力资源主管素质评估指标方法体系**

<table>
<tr><th>一级指标</th><th>二级指标</th><th>三级指标</th><th>测评方法</th></tr>
<tr><td rowspan="5">心理素质</td><td>价值观</td><td>人本精神</td><td rowspan="5">心理测验</td></tr>
<tr><td rowspan="2">智力</td><td>学习能力</td></tr>
<tr><td>综合分析能力</td></tr>
<tr><td rowspan="2">人格</td><td>成就动机</td></tr>
<tr><td>诚信度</td></tr>
<tr><td rowspan="5">知识素质</td><td rowspan="2">专业知识</td><td>人力资源管理专业知识</td><td rowspan="2">笔试、<br>工作样本测试</td></tr>
<tr><td>劳动法规知识</td></tr>
<tr><td rowspan="3">综合管理知识</td><td>战略管理知识</td><td rowspan="3">经营者能力测试、<br>工作样本测试</td></tr>
<tr><td>企业文化知识</td></tr>
<tr><td>企业管理知识</td></tr>
<tr><td rowspan="3">工作技能</td><td>专业技能</td><td>HR 专业操作技能</td><td>工作样本测试</td></tr>
<tr><td rowspan="2">工作能力</td><td>战略规划能力</td><td rowspan="2">评价中心技术、<br>360 度反馈评价法</td></tr>
<tr><td>领导与管理能力</td></tr>
</table>

续表

| 一级指标 | 二级指标 | 三级指标 | 测评方法 |
|---|---|---|---|
| 工作技能 | 工作能力 | 科学决策能力 | |
| | | 知人善任能力 | |
| | | 人际交往能力 | |

## ☑ 自测题

### 一、判断题（请在题后的括号内打“√”或“×”）

1. 员工素质评估是指以岗位分析与评价为主要依据，对员工的各项素质进行测量和定性的活动。 （ ）

2. 与其他类型的评估相比，选拔性评估的刚性较强，评估标准事先确定并严格执行。 （ ）

3. 定量评估用数据说明问题，因此总是优于定性评估。 （ ）

4. 根据标准化程度可以将面试分为结构化面试、非结构化面试及半结构化面试，“结构化”就是对标准化状态的描述。 （ ）

5. 由于工作样本测试系统地测量了与工作直接相关的行为，可以直接获得关于员工工作能力的信息，因而通常被认为是所有测试中效度和信度最高的测试。 （ ）

### 二、单选题（请在题后的括号内填上选中项的序号）

1. 以鉴定与验证某种素质是否具备或者具备程度大小为目的的素质评估是（ ）。

A. 定性评估　　B. 定量评估

C. 选拔性素质评估　　D. 考评性素质评估

2. （ ）能够在统一时限内以团体方式对所有测评对象同时进行测试，且对分析性智能的测评效果良好。

A. 笔试　　B. 面试

C. 心理测验　　D. 评价中心

3. 下列各项不属于心理测验特点的是（ ）。

A. 信度效度高　　B. 标准化程度高

C. 主观性强　　　　D. 客观性强

4. 在面试中事先没有固定框架结构（没有预先确定测评要素等），也不对被试者使用有确定答案的固定问题的是（　　）。

A. 结构化面试　　　　B. 半结构化面试

C. 非结构化面试　　　　D. 弱结构化面试

5. 对知识素质的评估，一般以（　　）为主。

A. 面试　　　　B. 笔试

C. 履历档案分析　　　　D. 评价中心

## 三、多选题（请在题后的括号内填上选中项的序号）

1. 素质评估的特点主要表现在（　　）。

A. 个体素质的可知性和差异性　　　　B. 个体素质的相对稳定性

C. 个体素质的可测性　　　　D. 岗位与人的匹配性

2. 按照评估的目的与用途不同，员工素质评估可分为（　　）。

A. 选拔性素质评估　　　　B. 配置性素质评估

C. 开发性素质评估　　　　D. 诊断性素质评估

E. 考评性素质评估

3. 员工素质评估指标体系一般可分为（　　）。

A. 知识类指标　　　　B. 技能类指标

C. 体能类指标　　　　D. 能力与特质类指标

4. 常见的评价中心技术有（　　）。

A. 角色扮演　　　　B. 管理游戏

C. 公文处理　　　　D. 小组讨论

5. 技能素质常用的评估方法有（　　）。

A. 工作样本测验　　　　B. 绩效考评

C. 笔试　　　　D. 资格认证

## 四、练习与思考

1. 什么是员工素质评估？员工素质评估的类别有哪些？

2. 素质评估的作用是什么？

3. 一般的员工素质评估流程是什么?
4. 员工素质评估指标体系如何构建?
5. 常用员工素质评估的方法有哪些?如何选择评估方法?

## 五、案例分析

1. Y 公司的人力资源部王经理，最近遇到了一件头疼的事情。销售部张经理跑来跟王经理抱怨，说两个月前招进来的几位销售人员工作绩效表现与期望值相差较大，他们简直就不具备销售人员的能力特质。王经理虽然耐心地向张经理解释说，这些员工工作的时间还比较短，绩效表现还需要再观察，但是自己也困惑了。这些员工都是因为在应聘过程中表现很优秀才被录用的，并且公司对他们寄予了较高的期望。面对着事实与期望的差距，王经理不得不思考公司的招聘选拔方法与标准是否出了问题。

Y 公司的招聘选拔采用的是常见的“笔试+面试”的组合方式，笔试除了对公司基本知识的考查外，也考查了一些营销类的专业知识。对笔试成绩位于前列的应聘者，公司进行了第二轮面试，面试由人力资源部组织并设计了结构化面试题目，结构化面试的题目考查的也是营销专业知识。怎么会有问题呢?

为此，王经理与张理又进行了一次沟通。“他们不是很精通营销专业知识吗?”“是的。”张经理回答说，“但是光精通营销专业知识就行了吗?还要有主动性，还要会沟通!”王经理听完拍了一下脑袋，说:“我明白了。”

**思考题:**

(1)案例中 Y 公司的销售人员招聘失败的问题出在哪里?

(2)你觉得销售人员的能力特质有哪些?怎样对这些特质进行评估?

2. 某控股集团为具有独立法人资格的国有独资有限责任公司，是以投资经营、不动产经营和资产经营为主的资产经营公司，下有 8 个子公司，从业人员 3.75 万人。控股公司的领导希望建立干部综合素质内部评估体系，实现对所属企业中高层领导人员进行有效的综合素质评估的目的，即通过定期实施多源反馈评估(360 度评估)的形式对经营者的个人素质进行多角度的科学评估。

咨询顾问根据多次成功为企业设计内部 360 度评估的经验，为该控股集团公司量身开发了一套 360 度评估系统，主要用于考察控股集团和下属子公司领导在约束力、凝聚力、内驱力等 8 个方面的内容，问卷维度涵盖上级、同级、下级和自评 4 个不同角度。经过多次访谈和为期 3 个月的问卷开发、问卷试测、差异化访谈和问卷修订，最后才将企业领导人员 360 度评估体系植入计算机系统，以网络的形式呈现。

同时，咨询顾问为控股集团进行干部评估和管理的相关人员进行了系统培训，并将评估报告模板和系统操作手册等提交领导。控股集团的 8 家子公司的领导班子同时使用 360 度评估系统成功进行了领导人员素质评价，评估对象包括了控股集团下属 8 家子公司 40 多位领导班子成员，包括上级、同级、下级和本人在内的问卷填写人达 400 人左右，测试全部实现网络化，每位问卷填写人只需要 30 分钟左右的时间即可完成，8 家公司的测试 3 天内就全部结束，报告即时生成，集团干部管理和评估相关人员又根据报告进行了差异化访谈，广泛听取了各个层级的反馈意见，形成最终报告，在年终评估和干部民主生活会上作为重要依据，实现了对传统干部评估内容和形式的突破。

基于电脑网络的 360 度评估系统克服了传统 360 度评估问卷定性评价较多、无法真实了解被评估者实际行为表现的弊端，融合行为事件访谈法（BEI）思想，“以行为式评估代替定性判断”的独特设计理念，大大提高问卷评价的真实性。此外，所有问卷全部实现网络获取、网络完成，能够同时容纳上千人进行测试，大大减少了企业内部人力资源工作的时间成本和人力成本，提高了工作效率；所有测评数据和报告都能在线即时生成，并以最简洁易懂的语言呈现测评结果。

另外，电脑网络的 360 度评估系统的使用实现了上级、同级、下级和自评四方面评估结果差异对比，也实现了对同类人员评估成绩的横向对比和对同一被评估人不同年度表现情况的纵向对比，为企业对多次评估结果的连续记录和跟踪，不断积累经营者任职过程中的个人素质的成长和变化相关信息，并与经营者的业绩考核有效结合，为后续的干部考核和职位变动提供科学依据和有力证据提供了强大的支持，同时也为经营者个人进行有效的自我反省和自我监督提供了科学依据，帮助经营者进行科学的自我评估和不断成长。

（资料来源：http://blog.sina.com.cn/s/blog_4908f9e60100l843.html）

**思考题：**

（1）结合案例分析 360 度评估方法与其他素质评估方法相比有何特点？

（2）结合案例分析 360 度评估的意义及价值。

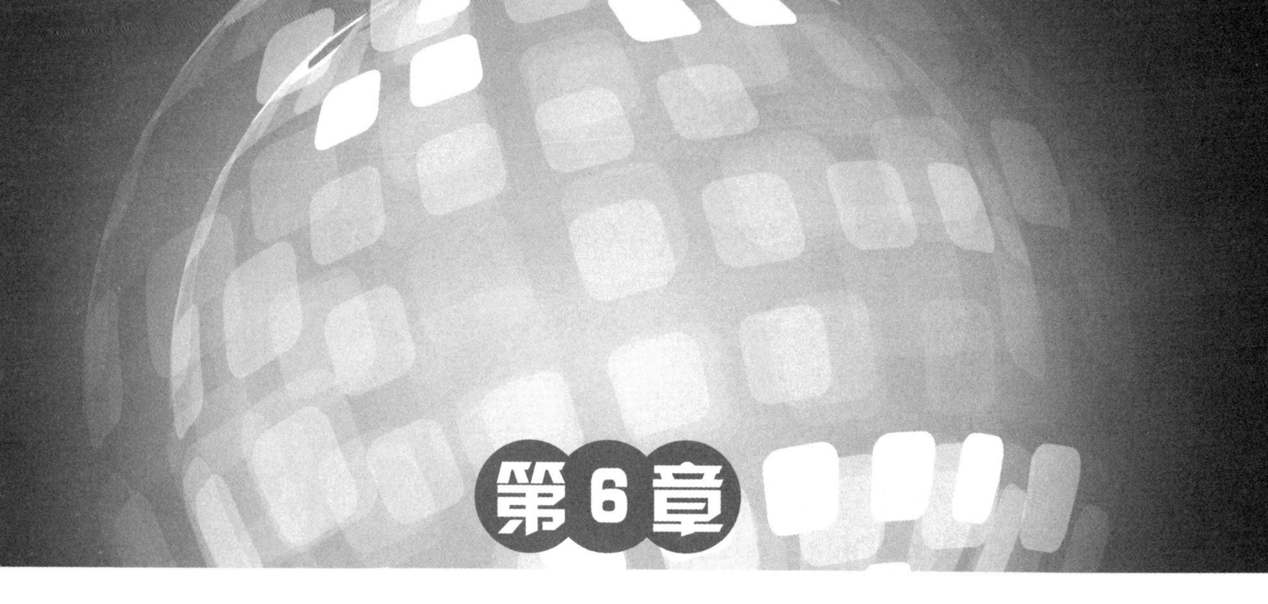


# 员工配置与入岗

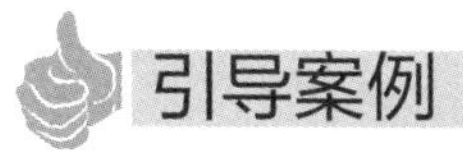


### 逍遥津之战曹操的人事安排

在著名的逍遥津之战中，曹魏名将张辽以少胜多，取得了击溃孙权十万吴军的重大胜利。这一战役的人事安排充分体现了一代枭雄曹操的高明之处。

建安二十年（215年），孙权趁曹操与刘备大军相持于汉中之际，率倾国之力直扑合肥，而此时曹军在合肥兵力不过七千，双方兵力相差悬殊。在守将张辽忧心忡忡之际，收到曹操派人送来一木匣，内有书云："若孙权至，张、李二将军出战，乐将军守城。"

此三将军：张辽"少为郡吏，武力过人"，归降曹操后屡建功勋，多得曹操赏识。曹操把张辽放在合肥就是要他起到组织和协调守军的核心作用。乐进个性情如烈火，曹操封他雅号"冲折将军"。李典的性格与乐进大为不同，"典好学问，贵儒雅。不与诸将争功，敬贤士大夫，恂恂若不及，军中称其长者"。按常理叫李典守城，乐进出战更加适合。但曹操为什么不让李典守城，乐进出战？

在曹操看来，大敌当前，张辽置个人得失于度外是没问题的，李典有"素不与诸将争功"的品格，如见张辽以大局为重，配合张辽也没有问题。有了这二人的团结和统一，就不愁把乐进带起来了。事实证明，曹操知人善任，对三人的性格修养、用兵特点和作战能力非常清楚，甚至连三人之间的隔阂也了若指掌。曹操将合适的人配置到合适的岗位上，促成张、李、乐三将精诚团结和优势互补，取得率兵御敌的最佳效果。

**思考：**

逍遥津之战曹操的人事安排对我们现今的商场大战有什么启示？

## ■ 本章学习目标

1. 理解员工配置的概念与类别
2. 熟悉员工配置系统构成与运作
3. 理解员工入岗的概念与流程
4. 掌握不同类型员工入岗的实施
5. 了解轮岗与晋升的实施与操作

## ■ 学习导航

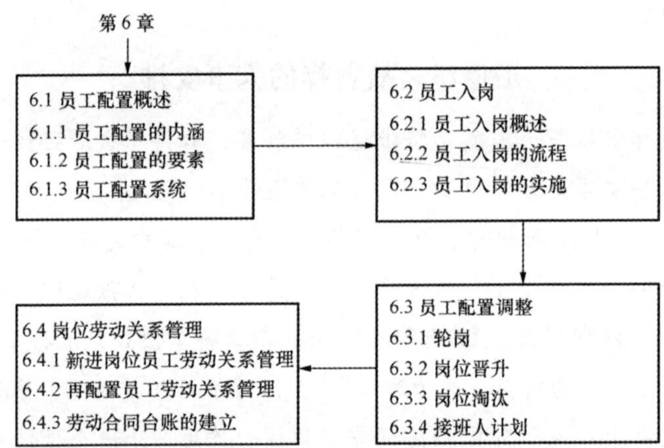

# 6.1　员工配置概述

在评估了员工的素质、了解了员工的素质状态后，紧接着就要将员工配置到合适的岗位上去，这个过程就是员工配置过程。员工配置是岗位管理活动中的核心环节，本节将对员工配置进行介绍。

## 6.1.1　员工配置的内涵

所谓“员工配置”，就是根据组织战略和人力资源规划要求，在分析、评价岗位和构建岗位素质模型的基础上，通过评估、选拔、录用、调配等方式，把符合组织发展需要和岗位要求的各类员工及时、合理地安排在适合的岗位上，使之与其他生产要素相结合，使得岗得其人、人尽其才，最大限度地为企业创造效益。在岗位管理中，对于岗位要求的描述与衡量是通过岗位分析与评价、岗位素质模型的构建来表达，而对员工的衡量则是通过员工素质评估来实现，员工配置就是将两者的要求匹配起来，实现人岗匹配。

在确定岗位级别（以下简称“岗级”）或岗位档次标准（以下简称“档级”）与员工素质级别（以下简称“能级”）之后，就要按着岗位要求与员工素质进行匹配。这个过程中应注意的是，岗位档级与员工能级的最佳匹配状态是一一对应的，即档级划分后某一级档次对入岗员工能级的要求是相对固定的，但并不要求层次上一致，即档级与能级在级别上对应。有人认为，一档岗位的员工应该具备的素质都应该是一档，二档岗位的员工应该具备二档能级的素质等，这是错误的认识。本书第 4 章第 4.3.3 节曾写道：“岗位素质的级别与岗位档次的级别并不对应，即五级的某岗位素质并不等于五级的某岗位档次。往往有这种情况，即 A 岗位的一档（进入档）要求主持人具有的 B 素质要达到三级以上。例如，车间主任岗要求进入一档的主持人在团队合作素质上起码要达到四级要求。”在最佳匹配状态下，岗位没有不称职现象，员工没有能力浪费现象，员工匹配的经济效益应达到最大化。但显然，这种最佳状态只是一个理想，一个追求的目标，在实际工作中很难完全达到。

岗级与能级的匹配有一个范围，即岗位的最低档和最高档之间。超过这个范围，则认为这种匹配不合适，应该进行调整。因为这种不合适可能会导致两种后果，一是大材小用，不能充分发挥员工的才能；二是小材大用，无法保证岗位职责的圆满完成。这一范围要求具体是多少合适，需要根据企业的具体情况，以及对档级、能级划分的情况来确定。

从配置发生的时间来看，员工配置可以分为初始配置和再配置两个程序。初始配置是指组织从外部吸纳人员的招聘活动，再配置则是指在组织内部进行的轮岗、岗位晋升、岗位淘汰及接班人计划等活动。

1. **员工初始配置**

员工初始配置指的是企业通过招聘、甄选等活动形成的对应聘人员录取到相关岗位上的活动。在这一活动过程中，企业根据岗位素质模型的要求，通过素质评估对应聘人员进行甄选，录取那些合乎要求的人员进入企业使之成为企业员工，淘汰那些不合要求的人员，并将录取的员工安排到合适的岗位上。员工初始配置针对的是组织外部的劳动力市场，表现为组织的招聘与选拔活动。

2. **员工再配置**

由于岗位与人都是处于不断的发展过程中，通过招聘、甄选活动所形成的员工初始配置在过了一段时间后需要根据实际情况进行调整，这种调整活动就是员工再配置。员工再配置针对的主要是组织内部的劳动力市场，其主要目标是提高组织内部的“适岗率”。所谓适岗率，指的是岗位与任职者匹配的占比。企业通过绩效考评、诊断评估等，一旦发现组织中出现“人岗不匹配”现象，就要通过员工再配置加以解决。员工再配置的方法和途径主要有四个方面：轮岗、岗位晋升、岗位淘汰及接班人计划。

### 6.1.2 员工配置的要素

从配置的内容上看，员工配置包括数量要素与质量要素两个方面，只有当数量和质量都实现了匹配，员工的配置才算成功（见图 6-1）。

图 6-1　员工配置要素示意图

1. **数量要素**

员工配置的数量要素方面指的是员工配置时在数量上要确保配置的人员数量与岗位数量相对应。人员数量多于岗位数量，会造成企业用工成本增加、人员效率不高、个人价值不能充分发挥甚至人浮于事的现象；人员数量少于岗位数量也会造成岗位任务不能保质保量完成、员工处于疲劳状态、绩效产出打折扣等情况。岗位数目是根据工作分析的结果确定的，人员配置的数量必须与其一一对应。但是，这种对应关系并不是一成不变的，它会随着组织外部环境及组织自身的变化而发生改变。

### 2. 质量要素

员工配置的质量要素方面指的是员工配置时在质量上要确保配置的人员质量要能够满足要求。员工配置的质量要素可以分为人与岗匹配、人与人匹配和人与组织文化匹配三种情况。

（1）人与岗匹配中的质量要素。由于每一个员工都要在一个岗位中工作，因而人岗匹配是员工配置的重点和核心。人岗匹配要求员工与岗位的匹配要达到最合理的状态，即员工在此岗位的工作中能发挥最有效的作用，同时，此岗位能满足岗位主持人的需求（如报酬、个人发展等）。人与岗位之间的匹配把个人特征和岗位特征结合起来，以取得期望的高绩效产出。为了达到这种状态，关键在于员工的素质要能满足岗位的要求，亦即员工的质量要能达标。

因此，在进行人岗配置时要根据员工素质评估结果和岗位评价结果，将质量合乎要求的员工安排在最合适的岗位上，做到因岗选人和按能配岗。判断员工质量是否合乎要求的办法就是对员工进行素质评估，判断的依据和标准就是岗位素质模型，由此可知，质量要素的载体就是员工素质。人与岗位匹配中的质量要素主要表现在员工的知识、能力、性格、技能等方面。

（2）人与人匹配中的质量要素。人岗匹配是人与非人要素的匹配，重在人与岗位的统一，人的能与岗的位对应。但是仅此还不行，因为人毕竟不是物，人是有思想、有个性的血肉之躯。每一个员工不仅要与自己的岗位打交道，更为重要的是还要与其他岗位的员工打交道。员工与员工之间的关系融洽，无疑有益于工作的完成和绩效的提升。反之，如果员工和员工之间的关系不融洽甚至恶化，则员工关系肯定紧张，不仅影响工作的完成，还会造成绩效的下降。因此，讲到匹配，不仅要看这组人岗匹配得怎么样，还要看这组人岗匹配与其他组人岗匹配之间的匹配怎么样。人与人的匹配实际上是人岗匹配的拓展与深化。由此看来，人与人匹配中的质量要素要比人与岗匹配中的质量要素复杂得多。

在一个组织或部门中，每个员工虽然在个体的特质上都存在一定差异（这些差异主要表现在岗位类别、专业知识、能力、素质、性格、经验、经历、性别、年龄等方面），但这些员工的个体特质的质量要素无论是在纵向上还是在横向上都必须形成恰当的比例配置，呈现出相对稳定的有机联结。为什么在这里不能追求员工个体特质的同质性呢，因为人不是机器，同质了容易造成相互摩擦，不但不能形成互补，而且还会造成窝里斗和离心离德。而员工的多样化则可以形成个体特质质量上的互补，带来员工队伍的效率增值和相对稳定。因此，在企业的人与人匹配中必须考虑每个人个体特质的质量要素，应使员工多样化、优势互补，在群体内部营造出团队精神，从而形成协调的人际关系，实现群体结构的整体优化。

（3）人与组织文化匹配中的质量要素。人与组织文化的匹配指的是个人的目标和价值观要与组织的目标和价值观相一致，员工对组织要有归属感和认同感。很明显，人与组织文化匹配中的质量要素在层次上要比前两个方面匹配中的质量要素要高得多。传统的员工配置往往只倾向于考虑个体素质是否符合岗位的要求，而忽略了对于员工的更高层次的要求。只有当员工认同了其所在企业的文化和价值观时，他们才能够对企业产生强烈的归属感和认同感，也才能处理好与其他员工的人际关系，在其岗位做一个出色的岗位主持人。因此，在员工配置时，不能忽略了员工与组织在目标、文化、价值观之间的匹配问题。在员工配置的过程中，企业不但要看员工的一般素质与岗位要求是否相符合，更要通过一定的方法考察员工更高层次质量方面的内在特质，以判断其与组织文化及价值观之间的匹配程度。

### 6.1.3 员工配置系统

员工配置是一个与组织内外部环境有机结合的系统，是在组织内外部环境的共同影响下，依据组织战略和人力资源发展战略的总体要求，在岗位分析、岗位素质模型构建、员工素质评估等前提活动和人力资源规划、员工培训与能力开发等支撑活动的基础上，对员工的数量和质量进行匹配的动态过程，具体如图 6-2 所示。

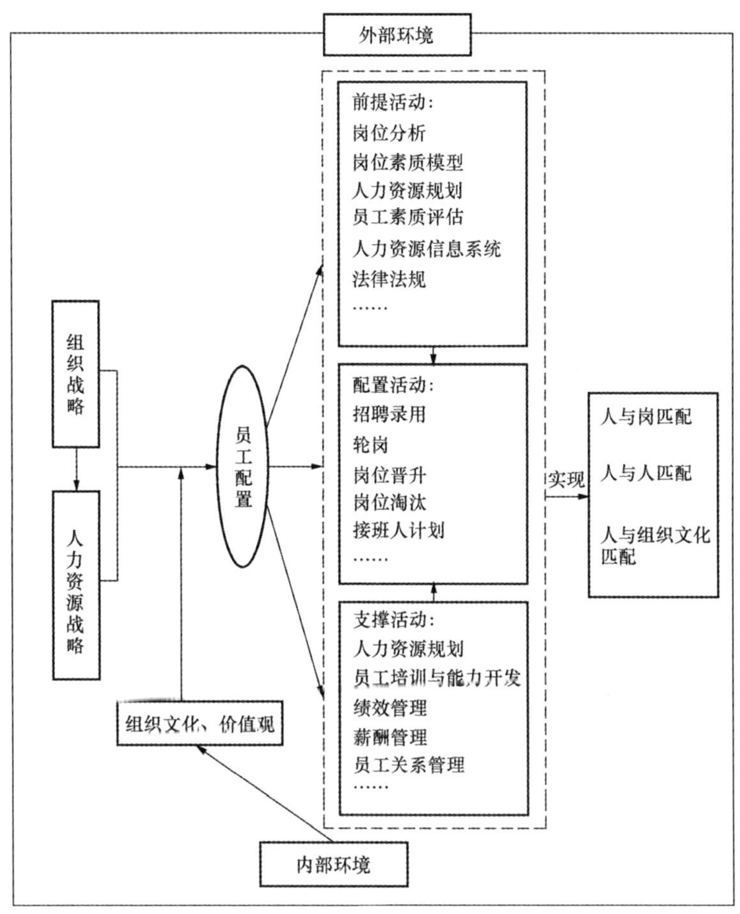


图 6-2　员工配置系统

### 1. 员工配置的内外部环境

从图 6-2 可以看出，员工配置的整个过程都是在企业所处的内外部环境这样一个大背景下进行的，企业所处的内外部环境是一系列人力资源管理活动开展的基础。外部环境是指企业外部影响组织员工配置的要素总和，通常不对配置系统产生直接影响，而是通过影响企业的总体发展战略、人力资源发展规划等间接影响员工配置活动。例如，宏观经济形势不景气会影响企业的效益，进而导致企业做出战略调整以应对整体经济形势，企业若是决定减小生产规模，就会产生裁员活动。内部环境则是位于组织与组织员工配置系统之间的环境因素，它直接影响和作用于组织员工配置系统，主要包括组织目标、组织制度、组织文化、高层管理者的决策风格等。

2. **员工配置的基础活动与支持活动**

员工配置的前提活动包括岗位分析、岗位素质模型构建、员工素质评估、人力资源信息系统及法律法规等，这些前提活动是有效实施配置活动的基础，能够为企业的员工配置提供科学支持和法律依据。岗位分析的成果是岗位说明书和工作规范，它们明确了岗位的具体要求；素质模型指出了能胜任该岗位的员工所必须具备的关键能力、知识和人格特质等；员工素质评估是通过科学的方法，对员工的知识水平、能力水平、个性特征、工作绩效、职业取向和发展潜能等各项素质进行测量和定性的活动，实现对人的评价；人力资源规划是对组织人力资源需求和供给进行预测，制定相应的政策和措施，从而使组织人力资源需求达到平衡，是员工配置活动的起点和依据；人力资源信息系统（HRMIS）通过对人力资源信息的收集和加工为员工配置提供基础数据；员工配置活动常常涉及相关法律法规，如果处理、运作不当可能引发劳动争议与纠纷，因此，遵守法律法规也是员工配置的前提活动。这些前提活动可以促进员工的优化配置，有效提高员工配置的水平。

员工配置的支撑活动包括人力资源规划、员工培训与能力开发、岗位绩效管理、岗位薪酬管理等，这些支撑活动都能为员工配置活动提供有力的支持。其中，人力资源规划为员工配置指明前进的方向，具体表现为它规定了员工配置的数量和质量要求；员工培训与能力开发是进行再配置活动的助推器，帮助员工实现岗位晋升，在组织中得到成长；绩效管理反映了员工配置的效果，是进行配置调整的依据；薪酬管理是员工配置的动力，有效的薪酬管理能保证员工个人的再生产，对员工配置起到支持和助力的作用；员工关系管理是配置活动的“润滑剂”，能够促进配置活动更顺利地进行。同时，配置活动也能对上述的支撑活动起到反向的促进作用。

3. **员工配置活动**

（1）招聘录用。招聘录用是企业为发展的需要根据企业战略和人力资源规划的要求，以岗位分析和素质模型为基础，通过一定的渠道在组织内外寻找和吸引优秀的人员应聘本企业的相关岗位，并采用一定的方法手段对应聘者进行筛选，从中挑选出合适的人员予以录用的过程。

（2）轮岗。轮岗又称工作轮换或岗位轮换，可以分为新员工轮岗、经营管理人员轮岗、全能型员工轮岗和相关职业员工轮岗等多种形式，是企业在一定时间内有计划地让员工轮换不同岗位的配置活动。通过轮换各种岗位从事不同工作的方式，可以达到增加员工经历、提高员工的适应性、开发员工多种能力、培养重要岗位继任人等多重目的。

（3）岗位晋升。晋升降职是企业中人员职务或岗位的一种层级上的变迁。这种变迁的动因往往是因为员工的素质发展变化，若员工的素质有所提升，达到了更高级别岗位的要求，则应对其进行晋升。

（4）岗位淘汰。若员工的素质达不到现有岗位的要求，则对其进行岗位淘汰。淘汰是企业针对那些绩效不佳或不适合企业文化的员工进行降职直至辞退的一种配置手段，借此来盘活优化企业内部人力资源存量，避免人员内部冗杂、劣质沉淀。但对于企业来说，在进行员工淘汰管理时，须注意合理合法利用淘汰依据，避免由此产生劳动纠纷。

（5）接班人计划。接班人计划又称关键岗位继任计划或人才储备计划，是指企业确定和持续关注、追踪关键岗位的高潜能人才，以将这些高潜能人才作为企业中某特定岗位的后备人才为目标，对其进行开发和管理的过程。人才储备通常用于高层次管理岗位胜任者的培养和选拔。

员工配置系统最终的目标是在内外环境的作用下，在前提活动和支撑活动的辅助下，通过各种配置活动，实现前文所述的人岗匹配、人人匹配和人与组织文化的匹配。

## 相关链接

### IBM 公司的人力资源配置系统

IBM 公司将人力资源（HR）管理、LotusNotes 和客户关系管理软件（CRM）的资料数据整合在一起，建立了一个全新的人力资源配置系统，像管理供应链一样管理公司的人力资源，与传统的人力资源管理系统相比，配置系统更加智能化，人力资源部门能将有专长和经验的员工按照客户的需求进行相关配置，按岗配人，人尽其才。例如，加拿大的一位客户需要组建一个为期两周的咨询项目，他需要的咨询师既能讲英语，又能讲法语，并拥有物理学博士头衔，具有 Linux 和 Java 项目开发经验，利用 IBM 公司的系统，能够在共享的数据池中很快找到最适合的咨询人才，并通过 E-mail 将项目情况描述出来，任命他（她）参与这个项目。

# 6.2 员工入岗

## 6.2.1 员工入岗概述

### 1. 员工入岗的概念

员工入岗的目的是使员工能够进入岗位结构体系中，并与其自身素质相匹配的岗位及其档次实现人岗匹配。

员工入岗是指以岗位分析和岗位评价产生的岗位要求和员工素质评估确定的素质为依据，从而判断员工能够进入的岗位与级别，实现个人与岗位之间的匹配。员工入岗主要参考两项要素，一是员工素质评估的结果，二是岗位素质要求。也就是说，员工入岗应该是一个双向选择的匹配过程。

### 2. 员工入岗的分类

员工入岗可分为新进员工入岗与老员工入岗。

新进员工主要指的是企业通过人员招聘与甄选活动予以录取的企业外部人员。新进员工入岗则是指企业通过岗位内在特征和要求与员工素质评估结果的相匹配，将招聘、甄选活动挑选出来的首次进入该企业的员工配置到合适岗位上的过程。依据新进员工有无工作经验，又可将新进员工入岗分为应届毕业生入岗和非应届毕业生入岗。

老员工是指已经在企业工作的员工。老员工入岗则是指企业对现有员工进行工作轮换、竞聘上岗、岗位升降等岗位调整活动。这一活动，依据岗位内在特征和要求与员工素质评估结果，对企业内部原有员工的岗位进行调整，将他们配置到新的合适岗位上。

## 6.2.2 员工入岗的流程

依据岗位素质模型，通过员工素质评估能达到员工进岗进档的目的，让员工明确自己的岗位在整个组织中的位置，以及在同一岗位中的档级。员工进岗进档的评价流程如图6-3所示。

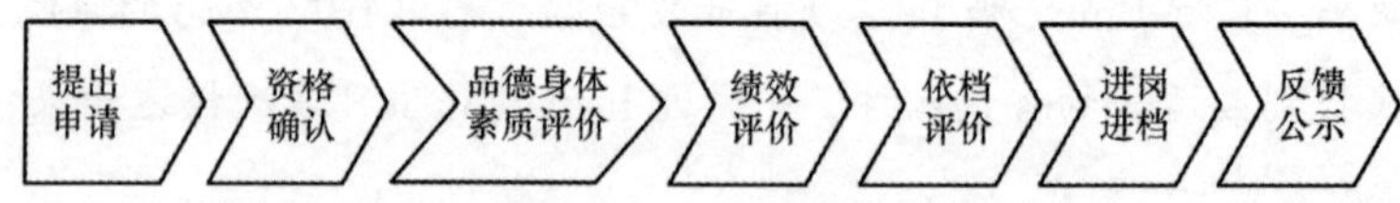


图6-3 员工进岗进档的评价流程

第一步是提出申请。员工本人提出评价申请，填写申请表格，内容包括申请的岗位与档次。拟被实行降岗、降档、离岗及警告者的评价申请由各部门或评价委员会提出，转至中层管理层及以上的申请由部门经过初步审定后，向评价委员会推荐。中层以下的申请由各部门进行处理和决定。

第二步是资格确认。部门或评价委员会根据申请人以往工作情况、岗位文件和岗位分档标准说明，初步判断申请人是否有资格进入相应岗位和档次。申请人的资格审定主要包括审定申请人的受教育情况、是否具备相应的职业资格证书和工作经验等。

第三步是品德身体素质评价。此举是判断申请人是否满足申请岗位档次的品德素质要求和身体素质要求。员工品德素质由各部门进行行为对比评价，将员工的日常行为与企业品德行为要求的行为进行对比，凡有不良品德行（如无商业信誉、有欺诈行为等）的被评价人员即为品德素质不合格，反之为合格。对于被评价人员的不良行为必须详细地列出行为的背景、时间、地点、相关人员，由相关人员签字证明，填写品德素质记录表。另外，企业根据需要对员工身体素质方面进行审核，一般以每年的体检报告为依据。

第四步是绩效评价。对申请人在现岗位和前岗位所完成的绩效和态度进行评价，以确定其是否能胜任所申请岗位档级的工作。对此，可通过被评价对象撰写的述职报告，或以前的绩效记录进行评价，由直接主管评估员工的工作态度、工作目标完成情况、工作过程是否符合要求等。该评价要经人力资源部和评价委员会确认。

第五步是依档评价。在建立岗位素质模型的基础上，依据相应岗位分档标准判断申请人是否满足申请的岗位及档次的要求。其中，包括知识素质评价、技能素质评价和能力素质评价。知识素质评价以笔试为主。技能素质评价由技能素质评价专家小组主持，专家小组一般 3 ~ 5 人为宜，必要时可以邀请企业外专家。技能素质主要依据被评价者所拥有的国家承认的技能等级证书、工作样本测试结果和绩效评估结果，由专家小组在评价会议上进行集体鉴定。能力素质评价可以由人力资源部组织评价专家组命题，并由专家组作为考官进行测试，给出评价结果。不同层级岗位所采用的方法不同，如中层以上管理岗位可依据按需评价的原则采用评价中心技术，如文件筐测试、结构化面试、工作样本答辩、无领导小组讨论等方法进行评价。

第六步是进岗进档。将申请人的评价结果填入员工评价表，判断确认该员工是否符合所申请岗位及档次的要求，经过审核通过后，进入相应的岗位和档次，形成员工评价结果文件。

第七步是反馈公示。将初步确定的进岗进档结果反馈给员工。若员工有异议，可向其所在部门的评价委员会提出申诉。部门评价委员会接到员工申诉后，要组织人员进行复评。在认真审查申诉意见后，对其合理要求予以采纳，并做相应调整；对其不合理要求给予合理的解释说明；对无理取闹的要给予批评直至处理。反馈后，将最终确定的结果公示，无异议后由人力资源部审核、批准生效。

### 6.2.3　员工入岗的实施

员工的入岗可以分为新员工的入岗和老员工的入岗。新员工的入岗又可以分为应届毕业生的入岗和非应届毕业生的入岗。

#### 1. 新员工入岗

（1）应届毕业生入岗。应届毕业生毕业后进入社会，没有工作经历，缺少的是工作经验。他们通过招聘筛选及素质评估进入企业，入岗通常分为三个阶段：试用期阶段、预备岗阶段和正式岗位阶段。按照《中华人民共和国劳动合同法》的规定，试用期的期限根据劳动合同期限决定：劳动合同期限三个月以下的不设试用期；劳动合同期限不满一年的，试用期不超过一个月；劳动合同期限不满三年的，试用期不超过两个月；三年以上固定期限和无固定期限的劳动合同，其试用期不得超过六个月。在此前提下，具体时间由公司根据公司的具体情况确定。试用期结束后进入预备岗阶段，试用期与预备岗的时间加起来一般为一年。

试用期间，企业将深入考察应届毕业生能力素质，为将其配置到合适的岗位做准备。当试用期结束后，应届毕业生进入预备岗位，企业根据试用期考察的结果将他们安排进入预备岗位。试用期和预备岗阶段一般不分具体岗位，根据学历层次按照统一标准发放，但预备岗在试用期的基础上应有所涨幅，具体比例由企业根据实际情况确定。工作满一年后，新进应届毕业生可申请进入正式岗位，经过企业岗位考评，考评合格后，根据其进入的岗位及自身的素质评估结果，享受相应的岗位薪酬级别和档次。

（2）非应届毕业生入岗。非应届毕业生指的是已经在社会上就业的人员，根据每个人的具体情况，如经历和经验不等。对于这样的新进员工，试用期通常为三个月，试用期内，该员工的薪酬按照所在岗位的第一档标准发放，试用期内企业对员工的工作表现和工作结果进行全面考察，试用期结束后公司将结合员工素质评估及试用期考评结果重新评定他们进入的薪酬档次。实际上，具有经验经历的新员工的岗位安排和薪酬待遇，一般都是双方协商的结果。

新进员工入岗后，人力资源部及相关部门要对新进员工进行入企培训，让其了解企业的基本概况、发展史、发展规划、企业文化，以及新进员工的岗位职责、工作关系、工作权限、关键流程和有关注意事项等。在试用期间，新进员工也应参与绩效考评，并将考评结果作为是否称职的依据，但不与绩效工资挂钩。但应当注意的是，在试用期间，新进员工正处在学习和熟悉阶段，因此各部门不应在此时给予其太大的工作压力，应与新员工共同来制定考评周期内的考评项目、考评标准，使目标设置既不太高、太难，又具有一定的挑战性与压力感，使新进员工在未来的工作中能够充分发挥自己的潜能，融入工作团队，并体会工作的乐趣。

### 2. 老员工入岗

已经在企业工作的老员工在原有岗位工作了一段时间，可能由于各种原因造成需要重新调整入岗。老员工调整岗位的主要形式包括：一是调整原岗位的档次；二是岗位晋升或下降；三是工作轮换；四是进入新的岗位；五是下岗。其中前四种情况都有入岗问题。

很多企业在邀请知名咨询公司或专家对本企业的人力资源管理体系做了优化设计后，却面临着新旧体系过渡衔接的难题，尤其是岗位体系和薪酬体系。那么老员工如何从原岗位体系过渡到新岗位体系，实现薪酬的顺利过渡呢？老员工进入新体系入岗，基于两大原则：一是就近入岗原则，即进入新岗位体系岗位一般不发生大的变化，所享受的薪酬与原有薪酬水平接近；二是就高不就低原则，即进入新岗位体系的薪酬水平一般要高于原体系中的薪酬水平。通过以上两项原则，顺利实现新旧体系的平滑过渡。老员工顺利进入新体系后，薪酬水平基本保持不变，年底对其实行绩效考评，再决定其升降。对于新设立的重要岗位，或是内涵发生重大变化、薪酬也有较大变化的岗位，最好采用公开竞争上岗的方式解决入岗问题。

## 相关链接

### T公司现有员工入岗情况

2010年5月，T公司建立了新的岗位体系和薪酬体系，所有员工根据现有的工资体系都进入所在的岗位级别及档次。员工入岗后工资暂时不变，待到年底按员工所在级别及档次要求对员工进行考评后再进入新的薪酬体系。

表6-1 T公司老员工入岗统计表

| 级别 | 姓名 | 岗位层次 | 岗 位 | 原工资（元）（不含津贴） | 进入级别 | 进入档次 | 进入级档工资（元） |
|---|---|---|---|---|---|---|---|
| 13 | A | 高层管理层 | a | 8 000 | 13 | 2 | 8 000 |
| 12 | B | 高层管理层 | b | 5 640 | 12 | 1 | 6 000 |
| 11 | C | 中层管理层 | c | 4 590 | 11 | 1 | 4 700 |
| 11 | …… | 中层管理层 | …… | 4 690 | 11 | 1 | 4 700 |
| 10 | …… | 基层管理层 | …… | 4 100 | 10 | 2 | 4 200 |
| 10 | …… | 基层管理层 | …… | 5 690 | 10 | 5 | 5 800 |
| 10 | …… | 基层管理层 | …… | 4 630 | 10 | 3 | 4 700 |
| 9 | …… | 基层管理层 | …… | 3 990 | 9 | 4 | 4 100 |
| 9 | …… | 基层管理层 | …… | 3 790 | 9 | 3 | 3 800 |
| 9 | …… | 基层管理层 | …… | 4 190 | 9 | 4 | 4 200 |
| 8 | …… | 基层管理层 | …… | 3 790 | 8 | 5 | 3 850 |
| 8 | …… | 执行层 | …… | 3 800 | 8 | 5 | 3 850 |
| 8 | …… | 基层管理层 | …… | 4 630 | 8 | 7 | 4 750 |
| 7 | …… | 基层管理层 | …… | 2 260 | 7 | 2 | 2 400 |
| 7 | …… | 执行层 | …… | 3 910 | 7 | 7 | 3 950 |
| 7 | …… | 执行层 | …… | 2 700 | 7 | 4 | 2 900 |
| 7 | …… | 执行层 | …… | 3 810 | 7 | 7 | 3 950 |
| 6 | …… | 执行层 | …… | 2 920 | 6 | 6 | 3 000 |
| 5 | …… | 执行层 | …… | 1 890 | 5 | 3 | 1 900 |
| 5 | …… | 执行层 | …… | 2 800 | 5 | 7 | 2 850 |
| 5 | …… | 执行层 | …… | 1 590 | 5 | 1 | 1 600 |
| 5 | …… | 执行层 | …… | 1 790 | 5 | 3 | 1 900 |
| 5 | …… | 执行层 | …… | 1 590 | 5 | 2 | 1 650 |
| 5 | …… | 执行层 | …… | 1 790 | 5 | 3 | 1 900 |
| 5 | …… | 执行层 | …… | 1 790 | 5 | 3 | 1 900 |

续表

| 级别 | 姓名 | 岗位层次 | 岗　位 | 原工资（元）（不含津贴） | 进入级别 | 进入档次 | 进入级档工资（元） |
|---|---|---|---|---|---|---|---|
| 5 | …… | 执行层 | …… | 1 720 | 5 | 2 | 1 750 |
| 4 | …… | 执行层 | …… | 2 180 | 4 | 6 | 2 200 |
| 4 | …… | 执行层 | …… | 2 190 | 4 | 6 | 2 200 |
| 3 | …… | 执行层 | …… | 2 020 | 3 | 7 | 2 100 |
| 3 | …… | 执行层 | …… | 1 730 | 3 | 6 | 1 750 |
| 2 | …… | 执行层 | …… | 1 990 | 2 | 4 | 2 000 |
| 2 | …… | 执行层 | …… | 1 630 | 2 | 2 | 1 650 |
| 1 | …… | 执行层 | …… | 1 100 | 1 | 3 | 1 100 |
| 1 | …… | 执行层 | …… | 900 | 1 | 1 | 900 |
| 1 | …… | 执行层 | …… | 900 | 1 | 1 | 900 |
| 1 | Z | 执行层 | z | 1 000 | 1 | 2 | 1 000 |

## 6.3 员工配置调整

### 6.3.1 轮岗

#### 1. 轮岗的类型

本章第一节已经讲过，轮岗是企业在一定的周期内有计划地将岗位要求和员工素质及发展需要做比较，以员工轮换各种岗位从事不同工作的方式，达到增加员工经历、提高员工适应性、开发员工多种能力、培养重要岗位继任人等多重目的。通过轮岗，员工可以对不同部门的岗位和工作加以了解，不仅有利于拓宽自己的职业宽度，而且可以促进员工的职业生涯发展。根据作用和目的的不同，轮岗大致可分为以下四种类型。

（1）新员工的轮岗。新员工的轮岗是以新员工“定位”为目的的工作轮换。对于新进企业的员工，究竟适合干哪种工作，不管是部门领导还是员工本人都缺少一本账。如果企业能让新进员工在多个岗位上轮流工作一段时间，让他们亲身感受一下各个岗位的不同工作情况，那肯定是大有好处的。经过这样的轮换，新员工们对岗位有所了解，对自己也有了进一步的了解，不仅获得了一个评判自身素质的机会，而且能够很快了解企业并融入企业之中。同时，企业对新员工的适应性、工作能力及他们的兴趣特长也有了更进一步的清楚了解，并在这个基础上为每位新员工设置正式的工作岗位。当然，轮岗也能够帮助新员工全面地了解企业的各项业务流程，有利于新员工今后的职业发展和工作开展。

（2）企业经营管理人员的轮岗。企业经营管理人员的轮岗是为培养企业经营管理骨干的工作轮换。对于经营管理人员来说，为了做好经营管理工作，需要有宽阔的眼界、宽阔的思路和宽阔的胸襟。为此，除了要有过硬的专门业务能力外，还要对企业的业务流程有全面了解，具备从不同角度来分析判断问题并做出正确决策的能力。要获得这种能力，仅靠在本部门或本岗位系列内自下而上的纵向晋升是不够的，还必须使他们在不同部门或不同岗位系列间进行横向流动。只有这样，才能扩大他们的知识面，增长才干，并与各部门各岗位各种人员广泛交往，取得丰富的经验，为他们今后向更高层次的发展打下牢固的基础。经营管理人员轮岗时在各个不同工作岗位的表现，可以作为判断他们工作业绩、能力水平和适应性等素质高低及发展潜力的有力依据。

（3）综合素质员工的轮岗。综合素质员工的轮岗是以培养全能型员工为目的的工作轮换。为了适应日趋复杂的经营环境，很多企业都在内部建立起反应灵敏的弹性组织结构，这种组织结构要求员工具有宽广的知识面、多面的专业能力和较强的适应能力，一旦企业经营方向或业务内容发生变化，这些员工就能迅速适应新情况，做出新绩效。这就要求员工们必须是多面手和全能工。因此，企业要有意识地安排有潜质的员工到不同的岗位去锻炼，轮换做不同的工作，以获取多种技能和经验。在这个过程中，不仅能遴选和培养出各个岗位最合适的人才，而且还能为企业储备战略性的人才。

（4）相关职业员工的轮岗。相关职业员工多指销售服务部门和研究开发部门的员工，对他们的轮岗主要是解决思维定式僵化、创新动力缺失、激情不足等问题。心理学的研究表明，长期固定在一个岗位，从事某一工作，可能使人因习惯而产生惰性，逐渐对工作丧失应有的热情，随之导致工作积极性消退和效率大幅度下降。为解决这一问题，企业可以对销售服务部门人员与产品设计部门人员及相关部门人员定期在一定范围内进行工作轮换，使这些部门的人员对工作保持高度的敏感、激情和创造性，使工作更具新鲜感、情趣化、挑战性和成就感。员工们在适应新岗位的同时，能够全面审视自己，挖掘自身的潜力，通过岗位的轮换焕发活力，保持旺盛的精力，在一个个新的岗位上去攀登新的高峰，取得更大的成就。

### 2. 轮岗的实施与操作

企业实行轮岗，在实施与操作时需要注意做到以下几点。

第一，制订轮岗计划。轮岗前应该制订具体的计划，明确轮岗的时间、目标、岗位和考评标准等。还要对轮岗风险进行评估，并确立轮岗工作协调机制，制定轮岗工作路线图。轮岗路线图一般包含五大关键节点：一是确定岗位轮换机会及对应的人选计划；二是确定轮岗工作沟通计划；三是制定并提交工作交接清单，包含文件清单、物品清单、工作进度清单、工作注意事项清单等；四是进行岗位交接及岗前培训；五是定期进行轮岗效果调查评估。

第二，轮岗前沟通。轮岗虽然是企业人才识别与培养工作的一部分，但也不能忽视员工的配合。由于每个员工都有自己的职业发展思路和构想，因此如果没有事前沟通，很可能得不到员工的支持，最后只能变成企业的一厢情愿，不但不能取得预想效果，而且还会浪费大量的人力和资源。通过岗前沟通可以让员工明白轮岗的目的、意义、流程、时间和具体安排，使员工乐于接受轮岗工作并提前做好准备，同时组织也可以了解员工的想法并提供必要的支持与帮助。

第三，轮岗前的工作交接和业务培训。轮岗实施时要确保相关岗位各项资源完全移交，并使新进入岗位的员工清楚了解新岗位的各项工作和要求，这些都是轮岗交接过程中必须注意的关键问题。同时，由于岗位调换，原岗位的工作内容和工作方式方法及考评标准都会发生变化，这就需要对轮岗员工进行相应的培训。如果不及时进行相关的培训，轮岗员工对新岗位可能出现的问题就会缺乏预见性，不但不能及时解决问题，而且还会造成业绩下滑、效率降低、工作混乱等现象。

第四，定期效果评估。轮岗实际上等于是新员工进入新岗位，因此要定期对轮岗人员的工作绩效进行评估，然后再根据评估的结果对岗位或员工的工作进行及时调整。若员工在新岗位上达不到预期效果，则要通过评估诊断找出问题所在，并拿出具体的解决方案。如果还不能解决问题，则或继续为员工提供培训，或提前终止轮岗。

员工轮岗的一般操作流程如图 6-4 所示。

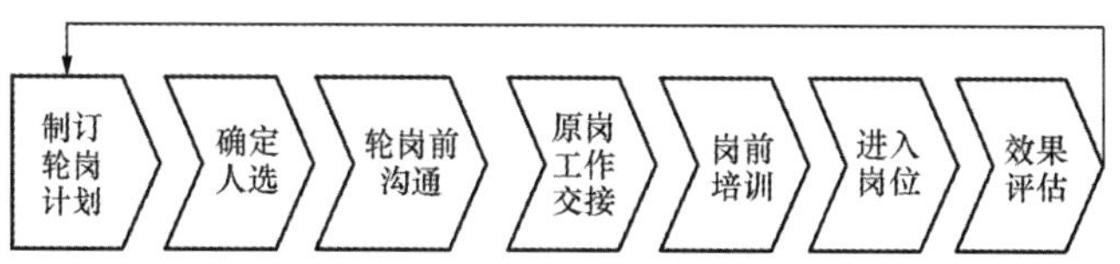


图 6-4　员工轮岗实施流程

轮岗也有进岗进档问题。员工在轮岗期间岗位按照新进入岗位确定，相应的档次按照原岗位工资水平就近就高进入相应档级。轮岗结束后，再按照评估结果重新确定岗位档级。

## 相关链接

### 爱普生的员工轮岗制度

爱普生（中国）成立于1997年，每年的业绩增长都在40%以上，最终在中国打印机市场占有率达到40%。如此迅速的成长，公司在管理上的秘诀就是实行轮岗制。对于一个销售性质的公司而言，轮岗制不仅使管理者和普通员工成为多面手，更重要的是由于员工的成熟使公司也快速成熟起来。一个公司一旦成熟了，它也就步入了快速发展的轨道。

在整个公司发展过程中，任何一个人的经验都是有限的，需要通过不同岗位的锻炼才能成为一个符合要求的人才，尤其是公司的中层管理人员，是公司发展的骨干力量，更需要轮岗。一个人在一个岗位上做了几年后，一定要调到其他岗位上，换一个角度看问题就会有新的认识，工作的效果也就有了新的提高，而且对于提高工作的分析能力和内部的沟通协调能力都十分有帮助。例如，公司要求在北京本部的工作人员一定要有第一线的经验，像本部市场人员一定要到外地办事处去工作一段时间，然后再回来工作，这样才能更好地为当地办事处服务。

爱普生制定的岗位轮换制一般是每两年左右轮一次岗，这样做下来，可以让公司的员工从不同的角度加强对公司的理解，从而提高整个公司的效率。

通用市场开拓科经理张锋刚来公司时是做公关工作，后来派到武汉工作，他用了一年半的时间，把武汉办事处从无到有地办成一个优秀的办事处，回来以后做喷墨打印机的产品经理，干了一段时间后又做公关经理。经过这么多次的轮岗，可以说张锋对公司的所有工作都比较清楚了，不仅自己的工作效率提高，也会跟其他部门进行很好的合作。

当然，一个员工在一个岗位工作了几年，业务、关系等各方面都比较熟悉了，一旦轮岗会不会造成一些损失，爱普生也充分考虑到这个问题。

首先，建立严格的项目管理制度——公司的解决办法是靠流程化、规范化的管理把员工个人特有的作用降低。公司把任何一个项目、任何一种工作都最大可能地流程化。

比如，一个产品经理负责五个产品，任何一个产品上市前需要做什么准备工作，三个月后应做什么，半年后应做什么，都要写清楚，公司把它叫作工作手册。所以，每个项目组、每个职位都有一个很严格的工作流程。如果来了新同事，根据这个手册，也会很快进入角色。

其次，相对一个团队来说，轮岗只有 10%～20%的员工，不会对整个团队造成过大的影响。对于公司经理这一层，对公司基本的情况应该是比较了解的，他一旦进入一个新角色，会很快熟悉起来的，不用太多的适应时间。

经过轮岗，现在公司许多经理都是多面手，都是成熟的管理者，这说明公司已经成熟起来了。虽然作用不好量化出来，但对提高整个公司的竞争力和业绩起着决定性的作用。

## 6.3.2 岗位晋升

### 1. 岗位晋升的含义

岗位晋升是指员工在原有岗位的基础上，向一个岗级或档级更高、职责职权更大、更富挑战性的岗位流动的过程。岗位晋升包括纵向晋升和横向晋升：纵向晋升指的是岗位级别的拔擢，如某员工从绩效专员晋升到绩效主管。横向晋升指的是岗位档级的晋升，如某员工从绩效专员岗位四档晋升到五档。

在企业里，由于有了岗位晋升，才能保证人才链的不断线，使得企业战略有人才的支撑，使得企业文化能够有连续性。岗位晋升还是一种重要的激励手段，在调动员工积极性、主动性与创造性，激发潜能，实现个人价值等方面具有不可忽视的重要作用。通过岗位晋升，员工的地位提高了，获得了权力、地位、薪酬的提升，不但能满足自我实现的需要，而且人际关系还得以改善。毋庸置疑，成功的岗位晋升是对人力资源的再优化配置，使员工在发挥更大效用、为企业做出更大贡献的同时，也有助于个人目标的实现。

### 2. 岗位晋升的实施与操作

在岗位晋升的实施之前需要明确一个问题，那就是什么是岗位晋升的依据？毫无疑问，由于岗位晋升之后员工要承担更大的责任，因此员工需有相应的潜质。如果没有相应的潜质，员工虽然晋升了但不能很好地承担新岗位的责任，完成不了新岗位的工作，不仅耽误了岗位的工作，而且对自身也会造成损伤。

那么判断员工是否具有潜质的依据又是什么？具体包括两个依据，一是绩效评估，二是素质评估。一方面要评估员工绩效水平是否能达到新岗位的要求，另一方面要对照新岗位的素质模型对员工进行素质评估，看员工是否能达到新岗位的要求。只有这两个方面都满足了，才能说这个员工具有晋升的潜质，才能实施晋升活动。

需要注意的是，一个员工在一个岗位上绩效显著就应该晋升吗？在很多人看来，根据绩效来晋升好像是天经地义的事情，其实不然。根据彼得原理：在一个实行等级制度的组织中，每一个人总趋向于晋升到他所不能胜任的职位，有工作成绩的人被提升到高一级的职位，如果他们继续胜任，将进一步提升，直至到达他们所不能胜任的职位。也就是说，仅按绩效晋升很容易把员工晋升到一个不能胜任的岗位。因此，在晋升的时候，不能忽视对员工进行素质的评估。

岗位晋升实施的程序分为两种情况。一是由员工主动提出申请的岗位晋升实施程序：连续两年或连续两年以上绩效考评达到优秀的员工可提出晋升岗位档级的申请。人力资源部在收到该员工的申请以后，要审核该员工近几年的绩效考评记录，再评估该员工是否符合上一个档级的条件，若符合则对该员工晋升档级。如果该员工已处于岗位的最高档级，则可申请岗位级别的晋升。人力资源部在收到申请以后，首先确认该员工所申请的岗位是否有空缺，若有空缺则进一步核查该员工近年的绩效表现是否符合要求，若符合要求再对其进行素质评估判断其能力素质是否达到所申请岗位的要求。最后，报领导审批，审批通过后给予公示，员工晋升到新的岗位。二是由组织根据人员和岗位变化情况，主动地进行配置活动，一般步骤如图 6-5 所示。

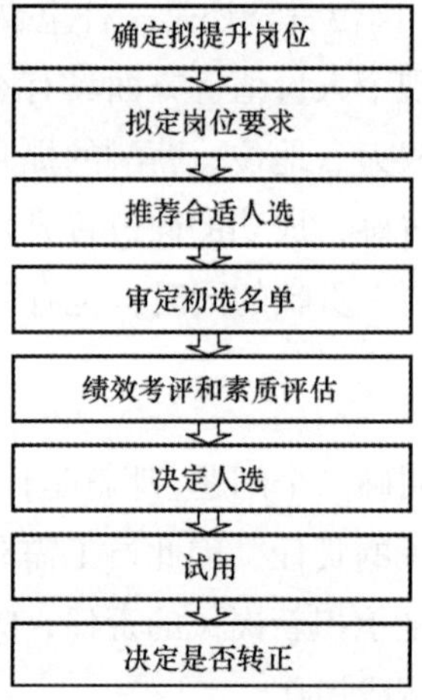


图 6-5　人员岗位晋升步骤

步骤一：确定拟提升岗位。人力资源部和业务部门根据企业机构发展计划对现有岗位空缺进行讨论，决定是否考虑内部提升。

步骤二：拟定岗位要求。业务部门针对拟提升岗位进一步拟定详细的岗位要求。要根据岗位要求包括工作职责、所需能力、工作经验等拟定详细的任职条件、工作经历、专业知识和能力特质要求，使选择和评估有方向和重点。

步骤三：推荐合适人选。人力资源部发布公告，公布企业岗位空缺情况。相关岗位员工报名申请竞岗。有关业务部门根据申请员工近年来岗位绩效考评结果推荐有潜力的人选，并将推荐材料交人力资源部。

步骤四：审定初选名单。企业人力资源管理委员会对所有人选进行讨论，并对一个岗位最后决定两名初选者，交由有关领导审批。

步骤五：绩效考评和素质评估。人力资源部根据岗位和素质要求对初选者近年来绩效考评结果进行审查和分析，同时对初选者进行素质评估。

步骤六：决定人选。人力资源管理委员会根据绩效考评和素质评估的结果决定最优人选，上报有关领导最后审批。经审批后的人选名单应在一定范围内给以公示。

步骤七：试用。公示期过后，当选员工在新岗位上试用 3 ~ 6 个月，工资待遇与以前相同。

步骤八：决定是否转正。试用期满后，人力资源部和用人部门对员工试用期的表现进行考评，决定是否正式提升。

员工岗位晋升通常要遵循一定的途径。首先，在同一岗位里晋升档级，如车工岗第四档晋升到第五档；其次，再在同一岗类里晋升，如车工岗晋升到车工班班长岗；然后，再在同一岗序里晋升，如车工班班长岗晋升到车间主任岗；最后，再在职业通道里晋升，如管理通道、专业技术通道等。有关晋升通道的内容将在第 9 章中详细介绍，这里不再赘述。

横向晋升可直接进入原岗位档级的上一档级，档级工资做相应调整。纵向晋升进入新的岗位，根据员工原岗位的薪酬水平就近就高地进入新的岗位档级。

## 相关链接

某公司的部分岗位档级及薪资标准见表 6-2。

表 6-2　某公司招聘类岗位档级与薪资标准

| 岗位级别 | 岗位名称 | 档级 | 薪资（月/元） |
|---|---|---|---|
| …… | …… | …… | …… |
| 6 | 招聘主管 | 七档 | 51 399 |
| | | 六档 | 47 609 |

续表

| 岗位级别 | 岗位名称 | 档级 | 薪资（月/元） |
|---|---|---|---|
| 6 | 招聘主管 | 五档 | 44 098 |
| | | 四档 | 40 846 |
| | | 三档 | 37 834 |
| | | 二档 | 35 044 |
| | | 一档 | 32 460 |
| 5 | 招聘专员 | 七档 | 40 477 |
| | | 六档 | 37 492 |
| | | 五档 | 34 728 |
| | | 四档 | 32 167 |
| | | 三档 | 29 795 |
| | | 二档 | 27 598 |
| | | 一档 | 25 562 |
| …… | …… | …… | …… |

当招聘专员横向晋升至最高档第七档之后，随着其绩效水平与个人素质的进一步提高，则可考虑对其进行纵向晋升，按照前文所述就近就高的原则，该招聘专员可晋升至招聘主管岗位的第四档。

### 6.3.3 岗位淘汰

这里的岗位淘汰不能简单地将其理解为将员工从企业里辞退，解除企业与员工的劳动关系。这里的淘汰以岗位为对象，指的是将不适合（不称职）的岗位主持人从原岗位上淘汰下来，重新进行配置安排的活动过程。淘汰应从系统性地发现不称职员工开始，用科学的方法进行原因分析，确定需淘汰员工，最后用公平的方式对他们进行处理。操作流程如图 6-6 所示。

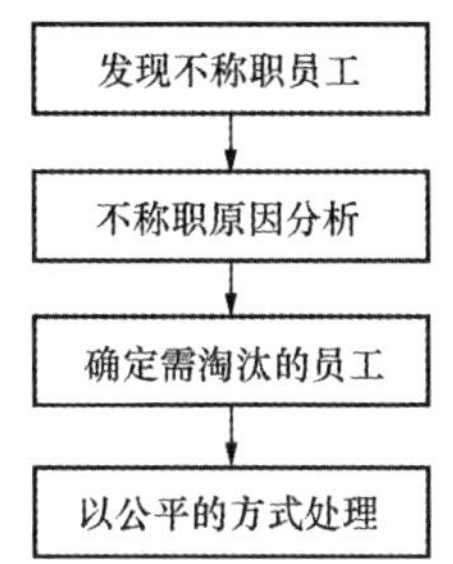


图 6-6　人员淘汰体系设计流程图

步骤一：发现不称职员工。在员工进入岗位工作一段时间后，根据其岗位目标完成情况、岗位绩效水平、该员工的日常行为表现，以及对规章制度遵守的情况等因素，综合判断员工是否称职（主要判断其是否能够胜任岗位工作）。若员工的绩效表现不佳，不能完成岗位职责，或是员工的行为表现与组织的规章制度严重不符，又或是员工的思想及相关行为表现与组织所倡导的文化价值观念相悖，这些员工则要被筛选出来，列入不称职的员工进行下一步分析。

步骤二：在筛选出不称职的员工后，需要进行原因分析。分析员工进入岗位后，不能胜任岗位工作，或是出现其他不称职现象的原因是什么。例如，若是员工绩效目标没有完成，要分析是工作所需资源拿不到、团队合作不足、缺少领导支持、缺少培训等组织方面的原因，还是个人能力不足、经验不足等个人方面因素。

步骤三：在原因分析的基础上确定需淘汰的员工。若是组织方面的原因，则该员工一般不列入需淘汰的人员。若是个人因素，要判断这些因素是暂时的可解决的（如通过适当培训与引导可以解决的），还是短时间内无法克服的（如专业知识与能力不足、品德低下等）。若是前者，可以考虑暂缓对其进行处理，可给予一定时间的观察；若是后者，则将其确定为需淘汰的员工。

步骤四：确定需淘汰的员工后，要注意采用适合与公平的方式对其进行处理，处理的方式主要依据员工不称职的原因进行。例如，若是能力不足，可在与员工协商之后降级或降职使用；若是能力达到要求，但是与岗位职责不相符，则可以考虑调岗使用；若是即使降级或降职使用，能力仍不能达到要求，或是品德素质存在问题，则可以考虑依法解除与其的劳动关系。

### 6.3.4　接班人计划

面对日趋激烈的人才竞争，公司应建立接班人计划（又称关键岗位继任计划或人才储备计划）体系。接班人计划体系可以进一步提供员工职业发展机会。接班人计划的设计通常遵循以下几个步骤，具体如图 6-7 所示。

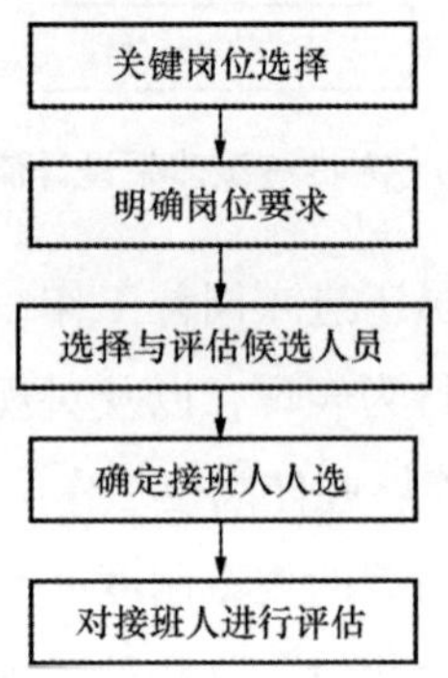


图 6-7　接班人计划设计流程图

步骤一：关键岗位选择。应对公司中的岗位进行分析，决定哪些是关键岗位，哪些是需要建立接班人计划的岗位。这些岗位不仅包括高级管理人员与关键部门管理人员，同时也要考虑一些技术性强、市场竞争激烈的专业技术业务员工，也可以是生产作业类的关键技工、技师。分析关键岗位应从四个方面来考虑：一是岗位对公司经营和发展的重要性（战略价值）；二是人才市场的供需情况（稀缺性）；三是失去现岗位上员工的可能性；四是一些技术性强，对公司的经营和运作非常重要的普通岗位。

步骤二：明确岗位要求。人力资源部应安排各业务部门建立详细的关键岗位要求，若企业已经构建岗位素质模型，则岗位要求根据素质模型来确定。

步骤三：选择与评估候选人员。接班人的来源分为两类，一是从企业内部选择合适的候选人员，二是从外部获取。一般情况下，若组织内部有适合的人选，优先从组织内部选择候选人员，只有在组织现有人员不能满足要求时再考虑从外部获取。在初步确定候选人员后，要依据以往工作业绩、当前绩效表现和来自上下级、同事的多方位评价，对照关键岗位素质模型的要求，判断初选人员的各项素质是否能够满足岗位要求，或在经过一段时间的培养与锻炼后，能否胜任关键岗位的工作。

步骤四：确定接班人人选。在经过初步选择与评估后，最终要确定接班人的名单。每一关键岗位的接班人可以是一名也可以是多名（2~3 名）一起进行培养，这要根据企业实际情况进行确定。如图 6-8 所示是某公司接班人计划示意图。

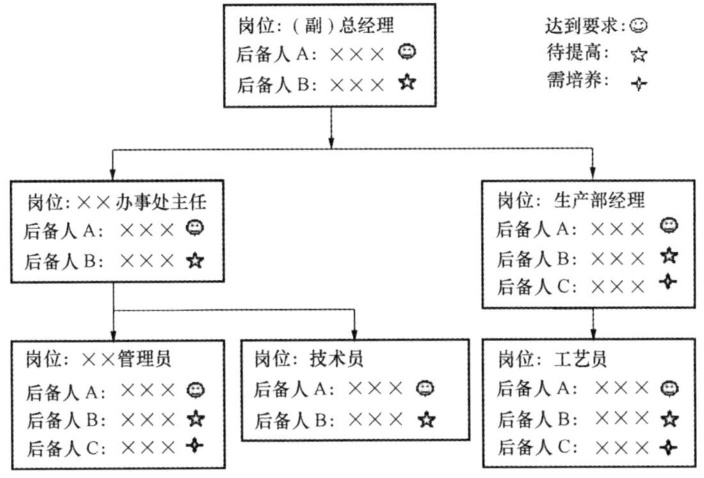


图 6-8　接班人计划示意图

步骤五：对接班人进行评估。鉴于关键岗位的重要性，在确定接班人人选，按照培养计划对其进行培养锻炼后，企业需要了解接班人的状态，看其各项素质是否朝着预先设定的方向发展。这时需要定期地对接班人进行评估。若评估结果不理想，则要分析原因，调整培养方式，或更换候选接班人。

## 6.4　岗位劳动关系管理

员工进入岗位以后，企业以劳动合同的签订为标志，开始进行劳动关系管理。岗位劳动关系管理主要指的是员工进入岗位体系后的劳动合同的签订、岗位配置调整后劳动合同的变更及终止等活动。

### 6.4.1　新进岗位员工劳动关系管理

新员工进入岗位，首先需要签订劳动合同。随着我国劳动力市场的日益健全，《中华人民共和国劳动合同法》及相关法律法规的出台，使得企业的用工成本逐渐增加，尤其是法律成本逐渐变高。因此，企业在进行岗位劳动关系管理时必须以合法作为最基本的要求，避免不必要的法律纠纷。

### 1. 劳动合同内容

所有的劳动合同都是企业与员工签订的，但其本质都是企业紧紧地围绕着岗位的工作、职责、绩效和待遇与员工签订的。劳动合同的签订首先是合同内容的确定，劳动合同的内容一般包括法定条款、约定条款和禁止条款三个大的方面（见表6-3）。法定条款是根据法律的规定必须要有的内容，约定条款是企业和员工根据实际情况双方约定的内容，禁止条款是告诉企业不可以签订的内容。

表6-3 劳动合同内容

| 合同条款 | 具体要求 |
| --- | --- |
| 法定条款 | （1）企业名称、住所和法定代表人或者主要负责人；<br>（2）员工姓名、住址和居民身份证或者其他有效身份证件号码；<br>（3）劳动合同期限；<br>（4）工作内容和工作地点；<br>（5）工作时间和休息休假；<br>（6）劳动报酬；<br>（7）社会保险；<br>（8）劳动保护、劳动条件和职业危害防护；<br>（9）法律、法规规定应当纳入劳动合同的其他事项 |
| 约定条款 | （1）试用期；<br>（2）保密和禁止同业竞争；<br>（3）第二职业；<br>（4）培训；<br>（5）补充保险和福利待遇；<br>（6）当事人协商约定的其他事项 |
| 禁止条款 | （1）保证金；<br>（2）违约金 |

从表 6-3 中可以看出，法定条款除第（1）、（2）两项外，其余的款项和约定条款的全部款项都与岗位密切相关。

在签订劳动合同时，需要特别注意以下五个问题。

一是合同类别的选择。自 2008 年开始实施的《中华人民共和国劳动合同法》将劳动合同分为固定期限劳动合同、无固定期限劳动合同及以完成一定工作任务为期限的劳动合同三种。对于新进企业岗位的员工一般签订的是固定期限劳动合同。

二是试用期的约定。《中华人民共和国劳动合同法》对试用期进行了规定：劳动合同期限三个月以上不满一年的，试用期不得超过一个月；劳动合同期限一年以上不满三年的，试用期不得超过二个月；三年以上固定期限和无固定期限的劳动合同，试用期不得超过六个月。另外，同一用人单位与同一劳动者只能约定一次试用期。因此，企业在约定试用期时要注意满足上述的法律要求。由于对试用期的规定，企业在签订劳动合同期限时大多以三年为标准：试用期一个月太短，一般难以判断员工是否能够胜任岗位工作；而劳动合同时间签订过长，如员工达不到企业的要求则辞退的成本较大。因此，现在大多数企业在与新员工第一次签订劳动合同时都以三年为期限。

三是明确岗位工作内容。劳动合同中应对员工进入的岗位性质、岗位名称及主要工作职责进行约定和说明，当员工不能完成工作职责时可以此为依据，解除或变更合同。

四是劳动报酬的约定。劳动报酬的约定要符合用工当地最低薪资标准的规定。另外，试用期的薪资不得低于同期本企业相同岗位最低档工资或者劳动合同约定工资的 80%。

五是特殊条款的约定。企业可以与员工约定专项培训服务条款，约定服务期，前提是企业为员工提供了专项培训费用。除此之外，企业可与员工约定保密条款和竞业限制条款，保密条款也可以保密协议的形式单独列示，竞业限制条款仅限于与高级管理人员、高级技术人员和其他负有保密义务人员约定。在员工违反上述特殊条款时企业可要求员工支付违约金。根据《中华人民共和国劳动合同法》，企业不可以向员工收取任何形式或名义的货币或其他财务作为保证金。

### 2. 劳动合同的签订和社保保险缴纳

企业与员工就以上问题协商一致后就可以签订劳动合同，建立正式的劳动关系。签订劳动合同后，企业要为员工在就业登记花名册和在职职工花名册上登记，并到社会保障部门登记备案，为员工办理社会保险接续与缴纳事项。

### 6.4.2 再配置员工劳动关系管理

员工配置除了初始配置（外部招聘）以外，还包括晋升、轮岗、淘汰等再配置手段。企业对员工进行岗位配置调整时，意味着劳动合同内容发生变化，相应地要对劳动合同进行变更。

**1. 变更劳动合同**

劳动合同在签订之后受法律保护，若无特殊情况企业必须认真履行，不得擅自变更劳动合同的内容和条款。但在劳动合同的实际履行中，由于岗位变动，工作内容和条件都会发生变化，这时就要依法变更劳动合同的内容和条款。《中华人民共和国劳动合同法》对劳动合同的变更条件及责任认定与赔偿都做了具体的规定，企业在变更劳动合同时要注意守法，尤其是企业因劳动合同变更给员工造成经济损失的，除法律、法规规定可以减免责任外，应负赔偿责任。当对员工进行晋升配置、降职配置或岗位轮换配置时，员工的岗位发生了变化，需要对劳动合同相应的条款进行及时变更，或在劳动合同之外与员工签订补充协议，对岗位配置的变化及新岗位的工作名称、内容、职责和薪酬等进行说明。

**2. 劳动合同的终止与解除**

不管是劳动合同的终止还是劳动合同的解除，都是指员工离开企业。既然离开企业，当然也就离开了岗位。劳动合同的终止除了企业原因外，主要包括劳动合同期限届满而终止，或员工退休而终止。企业因劳动合同到期不再续签，需要支付员工一定的赔偿金。劳动合同的解除，是指劳动合同到期届满之前双方终止劳动合同关系。劳动合同的解除根据提出的主体不同分为离职和辞退。

离职是员工主动要求结束劳动关系、终止劳动合同。员工提出离职企业不用支付赔偿金，如果因员工离职而给企业造成损失的，员工需支付一定的赔偿，约定违约金的要支付违约金。 在劳动合同期限即将届满时，企业应当提前通知员工，准备办理合同终止的有关事项。至于提前多少时间通知员工，没有硬性的规定，一般来说取决于企业与员工约定的报酬支付办法和支付时间。例如，以“月”为单位支付报酬的，企业可于劳动合同届满前最后一个月的月末一周前通知员工；以“年”为单位支付报酬的，企业可于劳动合同届满最后一个月前通知员工。

辞退发生在淘汰配置中，由于辞退对员工个人利益的影响重大，因此除了《中华人民共和国劳动合同法》规定的一些免责条款（员工过错）外，企业辞退员工，解除劳动合同关系，需支付赔偿金。

在解除劳动合同时，符合下列条件，企业应当向员工支付经济补偿金。

（1）经劳动合同双方当事人协商一致，由企业解除劳动合同的，企业应根据员工在本企业的工作年限，每满一年发给相当于一个月工资的经济补偿金，最多不超过 12 个月。工作时间不满一年的按一年的标准发给经济补偿金。不满一年的含有两种情况，一是员工在本企业工作时间不满一年的，二是员工在本企业工作时间超过一年但余下的工作时间不满一年的。上述不满一年的工作时间都按工作一年的标准计算。经济补偿金的工资计算标准是指企业在正常生产情况下员工解除劳动合同前 12 个月的月平均工资。其发放按照“就高不就低的原则”确定，即本人平均工资高于企业平均工资的，按本人平均工资发放，否则，按企业平均工资发放。（其他补偿金的发放均按此种办法计算）。由员工主动提出解除劳动合同的，企业可以不支付经济补偿金。

（2）劳动者不能胜任工作、经培训或调整工作岗位仍不能胜任工作的经济补偿金的支付办法同前。

（3）经济性裁员及客观情况发生变化劳动关系双方就变更合同达不成一致意见，由企业提出解除劳动合同的，经济补偿金按照员工在本企业工作年限，每满一年发给相当于一个月工资作为经济补偿金。

（4）员工患病或非因工负伤，经劳动鉴定委员会确认不能从事原工作也不能从事由企业另行安排的工作而解除劳动合同的，企业应按其在本企业的工作年限，每满一年发给相当于一个月的工资的经济补偿金，同时还应发给不低于 6 个月工资的医疗补助费。患重病和绝症的还应增加医疗补助费，患重病的增加部分不低于医疗补助费的 50%；患绝症的不低于医疗补助费的 100%。

（5）企业解除劳动合同后，未按照上述办法发给员工经济补偿金的，除全额发给经济补偿金外，还须按照经济补偿金数额的 50%支付额外经济补偿金。

（6）企业依据国家有关规定解除农民合同制工人的劳动合同，也应支付经济补偿金。

（7）因工作需要，经企业主管部门或有关组织决定调整工作而转移工作单位的员工，应与原单位解除劳动合同，与新的用人单位签订劳动合同，原用人单位不需支付经济补偿。

劳动合同终止后，企业应出具终止劳动合同的证明，并尽快为员工办理档案和社会保险转移手续，并不得留扣员工的相关档案资料。

### 6.4.3 劳动合同台账的建立

企业劳动合同管理必须做到心中有数，准确记录合同期内的各类台账，并妥善分类保管。建立和完善劳动合同管理台账是一项基础工作。企业组织结构不同、规模不同，劳动与人力资源管理事务分工不同，对台账的种类要求、类目粗细等存在着比较大的差异。台账种类的确定与记录必须坚持简明、准确、及时和稳定。劳动合同管理台账一般包括五个方面的内容。

（1）员工登记表。员工登记表应能够全面反映员工本人的基本情况。包括姓名、性别、年龄、学历、所在工种岗位、合同期限、在本单位的工作时间、档案存放机构，以及企业需要了解的其他情况。

（2）劳动合同台账。劳动合同台账应能全面地反映员工合同签订、续订、变更等情况。

（3）岗位（专项）协议台账。

（4）员工培训台账。反映员工培训类别、培训时间、培训费用及企业需要了解的其他终止或解除劳动合同员工去向台账。

（5）其他必要的台账。

## ☑ 自测题

### 一、判断题（请在题后的括号内打“√”或“×”）

1. 从配置发生的时间来看，员工配置分为初始配置和再配置两个部分。初始配置主要针对的是内部劳动力市场，再配置则主要针对的是外部劳动力市场。（　　）

2. 从配置的内容上看，员工配置包括数量要素与质量要素两个方面，其中数量的对应是固定不变的。（　　）

3. 在配置过程中，岗位分析是对岗位要求的任职，素质模型的构建则是对人的认识。（　　）

4. 员工配置活动的起点是人力资源规划，它为员工配置指明了方向。（　　）

5. 员工入岗指的是员工进入适合的岗位，与岗位档级无关。（　　）

## 二、单选题（请在题后的括号内填上选中项的序号）

1. 员工初始配置活动主要是指（　　）。

A. 招聘活动　　B. 晋升

C. 降职与淘汰　　D. 轮岗

2. 在员工配置过程中，通过一定的方法考察个体的一些内在特质，以判断其与企业文化及价值观之间的匹配程度属于（　　）匹配。

A. 人与人的匹配　　B. 人与事的匹配

C. 人与组织的匹配　　D. 人与环境的匹配

3. 应届毕业生在申请进入正式岗位前，通常有（　　）的预备岗位时间。

A. 三个月　　B. 半年

C. 一年　　D. 两年

4. 晋升的依据有两个，一是（　　），二是素质评估。

A. 绩效评估　　B. 薪酬水平

C. 员工申请　　D. 资历证书的获取

5. 通常，连续（　　）绩效评价达到优秀的员工可以提出档位晋升申请。

A. 一年　　B. 两年

C. 三年　　D. 五年

## 三、多选题（请在题后的括号内填上选中项的序号）

1. 员工再配置活动一般包括（　　）。

A. 招聘活动　　B. 晋升

C. 降职与淘汰　　D. 轮岗

2. 员工配置中质量匹配的内容包括（　　）。

A. 人与事的匹配　　B. 人与人的匹配

C. 人与组织的匹配　　D. 人与环境的匹配

3. 员工配置的基础活动包括（　　）。

A. 岗位分析与素质模型构建　　B. 员工能力素质评估

C. 人力资源规划　　D. 人力资源管理信息系统

4. 下列属于员工配置的支持活动的有（　　）。

A. 人力资源规划　　B. 人员培训与开发

C. 薪酬、绩效管理　　D. 员工关系管理

5. 根据人员的类别不同，员工入岗可以分为（　　）。

A. 新员工入岗　　B. 非应届毕业生入岗

C. 应届毕业生入岗　　D. 老员工入岗

## 四、练习与思考

1. 员工配置有哪些类别？

2. 员工配置系统的构成要素及相互间的关系是什么？

3. 不同类别的员工如何入岗？

4. 简述轮岗的实施与操作过程。

5. 不同员工配置调整计划如何实施？

## 五、案例分析题

1. X 企业是一家 2002 成立的民营制造型企业，经过 10 年的发展，企业已经达到一定的规模。公司的管理层逐渐意识到原有的人力资源管理体系已经不能支撑企业的发展。为此，X 企业的人力资源部根据高层的要求对企业的人力资源管理体系进行规范。人力资源部从组织与工作分析入手，对企业的部门与岗位体系进行了重新调整。在调整之后，面临的一个问题是如何将员工配置到新的岗位体系中去。人力资源部在向公司高层汇报之后，拿出了入岗的方案，即对所有员工进行严格的素质评估，按照评估结果对员工进行配置与入岗，薪酬发放也直接过渡到评估结果对应的薪酬标准。当入岗结果公布之后，令人力资源部始料不及的是许多员工提出辞职申请，公司处于一片混乱之中。公司高层经过紧急研究，决定放弃新的人力资源管理体系方案。

**思考题：**

（1）该企业的员工入岗为什么会失败？

（2）你觉得员工进入新的岗位体系应该如何过渡？

2. 深圳某科技股份有限公司成立于 1995 年，是一家专业从事环保节能的电源及磁性元件研发、生产、销售的高新技术企业。公司主要产品包括开关电源适配器、动力电池充

电器、音响电源、LED 照明电源等产品。产品广泛使用于 LED 液晶显示器、液晶电视、可视电话、便携计算机等领域。在技术和工艺上，紧跟国际行业技术前沿，不断引进吸收先进技术和设计理念，拥有 200 多人的研发队伍，员工总人数达 2 300 人。凭借优秀的研发队伍和较高的管理水平，公司始终保持快速发展的态势，产品畅销国内外市场，在行业中处于领先地位。

为适应企业业务的迅速发展，公司加大了对优秀人才的选拔和培养力度，但是在人才选拔或人员晋升等工作的开展过程中，公司一直欠缺科学、合理的评价系统，过度依赖评选人员的主观评价，人岗不匹配的现象也比较常见。设计部的李润是名牌大学毕业的硕士研究生，创新意识较强，但是其协调能力、影响力、组织能力等稍有欠缺，公司领导认为李润是一个非常有发展潜力的设计师，也投入了大量的精力和实践来培养李润。从实际工作来看，李润承担了几个大的设计项目，都能圆满完成任务。正是基于其优秀的工作表现，李润被提拔为设计部的项目经理，负责带领项目组成员完成设计项目。但是不久，李润就开始难以掌控局面，管理出现混乱，所负责的几个项目都不能按期完成，工作质量也频频出现问题，上级领导不满意，下属的意见也非常大。领导也非常困惑，为什么原来表现非常优秀的员工被提拔后反而不能胜任岗位要求呢？

（资料来源：http://www.managershare.com/post/256454）

**思考题：**

（1）结合案例材料分析该公司在人岗匹配方面主要存在哪些问题？

（2）针对上述问题，你认为该公司应采取哪些策略加以改善？

# 岗位薪酬管理

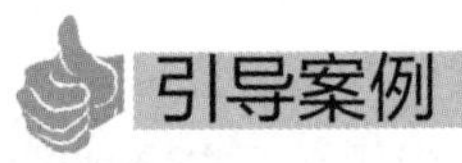


## X公司的薪酬管理

X公司是一家生产制造型企业，随着业务的迅速发展，企业的经济实力近几年有了很大的提高。为了更好地留住关键岗位员工、调动广大员工的工作积极性，同时吸引更多高素质的人才进入企业，公司决定对原有薪酬制度进行创新，在原有基础上大幅度提高员工的薪酬待遇。公司的做法是：修改原有的薪酬制度，大幅度提高公司薪酬总额，按相同比例提高所有岗位的薪酬水平。不料，新薪酬方案实施后效果并不理想，人才流失的情况并没有得到遏制，员工工作积极性也没有得到预期的提高，高层次人才还是引不进来。

**思考：**

X公司的薪酬管理出现了什么问题？X公司的薪酬制度创新到底应该怎么做才能更有效？

## ■ 本章学习目标

1. 理解薪酬及薪酬常见的模式
2. 熟悉岗位薪酬的概念和功能
3. 了解岗位薪酬与岗位管理其他环节的关系
4. 熟悉岗位薪酬设计的原则、思路、基本构成
5. 熟悉岗位薪酬体系的构建过程
6. 了解岗位薪酬体系的动态管理内容

## ■ 学习导航

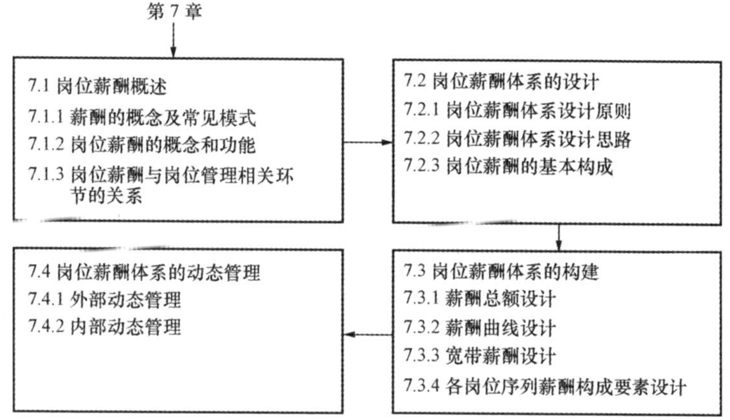

# 7.1 岗位薪酬概述

## 7.1.1 薪酬的概念及常见模式

### 1. 薪酬的概念

在谈到薪酬的时候，经常会涉及三个概念：报酬、薪酬、工资。这三个概念是一个意思吗？厘清这三个概念，是本章首先需要弄清楚的问题。

（1）报酬。在通常情况下，人们把一位员工为某一个组织工作而获得的所有他认为有价值的回报统称为报酬。从报酬这一概念的定义不难看出，报酬并不等同于金钱或者能够直接折合为金钱。由于人和人之间在需求和价值观上存在差异，所以对于某一位员工来说属于报酬的东西，对于另外一位员工来说或许根本就不能算是报酬。在通常情况下，报酬有两种大分类（见表 7-1），一种以是否以金钱的形式表现出来，分为经济性报酬和非经济性报酬；另一种以报酬本身对工作者所产生的激励是一种外部强化还是内部的心理强化，分为内在报酬和外在报酬[①]。

表 7-1 报酬的分类

| | 外在报酬 | 内在报酬 |
|---|---|---|
| 经济性报酬 | 直接报酬：基本工资、加班工资、津贴、奖金、利润分享、股票认购<br>间接报酬：保险/保健计划、住房资助、员工服务及特权、带薪休假及其他福利 | 无 |
| 非经济性报酬 | 私人秘书<br>宽大的办公室<br>诱人的头衔 | 参与决策<br>挑战性工作<br>感兴趣的工作或工作任务<br>上级、同事的认可与内部地位<br>学习与进步的机会<br>多元化活动 |

① 刘昕. 薪酬管理[M]. 北京：人民大学出版社，2002.

（2）薪酬。从报酬的定义来看，薪酬应该指的是报酬体系中的经济性报酬，涵盖了员工为某一组织工作而获得的所有直接和间接的经济收入。

美国著名薪酬管理专家米尔科维奇和纽曼（Milkvoich & Newman）认为，薪酬是指雇员作为雇佣关系中的一方所得到的各种货币收入，以及各种具体的服务和福利之和①。这一观点也是将薪酬视为报酬体系中的经济性报酬。

根据以上两种观点可知，薪酬是企业为吸引、留住和激励员工而向员工提供的经济性报酬。

（3）工资。工资即人们平常所说的岗位工资，是指员工在岗位上工作所获得的报酬，通常包括岗位基本工资和岗位绩效工资，主要由岗位本身的价值及工作在该岗位上的员工的能力素质、工作绩效表现决定。奖金虽然也受岗位绩效的影响，但最主要的还是受企业经营效益和部门效益的影响，因此，奖金不属于工资。同样，津贴和福利主要受企业政策影响，也不属于工资。

报酬、薪酬、工资三者的关系可用图 7-1 来表示。

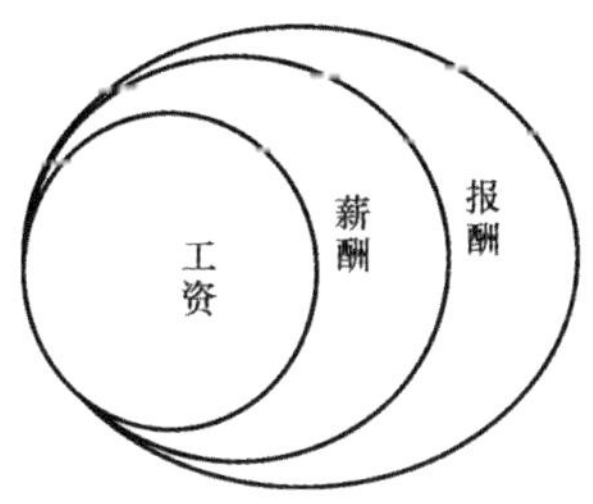


图 7-1　报酬、薪酬、工资三者之间的关系

### 2. 薪酬的模式

（1）基于岗位的薪酬模式。以岗位为基础的薪酬模式注意到每一个员工的价值发挥都离不开一个基本舞台，那就是岗位。由此可以看出，通过人所从事的岗位工作进行收益分配具有一定的合理性。不同的岗位在企业内的相对价值是不同的，即使是同一个人在不同的岗位上从事不同的工作，他所获得的收入也应该是不同的，因此，以岗位为基础的薪酬模式要根据员工所在岗位从事的工作来制定薪酬。

① 乔治·T. 米尔科维奇，杰里·M. 纽曼. 薪酬管理[M]. 9 版. 成得礼，译. 北京：中国人民大学出版社，2008.

目前，我国大多数企业采用的薪酬模式都是这种形式。将员工的收入与岗位相关联，有利于增强员工的岗位责任心和调动员工的工作积极性，更好地实现岗位绩效。由此可以看出，这种模式的优点是通过这种形式能够激励人才价值的发挥和潜在价值的提升。但是这种模式对员工的激励作用有限。若一个员工在工作中长期得不到晋升，尽管他本人在工作中不断地提升自己的素质能力，可是没有更好的岗位提升，他就会对工作持消极悲观的态度。对于许多业务能力突出又不从事管理工作的技术人员来说，这种模式使得他们在企业中感到难堪。因为岗位级别可能已经到顶，无法再晋升了。如果岗位不能晋升，个人的薪酬就无法增加。此外，这种模式设计比较僵化，往往无视人的非同质性，忽视了不同的人在同样的岗位上可能发挥的作用是不同的。

（2）基于能力的薪酬模式。以能力为基础的薪酬模式起源于20世纪60年代的制造业。随着经济环境的变化，世界经济一体化趋势加强，市场竞争加剧，高素质人才供不应求，很多企业都认识到，企业的成功离不开员工的技术、能力和表现，员工已经成为决定企业成败的关键。越来越多的企业开始重视员工潜质的发掘，给予能力最强的员工以最高的薪酬，利用薪酬的增长来刺激员工能力的提高。

以能力为基础的薪酬模式的核心是以员工具备的能力来确定其所获得的薪酬。优点当然是能够激励员工努力提高自己的能力，员工有了高能力，就有可能提升自己的岗位绩效。但这只是一般情况下的可能状态，而高能力并不一定必然带来高绩效。在现实生活中，“出工不出力，出力不出活，出活不出量，出量不出质”正是这种情况的生动写照。既然员工的报酬在于他们具备相关的技能或能力，而不是他们在实际工作中运用的技能或能力，那么高能力的员工就未必有高产出。不仅如此，片面追求高能力还有可能带来其他方面的副作用。例如，员工个人提升的能力可能并不符合企业的需要，不符合企业发展战略要求；伴随高能力而来的很可能是低情商或是消极心态，这种能力有时就有可能是有害的；此外，员工对于个人能力提高的追求，可能会忽视组织发展的整体需要，不利于培养团队合作精神。因此，当完成一项任务需要团队的合作时，这种薪酬模式往往会有负效用，难以有效激励所有的员工共同努力完成任务。

（3）基于绩效的薪酬模式。随着经济的飞速发展和分析工具的日益成熟，有关薪酬问题的焦点也发生了显著转移，薪酬模式经历了从最初标准化的基本薪金，到基本薪金加上激励性薪酬的转变。以绩效为基础的薪酬模式的推行无疑是一个信号，要求员工必须认识到薪酬要随着以某种标准衡量的个人或者组织的业绩变动而发生改变，因为企业的经营业绩、价值提升是建立在每一个人价值提升基础之上的。计件工资制就是一种极端典型的绩效薪酬模式，它极端到可以什么都不看，只看你现在完成了多少活。

由于绩效薪酬将薪酬与企业确定的特定绩效目标相联系，因此企业通常更乐于接受这种模式。但是，如果仅将追求定位在现实的绩效上，企业的目光无疑就会短浅化。这种模式的优点在于两个方面：一方面，对于企业来说能够减少管理费用、降低管理成本和提高产出；另一方面，对于员工来说能够明显感受到自己的努力与收入紧密相关。而缺点则更突出，那就是容易造成个人利益至上的企业文化，造成部门或者团队内部成员之间不正当的竞争，员工之间更倾向于个人的努力，忽视或者不愿合作，难以形成团结一致的企业文化。

（4）基于年功的薪酬模式。20 世纪 50 年代到 60 年代，日本经济高速发展，生产增长了 20 多倍，薪酬也相应地增加了 5%~6%。这一时期比较流行的是基于年功的薪酬模式。在这种薪酬模式下，员工的工资和岗位主要是随着年龄和工龄的增长而不断提高。这种模式的假设是：个人工作年限长的员工工作经验更丰富，工作的效率与业绩要优于工作时间短的员工；老员工在企业中贡献的时间比较长，应该给予更多的补偿，员工的忠诚有利于企业的发展。

以年功为基础的薪酬模式的优点在于重视员工的忠诚度，员工一生在一家公司工作，将自身的价值包括潜在价值全部贡献给这家公司。可以这么说，日本在高速成长时期的高效率与员工的高忠诚度是密不可分的。但是，随着时间的推移，这种模式的先天不足逐渐暴露出来。一是高忠诚度带来了社会人才的低流动性，使得整个社会缺少活力和竞争性。二是年功序列强调的是资历，无疑要以牺牲效率为代价，所以自 20 世纪 70 年代开始，日本社会也在反思其弊端。三是过于强调资历、等级的薪酬体系设计难以调动年轻员工的积极性，尤其在日本进入老龄化社会的情况下，年轻员工对于公司具有更大的价值。尽管工作年限是决定一个人的价值大小的重要因素，但并不是唯一的因素，因而忽略了能力、绩效、个人成长等其他因素的影响，使得这种模式难以在今天继续发挥它的作用。

（5）基于市场的薪酬模式。薪酬设计的一个重要原则是保证企业薪酬制度对外要有竞争优势，这就使得岗位薪酬以市场价格为瞻。20 世纪后期，随着经济的不断发展，稀缺人才供不应求，人才竞争加剧，出现了基于个人市场价值的薪酬模式，众多人才猎头公司的出现为这种模式的存在提供了重要的支持。从薪酬的设计思想考虑，以绩效为基础和基于能力的薪酬模式考虑得更多的是内部公平性。但是，企业的运营不能脱离经济环境而存在，外部因素尤其是人才市场的人才供给情况必然会影响到人才的价格，或者说员工的价值也会随着外部市场的变化而发生变动。在这种情况下，一个企业如果希望通过薪酬设计吸引和留住稀缺人才，那么只考虑薪酬内部公平一致性就不行了。

以市场为基础的薪酬模式更适用于有特殊能力的员工，实践中往往采取谈判工资制的形式，根据劳动力市场的人才供应情况，企业和员工双方在平等自愿的基础上协商约定薪酬的支付。这种模式不鼓励员工在企业内部进行比较，只是激励员工不断提升自己的价值。如果员工能够真正关注外部市场与个人价值之间的关系，一定程度上能够有效地减少企业的内部矛盾。另外，市场所确认的个人价值虽然不一定是企业所认为的个人价值，但是可以作为参考标准，通过提供有竞争力的薪酬，来留住企业所需要的人才，鼓励员工不断提升自身的价值。企业可以通过薪酬策略吸引和留住关键人才，同时通过调整那些替代性强的人才的薪酬水平，降低人工成本，提高企业的竞争力。完全按照市场价值的缺点在于可能造成企业内部薪酬差别过大，影响组织内部的公平性。同时，也会忽视人才的特质性，在进行人才评估时不考虑企业自身对人才的需求特点。市场因素只是影响人力资源价值的一个因素，只以市场标准确认员工的价值是不合理的。

### 7.1.2 岗位薪酬的概念和功能

岗位薪酬，概括而言就是员工在各自岗位上因提供劳动和劳务而获得的报酬。它是以岗位为基础，以员工能力和工作业绩评价结果为依据，支付给不同岗位的员工的报酬总和，以表示对员工的劳动补偿和酬劳。其实质是一种公平的交易或交换关系，是员工在向单位让渡其劳动力使用权后获得的报偿。

岗位薪酬的功能主要体现在三个方面，即对员工、企业和社会的功能。

#### 1. 对员工的功能

（1）维持和保障的功能。岗位薪酬首先需要保证员工能维持基本生活水平，员工用于购买各种必要的生活资料以维持自己的再生产和家庭再生产。其次，岗位薪酬应包括员工支付学习、培训或进修等方面的费用，此外包括员工一定的生活享乐和工作便利等支付。岗位薪酬结构中的岗位工资是员工的基本收入，维持基本生活水平；津贴和福利，为员工提供保障和方便。

（2）激励功能。激励功能是企业用来激励员工按照其旨意行事而又能加以控制的职能。对员工的激励包括物质激励和精神激励。企业想要在激烈的人才竞争中留住或吸引人才，必须双向激励员工，提高员工满意度和工作积极性。

**2. 对企业的功能**

从经济学角度看，岗位薪酬对企业具有保值增值功能，表现在岗位薪酬是能够为企业和投资者带来预期收益的资本。往往企业为进行生产活动而购买劳动力所付出的一部分资本（对员工来说就是劳动报酬部分）可以为投资者带来预期大于成本的收益。从管理学角度看，合理的薪酬设计和科学的薪酬管理，能够激励员工努力工作，为企业创造更多的价值，促进企业的可持续发展。

**3. 对社会的功能**

对社会而言，岗位薪酬具有对劳动力资源进行再配置的功能。市场薪酬信息时刻反映着劳动力的供求和流向等情况，并能自动调节薪酬的高低，使劳动力供求和流向也逐步趋向平衡。劳动力市场通过薪酬的调节，可以实现劳动力资源的优化配置，调节人们择业的愿望和就业的流向。

### 7.1.3 岗位薪酬与岗位管理相关环节的关系

岗位薪酬设计以岗位科学设置和岗位分析为基础，通过岗位评价和岗位体系构建来建立岗位薪酬体系，根据企业经营状况和员工绩效考评来确定员工岗位薪酬的发放。所以岗位薪酬与岗位管理各环节之间存在着一定的关系，下面主要探讨三种关系：岗位分析与岗位薪酬、岗位评价与岗位薪酬、绩效考评与岗位薪酬。

**1. 岗位分析与岗位薪酬**

岗位分析，是对岗位进行全面调查、研究和分析的过程，具体是对组织中各个岗位的工作内容（如工作特征、责任、流程、要求及工作环境等）和工作规范（任职资格）进行描述和研究的过程。岗位分析广泛运用于人力资源管理的各个方面，如人员选聘、员工培训与开发、薪酬分配、绩效管理及劳动与安全等方面。在薪酬分配应用方面，岗位分析起最基础作用，通过岗位分析，可以明确求职者的任职资格，提炼评价岗位的要素指标，形成岗位评价的工具，再通过岗位评价确定工作岗位的价值，依据岗位价值和员工能力评定来支付岗位薪酬。

2. 岗位评价与岗位薪酬

岗位是最能体现员工劳动差别的基本单位，企业对岗位进行的评价，是对分配体系中劳动和要素两种形态进行有机结合的有益探索。岗位评价是岗位分析的逻辑结果，其目的是提供薪酬结构调整的标准程序。岗位评价的结果为企业薪酬内部均衡提供了调节的依据。

在相关薪酬设计时，岗位评价具体体现为以下几方面的作用。一是使员工和员工之间、管理者与员工之间对薪酬的看法趋于一致和满意，各类岗位与其对应的薪酬相适应。二是比较企业内部各个岗位的相对重要性，得出岗位等级序列，即开发一个工作价值的等级制度，据此可用来建立薪资支付结构，同时这些等级可以引导员工朝更高的工作效率发展。三是解决薪酬的对内公平性问题，即为进行薪酬调查建立统一的岗位评价标准，消除不同公司间由于岗位名称不同，或者即使岗位名称相同但实际工作要求和工作内容不同所导致的岗位难度差异，使不同岗位之间具有可比性，为确保工资的公平性奠定基础。四是为企业内部的岗位与岗位之间建立起一种联系，这种联系组成企业整个薪酬支付系统。五是当有新的岗位设置时，可以找到该岗位较为恰当的薪酬标准。

3. 绩效考评与岗位薪酬

绩效考评是一定时期内科学、动态地衡量员工工作状况和效果的考评方式。企业通过制定有效、客观的考核标准，对员工进行绩效考评，以体现不同员工的业绩水平差异。考评结果将作为权衡员工业绩的主要因素，为薪酬、晋升等方面提供依据。

有效的岗位薪酬分配必须建立在客观的绩效考评基础之上，通过定期的绩效考评，真正反映出员工的不同业绩，并将考评成绩与其薪酬收入挂钩，彻底解决历史遗留下来的“大锅饭”和“铁饭碗”现象，使绩优者得到肯定和奖励，绩差者受到鞭策，甚至被淘汰。

## 7.2 岗位薪酬体系的设计

前面一节更多地从理论层面界定了岗位薪酬的概念及其构成要素，本节主要从技术层面探讨岗位薪酬设计的实际流程操作。

### 7.2.1 岗位薪酬体系设计原则

薪酬体系设计的目的是建立科学合理的薪酬制度，在保障员工的基本生活的基础上，最大限度地发挥其激励作用。此外，薪酬体系还应始终关注企业的长期发展战略，并与之保持一致，以促进企业的发展进步。因此，岗位薪酬体系设计应始终坚持贯彻以下几项原则。

### 1. 公平原则

薪酬设计的首要任务是根据企业情况，结合多种现有的薪酬结构进行公平性分析。公平性分析是通过对企业外部公平性、内部公平性和自我公平性的分析和协调来达到一个现有资源条件下最优的薪酬结构。

外部公平是指要了解企业所处行业的薪酬水平，然后考虑企业的价值取向，以行业水平作为参考，确定企业的薪酬水平。内部公平是指岗位薪酬的设计是基于由工作分析、岗位评价得到的岗位体系，具有相对内部公平性。员工自我公平是指要在薪酬体系中，引入考评机制，将员工的薪酬和考评结果挂钩，以确保达到自我公平。

### 2. 安全原则

安全原则是指员工在现实环境下能无后顾之忧，安心地为企业工作，企业给予员工基本的生活保障，同时企业能稳定支付员工的薪酬，双方都有安全感。

### 3. 弹性原则

弹性原则是指薪酬体系能真实反映出员工绩效，而给予对应的奖励与惩罚。一般在奖金的设计上较常使用，企业可以设定弹性的奖金数额，以此激励员工，体现员工贡献度大小。弹性的薪酬体系可以成为管理有效的控制，达到公司经营目标。

### 4. 激励原则

对一般企业来说，最常见和最常运用的激励方法就是通过薪酬系统来激励员工的责任心和工作积极性。一个科学合理的薪酬系统对员工的激励是最持久也是最根本的激励，因为科学合理的薪酬系统解决了人力资源所有问题中最根本的分配问题。简单高薪并不能有效地激励员工，一个能让员工有效发挥自身能力，能按“绩效”而不是按“劳动”分配的机制才能有效激励员工。

### 5. 经济原则

经济原则一方面是指企业在薪酬设计时，需要根据实际经营状况，进行人力资本成本核算，把人力资本控制在一个合理的范围内；另一方面是要合理配置劳动力资源，无论是劳动力数量过剩，还是配置较高，都会导致企业薪酬的浪费。

**6. 合法原则**

所谓合法性，是指企业的薪酬管理体系和管理过程必须符合国家的相关法律规定。

### 7.2.2 岗位薪酬体系设计思路

薪酬管理体系设计以工作分析、岗位评价得到的企业岗位级别结构体系为出发点，结合企业薪酬总额、市场薪酬曲线、企业薪酬政策得到岗位薪酬曲线，并在此基础上设计宽带薪酬。

基于岗位的薪酬体系设计思路如图 7-2 所示。

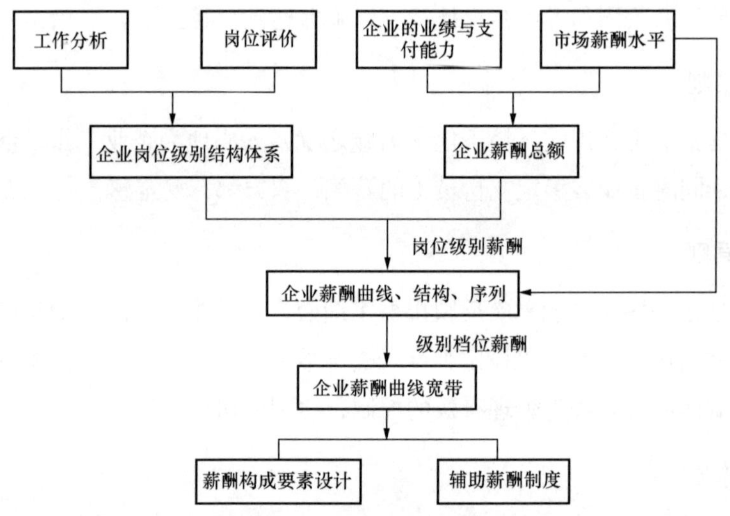


图 7-2 基于岗位的薪酬体系设计思路流程图

### 7.2.3 岗位薪酬的基本构成

岗位薪酬的构成要素与一般薪酬相比较，具有共通性。通常会选择能体现岗位价值、员工能力与岗位的匹配程度，以及员工的岗位贡献的主要构成要素，主要包括岗位基本工资、岗位绩效工资、奖金、津贴、福利五大部分。其中，岗位基本工资和岗位绩效工资组成岗位工资。

### 1. 岗位基本工资

岗位基本工资通常被人们称为岗位固定工资，是企业支付给在岗员工的基本固定的工资。岗位基本工资一般是按月发放。岗位基本工资的支付标准由两个方面的因素决定：一是在岗位分析和评价的基础上，考虑岗位任职资格、工作任务、责任、岗位环境等因素并结合市场工资调查测算出来的岗位价值；二是在该岗位任职的员工在素质评估基础上确认的员工的素质价值。一个具体的员工进入一个具体的岗位，其岗位基本工资就由岗位价值和员工素质价值确定下来。也就是说，即使是同一个岗位，如果由不同素质的员工来主持，其获得的岗位基本工资也有可能不同。毫无疑问，素质高的员工其岗位基本工资也会相应高一些，而素质低的员工其岗位基本工资也就会低一些。

岗位基本工资一旦确定了标准，在一定时期内就会保持相对的稳定，这是因为在一段时间内，不仅岗位的价值不会发生变化，而且员工素质的价值也很少发生变化。当然，这么做也是保证员工的基本生活的需要，防止因为岗位基本工资的大起大落而导致员工生活陷入困境。岗位基本工资作为一种连续的收入形式，具有延续性和相对持久性的特点。那么，岗位基本工资在什么情况下才会发生变化呢？大致有两种情况：一是岗位内涵发生了变化，这时就要对岗位重新进行评价；二是主持岗位的员工发生了变化，或是换了岗位主持人，或是主持岗位的员工的素质发生了变化，这时就要对员工的素质重新进行评估。只要有一种情况发生，该岗位的岗位基本工资就要重新确定。

### 2. 岗位绩效工资

绩效工资通常又被人们称为岗位浮动工资，是企业根据员工在岗位上所做出的绩效大小支付给员工的报酬。因此，岗位绩效工资与员工个人的岗位绩效挂钩，以此体现员工工作业绩完成的价值，反映不同员工或不同群体之间的绩效水平的差异，鼓励员工在岗位上努力多做贡献。一般来讲，岗位绩效工资也是按月发放。岗位绩效工资的支付标准由三方面的因素决定。前两个因素和决定岗位基本工资支付标准的因素相同（一是该岗位的价值，二是在该岗位任职的员工的素质价值），第三个因素则是对员工在岗位上工作产出的绩效进行考评确认出来的绩效价值。这就是说，岗位绩效工资是在岗位基本工资的基础上派生出来的，没有岗位基本工资，就无法确定岗位绩效工资。

但是，岗位绩效工资毕竟有别于岗位基本工资，岗位基本工资是相对固定的，而岗位绩效工资则是相对浮动的。不仅是不同的员工在同一岗位上每次拿到的岗位绩效工资可能大不相同，即使是同一个员工在同一个岗位上每次拿到的岗位绩效工资也可能大不相同。与绩效价值挂钩的岗位绩效工资具有明显的激励作用，它彻底否定了长期以来我国企业中普遍存在的“大锅饭”和“铁饭碗”现象，重新界定了“按劳分配”的内涵，肯定了“多劳多得”和“好劳多得”，在很大程度上调动了广大员工的工作积极性。绩效工资根据绩效考评的周期不同可以分为月度绩效工资和季度绩效工资。

### 3. 奖金

很多人将奖金混淆于岗位绩效工资，认为绩效工资也是奖金。其实这是一个误区，奖金与岗位绩效工资有着很大的区别。尽管奖金也是一种激励手段，但是奖金的激励特点有别于岗位绩效工资。第一，奖金具有一次性的特点，比岗位绩效工资更灵活，企业支付奖金时具有更大的自由度。第二，奖金不属于工资，而岗位绩效工资属于工资。第三，奖金尽管也受岗位绩效的影响，但最主要的是受企业经营效益和部门效益的影响，因而奖金的激励具有战略性的性质，可以强化员工对企业的心理契约和激发员工的团队合作精神。由于奖金具有这些特点，所以员工更加关心企业的发展，关心企业的业绩，关心他人，愿意和团队共存亡。

奖金主要包括年终奖和特别奖励等形式。年终奖一般是春节前发放给员工的大红包，是根据上年度的企业经营效益、部门绩效考评、员工个人绩效考评三者的综合考虑，向员工支付的激励性报酬。特别奖励是由于员工为企业做出了特殊贡献而向员工支付的激励性报酬，如发明创造奖、质量奖、合理化建议与技术改进奖、标兵奖等。各企业的奖金形式会有所不同，但奖金的激励实质是一样的。

### 4. 津贴

津贴与岗位特点或人员特点有关，对岗位薪酬来讲是一种补充报酬。对于岗位特点而言，是对员工在特殊的工作环境从事特殊的工作给予的体力或心理上的消耗和损伤的额外补偿，如野外作业补贴、高温作业补贴、危险作业补贴、出差补贴、加班费、倒班津贴及司机的出车补助等。而对于人员特点而言，是对员工的某些付出的劳动或代价的额外报偿，这些劳动或代价虽然不是直接为了工作，但其结果对提高绩效有潜在帮助，如技术津贴、学历津贴、年功津贴及其他津贴等。

津贴具有四个特点：一是补偿性，能够体现劳动所处的环境和条件的差别，调解地区、行业和工种之间的工资关系；二是激励性，能够激励员工向着企业指引的方向去努力奋斗或提升自己；三是单一性，是根据某一特定条件，为某一特定目的而制定的；四是具有较大的灵活性，可以随工作环境、劳动条件的变化而变化。

5. **福利**

福利是指企业支付给员工的除工资、奖金之外的附加报酬，一般带有普遍性。福利主要包括法定福利和自主福利两部分。法定福利是指国家规定的企业应当向员工提供的福利，包括养老保险、医疗保险、失业保险及婚假、产假等，这是企业必须向员工提供的。自主福利则是根据企业文化和传统惯例而选择的福利项目，包括住房补贴、午餐、带薪休假、假日红包、年夜饭、生日蛋糕、厂服、集体旅游等。在自主福利中有一种形式近年来引人瞩目，那就是自助福利。自助福利是指企业根据自身情况和员工需求，制定不同的福利项目，员工根据自己的岗位等级、绩效结果等因素从自助福利包中选择自己需要的福利项目。

福利的发放一般不以货币形式表现，而多以实物或服务的形式支付，其作用是为员工生活提供保障和方便，最终目的是提高员工对企业的忠诚度和归属感。

## 7.3　岗位薪酬体系的构建

按照图 7-2 所示内容，下面逐一介绍企业薪酬总额设计、薪酬曲线设计、宽带薪酬设计、各岗位序列薪酬构成要素设计的方法。

### 7.3.1　薪酬总额设计

无论从成本的角度还是从投资的角度，对企业而言，只有合理的薪酬总额才能使薪酬发挥出其应有的功能，同时促进企业在人力资源方面的健康发展。

确定企业薪金总额的方法有多种，最普遍和最有效的有以下三种：一是薪金比率推算法，二是盈亏平衡点推算法，三是劳动分配率推算法。本书采用盈亏平衡点推算法进行计算。

所谓盈亏平衡点推算法，是指企业的销售量所达到的收益正好能弥补总成本（含固定成本和可变成本两部分）而没有额外利润，也就是说，企业处于不赢不亏尚可维持的状态，这一点如图 7-3 所示的点 A。安全盈利点是指在确保股息之外，还能为企业应付未来可能发生的风险或危机，积存一定的盈余资金，如图 7-3 所示的点 C。

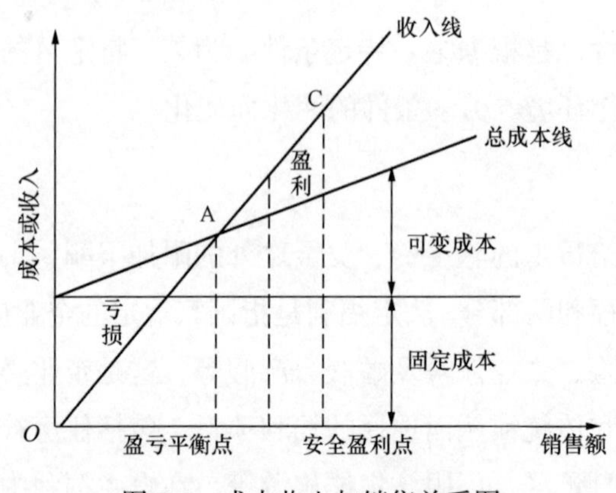


图 7-3　成本收入与销售关系图

由盈亏平衡分析可知：

企业能够支付的最高薪酬比率 ＝ 薪金总额/盈亏平衡点销售额　　（7-1）

企业愿意支付的安全薪酬比率 ＝ 薪金总额/安全盈利点销售额　　（7-2）

因此，企业薪酬率（ $\alpha$ ）的范围为

$$安全薪酬率 \leqslant \alpha \leqslant 最高薪酬率$$

薪酬总额由企业根据年度营业收入与薪酬率确定。薪酬总额随企业的发展而逐步增长，但薪酬总额增长幅度不得高于营业收入增长幅度和劳动生产率增长幅度。薪酬总额计算公式为

$$B = \alpha R \tag{7-3}$$

式中：$B$ 为本年度薪酬总额；$R$ 为本年度实际的营业收入； $\alpha$ 为薪酬率。

在一般情况下，$\alpha$ 根据企业的实际经营情况可以适度向上调整，但调整不能过于频繁。

### 7.3.2　薪酬曲线设计

岗位薪酬与岗位价值、市场薪酬水平、企业薪酬政策、企业薪酬总额等因素相关，同时为了保证企业薪酬设计的连贯性与平滑过渡，岗位薪酬总额还应与原薪酬水平相关。

岗位薪酬总额曲线的设计是在企业薪酬总额确定的情况下，对原薪酬水平进行曲线回归，得到原始薪酬曲线。结合市场薪酬曲线、企业薪酬政策、企业薪酬总额进行三维度调整。

### 1. 基于原始薪酬回归分析

第一步是选择薪酬曲线。薪酬曲线类型可以是线性的，也可以是非线性的，以反映岗位价值与工资之间的不同关系。线性薪酬曲线图与非线性薪酬曲线图如图 7-4、图 7-5 所示。

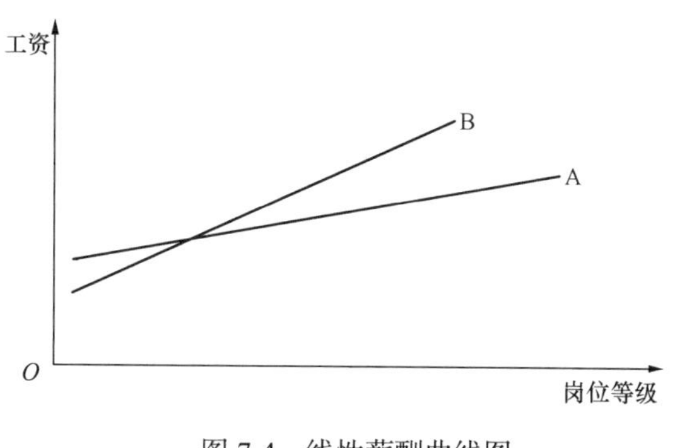


图 7-4　线性薪酬曲线图

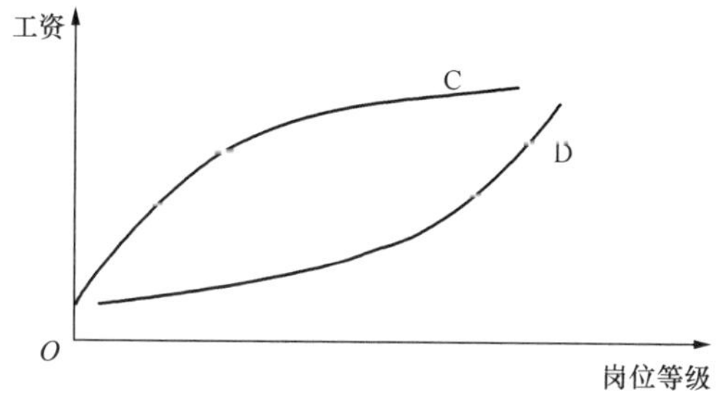


图 7-5　非线性薪酬曲线图

图 7-4 中的直线表示了岗位价值和工资之间的线性关系，即岗位价值与工资成正比，岗位的工资增长呈算术增长趋势，随着岗位价值的提高，工资按一定的比率提高。我们还可以看出，A、B 两条直线反映了不同的薪酬曲线，A 线比较平缓，斜率较小，说明不同价值的岗位之间的薪酬差距较小，企业不希望收入差距过于悬殊；B 线比较陡峭，斜率较大，说明企业想要拉大不同价值的岗位之间的薪酬差距。当然企业最终决定将不同岗位薪酬差距拉大还是保持均衡，则需要考虑企业的性质、历史条件和经济实力等因素。

图 7-5 中 C、D 两条非线性工资曲线表明岗位价值与工资不成正比关系，岗位的工资增长呈几何增长趋势。随着岗位价值的提高，工资不是按相同的比率增长。工资曲线 C 中，曲线斜率不断下降，表明等级较低的岗位的工资增长速度较快，而等级较高的岗位的工资增长速度相对缓慢，反映了企业想要靠工资增加来激励等级较低的岗位工作人员，对较高

级别的岗位来说，企业可用除工资之外的方式进行激励。曲线 D 的斜率不断升高，表明随岗位等级的升高其工资提高的幅度越来越大，等级较低的岗位的工资增长速度较慢，而等级较高的岗位的工资增长速度相对较快。

为提高薪酬的激励作用，激励性的薪酬总额曲线更符合 D 曲线的特征，即随岗位等级的升高其工资提高的幅度越来越大，等级较低的岗位的工资增长速度较慢，而等级较高的岗位的工资增长速度相对较快。因此，如果用薪酬倍数（$\beta$）表示岗位价值与岗位薪酬总额的比值，那么这个变量符合指数曲线。

$$\text{薪酬倍数}(\beta) = ae^{bx} \tag{7-4}$$

$$\text{岗位级别薪酬}(B') = \text{薪酬倍数}(\beta) \times \text{岗位价值}(V) \tag{7-5}$$

$$\text{岗位价值}(V) = \text{岗位所在级别岗位评价得分中值} \tag{7-6}$$

第二步是形成回归分析样本。回归分析样本的形成包含样本数据的收集与样本数据的整理两个部分。

（1）样本数据的收集。样本数据的收集即根据岗位分级表收集每一级别标杆岗位上一年度的薪酬总额数据。薪酬总额包含岗位基本工资、岗位绩效工资、奖金、津贴和福利。样本数据要确保完整性和稳定性。完整性指的是所有数据必须涵盖所有内容，不能有所遗漏。稳定性指的是提供薪酬数据的时间段，必须是企业正常营业、正常付薪的时间段，特殊时间段不能纳入样本统计。样本数据收集见表 7-2。

（2）样本数据的整理。根据收集到的样本数据进行整理形成岗位级别与岗位薪酬倍数的数据组（$C$，$B'$）。如上例中，对于级别 C，所对应的原始薪酬倍数样本值（$B'$）为

$$B = \sum_{1}^{5} B_i' \Big/ 5 \tag{7-7}$$

第三步是获取原始薪酬曲线。

表 7-2　薪酬总额样本收集表

| 岗位级别 | 分值中值 | 岗位 | 原始工资 | | | | | 总额 |
|---|---|---|---|---|---|---|---|---|
| | | | 岗位基本工资 | 岗位绩效工资 | 奖金 | 津贴 | 福利 | |
| $C$ | $V$ | P1 | PBW1 | PPW1 | S1 | T1 | F1 | B1 |
| | | P2 | PBW2 | PPW2 | S2 | T2 | F2 | B2 |
| | | P3 | PBW3 | PPW3 | S3 | T3 | F3 | B3 |

续表

| 岗位级别 | 分值中值 | 岗位 | 原始工资 | | | | | 总额 |
|---|---|---|---|---|---|---|---|---|
| | | | 岗位基本工资 | 岗位绩效工资 | 奖金 | 津贴 | 福利 | |
| *C* | *V* | P4 | PBW4 | PPW4 | S4 | T4 | F4 | B4 |
| | | P5 | PBW5 | PPE5 | S5 | T5 | F5 | B5 |

在获得样本数据的基础上，进行回归分析获得原始薪酬曲线主要通过三个步骤来完成。首先，绘制薪酬倍数样本散点图；其次，通过统计软件（SPSS）对散点进行回归分析，获得薪酬倍数指数曲线，并求解指数函数常量 $a$、$b$；最后，根据式（7-4）、式（7-5）计算岗位薪酬并绘制原始薪酬曲线，由式（7-4）、式（7-5）可知企业原始薪酬曲线。

$$岗位级别薪酬（B'\quad）= ae^{bx} \times 岗位价值（V） \tag{7-8}$$

2. **薪酬曲线调整**

原始薪酬总额曲线主要反映了企业现阶段的薪酬水平，要制定符合内外部公平的岗位薪酬总额还必须根据相关因素进行调整，调整的维度主要包括以下两个方面。

（1）市场薪酬曲线与企业薪酬策略。企业可能会选择修改市场工资线以反映他们自己的工资政策。从市场角度看，一个企业选择薪酬水平可采用领先、滞后、跟随或混合的政策。

在薪酬上采用领先政策的未必是品牌最响的企业，那些处在创业初期或快速上升期的企业最易采用高薪策略，希望招聘到更多人才。但是，工资水平的选择的确对企业的运营成本有直接的影响，而且有可能间接地影响到企业的总收入。如果市场领先的工资政策能够提高劳动力的生产率，那么运营成本的增加就可能低于总收入的增长。

采用滞后政策的企业，低工资必然会影响人才招聘，员工离职率居高不下，但若企业能有效设计其他分配形式，如奖金激励、股权分配等，也能达到对员工激励的作用。

采用跟随政策的企业，即支付与同行业竞争者相当的工资水平，在减少员工不满方面有一定作用，但与竞争者比较没有优势。

混合政策指企业对各岗位序列的员工制定不同薪酬政策或采用不同工资政策组合方式。

企业具体选择哪种政策需要根据战略定位及薪酬政策来决定，需要考虑到企业的盈利能力和支付能力、企业发展阶段、人才稀缺度、企业的市场品牌和综合实力等各方面因素。在原始薪酬总额曲线依据这些因素进行调整以后，就形成了企业自身的修正薪酬总额曲线，如图 7-6 所示。

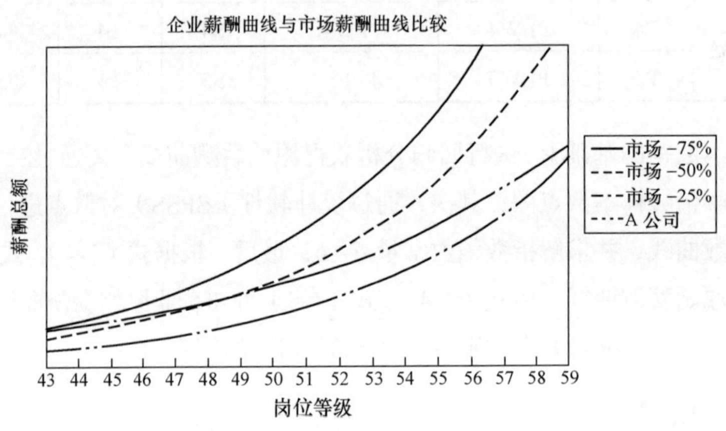


图 7-6　企业薪酬曲线与市场薪酬曲线比较图

（2）企业薪酬总额。企业薪酬总额是薪酬曲线调整的重要维度，要以企业薪酬总额为上限进行调整。比较所有岗位标准薪酬总额之和与企业薪酬总额的大小，如果岗位标准薪酬总额之和大于企业薪酬总额，则降低所有岗位薪酬标准，或根据企业薪酬战略降低部分次关键岗位薪酬标准。

### 7.3.3　宽带薪酬设计

岗位薪酬从一定程度上实现了薪酬的内外部公平，但是一岗一薪的薪酬体系不能满足薪酬晋升的需要，同时也抑制了薪酬体系的激励作用，从而引起同岗同酬。为了更大限度发挥薪酬的激励作用，要在岗位薪酬总额曲线的基础上拉成宽带形状。

#### 1. 宽带薪酬设计依据

岗位有内部结构，可以进一步分解为七个档级（见图 7-7）。不同的岗位主持人虽然主持同一个岗位，却可能处于不同的档，其实他们是同一岗位不同档次的主持人。

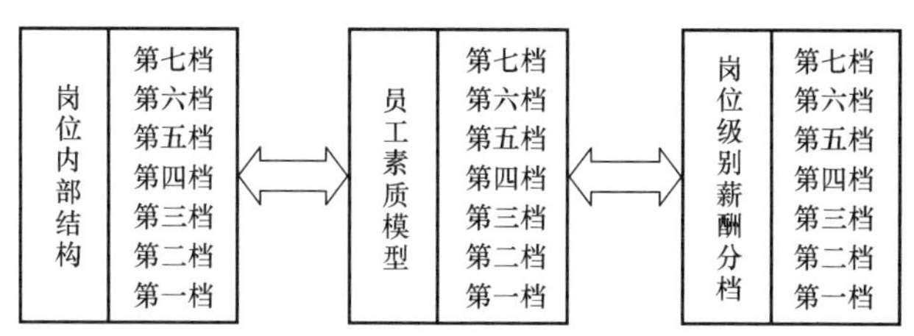


图 7-7　员工素质模型与岗位级别档次对照

（1）岗位内部结构划分标准。岗位是组织的细胞，是人力资源管理的基础之一。岗位内部结构的划分直接影响着部门的正常运作，影响着人力资源管理的规划、实施、效果，进而影响着组织战略目标的实现。岗位的划分是一项非常严肃、科学的过程，对岗位内部结构的划分就是对每一档具体要求的明确。

## 相关链接

### 岗位七档各档具体要求

第一档，进入档，即刚进入该岗位工作，应具备该岗位所要求的相关基础知识、企业知识和基本能力及有关条件，但尚不具备该岗位的基本工作经验，不能独自主持岗位，需要在他人的带领和帮助下开展工作。

第二档，能熟练掌握岗位的应知应会，初步具备岗位所要求的基本技能，但仍不能带领他人和独立操作或全面完成任务，需在他人的指导下开展工作。

第三档，基本能够独立操作，但并不熟练或效率不一定能达到要求。

第四档，标准岗，能够按照要求独立自如地主持岗位的全面工作，对本岗位负责。

第五档，不仅能够独立自如地主持岗位的全面工作，还可以指导、帮助低级岗位开展工作，同时能达到一个相关岗位四档以上的标准，或是达到两个以上相关岗位三档以上的标准，必要时可以临时兼岗，对指导、帮助的岗位和临时兼任的岗位负责。

第六档，不仅能够指导、帮助低级岗位开展工作，还能达到两个相关岗位四档以上的标准，必要时可以临时兼岗，对指导、帮助的岗位和临时兼任的岗位负责。

第七档，不仅能够指导、帮助低级岗位开展工作和兼岗，同时还应达到上级岗位三档以上的标准，必要时可根据组织或领导的授权，临时替代上级岗位进行工作。

（2）岗位档次间关系研究。岗位内的岗位档次是相对独立的，档次与档次之间有着密切的关系。

1）递进关系。档次与档次之间不是完全独立的，档次是在岗位内部递进的，这种递进关系体现在岗位档次素质的递进、岗位档次职责的递进、激励约束机制的递进。

档次越低素质的要求就越低。岗位档次职责的要求在不同的档次间是不同的，第一、二、三档不能够独立地主持岗位工作，其工作职责应该在标准职责之下，第四档正好为标准的工作职责，第五档以上都要高于标准的工作职责，而且要对临时兼岗的工作职责负责。由于每一个具体档次的工作不同、要求不同、职责不同，因此对他们的激励与约束机制也不同，第一、二、三档主要是激励他们努力学习、刻苦钻研以期在岗位素质上不断进步，第四档要完成好岗位工作，第五、六、七档不仅要完成好岗位工作，更主要的是要激励他们教授、帮带低档次的岗位主持人。

2）指导关系。同一个岗位的工作内容是相同的。低档次的岗位主持人不能独立工作，不能独立完成岗位职责，高档次的岗位档次主持人有指导低档次岗位主持人的要求。这种指导是对工作环境的认识、员工素质的提高、工作职责的了解等多个方面。

3）研究员工对组织价值的贡献。岗位薪酬不仅体现在岗位价值上，还体现在岗位档次的价值上。岗位档次越高，薪酬就越高，具有突破意义的发展就在于下级岗位主持人的薪酬在理论上可以高于上级岗位档次主持人的薪酬。一般本级岗位第七档的薪酬与上级岗位第三档的薪酬基本相当，这可以极大地促进职工工作的积极性和主动性。

岗位档次的划分为“同岗不同酬”提供了理论基础：同岗不同酬是因为他们所主持的岗位档次不同。同一岗位内部的基本工资呈现出以下函数关系

$$r_i = {r_{i-1}}^a \qquad (7\text{-}9)$$

式中：$r_i$为岗位第$i$档的基本工资；$a$为系数。

系数可通过上下级岗位之间的工资关系算出，一般在1.1左右。

**2. 宽带薪酬设计**

宽带薪酬的设计即以薪酬曲线的每一岗位级别的薪酬总额作为标准档进行档次的划分。划分后即得到每一岗位级别的各档次薪酬。

### 7.3.4 各岗位序列薪酬构成要素设计

企业的岗位可以划分成七个不同的岗位序列，针对不同的岗位序列，岗位薪酬模式（或

工资制度）的选择不同。目前，普遍的情况是，战略决策岗位序列多采用年薪制，行政管理岗位和技术岗位中从事技术基础研究的岗位目前普遍采用岗位绩效工资制，技术岗位中从事产品开发的岗位可以实施项目工资制更能体现薪酬分配的公平性和激励性，市场营销岗位多采用佣金制，操作技能（工人）岗位一般采用计件或计时工资制，辅助服务岗位则一般采用岗位工资制。

下面对各种不同岗位序列的薪酬设计要点进行深入探讨。

### 1. 战略决策序列薪酬要素设计

战略决策岗位一般是指公司高层管理岗位，又指经营者岗位，包含公司高层领导岗位、关键部门和下属单位领导岗位。这些岗位的任职者工作能力强，替换成本高，工作绩效一般根据预定的工作目标完成情况来衡量，其薪酬与公司利益紧密结合，并注重参考市场定价。当前比较多的做法是采用年薪制其根本目的是使高管人员的报酬与企业和部门的经营业绩挂钩，使他们与企业共担风险，分享利益。

年薪又称年工资收入，是指以企业会计年度为时间单位计发的工资收入，主要用于公司经理、企业高级职员的收入发放。

年薪制度有以下特点。首先，它是以企业一个生产经营周期——年度为单位发放的报酬，故称为年薪制。其次，年薪制的核心是把战略决策岗位的劳动收入以年薪的形式发放，是对特殊性质的劳动力支出的一种回报形式，本质是一种企业经营活动。再次，年薪制是一种风险工资制度，依靠激励和约束相互制衡的机制，把战略决策岗位的责任和利益、成果和所得紧密结合起来，以保护出资者的利益，促进企业的发展。最后，适用范围包括公司董事长、总经理、下属法人企业总经理，董事、副总经理是否适用，由董事会决定。

## 相关链接

### A 公司岗位薪酬体系设计

A 公司的岗位薪酬体系中，薪酬等级分为 12 级，在每个薪酬等级中，根据员工能力的差异分为 7 档，其中 1 档为最低档，7 档为最高档，4 档为标准档，4 档是岗位说明书要求达到的水平。其岗位薪酬体系设计如图 7-8 所示。

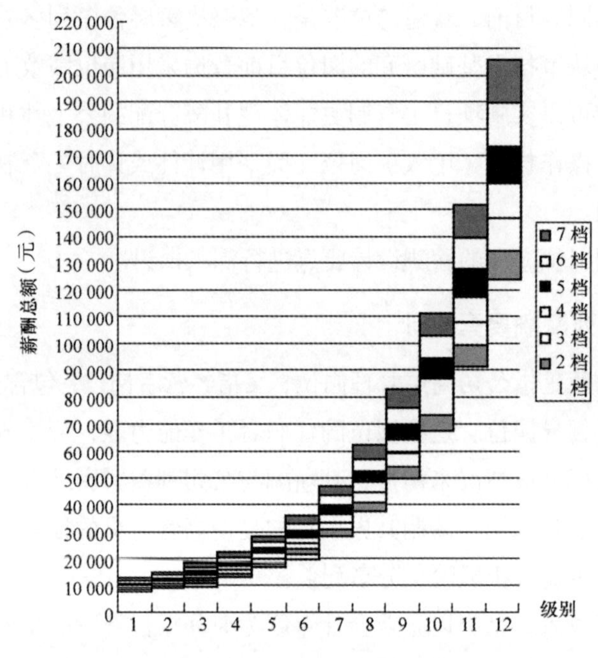


图 7-8　岗位薪酬宽带示例图

### 2. 管理序列薪酬要素设计

管理岗位任职者即企业中层及基层管理人员，是从事行政、财务、生产等管理或日常事务工作的人员，具有文化层次高、综合素质好、社交能力强、思维敏锐等特点。他们是企业战略的落实者，是将企业政策和高层管理的旨意转变为员工行动的传达者，是企业业务的执行者。他们区别于战略决策岗位人员，职务和责任承担较低；又区别于生产性工人和普通员工，他们又具有一定的管理职责。针对管理岗位的上述特点，岗位绩效薪酬制度比较适用。

在设计薪酬时需要考虑管理岗位的特点和薪酬结构中固定收入与浮动收入的比例设置问题。对于管理岗位而言，企业要求管理人员有效履行其职能职责，体现岗位价值。所以这种制度主要以岗位工资为主，适当加大绩效付酬比例和工龄等津贴，以此激励管理人员努力工作。

岗位固定与浮动收入的比例应该设置多大？这是需要认真研究的。因为固定与浮动收入的比例设置大小直接影响管理人员的满意度和他们工作的积极性，针对管理岗位的职能管理性质，固定与浮动收入比例可以考虑设置为 6∶4 或 7∶3，即浮动部分占较小比重。

岗位基本工资标准的确定首先要保证管理人员的基本生活需要，它的测算是通过管理岗位的分析和对管理人员的知识、经验、能力等方面评估并结合市场工资调查，确定岗位工资等级表。工资等级确保体现不同岗位的劳动差别和岗位工资水平的外在公平性。

岗位绩效工资相当于人们通常所说的月奖金，与每个管理人员当期绩效考评结果挂钩。岗位绩效工资支付注重企业对他们绩效差异的评定，强调以目标达成为重要评价依据。企业首先需要明确经营目标，按部门层层分解，确定部门绩效指标后，明确管理人员的个人绩效指标。通过对管理人员进行绩效考评获得考评结果，将结果与绩效工资的评定相结合，以此体现管理人员劳动和贡献的差别。

### 3. 技术序列薪酬要素设计

技术岗位是从事技术研究、产品研发工作的岗位，对技术人员的学历、知识技能和素质各方面要求很高。这类岗位人员相比其他类别岗位有明显的特点：一是岗位所需人员的智力含量高，但在企业中管理职位低；二是工作业绩不易衡量；三是工作时间无法估算；四是工作压力大；五是某些技术专业人员在市场上稀缺。

技术岗位薪酬设计应坚持以下原则。

（1）人力资本投资补偿与回报原则。技术岗位人员在上岗之前都曾经历过高于一般水平的人力资本投资，在岗位上还需要通过学习不断提高知识、技能水平，所以薪酬首先表现在对技术人员人力资本投资的补偿与回报上，体现在技术岗位薪酬水平定位在企业内部较高水平。

（2）高产出、高报酬原则。科技人员创造的价值远高于一般劳动者，即科技人员为企业所做的贡献很大，所以他们获得的报酬也相应很高。

（3）竞争力优先原则。薪酬设计时要考虑到内在公平性和外在竞争性的原则，内在公平性按贡献大小论报酬，外在竞争性要求薪酬水平定位按照市场供求决定，对于稀缺的技术人员的薪酬水平定位可能更高，以此吸引和留住技术人才。

（4）尊重知识、尊重人才的原则。人力资源的优势已成为企业的主要竞争优势，留住和吸引更多的人才对于企业来说非常重要，这要求企业懂得尊重知识和尊重人才，在收入水平上体现知识和人才的价值，给科技人员创造良好工作氛围，重视和尊重他们的工作等。

技术岗位工作的内部存在差别，如从事专业技术基础研究和从事新产品开发设计的岗位的工作不同，所以其岗位薪酬设计方法也有区别。技术岗位的薪酬模式概括起来，主要有单一的高工资模式、岗位工资加奖金模式、科研项目工资制等。

### 4. 市场营销序列薪酬要素设计

市场营销序列是从事产品市场销售的岗位，市场营销人员是企业从事产品市场销售业务的人员，他们相比上述管理人员和技术人员，具有明显的群体特征，主要表现在：一是工作业绩直接影响企业的经营目标的完成或企业的发展；二是营销人员工作时间、地点不确定；三是工作过程无法实施有效监督和控制；四是工作业绩能够衡量，但业绩不稳定，波动性大。这类岗位人员的薪酬分配主要由业绩大小决定。对于销售岗位，目前市场现有的薪酬模式有纯薪金制、纯佣金制、薪金佣金制、总额分解模式等。出于销售工作的特殊性质和销售人员的基本生活保障，纯薪金制、纯佣金制两种模式企业采用得较少，主要是佣金制度。

佣金制度实质上也相当于岗位绩效工资制度，佣金相当于岗位绩效工资，该模式也是先根据岗位性质确定岗位基本工资，结合考评结果确定岗位绩效工资，但该制度的特点是以岗位绩效工资为主，适当考虑地区或交通等津贴。

以上几种制度是目前企业运用比较广泛的制度，共同的特点是将岗位与业绩紧密结合，既体现岗位的价值，又反映在岗人员的业绩贡献大小。

此外，需要考虑两方面的问题。一是固定收入与浮动收入比例设置大小问题。对于市场营销岗位，固定收入与浮动收入比例可以考虑设置为 3∶7 或 4∶6，即浮动部分占较大比重，以体现营销岗位的特点及员工的劳动价值和贡献。二是企业需要结合企业实际情况来设计或选择适合自身的佣金制度，如行业性质、组织战略、企业所处的发展阶段、企业产品所处的生命周期等，同时还要考虑到营销岗位工作特殊性、产品销售的难易、竞争对手的力量对比等。

### 5. 操作技能序列薪酬要素设计

操作技能序列是从事技术、运行、维修、生产的操作和技能应用的岗位，此类序列的工资制度一般采用计件/计时工资制，适用范围是生产操作工人和生产辅助工人。其薪酬构成为计件 / 计时工资、技能工资、奖金、津贴和福利。

操作技能岗位薪酬一般由计件 / 计时工资、奖金、津贴和福利构成，其中计件 / 计时工资是在岗位基本工资基础上测算出来的。岗位基本工资是员工的基本收入，根据岗位的技术难度、工作强度、工作环境和相应责任来确定岗位等级，不同等级对应不同岗位基本工资。技能工资是员工按岗位等级考核所获得的技能等级收入，是对员工在岗位上表现出的特殊技能的认可。此外，这类岗位的津贴主要体现特殊工种性质和在特殊环境下工作的补贴。

#### 6. 后勤服务序列薪酬要素设计

后勤服务序列是从事行政后勤服务的岗位，这类岗位属于辅助性岗位，对岗位任职者知识、技能等要求不高，只需在岗人员认真履行其基本职责就行了。这类岗位的薪酬模式一般是采用结构较为简单的岗位工资制，由岗位基本工资、奖金、津贴和福利组成。适用范围是后勤服务员工，如清洁工、保管工等。

## 7.4　岗位薪酬体系的动态管理

通过薪酬战略的制定、薪酬策略的选择、薪酬计划的安排和薪酬设计，完成了企业的价值分配。但是岗位薪酬体系并不是一成不变的，它必须不断地动态调整自己，以适应激烈竞争的社会。因此，战略性薪酬体系要随着企业的变化而进行动态的管理，从而有效支撑企业的经营战略。薪酬的动态管理包括两个方面：一是由于企业战略发生变化而引发的薪酬管理活动，即外部动态管理；二是由于企业薪酬体系自身的调整而引发的管理活动，即内部动态管理。

### 7.4.1　外部动态管理

企业的薪酬体系一旦制定，就应该在相当长的一段时间内，稳定并切实有效地加以执行，但这并不意味着企业的薪酬体系是一成不变的。随着时间的推移和外部环境的变化，企业所面临的环境有可能发生巨大的变化，原有的薪酬体系在新的形势下就有可能不合时宜，这就要求岗位薪酬体系能够根据市场薪酬水平、企业战略变更做出相应的调整，保证薪酬战略与企业战略相匹配，保证薪酬体系与企业人力资源管理其他工作相协调，以支持企业经营战略得以实现。

### 7.4.2　内部动态管理

薪酬体系的内部动态管理是指企业的战略性薪酬体系在运作过程中，作为一个动态的协调系统，在与企业战略发展一致的基础上，对自身进行诊断及调整的过程。内部动态管理就像人们为了自身的健康，需要定期或不定期地进行体检一样，目的是保证薪酬战略、薪酬计划和薪酬设计各部分的正常运作和整个薪酬体系的协调发展。

任何一个企业，一般都有自己的一套薪酬体系在支撑着企业的运作，当企业面对多种多样先进的薪酬管理理念时，必定会考虑企业现有的薪酬管理体系是否切实有效？是否要对现有的薪酬管理体系进行改革？是否要建立一套新的薪酬体系？再者，当企业遇到员工工作的积极性不高，不能全心全意地投入工作，而只是在应付差事的问题时，企业也必然会考虑是否对于员工的激励程度不够？是否是企业的激励系统或是薪酬制度出了问题？那么，企业就需要通过薪酬的内部动态管理，通过薪酬内部诊断和调整，使薪酬体系达到最优的激励效果。

**1. 内部诊断的内容**

在对企业薪酬体系进行诊断时，需要考虑以下五个方面的问题。

第一，企业的薪酬战略与企业的经营战略是否匹配？与企业经营战略的基本方向和未来目标是否一致？

第二，企业的薪酬体系与人力资源管理体系的主要各环节之间的关系是否协调？

第三，企业的薪酬计划安排是否从企业的战略需求出发？员工的数量和质量的预测是否合理？薪酬总量的预算是否与企业的经营状况和财务目标一致？

第四，企业的薪酬设计是否实现了企业的内部公平性和外部公平性？薪酬水平是否具有外部竞争力？薪酬水平与薪酬结构之间是否协调？薪酬等级数目和级差是否合理，是否体现了内部公平性？

第五，企业薪酬制度的制定是否合理体现了企业战略？ 执行企业薪酬制度的组织和人员是否得到落实？

**2. 内部诊断方法**

企业设计薪酬体系的目的就是在支持企业经营战略发展的同时，提升企业员工的工作积极性，从而获得企业的竞争优势。因此，企业薪酬体系的诊断方法可以采用员工薪酬满意度的调查问卷方式。企业员工的薪酬满意度是员工在特定的工作环境中，通过其对工作特征的自我认识，确定实际所获得的价值与其预期应获得的价值之间的差距。差距大，满意程度低；反之，差距小，满意程度高。了解员工心理和生理两方面对企业环境因素的满足感受并做出适应性改变，有助于降低员工流失率，提高文化认同，促进经营绩效，从而实现企业薪酬管理的目标。同时，员工薪酬满意度测评和结果分析为薪酬战略和具体的薪酬管理提供了科学的决策依据。

员工薪酬满意度问卷调查的流程如图 7-9 所示。

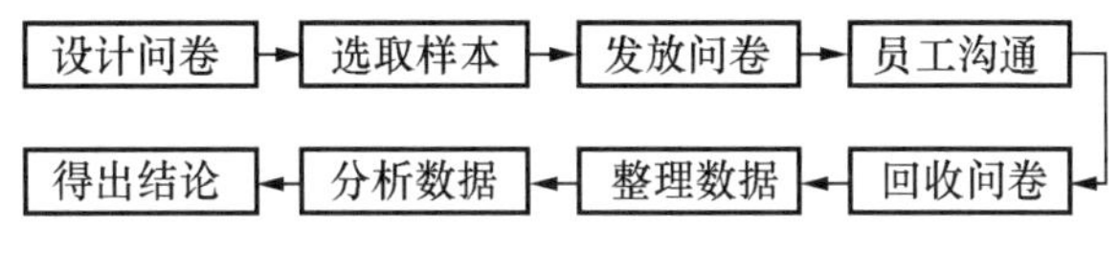


图 7-9　薪酬满意度问卷调查流程

### 3. 调整步骤

根据员工薪酬满意度调查结果，可以对薪酬体系进行动态的调整，流程如图 7-10 所示。

通过薪酬动态管理，一方面可以使企业的薪酬体系处在良好的循环运行过程中；另一方面能够使企业的薪酬体系动态地调整自己，与企业的经营战略相匹配，帮助企业适应不断变化的环境，提高企业的竞争力。

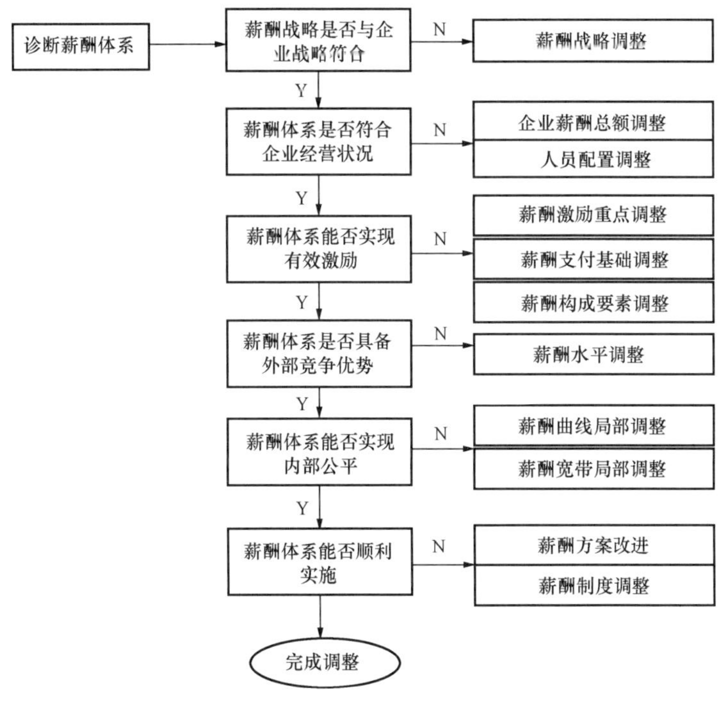


图 7-10　薪酬体系调整流程

## ☑ 自测题

### 一、判断题（请在题后的括号内打“√”或“×”）

1. 工资是以货币形式支付的员工劳动报酬。（　　）
2. 基于市场的薪酬模式在实践中往往采取谈判工资制的形式。（　　）
3. 企业每月支付给员工的薪酬一般就包含岗位工资和绩效工资两部分。（　　）
4. 奖金作为一种激励手段，具有与工资相同的特点。（　　）
5. 岗位薪酬体系一旦设计好，就可以保持不变了。（　　）

### 二、单选题（请在题后的括号内填上选中项的序号）

1. 目前我国大多数企业和政府部门采用的薪酬模式为（　　）。

A. 基于职位的薪酬模式　　B. 基于能力的薪酬模式

C. 基于绩效的薪酬模式　　D. 基于年功的薪酬模式

2. 以绩效为基础和基于能力的薪酬更多地考虑了（　　）。

A. 外部公平性　　B. 内部公平性

C. 自我公平性　　D. 综合公平

3.（　　）一旦确定了标准，在一定时期内就保持稳定，以保证员工的基本生活需要。

A. 岗位工资　　B. 绩效工资

C. 奖金　　D. 津贴或补贴

E. 福利

4. 福利是企业支付给员工的除工资、奖金之外的附加报酬，主要包括（　　）。

A. 法定福利和自助福利　　B. 内在福利和外在福利

C. 经济性福利和非经济性福利　　D. 金钱福利和实物福利

5. 弹性原则一般在（　　）的设计上较常使用。

A. 岗位工资　　B. 福利

C. 奖金　　D. 津贴或补贴

### 三、多选题（请在题后的括号内填上选中项的序号）

1. 薪酬的模式主要有（　　）。

A. 基于职位的薪酬模式　　B. 基于能力的薪酬模式

C. 基于绩效的薪酬模式　　D. 基于年功的薪酬模式

E. 基于市场的薪酬模式　　F. 整体薪酬模式

2. 岗位薪酬构成要素主要包括（　　）。

A. 岗位工资　　B. 绩效工资

C. 奖金　　D. 津贴或补贴

E. 福利

3. 岗位薪酬体系设计的原则主要包括（　　）。

A. 公平原则　　B. 安全原则

C. 弹性原则　　D. 激励原则

E. 经济原则　　F. 合法原则

4. 公平性分析是通过对企业（　　）的分析和协调来达到一个现有资源条件下最优的薪酬结构。

A. 外部公平性　　B. 内部公平性

C. 自我公平性　　D. 综合公平

5. 确定企业薪酬总额的方法有多种，最普遍和最有效的有（　　）。

A. 薪金比率推算法　　B. 盈亏平衡点法推算法

C. 劳动分配率推算法　　D. 经验总结法

## 四、练习与思考

1. 试区分报酬、薪酬、工资。

2. 岗位薪酬如何能够实现激励员工的作用？

3. 岗位薪酬与岗位管理的各个环节之间有怎样的联系？

4. 简述岗位薪酬的设计思路。

5. 如何对岗位薪酬体系进行动态的管理和维护？

## 五、案例分析题

1. X 公司是一家大型制造型企业，2006 年公司批出 15 万元奖金，奖励在安全与生产中做出贡献的广大员工。在这 15 万元奖金的分配过程中，该公司总经理召集下属四位副总经理和财务部长、行政人事部长和相关部门的负责人开了一个“分配安全奖金”的会议。这些高层管理者认为，一线操作工人只需保证自身安全；而主管们不但要保证自身安全还要负责一个班组的安全工作；尤其是高层领导，不但要负经济责任，还要负法律责任。因此，会议决定，将奖金根据安全责任的大小分为五个档次，总经理3 000元，副总经理2 500元，部长800元，一般管理人员500元，一线操作工人一律50元，奖金刚好发完。奖金下发后全公司显得风平浪静，但几天后公司的安全事故就接连发生。当总经理亲自带领工作组到各班组追查事故起因时，一线操作工人说："我们拿的安全奖少，没那份安全责任，领导拿的奖金多，让他们干吧！"还有一些操作工人说："我受伤，就是为了不让当官的拿安全奖。"

（资料来源：http://wenku.baidu.com/view/629ea92cb4daa58da0114ac4.html）

**思考题：**

（1）请剖析X公司的奖金分配方案，并说明它产生负激励作用的原因。

（2）如果你是该公司负责人会如何分配这批奖金？并说明理由。

2. 朗讯的薪酬结构由两大部分构成，一部分是保障性薪酬，与员工的业绩关系不大，只跟其岗位有关。另一部分薪酬与业绩紧密挂钩。朗讯的销售人员的待遇中有一部分专门属于销售业绩的奖金，业务部门根据个人的销售业绩，每一季度发放一次。在同行业中，朗讯薪酬中浮动部分比较大，朗讯这样做是为了将公司每个员工的薪酬与公司的业绩挂钩。

**业绩比学历更重要**

朗讯在招聘人才时比较重视学历，贝尔实验室1999年招了200人，大部分是研究生以上学历，"对于从大学刚刚毕业的学生，学历是我们的基本要求"。对其他的市场销售工作，基本的学历是要的，但是经验就更重要了。学历到了公司之后在比较短的时间就淡化了，无论做市场还是做研发，待遇、晋升和学历的关系慢慢消失。在薪酬方面，朗讯是根据工作表现决定薪酬。进了朗讯以后薪酬和职业发展跟学历工龄的关系越来越淡化，基本上跟员工的职位和业绩挂钩。

**薪酬政策的考虑因素**

朗讯公司在执行薪酬制度时，不仅仅看公司内部的情况，更是将薪酬放到一个系统中考虑。朗讯的薪酬政策有两个考虑，一个考虑是保持自己的薪酬在市场上有很大的竞争力。为此，朗讯每年委托一个专业的薪酬调查公司进行市场调查，以此来了解人才市场的宏观情形。这是大公司在制定薪酬标准时的通常做法。另一个考虑是人力成本因素。综合这些考虑之后，人力资源部会根据市场情况给公司提出一个薪酬的原则性建议，指导所有的劳资工作。人力资源部将各种调查汇总后会告诉业务部门总体的市场情况，在这个情况下每个部门有一个预算，主管在预算允许的情况下对员工的待遇做出调整决定。

加薪策略

朗讯在加薪时做到对员工尽可能的透明，让每个人知道他加薪的原因。加薪时员工的主管会找员工谈，根据你今年的业绩，你可以加多少薪酬。每年的 12 月 1 日是加薪日，公司加薪的总体方案出台后，人力总监会和各地做薪酬管理的经理进行交流，告诉员工当年薪酬的总体情况，市场调查的结果是什么？今年的变化是什么？加薪的时间进度是什么？公司每年加薪的最主要目的是保证朗讯在人才市场增加一些竞争力。

一方面，我们都知道高薪能够留住人才，所以每年的加薪必然也能够留住人才；另一方面，薪酬不能任意上涨，必须和人才市场的情况挂钩，如果有人因为薪酬问题而提出辞职，很多情况下是让他走或者用别的办法留人。

薪酬与发展空间

薪酬在任何公司都是一个非常基础的东西。一个企业不仅需要有一定竞争力的薪酬吸引人才，还需要有一定保证力的薪酬留住人才。如果和外界的差异过大，员工肯定会到其他地方找机会。薪酬会在中短期内转移员工的注意力，但是薪酬不是万能的，工作环境、管理风格、经理和下属的关系都对员工的去留有影响。员工一般会注重长期的打算，公司会以不同的方式告诉员工发展方向，让员工看到自己的发展前景。朗讯公司的员工平均年龄 29 岁，更多的是看到自己的发展。

思考题：

（1）结合案例材料分析朗讯的薪酬设计主要体现了薪酬设计的哪些原则？

（2）朗讯的薪酬管理对你有哪些启示？

# 岗位绩效管理

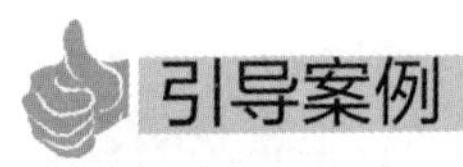


## F 公司的绩效考评

F 公司是一家成立不到三年的民营企业，虽然机制比较灵活，但由于总体规模较小、资产质量欠佳、员工素质参差不齐、管理手段落后等不足，竞争能力亟待提高。随着竞争的加剧，F 公司高层领导者逐渐认识到人力资源对于企业发展的重要性。为了迅速扩大企业规模，提高经营业绩，F 公司决定首先从加强绩效管理入手，制定了一整套绩效考评和激励措施。人力资源部根据公司不同部门和岗位的职责与特点，分别对中高层管理人员、一线业务人员和职能管理部门制定了相应的考评指标和考评管理办法。同时，在年终专门由高层领导和中层干部组成绩效考评领导小组领导公司开展绩效考评工作，由各部门负责人牵头、相关部门协作组织各部门进行绩效考评。全公司上下投入了大量时间和精力进行平时和年终绩效考评工作，但是实施结果却并不尽如人意：高层管理者觉得最终考评结果没有很好地区分员工业绩的优劣，不能为员工的激励和职业发展提供很好的支持和依据；中层干部（尤其是职能部门）则觉得考评指标不够量化，难以操作；员工则反映考评结果与自己的工作实际不符，不公平，而且实际上直接影响了员工的工作态度和情绪。又一年过去了，人力资源部部长老李又开始着手组织年度绩效考评工作，对员工一年的业绩进行总结和评价。但是一想到去年绩效考评的效果，老李不禁忧心忡忡。这一切到底是怎么回事呢？今年会不会又是这样呢？

**思考：**

F 公司绩效考核存在哪些问题？ F 公司如何建立有效的绩效管理体系？

## ■ 本章学习目标

1. 理解岗位绩效和绩效管理的概念
2. 熟悉岗位绩效管理的主要流程
3. 了解岗位考评的内容
4. 掌握岗位绩效考评的主要工具

## ■ 学习导航

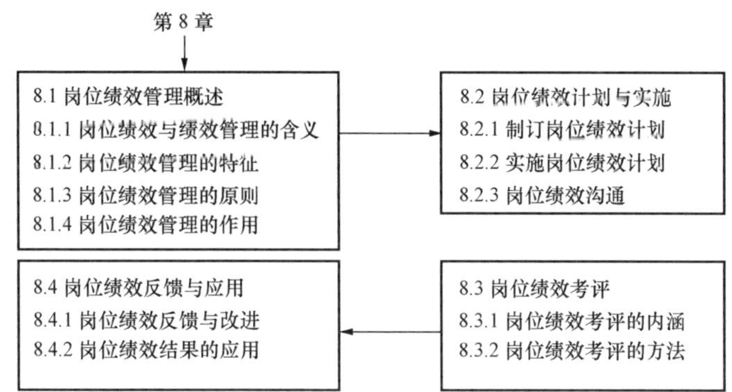

# 8.1 岗位绩效管理概述

对绩效一词的理解，可以从“绩”和“效”这两个组成部分来进行。绩，就是业绩，体现的是一种结果；效，就是效能，体现的是结果的有效性。任何企业的生存都是着眼于发展，但企业发展的前提是能够为社会提供产品和服务。企业提供的产品和服务本质上就是该企业的绩效，而企业的绩效最终则是由每一个员工在自己岗位上做出的绩效汇集而成的。岗位的绩效决定了企业的绩效，企业的绩效则决定了企业的生存。

## 8.1.1 岗位绩效与绩效管理的含义

绩效的概念存在于不同的层次上，如岗位绩效、部门绩效、团队绩效和企业绩效。员工个人在既定的岗位上所实现的绩效，就是岗位绩效。岗位绩效是指员工从事其岗位工作的行为、表现及其结果。岗位绩效受工作、岗位主持人、职责与权限、环境及激励与约束机制五个方面因素的影响。

第一，工作要素的输出特征（工作要素会表明某个特定岗位的最终结果表现形式）是岗位绩效的必要前提。没有工作就没有岗位，也就没有岗位绩效。第二，岗位主持人作为岗位要素中唯一的能动要素，是影响岗位绩效的关键因素。企业所有的岗位都是由员工主持的，所有的工作都是由员工完成的。岗位主持人的素质、能力及工作态度将直接影响到岗位绩效的好坏。第三，岗位的职责与权限规定了岗位主持人为了完成岗位工作任务所必须实现的责任及相应的权力。清晰、明确的岗位职责和权限是岗位绩效提高的必要条件和有力保障。第四，岗位所处的环境（包括工作环境、职位关系、岗位属性等）是界定岗位工作关系的基础，它不仅可以使岗位主持人在合格的硬性环境中充分完成自己的工作，还对岗位主持人之间的工作关系进行了制度上的界定，这就为岗位绩效的产生和提高提供了有力的组织保障。第五，激励与约束机制通过任务目标的激励与压力对岗位主持人产生激励作用，同时通过职责和职权及相关规范对岗位主持人进行约束，使岗位绩效符合企业发展战略的要求。在组织战略得到保障的前提下，不断激发岗位主持人的工作积极性，提高岗位绩效。

所谓绩效管理，是指组织中的管理者和员工为了实现组织的目标，共同参与绩效计划的制订、绩效实施、绩效考评等过程，从而提升个人和组织的绩效。当绩效管理着眼于员工个人所在岗位的绩效时，这就是岗位绩效管理。岗位绩效管理是一个体系，在这个体系中有一系列的环节，环环相扣，要想实现岗位目标，需要完成体系中的全部环节，而不仅仅是一部分。岗位绩效管理体系和一般的绩效管理体系一样，也可以分为计划、实施、考评、反馈与应用四个环节，绩效沟通是贯串管理绩效管理循环的核心（见图 8-1）。

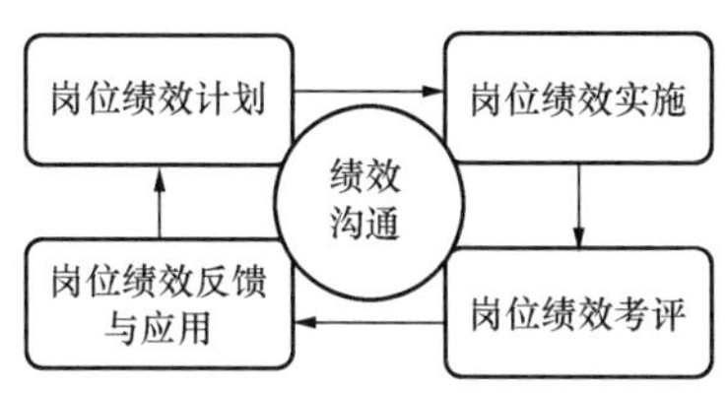


图 8-1　岗位绩效管理循环

### 8.1.2　岗位绩效管理的特征

岗位绩效管理有以下三个主要特征。

#### 1. 岗位绩效管理的战略目标一致性

岗位目标是由企业战略目标一步步分解到各部门再到各岗位的，员工工作行为和产出与部门、组织的目标是一致的。绩效管理是综合管理组织和员工岗位绩效的过程。优秀的岗位绩效管理体系能将员工岗位目标与企业战略目标有效地整合与统一起来，能为员工提供通过实际绩效与企业战略对话的空间，成为企业战略实现过程中巨大的推进机制。

#### 2. 岗位绩效管理的系统性

岗位绩效管理是一个完整的系统，在这个系统中，管理者和员工全部参与进来并通过沟通的方式，将企业的战略规划和经营目标、管理者的职责、管理的方式和手段及员工的岗位绩效目标等管理的基本内容确定下来。在持续不断沟通的前提下，运用合适的绩效考评技术对员工的岗位绩效进行考评，使员工达成岗位绩效目标，从而实现企业的战略目的、管理目的和开发目的。

#### 3. 岗位绩效管理的工具性

通过岗位绩效管理，及时向员工反馈绩效信息，使之不断提高技能，改进工作方法，提高岗位工作效率和效果。同时，岗位绩效管理可以使组织有效掌握岗位发展动态，并及时采取相应的措施，通过岗位绩效目标的实现以保证企业整体目标的实现。

### 8.1.3 岗位绩效管理的原则

在进行岗位绩效管理时，一般要遵循以下五个原则。

#### 1. 公开公正原则

岗位绩效管理的过程是组织内各级员工共同参与管理的过程，在这个过程中需要遵循公开公正原则。岗位绩效计划的制订、评价指标的确定等环节，都要在阳光下操作，如果没有达到对目标和实施方法的共识，就得不到各级员工的共同理解和支持，岗位绩效管理的推进就会困难重重。同时，在岗位绩效结果的运用上，一定要严格按照绩效考评的成绩参照绩效管理制度进行沟通和绩效奖罚，并且提供绩效申诉的通道，进行绩效的反馈与改进，这样才能体现公平公正。

#### 2. 目标原则

岗位绩效管理的核心就是为了达到岗位目标。岗位绩效管理的第一个环节，就是要设定好岗位目标。要在公司战略目标确定之后，分解成部门目标，再分解成岗位目标。也就是说，按照层级关系将企业战略目标逐层向下分解，最后化为岗位职责。反过来，在实施过程中，使岗位目标逐级往上实现，最后变成企业绩效。岗位绩效管理过程就是达成岗位目标的过程，就是围绕目标找方法的过程，因此，任何脱离岗位目标的绩效管理一定都会导致无效。

#### 3. 开放沟通原则

在岗位绩效管理的各个环节中，都充分体现了开放沟通原则。员工的岗位绩效计划要求员工与其直接上级领导沟通。在绩效实施过程中，员工的直接领导也要定期与员工进行经常性沟通，及时了解其员工岗位工作完成情况和进度。绩效反馈面谈也是一个开放沟通的过程。员工对绩效考评结果有疑义，还可以进行申诉。所以整个岗位绩效管理体系都充分体现了开放沟通原则。

#### 4. 奖优罚劣原则

岗位绩效管理体系既要公平、公开、公正，又不能搞一刀切和平均主义。绩效考评的结果应该根据员工不同的工作表现和不同的工作结果，评定出不同的绩效等级，并作为员工晋升、岗位轮换、薪酬、福利、奖惩及员工职业生涯发展规划与教育培训的客观依据。

5. **系统性原则**

岗位绩效管理涉及方方面面，这就要求我们运用系统的思想，把岗位绩效管理作为一个系统性的过程，放在企业内部的经营管理系统、企业人力资源管理系统的大环境里去考察。

### 8.1.4　岗位绩效管理的作用

从组织的根本目的来说，进行绩效管理，是为了提高组织的绩效。一个完善、科学的岗位绩效管理系统能够帮助组织完成诸多任务，并实现组织和员工个体的双赢。岗位绩效管理的作用主要表现在三个方面。

1. **对所在部门的作用**

岗位绩效管理对其所在部门有着重要的意义。通过有效的岗位绩效管理，可以对部门起到三个方面的作用。

首先是促进部门目标的实现，提高部门的竞争力。绩效计划是对企业总目标的分解，在此基础上将部门目标分解落实到每个岗位上。岗位绩效管理是对员工行为的辅导、监督和指引，而岗位绩效目标的制定和考评可以确保员工的努力与公司的目标一致。

其次是促进部门资源的有效利用。岗位绩效管理将岗位的实际工作成果与计划目标进行对照，对绩效进行控制，可以及时发现问题，及时组织力量进行排查，使问题得到迅速解决，根据绩效考评的结果，制订绩效改进计划，对员工实行有针对性的指导，使员工的工作绩效得到改善和提高，从而使部门的人力、物力得到充分的利用。

最后是使部门员工培训及人事调整更合理。岗位绩效管理强调把绩效考评的结果作为员工培训和人事调整的主要依据，通过对员工工作绩效的考评，明确员工工作中的不足和优点，在此基础确定员工是否需要培训及培训的内容，而且可以为员工的晋升、降级、工作调配提供指导。岗位绩效管理不仅能提供员工全面的工作结果和招聘的效果，而且能使员工的晋升、岗位变动和薪酬分配更加合理，这样可以确保部门员工培训、岗位变动、职务提升等符合部门的要求。

2. **对管理者的作用**

对管理者来说，岗位绩效管理对他们具有以下三个方面的作用。

首先是提高了管理者的管理效率。岗位绩效管理有助于管理者与员工建立职业工作关系，有助于管理者了解员工对其岗位的职责与目标任务的看法，有助于管理者与员工共同探讨员工培训和开发的需求及行动计划，这些无疑对管理者提高工作效率有巨大的推动作用。

其次是便于管理者指引和监督员工的行为。通过对岗位绩效目标实现过程的观察和监控，有助于管理者根据发现的问题对员工给予及时的指导和反馈，从而使员工的行为符合部门发展的要求。

最后是有利于管理者与员工建立良好的关系。岗位绩效管理要求管理者对薪酬、岗位变动等重大问题及时与员工沟通。这种沟通能够使员工感到被重视，从而有效地激发他们的工作热情，同时这种沟通也有助于员工和管理者之间的相互了解。

#### 3. 对员工的作用

岗位绩效管理对于员工具有以下三个方面的作用。

首先是使员工获得更多的发展机会。通过岗位绩效管理，员工的工作绩效得到肯定，有利于员工得到及时的提升；反之，若发现工作绩效有缺陷，则有利于员工及时改正或另寻更适合自己的发展机会。

其次是能获得更多的激励，从而产生更多的工作动力。当员工的成就和能力获得上级的赏识时，员工就有了进一步提高精神需求的满足程度的要求。

最后是可以使员工加深了解自己的职责、目标和所在企业的发展前程，在对自己有影响的绩效考评过程中获得参与感。

## 8.2 岗位绩效计划与实施

岗位绩效管理在开始阶段的两个主要工作即制订岗位绩效计划和实施岗位绩效计划。

### 8.2.1 制订岗位绩效计划

制订岗位绩效计划是岗位绩效管理的第一步工作。岗位绩效计划是指根据组织的战略目标，管理者和员工一起讨论确定计划期内应该做什么、做到什么程度、何时做完等。通常这个计划期可以是一年期的，也可以是半年、季度或者月度。绩效计划不是一纸空文，而是整个绩效管理过程的一个目标，一个导向，绩效的实施与管理、绩效考评及绩效反馈面谈三个环节均以绩效计划为标杆。

岗位绩效计划由管理者与员工共同参与制订完成，整个过程中管理者与员工反复沟通，对岗位的工作标准和目标达成一致意见，并形成协议。

岗位绩效计划主要包括设定岗位目标、确定岗位目标评定标准和制订岗位目标实施方案三个部分内容。

### 1. 设定岗位目标

岗位目标就是岗位绩效的预设，岗位绩效就是岗位目标的实施结果，两者是一个事物在岗位管理不同阶段的两种表现形态。

岗位目标由企业战略目标先分解成年度阶段目标，然后再将年度的阶段目标分解到各部门，最后再由各部门分解到各个岗位，这就使得企业、部门与岗位的目标成为一个完整的体系，通过目标的牵引使得企业、部门和岗位向同一个方向努力，共同完成企业的战略目标。在由企业战略目标分解到年度阶段目标的过程中，主要是企业高层领导负责；在年度阶段目标分解到部门目标的过程中，主要是企业高层领导和部门负责人共同负责；而在部门目标分解到岗位目标的过程中，则是由部门负责人、岗位直接领导和员工共同完成的。这个由企业战略目标到岗位目标的分解过程如图 8-2 所示。

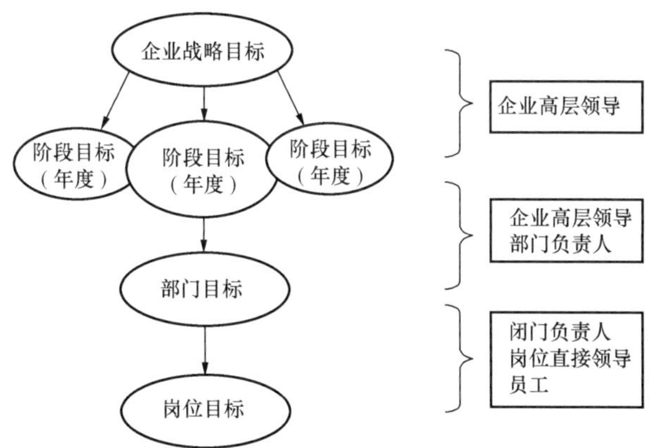


图 8-2　企业战略目标到岗位目标的分解过程

在具体设定岗位目标的时候，需要注意五个方面的问题。

第一，部门或岗位上级组织的目标应该明确。只有部门或岗位上级组织的目标是明确的，才能循此决定岗位的目标。

第二，部门负责人和岗位直接上级分解部门目标，并将分解后的目标下达到岗位，征求岗位员工的意见。

第三，岗位员工和直接上级领导在充分讨论和协商的基础上，初步确定岗位目标，并将确定的岗位目标反馈到部门。在这个过程中，岗位员工可以质疑目标，但需要本着实事求是的态度，对下达的目标进行商讨。必要时，还可以与相关岗位的员工进行讨论。

第四，部门接到岗位目标的反馈后，认真检查反馈后的各岗位目标是否合理，能否支持部门的目标。如果有问题，则重复第二、第三的步骤，上下级进一步沟通，直到取得一致意见。

第五，部门对各岗位正式下达岗位目标任务书，各岗位员工接受岗位目标任务书。双方签订书面协议，一式两份，部门与员工各执一份。

通常，岗位目标除了考虑企业的战略目标或者部门目标外，还要考虑岗位职责和流程的需求。岗位目标通常是岗位职责在一定条件下和一定时间范围内所达到的结果的描述，同样具有一定的时间性和阶段性。岗位是流程的节点，任何岗位都不可能游离于流程之外而不与其他岗位发生关系，所以，岗位目标的设定要兼顾流程的需求。

### 2. 确定岗位目标评定标准

光设定了岗位目标还不行，还要确定衡量这些目标完成与否的评定标准，如果没有评定标准，在绩效考评的时候就无法衡量员工是否完成了岗位目标。岗位目标评定标准是岗位目标的细化和量化，一般可以分为绝对标准和相对标准。绝对标准是一些可度量的指标，如产量、废品率、工时定额、完成工期等。绝对指标一般都是客观存在的，无须人去主观判断，比较容易得出。而相对标准则是一些难以度量的指标，如劳动态度、合作精神、遵守规章制度等，只能相比较而言，难于客观得出，只能靠主观判断。虽然说岗位目标评价标准可以从多个方面来展开，但是最重要的是要找出关键的结果领域和关键的目标指标，抓住了关键的结果领域和关键的目标指标，岗位目标的评定就会迎刃而解。

还需要说明的是，岗位目标评定标准和岗位绩效考评标准应该是一致的。经常使用的岗位目标评定标准设计方法和岗位绩效考评标准的设计方法大同小异，主要有 360 度评估法、关键绩效指标（KPI）法和平衡计分卡（BSC）法，这些方法在第 8.3 节中会进一步介绍。

表 8-1 是某公司××年年度目标，表 8-2 表示的是某公司招商部部长根据公司年度目标

形成的岗位目标任务书。

表 8-1　某公司××年年度目标

（一）经济指标

| 指标项目 | 指标说明 | 目标值 |
| --- | --- | --- |
| 销售额 | 销售额=不含租金户的销售收入 | |
| 净利润 | 净利润=（毛利额+租金-成本费用）×（1-应交税率） | |
| 销售增长率 | 销售增长率=（本期销售额-上期销售额）/上期销售额 | |
| 综合毛利率 | 综合毛利率=毛利额/销售额 | |
| 综合毛利率增长率 | 综合毛利率增长率=（本期综合毛利率-上期综合毛利率）/上期综合毛利率 | |
| 成本费用利润率 | 成本费用利润率=利润总额/成本费用总额 | |
| 资产负债率 | 资产负债率=总负债/总资产 | |
| 总资产周转率 | 资本周转率＝销售收入/股东权益平均金额 | |
| 投资回报率 | 成本费用利润率=利润总额/成本费用总额 | |
| 总资产报酬率 | 总资产报酬率=净利润/总资产 | |
| 备注 | | |

（二）管理指标

| 维　　度 | 具体指标项目 | 指标说明 | 目标值 |
| --- | --- | --- | --- |
| 内部运营 | 完成流程再造工作 | | |
| | 建立并初步运行绩效管理体系 | | |
| | 信息化建设达标率 | | |
| | 人员结构优化达标率 | | |
| | 年营销企划活动的天数 | | |
| | 人均销售增长率 | | |
| | 人均利润增长率 | | |
| 客户 | 供应商满意度提升率 | | |
| | 顾客满意度提升率 | | |
| | 员工满意度提升率 | | |

续表

| 维　　度 | 具体指标项目 | 指标说明 | 目标值 |
|---|---|---|---|
| 学习发展 | 培训计划覆盖率 | | |
| | 人均培训时数 | | |
| | 人员培训合格率 | | |
| | 采纳创新建议条数 | | |
| 否决性指标 | 火灾、爆炸、人身伤亡、盗窃等给公司造成重大安全责任事故及经济损失 | | |
| | 损害公司形象、利益及其他不廉洁现象 | | |
| 备注 | | | |

**表 8-2　某公司招商部部长××年年度目标任务书**

（一）经济指标

| 指标维度 | 具体指标 | | 目标计划值 | 权重分值 |
|---|---|---|---|---|
| 财务 | 年销售计划完成率 | | | |
| | 年利润计划完成率 | | | |
| | 签订合同的扣点提升率 | | | |
| | 引进品牌销售业绩目标达成率 | | | |
| | 积分返利卡销售额 | | | |
| | 固定成本 | 社会统筹保险费 | | |
| | | 住房公积金 | | |
| | | 工会会费 | | |
| | | 福利费 | | |
| | | 员工工资 | | |
| | 可变成本 | 差旅费 | | |
| | | 招待费 | | |

续表

| 指标维度 | 具体指标 | | 目标计划值 | 权重分值 |
|---|---|---|---|---|
| 财务 | 可变成本 | 电话费 | | |
| | | 办公费 | | |
| | | 维修费 | | |
| | | 小车费 | | |

（二）管理指标

| 指标维度 | 具体指标 | 目标计划值 | 权重分值 |
|---|---|---|---|
| 内部运营 | 品牌结构调整达标率 | | |
| | 品牌库的建立和维护 | | |
| | 月度工作计划完成率 | | |
| 客户 | 供应商流失率 | | |
| | 客户投诉次数 | | |
| 学习发展 | 培训计划完成率 | | |
| | 培训合格率 | | |
| | 经理授课时数 | | |
| | 创新建议采纳数 | | |
| 否决性指标 | 因合同出现经济纠纷或产生经济损失 | 在考评周期内，如出现其中一项被否决情况，管理指标考评总分扣减 10 分，扣减分值上限为 30 分 | |
| | 火灾、爆炸、人身伤亡、盗窃等给公司造成重大安全责任事故及经济损失的行为 | | |
| | 损害公司形象、利益及其他不廉洁行为 | | |

### 3. 制订岗位目标实施方案

岗位目标的周期一般都是以年度为单位的，要想落实年度岗位目标，必须对岗位目标按时间进度进一步分解，制订岗位目标实施方案。

首先，将年度岗位目标进一步细化，分解成季度或月度岗位目标，有必要时还要分解到旬或周，使目标变成具体的可以操作的行动方案。只有细化成具体的方案，员工才能体会到目标，才能一步一步地去完成目标，才能确保岗位目标不落空。

其次，岗位目标的分解要有轻重缓急，要根据部门和企业的计划安排，统筹落实。岗位目标的分解，最忌讳的就是不分青红皂白眉毛胡子一把抓，或是只顾自己方便，不顾大局，不顾流程。

最后，岗位目标实施方案制订好了之后，要经过上级主管的审查批准。一经批准，就要严肃对待，坚决执行。

在岗位目标分解的过程中，如果发现了岗位目标无法分解，或是不能落实，或是出现大的差距，这时要及时对岗位目标进行重新审核。如果发现岗位目标有问题，或是岗位目标评定标准有问题，这时就要重新设定岗位目标，或是重新确定岗位目标评定标准。也就是说，岗位绩效计划要重新制订。

### 8.2.2 实施岗位绩效计划

岗位绩效计划制订好之后，就要开始实施，在工作中根据岗位目标实施方案去具体落实岗位绩效计划。岗位绩效计划的完成，固然要靠员工在岗位上去努力工作，做出绩效，但不可忽视的是这一过程中各级管理者需要加强管理，及时发现问题，及时和员工沟通，及时解决问题。如果有必要，还要对绩效计划进行合理调整。

#### 1. 组织实施岗位绩效

岗位绩效的责任人是多主体，不仅有在这一岗位工作的员工，还有岗位所在部门的负责人和岗位的直接领导，他们都要对岗位绩效计划的完成负责任。有关管理者应当对在岗员工的工作进行跟踪指导，及时发现并纠正员工在岗位绩效实施过程中的偏差，积极鼓励良好的工作态度、工作行为和工作方法，使每个员工在岗位工作中顺利完成绩效目标，并不断创造更好的业绩。

作为岗位的直接领导，对于岗位绩效负有更大的直接责任。在岗位绩效实施过程中，岗位直接领导要注意做好三个方面的工作。

一是收集和分析岗位绩效信息。岗位直接领导要通过观察掌握员工在岗位的工作情况，并做好相关记录，这样做不但能为将来的绩效考评提供相关依据，而且能及时发现员工岗位的绩效问题。

二是进行持续的沟通和指导。员工在完成岗位绩效计划的过程中可能会遇到外部障碍、能力缺陷或者其他意想不到的情况，如原材料供应不上、设备出现故障、上游岗位员工不合作、个人关键技术掌握不到位等，这时岗位直接领导要及时与员工沟通，确定哪些工作环节需要改善，必要时要现场指导员工完成特定的工作任务，帮助员工不断学习、不断提升。

三是及时调整岗位目标。有多种原因会影响岗位目标的实现，如工作流程或工艺技术发生变化、团队合作出现问题等，一旦出现了员工在岗位上无法解决的问题，这时岗位直接领导要果断处理。岗位直接领导首先要判断问题的严重性，及时将问题反映给部门负责人，如果有必要，则提出调整有关岗位目标的建议，经部门负责人同意后更改有关岗位目标。重大的岗位目标调整，或是事关全局的岗位目标调整，还要由部门负责人向企业有关领导和有关职能部门请示报告，经同意后才能调整岗位目标，并实施新的岗位绩效计划。

2. **岗位目标控制**

在实施岗位绩效的过程中，最为关键的工作是控制岗位目标。如果等到最后绩效考评时再来看有没有偏离岗位目标，那时就一切都晚了。所以，在实施过程中要经常地、适时地、定期地检查目标的执行情况。一经发现偏离了岗位目标，就要及时解决问题。但是，岗位目标控制并不能简单地理解为监督员工的工作，因为岗位目标控制的重要内容是帮助员工解决实际困难，使员工的工作能够步入正轨。

企业在进行岗位目标控制的过程中，有四个问题需要加以注意。一是建立授权制度，为了使员工能完成其岗位目标，各级主管应授予相应的职权，便于争取时机，迅速完成目标。二是建立上下贯通的信息系统，以便在岗位绩效实施过程中加强控制管理和意见沟通。三是不断地与岗位目标标准和计划进度相对照，发现问题要及时调控。四是管理者和员工要携起手来，共同努力对岗位目标进行控制。

### 8.2.3 岗位绩效沟通

岗位绩效管理系统的一个周期从制订岗位绩效计划开始，直至岗位绩效的反馈与改进结束，在整个岗位绩效管理的周期内，有一个核心环节贯串了整个系统，即管理者与岗位主持人所进行的持续的岗位绩效沟通。因此，岗位绩效管理的过程也可以看成是管理者与岗位主持人持续不断沟通的过程。许多企业在岗位绩效管理中，经常由于沟通不足或者缺乏沟通技巧而导致整个岗位绩效管理过程出现麻烦。

简单来说，岗位绩效的沟通就是指管理者与岗位主持人在岗位绩效实施过程中不断讨论、分享、改进与岗位绩效有关的各类信息的过程。这类信息主要是指岗位绩效计划的进展情况、工作中遇到的各种问题及解决这些问题的措施等。

### 1. 岗位绩效沟通的作用

岗位绩效沟通在整个岗位绩效管理系统中起着决定性的作用，这些作用主要表现在以下三个方面。

第一，有利于企业适应外部环境的变化。企业的外部环境处在不断变化中，竞争和发展的需要使得企业要根据外部环境的变化来不断调整整体战略布局，因此，各个岗位的工作内容、重点和目标也会随时发生改变。所以，管理者和员工之间持续的绩效沟通是十分有必要的。

第二，促进管理者实现有效的管理。企业的管理者为了顺利开展工作，需要了解和掌握下属工作的进展状况，并进行必要的协调，如若出现问题还要迅速解决，这些管理工作的开展都需要管理者与下属保持不断的沟通与交流。

第三，帮助员工改善绩效。员工在绩效实施阶段，可能会遇到各种障碍，这些情况都会影响员工岗位绩效计划的顺利完成。管理者与员工保持持续的沟通，和员工共同分析问题产生的原因并加以解决，可以帮助员工改善岗位绩效。

### 2. 岗位绩效沟通的方式

岗位绩效沟通可以分为正式的绩效沟通与非正式的绩效沟通两类方式。正式的绩效沟通，顾名思义，主要是指通过组织内部的文件传达、定期召开会议等正式形式来进行岗位绩效信息的传递与交流。这种沟通方式的优点是具有一定的约束力，信息沟通具有权威性，一般适用于重要信息的传达。但是其缺点是容易流于形式，沟通速度也较慢。

与正式的绩效沟通相比，非正式的绩效沟通在组织中表现得更为普遍。非正式的绩效沟通，即日常的绩效沟通，主要是指正式沟通渠道以外的在日常生活中的绩效信息交流和传递，如员工私下交换看法、朋友聚会、小道消息传播等。与正式的绩效沟通不同，日常生活中的非正式绩效沟通常能提供大量的岗位绩效信息，能够比较真实地反映员工的思想、态度等的变化。这些非正式沟通提供的岗位绩效信息往往对企业管理决策有着重要的作用。但是这种非正式沟通方式也有一定的不足，主要表现在可能会导致组织中“小团体”的出现，影响整体的稳定性和凝聚力。

另外，在岗位绩效沟通的过程中，管理者需要注意在沟通的同时要做好数据的收集和记录。岗位绩效考评的结果直接关系到员工的薪酬，因此为了保证考评的公正性，管理者在岗位绩效实施中，一方面需要与员工保持持续不断的绩效沟通，另一方面还需要注意记录员工绩效实施的相关数据和信息。

## 8.3　岗位绩效考评

岗位绩效考评是岗位绩效管理过程中的一个重要环节。绩效计划是否落实，目标是否完成，都需要根据一定的程序和方法对绩效的完成情况进行定量计算和定性评价。

### 8.3.1　岗位绩效考评的内涵

岗位绩效考评就是指按照一定的标准，采用科学的原理和方法，针对预先设定的岗位绩效计划对员工在履行岗位工作职责和绩效计划实现过程中的行为、表现及其结果进行考评，以使岗位达到组织发展战略要求的过程。绩效考评既包括对绩效进行考核，还包括对考核出来的绩效进行评价。有些用人单位经常将绩效考评与绩效管理混淆起来，事实上绩效考评只是绩效管理过程中的一个环节。

#### 相关链接

**绩效考评与绩效管理的区别**

绩效管理与绩效考评是两个差别很大的概念，两者既不能混淆，更不能等同。绩效管理是对绩效进行管理的全过程，涵盖绩效计划制订、绩效计划实施、绩效考评和绩效结果反馈与应用四大环节，其目的是保证企业绩效得到实现和帮助员工提高绩效能力，使员工的努力与公司的远景规划和目标任务一致，并与组织得到同步发展。绩效考评则只是绩效管理的一个环节，是对部门和员工一段时间的工作绩效进行的考评，对该段时间的工作进行总结，考评结果为相关决策提供依据。

（1）绩效管理是一个完整的系统，绩效考评只是这个系统中的一部分。

（2）绩效管理是一个过程，注重过程的管理，而绩效考评是一个阶段性的总结。

（3）绩效管理具有前瞻性，能帮助组织和管理者前瞻性地看待问题，有效规划组织和员工的未来发展，而绩效考评则是回顾过去一个阶段的成果，不具备前瞻性。

（4）绩效管理能建立管理者与员工之间的绩效合作伙伴的关系，而绩效考评容易使管理者与员工站立到对立的两面，形成紧张的气氛和关系。

岗位绩效考评构成要素主要包括考评主体、考评客体、考评原理与方法、考评指标、考评标准、考评周期与流程等。

**1. 岗位绩效考评的主体**

岗位绩效考评的主体一般是指具备绩效考评的相关知识和技能，拥有相应的权力和权威，从事绩效考评活动的人或者人的集合。作为绩效考评的主体，必须具备以下四个条件：首先，考评主体必须具备一定的绩效考评的知识和技能，这是主体进行考评的先决条件；其次，考评主体要对所评价的岗位工作有全面的了解和把握，这是主体进行绩效考评的必要条件；再次，考评主体要具有从事绩效考评活动的权力和权威，这是主体进行绩效考评活动的基本保障；最后，考评主体必须实际从事绩效考评活动，否则，即使同时具备考评的知识能力和权力权威，也不能称为考评主体。

在岗位绩效考评中，考评主体是指企业中的各级组织、岗位的直接上级管理者和岗位主持人。无论是组织、管理者还是各个岗位主持人都是岗位绩效考评的能动性主体，各个考评主体对待绩效考评工作的态度、在考评过程中的行为都直接影响岗位绩效考评的结果。但是，从整个系统的角度来看，各个考评主体在整个考评过程当中所发挥的作用和地位是不一样的。

人力资源部是企业绩效考评的职能部门，虽然岗位绩效考评是人力资源部的一项重要工作，但是人力资源部在一般情况下并不能算是岗位绩效考评的具体考评主体。在整个绩效考评的过程中，人力资源部的定位应是绩效考评制度的制定者和绩效考评制度实施的组织者、绩效考评制度实施的咨询者、绩效考评制度的培训和宣传者，以及对于人力资源部本部门岗位绩效考评过程的具体实施者等。从整个企业的角度来看，岗位绩效考评的组织主体应是企业内各级组织，他们在整个考评过程中起到绩效考评制度的落实、考评的具体实施等作用。

岗位绩效考评的另一主体是各个岗位的直接上级管理者。企业的管理层次可分为高层、中层、基层和执行管理层，每一个层次的管理者都是自己下级岗位的考评主体。每一个上级管理者都应该最了解自己的下级岗位，最有资格考评自己的下级岗位，也最具有考评自己下级岗位的实际条件。所以，企业各层次管理者对岗位绩效考评工作的高度重视和支持是岗位绩效考评工作顺利实施的保障和首要条件。但是，企业各层次管理者并不是天然的合格考评者，要成为合格的考评者，还要对他们进行培训和教育，以使他们能够公平公正和科学有效地对自己的下级岗位进行考评。

各个岗位主持人是岗位绩效考评的中坚力量和最重要的主体，这一点很容易被人们所忽视。由于岗位主持人是构成岗位的能动性要素，他们能否主动地参与到岗位绩效考评中来，将直接影响到绩效考评的效果。在整个管理过程中，岗位主持人已经进行了岗位目标的设定，而且在目标的实施过程中进行了自我控制和自觉管理，目标完成后，更要对自己岗位的目标完成情况进行自我考评，而后还要根据考评结果做出绩效改进和提升的计划。虽然企业不可能要求每一个员工都具备绩效考评的相关知识和技能，更不能要求他们拥有相应的权力和权威，但是要求员工具有一些相应的常识和掌握一些考评的方法还是很有必要的。

可见，在岗位绩效考评的所有主体中，组织是保障主体，各级管理者是实施主体，岗位主持人是基础主体。

### 2. 岗位绩效考评的客体

岗位绩效考评的客体是考评主体实施绩效考评的对象和不可或缺的因素。在岗位绩效考评中，考评客体是指构成企业的最基本的细胞，即一个个岗位的绩效。每一个岗位都有其相应的岗位职责和权限，以及一定时期内的相应的岗位绩效目标，围绕岗位职责和岗位目标进行绩效考评可以避免考评过程中的主观错误，使考评能够客观、公正地进行。

岗位绩效考评要对岗位绩效实行全方位的考评，即不仅要对岗位主持人的工作态度、工作行为和工作结果进行评价，而且还要对岗位工作、岗位职责与权限、岗位所处的环境及相应的岗位激励与约束机制等方面进行综合考评。岗位工作的考评主要从岗位任务、岗位提供产品和服务的质量、数量等方面展开，岗位职责与权限的考评主要从岗位职责和权限的履行情况展开，岗位环境的考评主要从岗位之间的协作关系、岗位与企业内外部顾客之间的关系及岗位所处的客观环境等多方面展开，激励与约束机制的考评主要从岗位绩效目标和任务的完成情况效果展开。

### 3. 岗位绩效考评的原理方法与指标

岗位绩效考评的原理与方法是进行绩效考评的理论指导，它指明了岗位绩效考评的方向和具体操作的方式方法等，起到了提纲挈领的作用，为岗位绩效考评指明了方向。由于考评目的不同，相应的考评方法也要有所区别。

岗位绩效考评的指标是考评主体对考评客体实施考评的具体项目，它是考评内容的具体化。通常人们都认为，考评指标在考评时才设计，这种理解是错误的。岗位绩效考评的指标应该在制订岗位绩效计划的同时就设计好，而不是在进行绩效考评时再设计，这是因为岗位绩效考评的指标应该与岗位绩效计划指标一致。因此，这个指标不仅要作为绩效结果评价时使用，而且还要作为绩效计划实施过程中控制时使用，要使员工在绩效管理一开始就明白自己要做什么，应该做成什么样子。

在确定绩效考评指标前，首先应确定绩效考评内容。考评内容是对绩效考评各项指标的概括，它主要描述考评要从哪些方面着手进行。在确定考评内容时，同样要从岗位的五要素出发，不但要考虑岗位工作实绩（岗位绩效目标的完成情况），而且还要考虑影响岗位实绩的因素（环境、制度、职责与权限等）。不同行业、不同部门和不同岗位，以及企业的不同发展阶段，考评的侧重点都是不同的，因而在具体设定考评内容时，要结合企业和岗位的实际情况，有所取舍。

在考评内容明确后，接下来就要具体设定岗位绩效考评的各项考评指标。绩效考评指标是绩效考评的最基本依据，是在遵循绩效考评相关要求的前提下，对考评内容的细化和具体化。绩效考评的成功与否，很大程度上取决于考评指标设定的好坏。岗位绩效考评指标的设定应符合以下四个方面的要求。

一是战略性。岗位绩效考评的指标要能与企业战略目标相联系。

二是系统性。岗位绩效考评的指标要能覆盖岗位的全部职责，不能产生空白，也不能产生“撞车”现象，互相之间更不能产生矛盾。

三是可行性。岗位绩效考评的指标要便于操作，并且可测量、可收集。

四是简明性。岗位绩效考评指标的设计要简单清晰，不会产生歧义。

由于岗位绩效考评以岗位目标为基础，因此，岗位绩效考评指标的设计还要按照业绩目标、流程目标和能力目标三个维度再进一步细化展开。

**4. 岗位绩效考评的标准**

岗位绩效考评需要有两个前提：一是绩效目标可计量，即对考评的内容要能够设定指标，且能够获得数据；二是绩效考评要有基准，要能够清晰地判断岗位绩效的优劣。岗位绩效考评的标准是考评主体衡量考评客体绩效的准则和尺度，它可分为绝对标准（又称固定标准）和相对标准。一般而言，一项有效的绩效考评标准必须具备下列六个方面的特征。

第一，标准是基于工作，而不是基于员工。绩效考评标准应该根据岗位工作本身来建立，不管谁在做这项工作，标准应该都是一样的。每个岗位的绩效考评标准应该只有一套，而不是针对每个员工各制定一套标准。

第二，标准是可以达到的。标准的设定应坚持"篮球筐理论"，即"跳一跳，够得着"的原则。这样的考评标准既具有先进性，又具有可行性，能够对员工起到激励的作用。

第三，标准是为人所知的。主管和员工对岗位绩效考评标准都应该是清楚明了的。如果员工对绩效考评标准概念不清，则事先难以确定努力方向。如果主管不清楚绩效考评标准，则无从衡量员工表现的优劣。

第四，标准是经协商制定的。岗位绩效管理中的绩效考评标准是员工与其主管经过多次协商而最终制定的。员工既然是自己参与制定标准，自己就有责任遵循该标准工作，达不到标准而受相应的惩罚时也不会有诸多抱怨。

第五，标准要尽可能具体，且可以衡量。岗位绩效考评的项目最好能量化（用数据表示），若不能量化则要细化，细化到可以量化为止。

第六，标准是动态的。岗位绩效考评的标准并不是一成不变的，它应该根据环境的变化而不断发展变化。随着企业的规模和成长阶段的不同，以及外部环境的变化，考评标准也要进行适当的调整。例如，引用了新方法、添置了新设备，或其他工作要素发生了变化，考评标准也应随之而动态调整。

### 5. 岗位绩效考评的周期与流程

企业中各个层级岗位的考评方式与考评周期一般有所区别。例如，高层管理者考评可以采用个人年度述职的方式，由绩效考评工作小组全面综合对其评价，一般周期为一年。其他员工的绩效考评按照周期可以分为月度考评和年度考评，可以由分管领导、直接上级、员工自己根据本周期工作表现填写考评表进行打分。具体的考评方式与周期，企业需经过讨论，根据企业的实际情况，将其规定在岗位绩效考评制度中。

一般来说，岗位绩效考评的流程包括成立绩效考评工作小组、制订计划、技术准备、收集信息资料、分析评价、绩效反馈、结果运用七个环节。

第一是成立绩效考评工作小组。

第二是制订计划。岗位绩效考评必须有计划地进行，首先必须明确考评的目的和考评的对象，再根据目的、对象选择重点考评的内容、考评的时间和方法。

第三是技术准备。岗位绩效考评是一项技术性很强的工作。其技术准备包括拟定、审核考评标准，选择或设计考评方法与工具，培训考评人员等内容。

第四是收集信息资料。能否收集到考评信息是考评是否可信和有效的必要前提条件。一般来说，收集信息资料的途径包括考勤记录、工作日记、生产报表、备忘录、现场视察记录、立功记录、事故报告等。

第五是分析评价。这一阶段的任务是要对员工个人或被考评群体各方面的绩效做出综合性的评价。在这个阶段需要注意的问题是，企业对处于不同层级的员工进行考评时，其侧重点应是不一样的。

第六是绩效反馈。只做考评而不将结果反馈给被考评的员工，岗位绩效考评便失去它极重要的激励、奖惩与培训的功能。反馈的方式主要是绩效沟通，而在绩效沟通中需要掌握一定的技巧。同时，通过绩效反馈还可以了解绩效考评效果，以便改进绩效考评方法，提高绩效考评水平。

第七是结果运用。考评不是目的，因此应当特别注意考评结果的运用。考评结果主要应该用到岗位绩效的改善和提升上，此外还可以应用到其他方面，如工资、奖金、股金的分配和职务晋升或调迁、培训教育等方面。

### 8.3.2 岗位绩效考评的方法

在企业里，应用于岗位绩效考评的方法有很多，但最常用的方法主要有 360 度评估法、关键绩效指标法与平衡计分卡法等。

**1. 360 度评估法**

360 度评估法指的是运用全方位的视角对一个员工进行岗位绩效考评的方法。这种方法实际上是动员一个组织中与被考评员工关系密切并了解和熟悉被考评员工的人或组织（如被考评员工的直接上级、同事、下属及内外部顾客等）对被考评员工的绩效提供客观、真实的信息，最后得出该员工岗位绩效考评的结论的过程。这种方法的基本思路是扩大考评的信息来源，从不同层次的人员中收集考评信息，从多个视角对员工进行综合评价，使考评结果公正而全面。360 度评估法如图 8-3 所示。

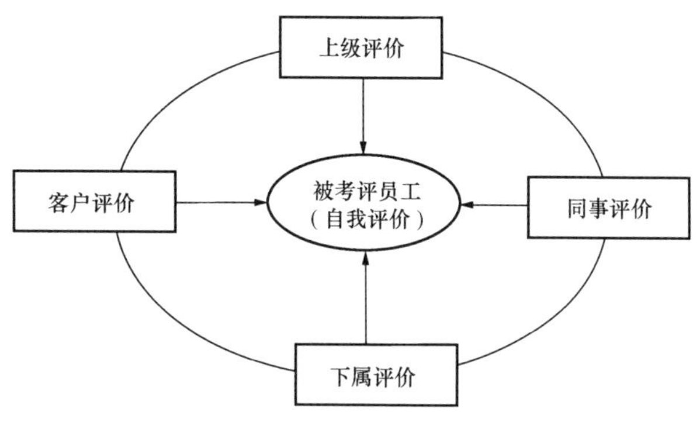


图 8-3 360 度评估法示意图

从图 8-3 可以看出，对被考评员工的评价主要来自五个方位：上级评价、同事评价、下属评价、客户评价和自我评价。

一是上级评价。员工的直接上级最了解员工岗位的工作性质、工作内容和绩效要求，也最有机会与员工进行更好的沟通，了解员工的需求和想法，发现员工的潜力。

二是同事评价。员工在工作中不可避免地要和同事们发生经常性的接触，这就使得同事之间互相比较了解，往往能够发现直接上级或下属无法看到的某些方面。

三是下属评价。下属在被领导的过程中能够观察到上级的表现，因而能够提供出上级绩效的信息。

四是自我评价。员工对自己的工作绩效应该是比较清楚的，对自己的优缺点也应该有较深刻的认识。

五是客户评价。有些企业将客户也视为考评者，这样无疑强化了以客户满意度为导向的观念。客户可以分为外部客户和内部客户，外部客户指的是企业为之提供产品或服务的客户，内部客户则指的是被考评员工为企业内部提供阶段性零件、半成品或服务的相关岗位和组织。对于外部客户，并不是所有的员工都能直接相关到，而对于内部客户则是所有的员工都普遍存在着相关关系，如下游岗位就是上游岗位的客户，管理岗位的服务对象也是他的客户，下属其实也是上级的客户。

## 相关链接

### 某百货公司的 360 度民意测评

某百货公司为了全方位了解中层干部任职情况，决定在公司内开展 360 度民意测评。测评主要以问卷的形式，由考评小组组织进行。

第一，问卷设计。问卷主要调查中层干部的职责履行情况、工作态度、工作能力、个人行为等，从四个维度设计了 18 个问题。该公司中层干部 360 度民意测评表见表 8-3。

表 8-3　某百货公司 360 度民意测评调查表

| 调查维度 | 调查内容 | 认同程度 | 分值 |
| --- | --- | --- | --- |
| 职责履行 | 职责健全 | 应承担的工作职责齐全 | |
| | 职能发挥 | 职能作用得到充分发挥 | |
| 工作态度 | 责任心 | 工作尽心尽力，积极主动承担工作任务，敢于承担责任，勇于承担失误并积极解决，不推诿扯皮 | |
| | 协作性 | 本职工作范围，将要出台的政策制度和决策意见等事先征求其他部门及下属的意见 | |
| | 主动性 | 主动做好本职工作，刻苦钻研业务，具有奉献精神、实干精神，富有进取心 | |
| 工作能力 | 专业能力 | 对零售百货业的管理和运营非常精通，有较强的营销策划能力，有独到的服务理念 | |
| | 判断、决策能力 | 能够通过企业内外大量的事物、复杂的关系、多变的情况，抓住主要矛盾，制定出正确的工作主攻方向，并以适当的方法采取行动 | |
| | 计划能力 | 计划能力很强，有预见性和可实施性，能有效指导下属工作 | |
| | 组织能力 | 能够清晰地下达任务，领导、组织大家开展工作 | |
| | 协调能力 | 能主动与各级人员有效沟通，并得到大家的信任与支持；能够处理好与客户的关系 | |
| 工作能力 | 知人善任 | 能及时发现人才并有效使用的能力 | |
| | 创新能力 | 具有创新思维，接受新事物的能力强，经常将新的想法在实际的工作中应用 | |

续表

| 调查维度 | 调查内容 | 认同程度 | 分值 |
|---|---|---|---|
| 个人行为 | 信誉度 | 为人诚实守信，忠实可靠，值得信赖 | |
| | 自律性 | 能遵守公司的各项规定，以身作则，不讲特权，工作生活作风严谨 | |
| | 原则性 | 做事有原则，明辨是非能力强，不徇私情 | |
| | 执行力 | 能够不折不扣执行布置的各项工作任务，并取得较好的结果 | |
| | 廉洁性 | 没有利用工作之便为个人谋取利益；没有对供应商吃拿卡要现象 | |
| | 公正性 | 为人非常公正，不以个人好恶对待下属 | |
| 分值合计 | | | |

第二，明确考评对象与考评者。考评对象为该百货公司所有中层以上干部（含副职）共 35 人。通过上级给下级评分、下级给上级评分、职能科室给商场业务部门评分、商场业务部门给职能科室评分、同级之间相互评分的方式，全方位了解干部任职情况。

第三，制定评分规则。每个题目满分 5 分，总分 90 分。每个问题的评分标准为四个等级：非常认同得 5 分；比较认同得 4 分；勉强认同得 3 分；不认同得 0~2 分。要求每一位打分的同事不商量、背靠背，不互相打听，也不向他人透露自己的打分情况。一经发现有拉分现象或者许诺现象，公司将严肃处理。

第四，分数统计。考评小组根据收上来的调查表，进行分数统计。统计后，及时反馈给每位被考评者。

360 度评估法发展至今，褒贬不一。从优点来说，它规避了传统岗位绩效考评方式单向考评的缺点，提高了考评结果的公正性，也有利于组织中的团队建设。但是 360 度绩效考评侧重于被考评者各方面的综合考评，定性指标考评主观判断较多，定量业绩考评客观评价较少，在实施的过程中难免发生评价者不能公正评价或恶意歪曲评价的现象。例如，有的管理者管理严格得罪人较多，得分被故意压低。因此，在实施过程中，不少企业把 360 度评估法与其他绩效考评方法（如关键绩效指标法等）结合起来，以提高考评结果的准确性。

### 2. 关键绩效指标法

关键绩效指标（Key Performance Indicator，KPI）法是指运用关键的指标进行绩效的设计和考评的方法，被广泛地运用于岗位绩效考评之中。关键绩效指标法从战略的高度运用岗位流程的关键指标（参数）对流程绩效进行考评。这些指标设定的依据主要来自企业与部门的年度目标、岗位说明书等。关键绩效指标一般也可以分为定量指标与定性指标，定量指标通过数据来表示，定性指标则通过行为描述来表示。

能否有效运用关键绩效指标法，其关键是能否有效建立关键指标。建立岗位关键绩效指标的一般操作流程可以分为五个步骤。

第一步是明确企业的总目标。明确企业总目标的过程，就是确立整个企业的 KPI 的过程。首先要明确企业的整体目标，然后找出企业的业务重点，确立企业价值评估的重点。

第二步是建立部门 KPI。对企业总目标进行分解，确定部门的相关要素目标，确定实现目标的工作流程，分解出部门的 KPI。

第三步是建立岗位 KPI。对部门 KPI 进一步分解，形成岗位的关键绩效指标。

第四步是设定评价标准。建立完岗位关键绩效指标后，进一步确定各个指标的标准，即这些关键指标应该达到什么样的水平，所要达到的指数、规格等。

第五步是审核关键绩效指标。对岗位关键绩效指标进行审核，确认这些关键绩效指标能否全面、客观地反映被考评对象的工作绩效，以及是否适合于考评操作。

岗位关键绩效指标确立之后，就可以运用其对员工的岗位绩效表现进行跟踪和记录，对员工的岗位绩效进行考评。

关键绩效指标的最大问题是不能提供一套完整的、对操作具有指导意义的指标框架体系。

#### 3. 平衡计分卡法

平衡计分卡（Balanced Score Card，BSC）是企业战略管理的工具，它以企业战略为基础，将各种考评方法整合成一个有机的整体，既包括了财务指标，同时又通过顾客满意度、内部流程、学习和成长的业务指标来补充说明财务指标，使这些业务指标成为财务指标的驱动因素，从这四个方面综合衡量和评价组织的发展。可以说，平衡计分卡从四个不同的视角，为企业提供了一种考察价值创造的战略方法（见图 8-4）。

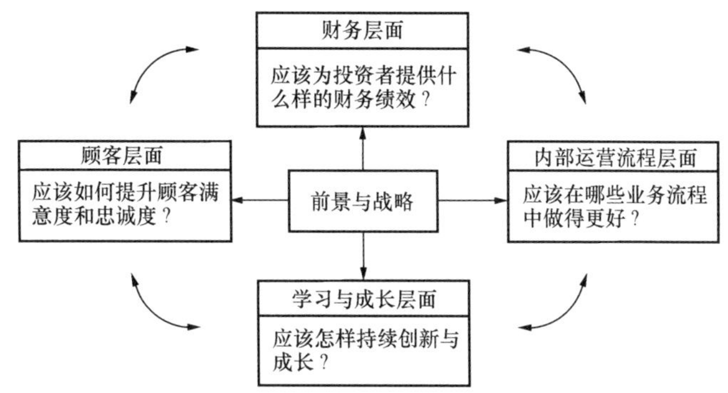


图 8-4　平衡计分卡的核心理念

（1）财务层面。从股东角度来看，组织经营的直接目的和结果是为股东创造价值。从长远来看，利润始终是组织所追求的最终目标。

（2）顾客层面。从顾客角度来看，从质量、性能、服务等方面，考察组织的表现。满足客户需要已经成为组织获得可持续发展的关键。

（3）内部运营流程层面。考评组织是否建立起合适的流程与管理机制，在这些方面有哪些优势与不足。

（4）学习与成长层面。从学习与创新角度看组织是否能持续提高价值和创造力，同时，组织的成长也离不开员工能力素质的提高。

平衡计分卡也可以运用到岗位绩效计划的设定和考评，但需要对有关的指标进行变动。

### 4. 基于平衡计分卡的关键绩效指标法

关键绩效指标法和平衡计分卡法各有优缺点，因此很多企业在进行岗位绩效考评时，更多的是将二者结合起来应用。KPI 与 BSC 的比较见表 8-4。

表 8-4　KPI 与 BSC 的比较

| 比较内容 | 关键绩效指标法（KPI） | 平衡计分卡法（BSC） |
|---|---|---|
| 定义 | 通过对组织内部流程的输入端、输出端的关键参数进行设置、取样、计算、分析，考评流程绩效的一种目标式量化管理指标，是把组织的战略目标分解为可运作的目标的一种工具，是组织建立完善的绩效管理指标体系的基础 | 以组织的战略为基础，将各种考评方法整合成一个有机的整体，既包括了财务指标，同时又通过顾客满意度、内部流程、学习和成长的业务指标，来补充说明财务指标，使这些业务指标成为财务指标的驱动因素，从这四个方面综合衡量和评价组织的发展 |

续表

| 比较内容 | 关键绩效指标法（KPI） | 平衡计分卡法（BSC） |
| --- | --- | --- |
| 指标构成 | 分为定量指标与定性指标两种。定量的关键绩效指标可以通过数据来体现，定性的关键绩效指标则需通过对行为的描述来体现。这些指标设定的依据可以来源于组织与部门的年度目标、岗位说明书等，有了指标还需要确立相应的指标评价标准 | 分为四个指标维度：财务、客户、内部运营流程及学习和成长。财务：利润始终是组织所追求的最终目标。客户：满足客户需要已经成为组织获得可持续发展的关键。内部运营流程：考评组织是否建立起合适的流程与管理机制。学习和成长：组织是否能持续提高价值和创造力，同时，组织的成长也离不开员工能力素质的提高 |
| 优点 | KPI 的精髓，是把组织的战略目标分解为具体可操作的工作目标，这些指标共同指向了组织成功的关键要点，并能够发挥指标本身的责任成果导向作用，对于纯粹的绩效考评来说是一种有效的方法 | BSC 的四个指标维度使一种平衡得以建立，既强调了绩效管理与组织战略目标之间的紧密关系，又提出了一套具体的指标框架体系 |
| 缺点 | 没能提供一套完整的、对操作具有指导意义的指标框架体系 | 绩效指标分解到组织的各个部门与岗位主持人时需要变动 |

通过表 8-4 中对于 KPI 和 BSC 两种方法的比较可以发现，将二者结合在一起运用到岗位绩效考评中，可以弥补相互的缺点与不足。因此，为了更科学、公正地进行岗位绩效考评，体现以战略为导向，在实际操作中通常将两种方法结合起来使用，即基于平衡计分卡的关键绩效指标法。

## 8.4　岗位绩效反馈与应用

岗位绩效的最后一个环节就是绩效反馈与应用阶段。相关管理者要将考评结果及时反馈给员工，根据需要进行绩效面谈、沟通，内容一般包括肯定成绩、指出不足并确定下一阶段的目标等。同时，将绩效考评的结果应用到人力资源管理的各个环节中。

## 8.4.1　岗位绩效反馈与改进

岗位绩效考评不是为了追查过去，也不单纯是为了发现员工的问题，而是通过对以往工作进行总结达到改善和提升绩效的目的。岗位绩效考评通过评价岗位目标完成情况来发现岗位绩效实现是否存在什么问题，并以此作为下一周期绩效提高的重点，为制定下一阶段的岗位目标提供依据。

### 1. 绩效考评结果的反馈与沟通

岗位绩效反馈是指企业管理者就岗位工作绩效的有关内容和考评结果与岗位主持人进行面对面的交流，并就考评结果达成一致认识的过程。绩效考评结果反馈的重要作用体现在三个方面。

第一，让岗位主持人了解上级管理者对其工作绩效的看法。一个目标设定周期即将结束，员工希望能够得到上级对于自己工作绩效的反馈信息，以便在以后的工作中不断改进绩效、提高技能。另外，员工也想就一些岗位工作的具体问题或自己的思想与上级进行交流。通过考评结果反馈这样面对面的交流平台，可以使员工认识到自己的成就和优点，从而对员工起到积极的激励作用。

第二，共同分析原因，找出双方有待改进的方面。通过岗位绩效考评，通常会发现员工的绩效可能存在一些不足之处，即使员工目前的绩效不错，但可能仍然有需要改进的方面。其实，作为员工不仅关注自己的成绩和绩效结果，而且还希望找出自己需要改进的地方。通过反馈，上级管理者和员工可以共同分析绩效不足的原因，找出有待改进的方面（包括员工需改进的方面，也包括上级管理者需要改进的地方）。

第三，共同制定绩效改进计划和下一考评周期的岗位目标。在双方对绩效结果和改进问题达成共识以后，上级管理者和员工一同制定相应的绩效改进计划和下一考评周期的岗位目标。岗位绩效考评系统是一个往复不断的循环，一个周期的结束恰好也是下一个周期的开始。因此，考评结果反馈面谈可以与下一个循环的岗位目标设定合并在一起进行。

**相关链接**

### 岗位绩效反馈面谈的程序

绩效反馈是岗位绩效考评系统的一个重要组成部分。在这个阶段，管理者与员工进行面对面的交流。如何驾驭整个面谈过程、最终达成一致意见并制定绩效改进计划和下一阶段的岗位目标是管理者要面临的一个重要问题。岗位绩效考评系统的考评结果反馈大体包括四个阶段，即面谈准备、绩效现状反馈、分析症结所在和协商解决办法。

面谈准备工作包括选择适宜的时间、地点、面谈资料的准备及拟定面谈的程序等。只有经过充分的准备，才能保证绩效反馈顺利进行，并取得预期效果。

绩效现状反馈是绩效反馈的第一步，就是要将员工在本绩效周期内的业绩表现、行为态度等有依据地反馈给对方。当对方提出质疑时，可以清楚地出示日常管理中所做的记录或员工的目标设定说明书，以及相应的绩效完成情况记录。管理者将员工的绩效现状反馈给员工后，应就员工绩效中存在的问题与员工进行探讨，找到症结所在，并对其进行分析。最后，管理者和员工应该共同协商决定解决问题的方法，改善目前员工绩效中存在的问题。在面谈过程中，管理者要善于营造一个轻松、愉快的氛围，掌握谈话的技巧，同时还要注意观察员工的表情，分析员工的心态，在整个面谈过程中居于主动地位。

2. **申诉**

考评结束后，上级管理者通过与岗位主持人的面对面交流，将最终考评结果反馈给员工。如果员工觉得考评结果不准确或有失真的地方，可以通过一定的途径进行申诉。申诉是指岗位主持人就岗位绩效考评结果中的某些问题或疑问，通过某种途径向企业有关部门提出异议或要求重新进行考评的过程。

申诉一般是在考评结果反馈之后开始的。首先，员工得知考评结果之后，如果发现存在不合理或不正确的地方，可以向企业人力资源管理部门或有关评价小组或评价工作委员会提出申诉请求，并说明理由。企业有关部门收到员工申诉请求后，应在规定的时间内做出响应，对员工申诉理由进行调查。如果申诉理由成立，则应纠正考评结论，或组织有关人员对出现问题的岗位重新进行考评，并将考评结果与岗位主持人进行沟通，与其达成一致。如果考评误差是由于上级领导失职失误造成的，除必须纠正误差外，还要追究有关人员的责任。如果员工提出申诉的理由属于理解有误或不甚清楚的，那么就应该对员工耐心解释，使其清楚申诉不当的缘由并收回申诉。如果员工申诉的理由属于歪曲事实、强词夺理或无理取闹的，那么就应该对其进行严肃的批评教育，直至给予纪律处分。

在岗位绩效考评系统中，之所以允许申诉并重视申诉，是因为申诉具有四个方面的重要作用。

第一，能够提高考评的有效性。在岗位绩效考评的过程中，如果考评指标或标准制定得不够确切，或考评主体对相关内容理解上存在偏差，往往会导致考评结果出现误差，影响考评结果的准确性。通过员工的申诉，可以改变原有的一些不正确或不准确的评价，提高岗位绩效考评结果的有效性。

第二，能够保证考评的公正性。岗位绩效考评能否取得预期的效果，在很大程度上取决于考评人员尤其是上级管理者能否公正无私地考评。申诉渠道的开通，可以有效地防止出现舞弊现象，保证考评的公正性。

第三，能够提高岗位主持人的参与积极性。岗位绩效考评强调的就是岗位主持人的主动参与，如果岗位主持人在制定岗位目标、考评指标和自我评价中都积极地参与了，但考评结果出现问题后，却不给他申诉的机会，就会严重地挫伤员工的积极性，影响其参与热情。

第四，能够不断完善企业的岗位绩效考评系统。岗位绩效考评系统是一个开放的系统，它是在运行过程中不断完善起来的。通过员工的申诉，企业有关部门和人员可以及时发现岗位绩效考评系统中存在的问题，及时改进，使系统逐步完善起来。

### 3. 改善和提升岗位绩效

改善和提升岗位绩效是岗位绩效考评的后续工作，也是岗位绩效管理系统的一项重要内容。在分析员工绩效考评结果的基础上，针对周期内岗位绩效存在的问题提出合理的绩效改进措施，达到改善和提升绩效的目的。

作为上级管理者，帮助员工改善和提升岗位绩效，是自己的本职工作。为了改善和提升岗位绩效，上级管理者必须牢固地树立三个方面的理念。

第一，改善和提升岗位绩效是岗位绩效考评的后续工作，绩效考评的最终目的是更好地保证岗位绩效的实现，而改善和提升岗位绩效的出发点则是为了最终完成对员工现实工作和岗位目标完成过程及结果的考评。因此，不能将这两项工作割裂开来考虑。

第二，改善和提升岗位绩效必须自然融入部门日常管理工作之中才有其存在的价值。岗位绩效的改进不是管理者的附加工作，不是企业在特殊情况下追加给管理者的特殊任务，它是管理者日常工作的一部分。

第三，帮助下属改进绩效、提升能力，与完成管理任务一样都是管理者义不容辞的责任。

相关链接

## 岗位绩效改进的程序

岗位绩效改进包括岗位绩效诊断与分析、制订岗位绩效改进计划、岗位绩效改进计划的实施和岗位绩效改进结果考评四个环节。

第一是岗位绩效诊断与分析。这是岗位绩效改进过程的第一步，也是岗位绩效改进的基础环节。首先，通过分析考评结果，找出关键绩效问题。通过对比实际的岗位绩效与期初设定的岗位目标之间的差距，可以找出关键绩效问题。期初设定的岗位目标是根据企业战略和岗位工作的实际情况设定的。实际的岗位绩效是岗位主持人目前已达到的绩效水平，它是由岗位主持人的现有能力、组织结构的效能和组织现在的总体竞争实力所决定的。其次，针对关键的绩效问题，考虑企业的现有资源和绩效责任主体，大致确定绩效改进的方向和重点，为制订绩效改进计划做好准备。同时，上级管理者和员工还要详细讨论企业关键业务流程与管理策略，从构成这些流程的关键节点切入，找出企业运营的瓶颈，通过调查、观察和内部数据分析，真正了解企业与岗位工作的现状。

第二是制订岗位绩效改进计划。这是岗位绩效改进的关键一步。绩效改进计划由上级管理者和岗位主持人在岗位绩效反馈过程中共同制订。上级管理者和岗位主持人根据岗位绩效诊断与分析的结果，并结合企业和岗位工作的实际情况具体制订岗位工作的绩效改进计划，指导岗位主持人以后的工作。同时，岗位绩效改进计划也是上级管理者日后对员工进行考评的重要参考依据。

第三是岗位绩效改进计划的实施。岗位绩效改进计划的实施与下一个岗位目标执行周期同时进行。上级管理者和员工在制定下一阶段岗位目标时，应适当将岗位绩效改进计划融入其中，这样当岗位目标完成时，上一阶段的岗位绩效改进计划也就基本完成了。

第四是岗位绩效改进结果考评。岗位绩效改进结果的考评也是与下阶段岗位绩效考评同时进行的。绩效考评者在对本阶段岗位绩效进行考评的同时，还应该对上阶段岗位绩效改进计划的执行结果进行考评。

### 8.4.2 岗位绩效结果的应用

岗位绩效考评对于岗位管理来说，不是目的，而仅是一个手段，但这是一个非常重要的手段，除了要为改善和提升岗位绩效这一根本目的服务外，其考评结果还要应用到诸多的人力资源管理乃至企业管理工作中。

### 1. 用于组织和岗位体系的调整

通过岗位绩效考评的结果，可以发现企业组织和岗位系统存在的问题，诸如组织设计不科学、岗位体系不完整、工作流程和岗位设置不配套、权责不对等，这些问题都可能导致岗位绩效不高。这时，就要有针对性地对企业组织和岗位系统及时加以调整，解除由此而给岗位绩效带来的种种负面影响，防止给组织继续造成损失。

### 2. 用于团队关系和人员结构的改善

从岗位绩效考评的结果也可以看出团队关系和人员结构存在的问题，诸如团队缺少凝聚力、合作精神缺失、人员结构不合理、人与人关系的不和谐等，这些问题也都可能导致岗位绩效不高。通过分析导致岗位绩效不高的原因来改善团队关系和人员结构，若与团队关系和人员结构有关，则可以判定企业文化、团队精神或人员结构出现了问题，这时就要加强企业文化建设，优化人员结构，使在岗的员工不仅要做到人与岗位匹配，而且还要人与人匹配、人与团队匹配、人与企业文化匹配。

### 3. 用于薪酬的分配和调整

将绩效考评结果应用于薪酬的分配和调整，这是人们最为关心也是最为熟悉的一种用途。为了增强薪酬的激励作用，在员工的薪酬体系中有一部分是与岗位绩效考评结果挂钩的，这就是岗位绩效工资和奖金。员工在岗位上有绩效，就能得到岗位绩效工资；没有绩效，就拿不到岗位绩效工资；岗位绩效高，岗位绩效工资就高；岗位绩效低，岗位绩效工资就低。奖金的分配虽然与企业的经营效益和部门的效益有关，但在奖金总额确定之后具体分配时也还是要参照员工岗位绩效考评的结果来进行。对于岗位性质不同的员工，这部分与岗位绩效考评结果挂钩的薪酬所占比也大相径庭。例如，销售人员的薪酬中较大的比重是由绩效决定的，这样做主要是要促使销售人员取得更好的业绩。而对于一些行政人员，薪酬体系中由岗位绩效考评结果决定的部分相对就会比较小。另外，薪酬的调整往往也与岗位绩效考评结果挂钩，如薪酬晋升的等级往往与岗位绩效考评结果联系在一起。

### 4. 用于岗位的变动

绩效考评的结果可以为岗位变动提供重要的参考依据。通过对员工岗位绩效考评结果的分析，上级管理者加深了对员工的工作状态和人事配合的程度的了解，这就为员工岗位的变动提供了依据。根据这个依据，可以对员工做出调配的决策。如果员工在某方面绩效突出，可以考虑让他在此方面进一步发展，承担更多的责任。如果员工在某方面的绩效不够理想，可以考虑让他转换岗位，调出目前不适合他的岗位，让他从事更加适合他的工作，达到人岗匹配。另外，岗位绩效考评结果不仅能反映出员工业绩的提高程度，而且还能反映出他的能力素质等方面的提高程度，这些也能为员工岗位的升迁提供依据。

**5. 用于员工培训与发展**

员工的培训是企业开发员工的主要形式，员工的发展是企业人力资源管理的永恒主题。岗位绩效考评的结果也要应用到员工的培训与发展上。岗位绩效考评为企业培训提供了参考依据，使企业人力资源开发具有针对性和有效性。通过对岗位绩效考评结果的分析，可以找出员工能力和素质的不足。针对员工的不足对其开展培训，不仅可以提高员工的能力和素质，而且还能提高和改善岗位绩效，通常能取得比较好的效果。另外，通过岗位绩效考评，员工也可以知道自己有哪些短板，哪些地方有待提高，从而可以确定自己今后的努力方向和发展空间。

## ☑ 自测题

### 一、判断题（请在题后的括号内打“√”或“×”）

1. 员工的绩效决定了组织的绩效，组织的绩效则决定了组织的生存。（　　）

2. 岗位绩效管理是一个体系，在这个体系中有一系列的环节，要想实现组织目标，只需要完成体系中的某个或某几个环节。（　　）

3. 岗位绩效考评是岗位绩效管理中的一个环节。（　　）

4. 岗位绩效目标与标准应随着组织所处环境的变化而变化。（　　）

5. 绩效沟通贯串于岗位绩效管理的各个环节中，在绩效管理的任何阶段中，绩效沟通都是核心关键的工作。（　　）

### 二、单选题（请在题后的括号内填上选中项的序号）

1. 著名管理学家彼得·德鲁克在他的《管理实践》一书中提出了（　　）的思想。

A. 360 度评价　　B. 目标管理

C. 关键绩效指标　　D. 平衡计分卡

2. 岗位绩效管理的第一步工作是（　　）。

A. 制订岗位绩效计划　　B. 绩效实施

C. 岗位绩效考评　　D. 岗位绩效反馈与改进

3. 收集、分析、评价和传递有关某一个人在其工作岗位上的工作行为表现和工作结果方面的信息情况的过程是（　　）。

A. 人员测评　　B. 绩效考评

C. 工作分析　　D. 薪酬管理

4. 绩效管理具有战略目标一致性的特征，岗位目标是由（　　）层层分解而来的。

A. 组织的整体目标　　B. 部门目标

C. 岗位职责　　D. 部门职责

5. 明显体现出从不同层次的人员中收集考评信息，从多个视角对员工进行综合考评特点的绩效考评方法是（　　）。

A. 360 度评估法　　B. 目标管理法

C. 关键绩效指标法　　D. 平衡计分卡法

## 三、多选题（请在题后的括号内填上选中项的序号）

1. 岗位绩效是指员工从事其岗位工作的行为、表现及其结果，它受到多方面因素的影响。以下属于影响岗位绩效的因素有（　　）。

A. 岗位主持人　　B. 职责与权限

C. 环境　　D. 激励与约束机制

2. 通常，员工的绩效目标可以来源于（　　）。

A. 组织的战略目标　　B. 部门的目标

C. 岗位职责　　D. 内外部客户的需求

3. 绩效考评结果的反馈的重要作用体现在（　　）。

A. 惩罚员工

B. 有利于绩效改进

C. 有利于制定下一考评周期的岗位目标

D. 加强沟通

4. 组织在进行岗位绩效管理时，需要遵循（　　）。

A. 公开公正原则　　B. 目标原则

C. 开放沟通原则　　D. 奖优罚劣原则

E. 系统性原则

5. 岗位绩效考评文件一般包括的内容有（　　）。

A. 绩效考评制度和流程　　B. 绩效考评指标

C. 岗位说明书　　D. 绩效考评表

## 四、练习与思考

1. 如何理解岗位绩效、绩效管理、绩效考评这三个概念？请分析绩效考评与绩效管理的联系与区别。

2. 岗位绩效管理有哪些步骤？

3. 岗位绩效考评的方法有哪些？有何优缺点？

4. 阐述岗位绩效沟通的重要性？

5. 岗位绩效结果可应用于哪些方面？

## 五、案例分析题

1. W 公司是一家外资公司，主要是从事海外贸易。为了提高员工的工作效率，公司董事长决定在公司内部引入绩效管理来代替多年的单纯职级工资制度。听到这个消息，全公司员工无不欢欣喜悦，尤其是对于那些基层员工来说更是激动万分。当月公司的生产效率就有了比较明显的提高。

按照以前的制度，员工在公司所处的层级直接决定他的薪水，基层员工处于公司中比较低的层级，自然薪水不高。而实行绩效管理体制，薪水除了与职级别挂钩之外，也与其工作绩效紧密相连。

人力资源部在董事长的授权下，开始紧锣密鼓地制定绩效管理制度。经过人力资源部全体成员六个月的艰苦奋战，绩效管理制度终于在众人的期盼中“始”出来。

新制度规定，为了对员工进行有效激励，提高工作效率，公司将每半年实施一次绩效考评，普通员工与主管及以上人员分开进行。考评成绩与奖金相联系，绩效考评最优秀的普通员工可以获得其考评前六个月平均工资三倍的奖金，绩效考评最优秀的主管及以上人员可获得其平均工资两倍的奖金。董事长迫切想知道新制度的实施效果，要求人力资源部依据新制度对全公司员工过去六个月的工作绩效进行考评，并依据考评结果发放奖金。人力资源部原本以为肯定会受到员工的欢迎，然而事与愿违，首先是有相当一部分普通员工抵制对其进行绩效考评，接着出现新来销售人员（公司销售队伍一直都很不稳定）离职。主管层人员也出现了不满情绪。

总之，由于实行新制度，公司人声鼎沸，怨言颇多，危机重重。最后在董事长的亲自干预之下，通过与员工沟通和许诺才逐渐稳住了局面。董事长责令人力资源部停止实施新制度，这次所谓的改革至此草草结束。被弄得不知所措的人力资源部部长半开玩笑而又无奈地说："我们得罪谁了，没有功劳也有苦劳啊？"

思考题：

（1）结合材料分析 W 公司面临上述困境的主要原因。

（2）对于 W 公司的绩效管理制度，你有何改进建议？

2. 作为入驻世界上第一个高科技工业园——斯坦福研究院的第一批公司之一，惠普公司一直都被认为代表了美国硅谷的神话。惠普可以说是硅谷中最有名的企业，也是斯坦福大学学生工作的首选。但是，近几年惠普的业绩难称理想。而且在 2015 年，惠普被拆分为惠普企业（HPE）和经营 PC 与打印机业务的惠普（HP）。然而，2017 年惠普突然强势反弹，PC 出货量为 5 516.2 万台，一举超越中国联想成为全球 PC 老大。

惠普的绩效管理有两个关键点：一是绩效管理循环，二是关键绩效指标。惠普的绩效管理循环包括五个步骤：企业战略的制定、关键绩效指标和目标的制定、绩效计划的制订与执行、监控与绩效评估、奖励与指导。整个惠普绩效管理循环以回路相连，以保证关键绩效指标和企业战略的紧密连接。

各步骤的主要目标和任务如下。

企业战略的制定。企业战略的制定是惠普绩效管理循环的基础。企业战略的制定为企业的发展提供了明确的目标，绩效管理循环中的其他环节都是为了达成企业战略目标服务的。惠普根据其愿景和价值观确定战略目标及达成战略目标的关键成功要素，从而为关键绩效指标和目标的制定提供了方向和基础。

关键绩效指标和目标的制定。关键绩效指标和目标的制定是惠普绩效管理循环的起点和核心。关键绩效指标是根据企业所设定的各项战略目标而制定的可量化目标。一旦战略目标确定，关键绩效指标就可以为惠普提供明确而直观的方法，以衡量各项战略目标达成与否。惠普关键绩效指标和目标的制定采取自上而下的办法，从而确保每个部门、岗位都在为实现总体战略目标而努力，同时，惠普管理层需要对关键绩效指标和目标进行定期复查，针对公司的发展战略目标和存在问题，做出相应调整。

绩效计划的制订与执行。为了达到绩效目标，惠普绩效管理循环的第三步是制订绩效计划。绩效计划不仅为各层级提供具体的行动计划，也为每个绩效目标的最后达成作阶段性分解。同时，绩效计划为现有资源的分配和未来资源的投入提供了基础。

监控与绩效评估。监控与绩效评估是根据绩效目标对各部门、岗位的实际绩效表现进行衡量和评估，及时了解企业内部的运行情况并发现存在的问题。为了均衡各项绩效目标，使绩效管理能公平地反映每一个评估单位的绩效情况，有必要采用平衡计分卡作为监控与绩效评估的工具之一。平衡计分卡设定的重点是确定各项绩效目标在某一评估单位中的权重。权重的选择，是惠普管理层把握企业整体发展、鼓励部门和员工正确行为的重要手段。

奖励与绩效改进。奖励与绩效改进是惠普绩效管理循环的最后一个环节。通过奖励，鼓励惠普内部的正确行为，激励惠普员工为达到企业目标而共同努力。同时，通过绩效改进对惠普内部运作中出现的问题进行改进和纠正，以推动企业的整体进步。

惠普用四个关键绩效指标来衡量绩效管理，分别是财务指标、客户指标、流程指标和员工指标。员工满意度调查是员工指标中的重要一项。除薪资需求外，员工的绩效表现还取决于老板素质、岗位的适配性、能力的增长性、工作挑战性和休假长度及质量等其他因素。惠普用待遇适配度（OfferFitIndex，OFI）、满意度（Satisfactory，SAT）和重要性（Importance，IMT）并重的员工满意度分析方法。惠普衡量这些指标的方法是，对每一项指标，都要从适配度、满意度和重要性三个方面用具体的可比较的数据做出衡量。

（资料来源：http://www.hrsee.com/? id=628&from=singlemessage）

**思考题：**

（1）结合案例材料分析惠普公司的绩效管理循环有什么特点？

（2）结合案例材料分析惠普公司的绩效考评主要采用了什么方法？

# 员工职业发展与素质开发

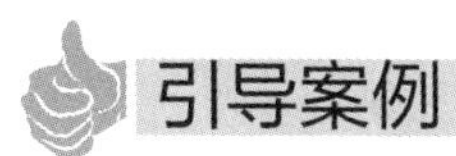


### 林经理的一次谈话

医疗器械公司人力资源部林经理半年前为公司招聘了一名销售员邹信。经过面谈，林经理觉得邹信可以成为一名优秀的销售人员。可是不到半年，邹信却向公司提交了辞职报告。林经理感到此事有些唐突，就约邹信就辞职一事进行了一次谈话。

林：你为什么要辞职？我觉得你在咱们公司还是有发展前途的，希望你能改变主意，收回辞职报告。

邹：是吗，可我怎么没感觉到？我还是不想留下。

林：是有企业看中你了吧，薪水高吗？

邹：您真的搞错了。是有一家公司来找过我，可我还没有考虑过呢。

林：真的？还没有找好下家就辞职，是不是有点贸然了？

邹：不是的，我就是不想在这里干了。

林：为什么？

邹：这里不适合我。

林：哦，是吗？说说看。

邹：我上班第一天，经理就找我谈话，给了我一本销售手册，安排了一个王师傅带我，鼓励我要我好好学习好好干。还告诉我，半个月后开始正式培训。第二天和王师傅见了面，王师傅说他最近很忙，顾不了我，叫我在这段时间里先阅读学习。第三天，小李叫我帮他整理资料，一干就是三天。第二周，叫我到客服部去帮忙，走访大客户，一干就是两个礼拜。第三周的时候，我问培训什么时候开始，说是推迟半个月。第四周，又叫我到办公室去帮忙一个礼拜。到了第五周，告诉我培训又延期了。这几个月来，我先后到过公关部、资料室、质检部、生产部、研发部，可就是到现在也没有参加正式的培训。我问了好几次什么时候开始培训，回答总是推迟推迟，还要我不要着急。我到公司都快半年了，我都干了些什么？我觉得这里不适合我。我还是走吧。

**思考：**

究竟是什么原因导致了邹信要辞职？公司怎样做才能避免此类现象再发生？

## ■ 本章学习目标

1. 了解员工职业发展的几种模式
2. 熟悉员工素质开发的流程
3. 掌握基于员工职业发展的培训体系如何实施

## ■ 学习导航

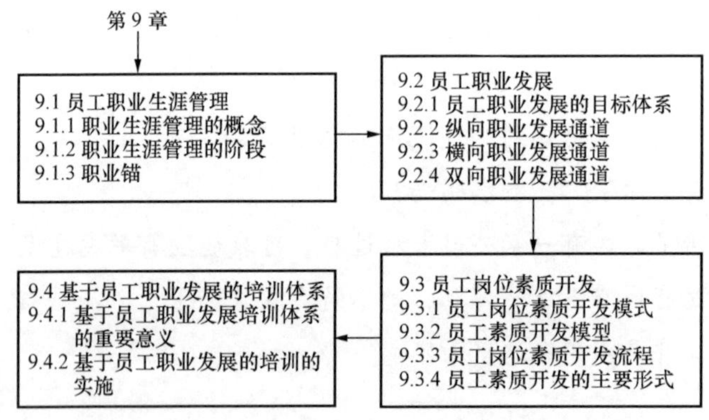

## 9.1 员工职业生涯管理

### 9.1.1 职业生涯管理的概念

一个人的职业生涯，实际上就是他在职场上从一个岗位到另一个岗位连续发展的过程。这是一个长达一生的过程，既包括已经走过的历程，还要包括将要实现的路径，这里最为重要的是生涯的目标是什么。由此看来，职业生涯管理就是对这个人的职业生涯发展过程进行开发和监控，最终实现职业生涯目标的管理过程。因此，职业生涯管理也是涉及一个人长达一生的过程，是组织和员工本人对职业生涯进行设计、规划、执行、评估、反馈的一个综合管理过程。通过员工和组织的共同努力与合作，使每个员工的生涯目标与组织的发展目标一致，使员工发展与组织发展相吻合。虽然职业生涯是个体的工作行为经历，但职业生涯管理需要个人和组织共同来进行。

#### 1. 个人的职业生涯管理

所谓个人的职业生涯管理，指的是员工个体或员工自己主动进行的职业生涯管理，又称员工自我职业生涯管理。从个人的角度讲，它是一个员工对自己所要从事的职业、要去工作的组织和岗位、在职业发展上要达到的高度与目标等做出规划和设计，并为实现自己的职业目标而积累知识、开发技能的过程。通俗地说，个人的职业生涯管理是员工为了自己的职业生涯发展的需要，进行自我职业生涯的设计、规划、周期管理等围绕一连串的岗位所进行的职业管理。员工个人既是自己职业生涯管理的主体，又是自己职业生涯管理的客体，是员工职业生涯发展和管理的内在因素，对自己的职业生涯发展负全责，因此，可以认定员工自我职业生涯管理是其职业生涯成功与否的基础与关键。当今，人们越来越重视职业生涯的管理，越来越看重自己的职业发展。

#### 2. 组织的职业生涯管理

由组织实施的对员工的职业生涯管理，称为组织的职业生涯管理。组织的职业生涯管理是指组织为自身战略发展的需要，为员工规划其职业生涯的发展，建立各种适合员工发展的职业通道，针对员工职业发展的需求提供适时、必要的教育、培训、轮岗、晋升等发展机会，给予员工必要的职业指导，促使员工的职业生涯成功。

具体地讲，组织一方面应了解企业过去的发展状况并确定未来的目标，预测政治、经济、社会、技术等环境变化及可能产生的影响；另一方面还应了解员工的个体差异、绩效表现及其发展目标等，然后主动提供各种信息给员工，强化彼此之间的反馈、沟通、信赖与支持，使员工了解个人在组织中的发展方向，以提高员工的工作积极性和凝聚力。

### 3. 个人与组织的职业生涯管理

在现代社会，职业生涯虽然是员工个人生命运行的过程，但却离不开组织，和组织有着必然的内在的联系。个人的职业生涯设计得再好，如果不进入特定的组织，就没有职业位置——岗位，也就没有工作场所。如果没有组织良好的职业管理措施，提供充分发展的机会，个人职业目标就难以实现。因此，组织是个人职业生涯得以存在和发展的载体和基础。同样，组织的存在和发展也依赖于个人的职业工作、依赖于个人的职业开发与发展。因此，个人是组织职业生涯管理的不可或缺的客体。如果由组织系统地实现职业生涯管理，员工个人积极参与并实行自我职业生涯管理，那么职业生涯管理工作就能得到双方的相互配合，达到双方都能实现目标的双赢结果。

因此，员工个人和组织在职业生涯管理中相互依存，相互配合，缺一不可。职业生涯管理是员工个人与组织的双向职业活动，也是员工个人与组织双方动态运动的过程。在组织和员工个人发展的不同阶段中有各自不同的管理任务和重点，个人职业生涯管理坚持员工自身发展需求为目标，组织对员工的职业生涯管理则强调为员工提供职业发展的机会，双方应加强互动，统一规划，协调发展，动态适应，在实现组织目标的基础上合作共赢，图 9-1 显示了个人和组织职业生涯管理的配合。

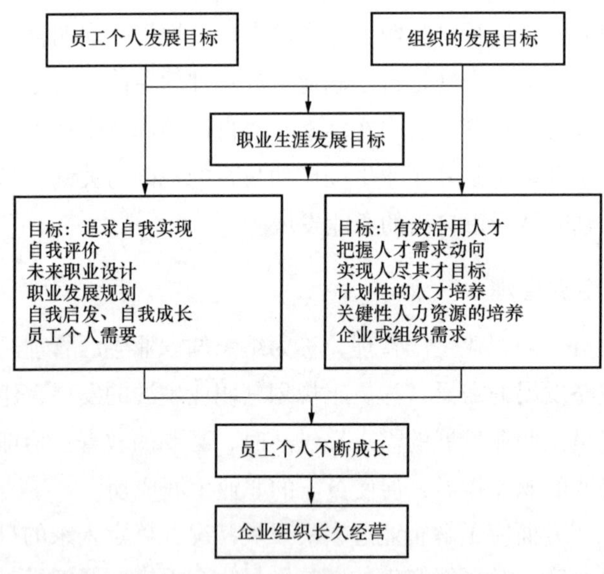


图 9-1　个人和组织职业生涯管理配合

不论是什么样的职业生涯管理，都离不开员工在岗位上的轨迹。因此，员工职业生涯管理也是岗位管理的重要内容。

## 9.1.2　职业生涯管理的阶段

职业生涯的发展常常伴随着员工个人年龄的增长而变化，尽管每个员工从事的具体工作各不相同，但在相同的年龄阶段往往表现出大致相同的职业特征、职业需求和职业发展任务，据此可以将员工的职业生涯划分为不同的阶段。表 9-1 主要介绍了施恩的职业周期理论。

表 9-1　员工职业生涯管理中组织的任务

| 阶　　段 | 职业生涯管理的任务 |
| --- | --- |
| 进入组织阶段 | （1）做好招聘、挑选和配置工作；<br>（2）上岗培训；<br>（3）考察评定新员工；<br>（4）达成一种可行的心理契约；<br>（5）接纳和进一步整合新员工 |
| 职业生涯早期阶段<br>（正式成员） | （1）试用和给予挑战的工作；<br>（2）发现了解员工的才能；<br>（3）帮助员工确立稳定的职业贡献区和成长区（建立和发展职业锚） |
| 职业生涯中期阶段<br>（永久成员） | （1）帮助员工解决工作、生活中的实际问题；<br>（2）克服中期危机带来的不利影响；<br>（3）激励奋进措施；<br>（4）开通新的职业通道 |
| 职业生涯后期阶段<br>（衰退） | （1）鼓励、帮助员工继续发挥才能和智慧；<br>（2）完成向良师益友角色转换；<br>（3）做好退休后的生活安排计划；<br>（4）适时做好人员更替和人事调整计划 |

个人在整个职业生涯的各个发展阶段中，工作任务、任职状态、职业行为等，都呈现出不同的特征，组织应对处在不同职业生涯期员工的职业行为进行管理。

### 9.1.3 职业锚

美国社会心理学博士施恩（Schein）自 20 世纪 60 年代起进行了一项长达几十年的跟踪研究，并在此基础上创立了职业锚理论。施恩的早期著作《职业动力论》首次对职业锚理论进行了系统论述，提出了五种职业锚的概念。20 世纪 90 年代以后，他又在应用反馈及深入研究的基础上将职业锚类型修订为八种。截至目前，职业锚理论已经成为国内外开展职业咨询工作重要的辅助工具。

职业锚是指一个人在做选择时，无论如何都不会放弃的那种至关重要的东西，它就是这个人内心深层次价值观、能力和动力的整合体，因此，职业锚理论被归入职业选择理论的一种。一个人的职业锚由三部分组成，一是自己认识到的才干和能力，二是自己认识到的自我动机和需要，三是自己认识到的态度和价值观。往往有这种情况，人们并不是最初一就业就能明确个人职业价值观或所关注的工作焦点，而是经过一定的历练后职业经验逐步稳定和内化，当个人面临多种职业选择时，就会表现坚守或是不能放弃一种自我职业倾向。这就是职业锚。如果对自己的职业锚缺乏清醒认识，那么在外界的诱惑下，人们可能做出错误的职业选择，致使在职业发展道路上走“弯路”。许多人之所以对自己的工作不满意，就是因为他们的职业选择并非基于“真实的自我”做出的。因此，职业锚的确定是个人职业生涯成功的标准之一。

施恩将经过修订后的职业锚分为技术职能型、管理能力型、自主独立型、安全稳定型、创造/创业型、服务型、纯挑战型和生活型八种类型。这八种职业锚分别具有不同的表现特征和适应不同的工作类型（见表 9-2）。

表 9-2 各种类型职业锚的表现特征和适应工作类型

| 类　　型 | 表现特征 | 适合工作类型 |
|---|---|---|
| 技术职能型 | 对特定工作有专长或强烈兴趣；强调实际技术或某项职能的业务工作；拒绝一般的管理工作；技术能力区的职业技能不断增加 | 具有挑战性的工作；能充分体现个人的能力和技巧 |
| 管理能力型 | 追求承担一般性的管理工作，目标是成为高层管理人员；具有强烈的升迁动机；具有卓越的管理才能；对组织有更大的依赖性 | 渴望承担更大的任务；希望工作变化丰富，有领导他人的机会 |
| 自主独立型 | 喜好以自我的方式、节奏、标准做事；有较强的自我认同感；个人职业生涯的开发与发展容易受限制 | 自主性较高的工作，如研发、咨询等 |

续表

| 类　　型 | 表现特征 | 适合工作类型 |
| --- | --- | --- |
| 安全稳定型 | 追求职业的稳定与安全，喜好可预测的未来；对组织具有较强的依赖性；没有太大的抱负，倾向将命运交给组织安排 | 稳定、可测的工作性质，如政府公务员、银行职员、教师等 |
| 创造/创业型 | 有强烈的创造需求和欲望，喜欢冒险、求新、求异；能力结构多元化 | 无典型职业通路，极易变换职业 |
| 服务型 | 愿意奉献自己，为他人服务；希望职业能够体现个人价值观；关注工作带来的价值，而不在意是否能发挥自己的才能和能力 | 与人合作、服务人类等精神在工作中得到体现，如社会工作者、护士等 |
| 纯挑战型 | 有征服人与事的意向；对成功的定义是解决难以解决的问题，克服非常困难的障碍；不在意工作的专业领域 | 富有挑战性的工作，如高级咨询顾问等 |
| 生活型 | 强调工作必须与整体生活相结合；寻找合适方式整合职业、个人、家庭的需要关注组织文化是否尊重和家庭的需要 | 需要灵活的工作时间安排，弹性工作制、非全职工作等 |

组织可以通过员工的职业锚判断员工的职业类型，获得员工个人正确信息的反馈，从而可以有针对性地对员工的职业发展设计可行、有效、通畅的通道。同时，职业锚一旦确定，就能形成个人职业工作的长期贡献区，就会相对稳定地长期从事某项职业，其发展的岗位轨迹也就会清晰，这对于员工增长工作经验、提升职业技能、提高工作效率和为组织做出应有的贡献无疑是大有裨益的。

## 9.2　员工职业发展

员工的职业发展是指员工个体在逐步实现发展目标的过程中的一系列岗位变化和非岗位变化。其中的岗位变化是指岗位的变动，而非岗位变化则是指原岗位虽然没有发生变动，但是工作范围变化了，相应的职责和职权也变化了。职业发展通道指的是组织为员工发展所设计的自我认知、成长、晋升的管理方案，既是职业发展理论中的一个重要组成部分，更是企业进行职业发展管理的核心。职业发展通道一般可以分为纵向职业发展通道、横向职业发展通道和双向职业发展通道。

### 9.2.1 员工职业发展的目标体系

制定员工职业发展的目标体系不仅仅是员工个人的事，也是企业确定战略目标工作的重要组成部分，因此要借鉴全面管理、目标管理和过程管理的相关理论思想，采取开放互动的目标平台，由组织和员工个人共同制定。在制定过程中，一方面要充分考虑员工个人的优势、不足和专长，另一方面还要考虑员工个人职业目标与组织目标的一致性、职业生涯目标管理的动态性及滚动的修正性。

员工职业发展的目标体系一头牵着公司发展的战略目标，另一头连着员工个人发展的具体目标，按道理说两者是包容和谐的统一体，但实际上两者之间往往存在不对接的现象。也就是说，员工个人的生涯目标与组织对员工的职业生涯管理要求之间往往会产生一定的距离。为了解决这一问题，员工职业发展的目标体系必须体现组织与员工个人双方的要求（见图 9-2）。

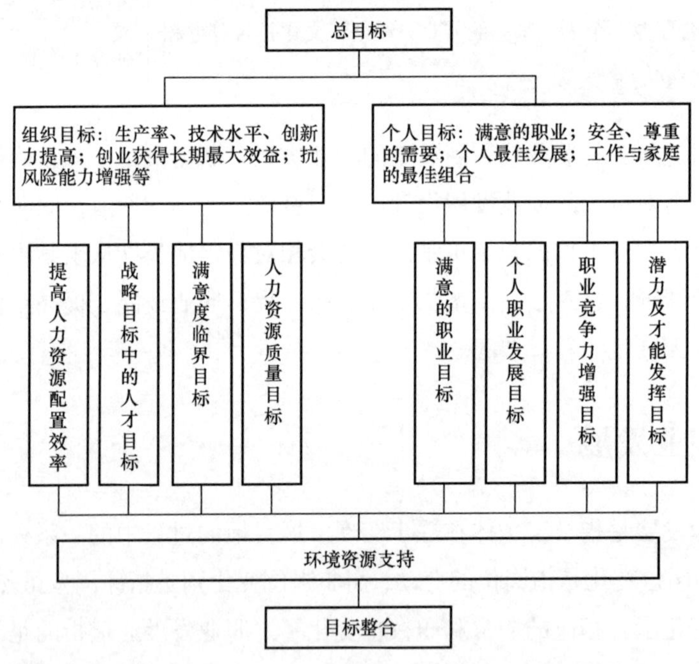


图 9-2 员工职业发展目标体系

从图 9-2 可以看出，员工职业发展目标体系作为职业生涯管理的核心内容，必须从动态性、前瞻性、逻辑性的角度出发，将人员、战略、运营流程和谐地统筹起来，使员工的个人目标与公司的战略目标相一致、相耦合，在组织环境资源的支持下，形成协同效应，达到目标整合。

### 9.2.2　纵向职业发展通道

所有的职业发展通道都与岗位有关。所谓的纵向职业发展通道，就是目前普遍采用的岗位纵向晋升的路径，指的是企业为员工提供的通过提高专业水平，在最能发挥自身优势的岗位通道上，通向更高层次岗位的职业发展途径。简单来说，这是一种鼓励员工成为“专业行家”的向上发展的纵向发展途径。

传统的纵向职业发展通道是指员工在岗位管理层级或技术等级层次上的变动。这种模式将员工的发展限制于一个职能部门内，通常由员工在组织内的工作年限来决定员工的岗位等级。它的假定前提是每一个当前岗位都是下一个较高等级岗位的必要准备。传统的纵向职业发展通道往往分为管理和技术两个序列。管理序列的员工以岗位的岗位层级为标识，沿着“普通员工—主管—部门副职—部门正职—公司分管副总—公司总经理”的方向逐步向上晋升。技术序列员工的纵向职业发展通道通常以技术等级职称作为标识，沿着“见习员工—助理工程师—工程师—高级工程师—总工程师”的路径逐步向上晋升。这种模式的优点是员工清晰地知道自己的职业发展路径。但是随着时代的发展，这种传统的追求岗位、技术等级的晋升通道暴露出众多缺陷。这是因为在通常情况下，组织向员工可以提供的更高等级的岗位数目总是有限的，无法提供充足的晋升机会来满足渴望晋升甚至是完全有晋升资格的员工，这样往往容易引起员工对现有工作及待遇的不满，造成优秀人才大量流失。总而言之，单一的纵向职业发展通道不能满足员工及组织人力资源管理的双重需要。

为了摆脱传统的岗位纵向发展单一通道即单一管理岗位通道的弊端，许多企业都为技术人员或其他有重大贡献的管理人员提供了更多的发展机会。目前，纵向职业发展通道多采用双重通道，设置管理序列、技术序列两条岗位发展通道，员工可以自由地选择在管理或技术通道上发展。这种双通道岗位纵向职业发展的模式在国外的高新技术企业里已是司空见惯，近年来，国内不少企业也开始在内部设立多重发展通道。

## 相关链接

### 金蝶公司的“双阶梯岗位发展通道”

金蝶公司是一个技术研发型企业，双阶梯岗位发展通道制度已经实施了好几年。公司的岗位通道分成两类：管理通道和专业技术通道。员工可以选择管理通道发展自己，也可以在专业技术通道上有所建树。在金蝶公司，岗位等级（简称T级）是一个深入人心的概念，从T1到T11，总共11个等级，每一个岗位都对应一个T级，每一个T级都对应一个薪酬标准。

在金蝶公司，走管理通道或专业技术通道都一样有发展前途。对管理通道而言，从主管到项目经理，到二级经理、一级经理、总监、副总裁、高级副总裁，对应着岗位等级的T5到T11。同样，对专业技术通道而言，可以从T3到T11。例如，产品经理岗位，最高级别是首席架构师，达到T11级。但是有些专业技术岗位是达不到T11级的，如需求分析师、开发工程师及采购工程师等。如果某位员工喜欢做技术，而不喜欢做管理，只要他的T级和相应的管理T级一样，他就可以拿一样的薪酬标准，不会比管理人员低，这一点很重要。

在金蝶公司，不管是哪个岗位通道，T4以下的员工都属于基层员工，T5是骨干，T6和T7就开始进入基层管理层。而对于专业技术岗位而言，T6和T7就进入公司的高级技术人才行列了。管理通道的T8和T9属于中层管理层，技术通道的T8和T9就是企业的专家了。T10和T11就是公司的高层管理层和首席专家了。对金蝶公司这样的技术研发型企业而言，70%～80%的人是做技术的，“双阶梯岗位发展通道”就显得尤为重要和必要。

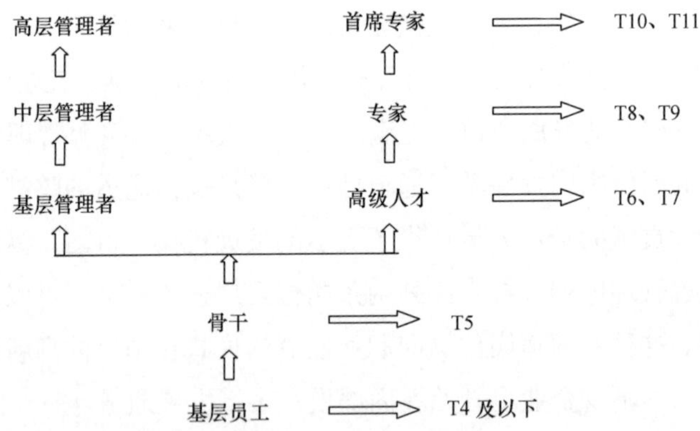


图9-3　金蝶公司的“双阶梯岗位发展通道”示意图

岗位发展多重通道的设立，对于企业和员工来说，具有重要的意义。

第一，可以解决员工的职业发展问题。通过设立不同的发展序列，如管理序列、技术序列等，可以使每一位员工都能根据自己的特点选择适合自己的发展道路，从而避免了千军万马挤过行政职务的独木桥。至于管理和技术岗位哪个在员工的心目中更重要，这与企业所倡导的文化有关。在一个技术型的企业里，由于技术人员是最大的财富，那么企业就会对技术人员多倾斜一些。如果是一个销售型的公司，就会是另一种情况了。

第二，可以实现员工才干和个性的科学评价。企业对员工进行全面的职业生涯管理的前提，就是要对员工进行科学的评价。职业发展的前提，一是要通过设立相应的岗位序列，为员工提供最适合的发展通道；二是要根据不同岗位的能力标准，向员工提供重点培训计划。员工究竟是选择管理序列，还是选择技术序列或其他序列，除了要看企业的文化之外，主要还是要看他们的才干和个性特点。有的人可能适合在管理岗位的序列中发展，有的人可能更适合在技术岗位的序列中发展。

第三，体现了企业和员工双赢。站在企业的角度看，多重通道使员工的个人发展目标与企业的发展目标紧密联系到一起，同时也为企业人才储备打下了基础。站在员工的角度看，多重通道使员工的职业发展有了明晰的目标，个人成长有了强劲的动力。特别是由员工自己选择职业发展方向，使他们能够体会到企业的人本管理所赋予他们的自主权及尊重和关怀。

第四，促进企业管理水平提升。传统的企业管理模式采取的是单一岗位序列，所以员工的发展基本上是一条直线。到了市场经济，人力资源成为第一资源，以人为本是企业发展的首要理念。人才和企业之间要谋求和谐发展，否则人才工作无积极性，会流失。这时企业就要考虑，既要最大限度地利用员工的能力，又要为员工提供一个不断成长及挖掘员工最大潜力和建立成功职业的机会。这就是岗位发展多重通道之所以出现的基础。岗位发展多重通道的设立对管理提出了新的课题，一是对什么样的人员应该设立通道，二是怎么设立通道才有效，三是进入通道的人员怎样进行管理，这些都将促进企业管理水平不断提升。

当然，作为一种管理方法，岗位发展多重通道制度虽然有很多好处，但是，也存在一些问题。问题在于，把岗位按照不同序列分开，如何分得科学，选得合理，这必然增加管理难度，对企业的管理者无疑是一个巨大的挑战。不过，从另一个角度看，这必将促使企业在管理上下功夫。

### 9.2.3 横向职业发展通道

除了纵向职业发展外，还有一种很重要的职业发展模式，即横向职业发展，也需引起企业的充分重视。不能简单地说横向职业发展是对纵向职业发展的辅助和补充，更不能说它是可有可无的，它和纵向发展一起构成了立体交叉的员工职业发展系统，对整体职业发展系统起着不可或缺的作用。如果说纵向职业发展是以谋取高位的方式来追求成功，那么横向职业发展就是倡导凭借能力走向成功。企业只有关注各类各级岗位员工的能力发展，才能有助于更好地激发员工在工作中产生更大的动力。因此可以认为，横向职业发展就是岗位能力发展，是指员工在所从事的工作岗位上，通过不断提高岗位工作能力和扩大工作范畴，实行岗位工作能力的等级评价及动态管理。

横向职业发展通道分为两种情况，一是在相同级别的岗位范畴发展，二是在同一岗位内部发展。其实前者讲的就是轮岗，又称工作轮换或岗位轮换。后者讲的就是岗位内的档级发展，即通过对岗位进行分档，员工根据岗位的档次素质模型按不同素质等级进入岗位档级，并在岗位内部逐档发展。

通过轮岗，员工可以对不同部门的岗位和工作加以了解，不仅有利于拓宽自己的职业宽度，而且可以促进员工的职业生涯发展。这是一种鼓励人才一专多能，争当“全方位能手”的横向职业发展途径。关于轮岗的具体内容，本书第 6 章第 6.3.1 节已有详细叙述，这里不再赘述。

对于任何一个组织而言，都是由若干个岗位组成。对于同一岗位，即使岗位所要求的职责相同，但是由于岗位任职者的情况不一样，也会分出能力和素质的高低。相应地，同一个岗位，亦规定不同的档次状态，分别对应具有不同能力和素质的人来承担该档次的工作。根据岗位体系，员工可按照能力和素质差异在横向上实现能力的晋升。结合企业的实际情况和管理需要，可对不同层级的岗位实行不同档次设计，通常情况下，同一个岗位根据能力和素质差异可分为七档、五档、三档不等。

企业对员工的能力和素质实行等级评估及动态管理，通过对岗位进行分档，按不同能力和素质等级执行能力等级工资，鼓励人才立足本职岗位，争当“岗位能手”，必然会吸引很多肯钻研的员工努力向上，攀登到本岗位的巅峰七档，即不仅满足于能够指导、帮助低级岗位开展工作和兼岗，同时还积极钻研上级岗位的理论和技术，努力使自己达到上级岗位 3 档以上的标准要求，必要时可根据组织或领导的授权，临时替代上级岗位开展工作，成为令人称道的岗位能手。也使自己在岗位上的纵向晋升水到渠成，使自己的专业能力有一个质的飞跃。

## 相关链接

### 岗位分档解析

数控铣床操作工是在普通铣床操作工中选拔出来的，岗位分为七档，分别对应岗位任职者不同的能力和技术水平，其纵向岗位晋升路径是成为加工中心操作工。数控铣床操作工岗位的分档可以从以下几方面把握：①对数控铣床性能的熟悉程度；②编程水平；③加工零件的复杂程度；④加工零件的准度和精度；⑤操作数控铣床的熟练程度；⑥能解决问题的复杂程度；⑦操作加工中心的水平等。如图 9-4 所示。

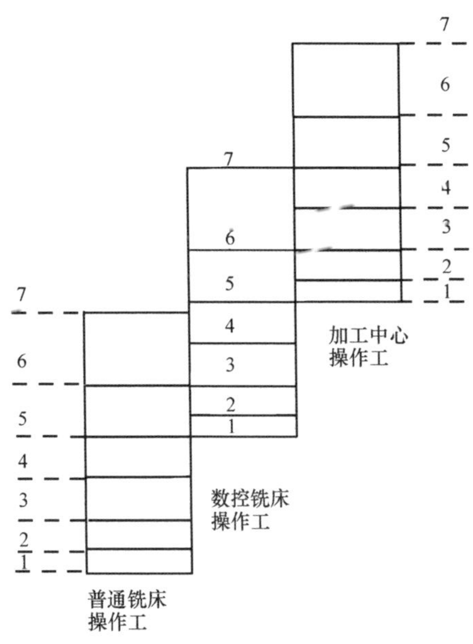


图 9-4　数控铣床操作工岗位分档结构

## 9.2.4　双向职业发展通道

当优秀的员工横向职业发展已经达到某岗位最高档七档，而组织无法提供纵向空缺岗位，也无合适的岗位可轮换时，该员工的职业发展是否已经终结？这个问题可以通过纵横双向职业发展通道的设计来解决。纵横双向职业发展是根据员工能力和素质的特点，通过在不同序列岗位纵向延伸和横向延伸来拓宽员工职业发展通道，鼓励人才向“高、专、尖”方向发展。

纵横双向职业发展适用于公司各部门管理、技术、技能人员及取得社会上认可的职业资格的员工，这些员工的岗位薪酬连续两年达到岗位所在级别的第六档时，经核定后可申请转入纵横双向职业通道。纵横双向职业发展通道分为管理通道、技术通道和技能通道，员工可以自由地选择任意通道。

纵横双向职业通道中，员工的管理通道和技术通道的职等一般可分为六个级别，从低到高依次为六级、五级、四级、三级、二级、一级。技能通道的职等一般可分为五个级别，从低到高依次为五级、四级、三级、二级、一级。不同职等对应于不同管理、技术、技能等级或职业资格。每一职等都对应一定数额的通道薪酬，通道薪酬根据员工能力和素质的差异分为七档。这样一来，员工的职业发展通道无论是从纵向上还是从横向上都得到了大大的拓宽。

## 相关链接

### A 公司纵横双向职业发展通道设计

（1）适用范围与评定资格。本制度适用于 A 公司各部门管理、技术、技能人员及取得社会上认可的职业资格的员工，这些员工的岗位薪酬连续两年达到岗位所在级别的第六档时，经核定后可申请转入纵横双向职业通道。

（2）职等设定与职等标准。员工的管理通道和技术通道的职等分为六个级别，从低到高依次为六级、五级、四级、三级、二级、一级；技能通道的职等分为五个级别，从低到高依次为五级、四级、三级、二级、一级。不同职等对应于不同管理、技术、技能等级或职业资格。每一职等都对应一定数额的通道薪酬，通道薪酬分为七档。

（3）通道薪酬的计算与发放。通道薪酬以津贴的形式发放。通道津贴根据员工所申请的通道薪酬与岗位薪酬的差额计算，按月发放。员工职业发展通道各职等对应的通道薪酬标准见《员工职业发展通道对应职等与通道薪酬（年）明细表》（见表 9-3）。

表 9-3 员工职业发展通道对应职等与通道薪酬（年）明细表

| 各通道等级 | | | 通道薪酬标准（元/年） | | | | | | |
|---|---|---|---|---|---|---|---|---|---|
| 管理通道 | 技术通道 | 技能通道 | 一档 | 二档 | 三档 | 四档 | 五档 | 六档 | 七档 |
| 一级 | 一级 | | 154 034 | 162 256 | 170 917 | 180 039 | 189 649 | 199 772 | 210 000 |
| 二级 | 二级 | | 107 037 | 112 750 | 118 768 | 125 108 | 131 786 | 138 820 | 146 229 |
| 三级 | 三级 | 一级 | 74 379 | 78 349 | 82 531 | 86 936 | 91 577 | 96 465 | 101 613 |
| 四级 | 四级 | 二级 | 51 685 | 54 444 | 57 350 | 60 411 | 63 636 | 67 032 | 70 610 |
| 五级 | 五级 | 三级 | 35 916 | 37 833 | 39 852 | 41 979 | 44 220 | 46 580 | 49 066 |
| 六级 | 六级 | 四级 | 24 958 | 26 290 | 27 693 | 29 171 | 30 728 | 32 368 | 34 096 |
| | | 五级 | 17 342 | 18 268 | 19 244 | 20 271 | 21 353 | 22 492 | 23 693 |

（4）评定流程。符合通道评定资格的员工每年年底根据所获得的职业资格、薪酬所在档次（岗位所在级别七档或连续两年达到六档），以及年度考评成绩（A 级以上）者可提出申请，填写职等评定申报表并提交材料，员工初次申请通道职等与档次时，所对应的通道薪酬应当与岗位薪酬相近。

人力资源领导小组进行评议审定。人力资源领导小组成员提出疑义必须以事实为依据，可进行针对性投票表决，需得到 2/3 以上赞成票方可通过；必要时总经理可以决定，总经理决定时，赞成票需达到 1/2 以上方可通过。

（5）通道调整。通道调整包括通道职等的晋升与通道档次的上调。员工被评聘为相应通道职等的第二年或特殊情况下，可根据年度绩效考评情况进行调整，一般每两年调整一次。

通道调整需由个人提出申请，所在部门推荐，报人力资源领导小组进行评审。

- 通道档次上调的情况为：两年年度绩效考评成绩均为 B 级的一般上调一个档次，调整上限为本级别的最高档次。
- 通道职等晋升的情况为：符合上一职等标准或取得社会上认可的更高一级职业资格的，可申报晋升通道职等，但需经人力资源领导小组核定；连续两次以上年度绩效考评为 A 级并对企业发展做出重要贡献的员工，经人力资源领导小组评议可破格晋升职等作为奖励。
- 通道档次下调的情况为：年度绩效考评成绩低于 C 级的，通道薪酬下调一个档次，当通道薪酬下调到低于员工所在岗位的岗位薪酬时，退出通道。

- 取消通道资格的情况为：连续两年年度绩效考评成绩低于C级的，取消通道资格；员工受到处分，有重大违法行为或出现重大责任事故的，取消通道资格。

管理类职等评定参考标准见表9-4。

表9-4 管理类职等评定参考标准

| 职 等 | 素质/能力要求 | 申报条件 |
| --- | --- | --- |
| 一级 | 能对公司重大方向的决策进行把握，对公司层面的组织与文化建设进行独立主持和全面规划，对干部队伍的选拔与培养进行指导，具有所在岗位的六档以上所需的专业基础知识和基本技能 | 大专以上学历十年以上管理工作经验，获得高级职业经理人资格证书 |
| 二级 | 对管理领域的理论与实务具有独到、深厚的认识与造诣，能独立主持和全面规划、指导相关部门的工作，具有所在岗位的六档以上所需的专业基础知识和基本技能 | 大专以上学历八年以上管理工作经验，获得中级职业经理人资格证书 |
| 三级 | 对管理领域有较深钻研，能独立主持部门工作、组织文化的建设和相关部门的协调工作，具有所在岗位的六档以上所需的专业基础知识和基本技能 | 大专以上学历五年以上管理工作经验，获得中级职业经理人资格证书 |
| 四级 | 对管理领域有较深钻研，能独立负责所在团队工作的规划、组织与实施，具有所在岗位的六档以上所需的专业基础知识和基本技能 | 大专以上学历三年以上相关管理工作经验，获得初级职业经理人资格证书 |
| 五级 | 具有一定的经济管理的理论知识和实践能力，能合理有效地利用各种资源开展管理工作，并具有所在岗位的六档以上所需的专业基础知识和基本技能 | 大专以上学历两年以上管理工作经验，在本公司所聘管理岗位试用期满合格 |
| 六级 | 能按计划和要求独立完成专项工作任务，并能对新人进行工作指导，具有所在岗位的六档以上所需的专业基础知识和基本技能 | 大专以上学历一年以上管理工作经验，在本公司所聘管理岗位试用期满合格 |

说明：对连续两次以上绩效考评为A级、对公司管理工作做出重要贡献的技术人员，经公司人力资源领导小组评议可破格晋升职等。

# 9.3　员工岗位素质开发

通过上节文中对员工职业发展的介绍可以得知，职业发展通道能否贯通，关键在于员工的素质能否得到发展，而员工素质发展的关键在于员工岗位素质的有效开发。本节着重介绍如何根据员工素质模型、员工的职业发展通道及员工素质测评的结果来开发员工的素质。

## 9.3.1　员工岗位素质开发模式

根据是以岗位所需素质为主还是以员工所具备素质为主，可以把员工岗位素质开发分为以岗位为导向的岗位素质开发模式、以员工素质为导向的岗位素质开发模式和以人岗动态匹配为导向的岗位素质开发模式三种。每个模式都有其适用的组织和岗位类别，没有绝对的优劣之分。

### 1. 以岗位为导向的员工岗位素质开发模式

以岗位为导向的员工岗位素质开发模式，注重开发岗位所需要的素质，因此岗位分析、岗位评价、岗位绩效考评等环节显得比较重要。它适用于环境变化不大、组织规模较大、流程比较规范稳定的成熟组织。这种模式有其优点，也有其不足，见表 9-5。

表 9-5　以岗位为导向的员工岗位素质开发模式的优缺点

| 优　　点 | 缺　　点 |
| --- | --- |
| （1）操作比较简单，所用岗位分析、岗位评价的工具比较成熟；<br>（2）根据规模、部门和流程确定所需要的岗位，岗位变化比较小，岗位要求基本不变；<br>（3）人员匹配比较简单，根据岗位基本要求选择人员，每个岗位素质要求比较固定，选择开发的成功率较高，成本也较低；<br>（4）岗位价值评价较简单、较准确，相应的绩效管理、薪酬管理操作简单；<br>（5）岗位空间、岗位管理方式、岗位培训等都比较简单 | （1）岗位素质开发比较静态，不能适应快速变化的环境，组织抗风险能力较弱；<br>（2）员工个人价值，特别是具有较强灵活性的核心员工的价值难以得到最大化实现，会导致核心员工较高流动率；<br>（3）员工个人素质难以得到很快的提升，就业能力较弱 |

### 2. 以员工素质为导向的员工岗位素质开发模式

以员工素质为导向的员工岗位素质开发模式，注重员工个人素质和价值的最大化实现，以员工素质来确定岗位素质开发计划。这种模式对岗位分析、素质评估、绩效考评等环节的要求较高，技术难度较大。它比较适用于环境变化较大的高科技企业、岗位素质要求较高的高级管理人才，以及需要团队合作的技术人才等。其优点和不足与以岗位为导向的员工岗位素质开发模式正好相反，有很大区别，见表9-6。

表9-6 以员工素质为导向的员工岗位素质开发模式的优缺点

| 优 点 | 缺 点 |
| --- | --- |
| （1）注重员工素质的开发，员工适应能力较强，能适应快速变化的环境，组织抗风险能力也较强；<br>（2）员工个人价值，特别是具有较强灵活性的核心员工的素质能得到充分的开发，个人价值得到最大化实现，提高核心员工的忠诚度，企业维持较强的核心竞争力；<br>（3）员工个人素质可以得到很快的提升，终身就业能力较强 | （1）操作比较复杂，对岗位分析、素质评估、绩效考评等环节的要求较高；<br>（2）根据员工的素质和要求确定和调整岗位，岗位变化大，能岗匹配比较复杂，管理难度较大；<br>（3）当组织战略发生较大调整、发生必要的员工外流时，对组织和员工产生大的影响 |

### 3. 以人岗动态匹配为导向的员工岗位素质开发模式

以人岗动态匹配为导向的员工岗位素质开发模式是比较理想的岗位素质开发模式，适用于各种组织和岗位，也是组织和员工所追求的模式。因为不管是高级人才、技术人才还是普通的操作工，都有个人价值实现的需求和与其环境相关的需求，人岗动态匹配能综合考虑他们的需求。这种模式的技术要求较高，综合了以上两种模式的优点。

## 9.3.2 员工素质开发模型

员工的素质开发模型是基于人岗动态匹配的员工素质开发动态模型（见图9-5）。

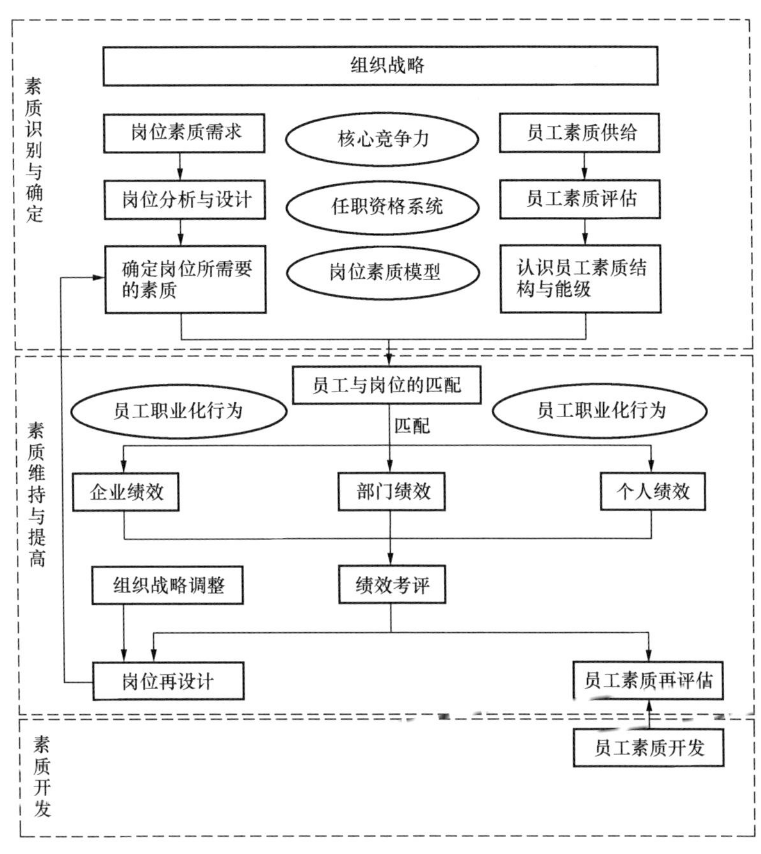


图 9-5　员工素质开发动态模型

岗位的素质开发动态模型是一个从组织战略出发并有效支撑战略、以工作绩效为导向、致力员工素质开发与提高的紧密联系的系统。该模型包括素质识别与确定、素质维持与提高、素质开发三个模块，三个模块是相互联系、相互影响的循环系统，其目的是实现组织战略和员工素质的不断提高，其中的工作绩效体现了素质的转换功能。任职资格系统、岗位素质模型和员工职业化行为能力是素质识别、素质维持与提高、素质开发的有效工具，这三个工具的有效使用体现了模型的科学性和先进性。无论是组织战略调整引起的岗位再设计，还是员工绩效引起的员工素质再评估，都必须对人岗进行重新匹配，这就体现了模型的动态性。

具体而言，通过素质和行为能力评估，员工进入相应的任职资格等级，通过岗位锻炼、工作丰富化、压力管理、培训等，员工素质得到提升，进入更高层次的岗位或更宽广的岗位类别、岗位种类。随着员工任职资格等级的提高，员工潜能得到进一步的开发，知识和经验也随着岗位锻炼不断得到发展，员工就业能力增强，个人价值得到实现，工作满意度提高，对组织的认同感增强，其个人绩效、组织绩效也得到提高。所有员工的岗位胜任能力增强，组织的核心能力也相应增强，实现了更高层次的组织目标。

### 9.3.3 员工岗位素质开发流程

员工岗位素质开发流程包括明确素质差距、分析素质差距、制订并执行素质开发计划和评估素质开发计划四个部分的内容（见图 9-6）。

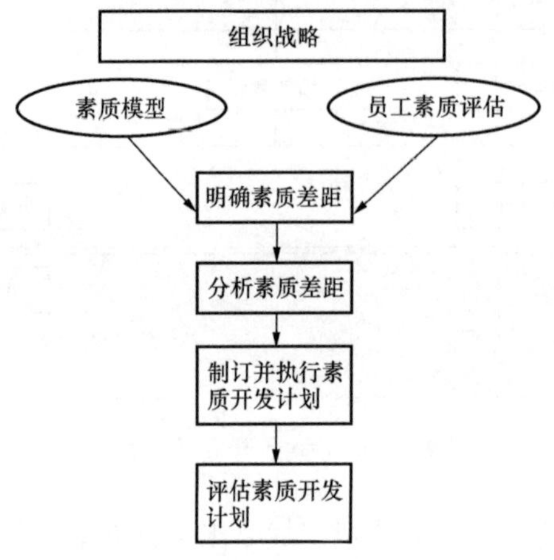


图 9-6　员工岗位素质开发流程图

**1. 明确素质差距**

要开发员工素质，首先要解决的问题就是弄清楚开发员工的什么素质，而要解决这一问题，前提就是要找出员工岗位的素质需求，进而明确员工的素质供给与岗位素质需求的差距。其实这个岗位素质需求就是由岗位素质模型确定的，包括员工所在岗位的素质模型确定的素质需求，也包括员工个人职业发展未来岗位的素质模型确定的素质需求。只有明确了员工素质供给和岗位素质需求的差距，才能弄清楚员工需要开发的是什么素质。

### 2. 分析素质差距

明确了员工的素质差距之后，要进一步对这个素质差距进行分析，分析员工素质差距对其个人、部门、组织绩效可能带来的影响，再结合企业发展的战略目标，进一步确定员工素质差距弥补的优先顺序。

### 3. 制订并执行素质开发计划

在发现问题和分析问题之后，下一步就要解决问题。所谓解决问题，就是针对员工素质差距及其差距弥补的优先顺序，系统有序地制订并执行员工素质开发计划。

### 4. 评估素质开发计划

对员工素质开发计划的制订和执行情况进行跟踪评估，为进一步优化员工素质开发计划提供依据。

## 9.3.4 员工素质开发的主要形式

员工素质开发对于企业经营有极为重要的意义，是人力资源管理系统的核心内容，与人力资源管理的各个模块密切关联，不可分割。员工素质开发根据不同的对象和不同的内容，可以采用多种方式方法。下面简要介绍三种员工素质开发的主要形式。

### 1. 工作内容丰富化

从赫兹伯格等人的激励因素论可以看出，工作的任务特性，如复杂性、挑战性等，以及人们对这些特性的主观评价是褒还是贬，对于员工的激励效应关系极大。一般说来，几乎所有的工作都可以从以下五个方面评价其激励性。

（1）技能多样性，即工作对员工所具备的技能要求是单一的还是多样的。

（2）任务完整性，即工作从提出问题、明确任务到最终完成的完整统一性如何。

（3）价值重要性，即工作所蕴含或可能实现的价值意义大小。

（4）决策自主性，即员工在工作过程中进行决策时可以拥有多少的独立性、判断力和自由度。

（5）反馈灵敏性，即员工能否及时明确地得到有关自己工作绩效评估的信息。

员工工作的激励特性理论分析见表 9-7。

表 9-7　工作的激励特性理论分析

| 工作激励特性 | 关键心理判断 | 再设计思路 | 激励效果 |
|---|---|---|---|
| 技能多样性 | 工作意义观 | 任务重组 | 高积极性 |
| 任务完整性 | | 加大责任 | 高值绩效 |
| 价值重要性 | | 面向客户 | 高满意度 |
| 决策自主性 | 工作挑战性 | 纵向扩权 | 低缺勤率 |
| 反馈灵敏性 | 工作成就感 | 直接反馈 | 低离职率 |

因此，一项工作的激励特性大小，可以从员工对五项激励特性主观评价的综合分值来加以判断。其简式可表达为

工作激励性=[1/3（技能多样性+任务完整件+价值重要性）]×决策自主性×反馈灵敏性　（9-1）

工作丰富化是指纵向扩大工作内容，使员工的岗位工作具有上述五项激励特性，以实现员工岗位素质的开发。

工作丰富化的基本措施有以下五个方面。

（1）重组任务。将那些有关联关系的简单、零散的工作任务组合起来，使之成为一种组合的、内容多样的新的工作单元，以增加工作技能的多样性。

（2）加大责任。使工作内容扩展到“自然边界”，让员工负责有独立意义的整个工作单元，以强化主人翁责任感。

（3）面向客户。重建“员工—客户”关系，尽可能使员工直接面对客户，这样可以提高员工工作的应变性、自主性和绩效反馈的灵敏性。

（4）纵向扩权。将以前由高层管理的责任和控制权下移给员工，扩大授权范围，以增强员工工作的自主控制能力。

（5）直接反馈。保证员工本人在工作过程中就能够直接得到有关工作绩效的信息反馈，而无须通过上司间接评估。

### 2. 教育培训

根据岗位需要而进行培训是帮助员工职业发展的手段之一，根据员工需要而进行培训也是帮助员工职业发展的手段之一。只有针对员工的需要，才能使员工积极地投入培训中，才能提高培训的效果，使培训成为组织和员工都需要的。因此，要对员工进行培训需求的

分析。

企业在开展培训工作时，要把企业的发展和个人的职业发展密切结合起来，这样就能将企业的价值体现在企业发展和个人发展的高度统一及效益最大化上。而要做好这项工作，就要将了解公司的业务与发展战略和了解员工的职业发展需要两者结合起来，并在这个基础上把握培训的总体方向。

既然企业发展和员工个人职业发展需要都需要对员工进行培训，那么培训需求就有两个主体：企业和员工，并且培训需求中都要融入“发展”这个因素。也就是说，在企业和员工双主体的培训需求分析中，不仅要考虑企业发展的需要，也要考虑员工个人发展的需要。员工参与需求分析中，有利于提高员工对培训的接受程度，增强培训效果。同时，将现期和长期发展需要相结合，使培训更具有战略性，更能适应市场发展变化的需要；对员工而言，也更能长远地规划个人的职业发展。

### 3. 职务轮换

职务轮换制度又称轮岗制度，是企业有计划地按照大体确定的期限，让员工轮换担任各种不同岗位的做法，以达到考察员工适应性和开发员工多种能力的目的。

## 9.4　基于员工职业发展的培训体系

随着信息革命和知识经济时代进程的加快，各个企业都面临着激烈的竞争。一个企业要想在竞争中获得先机，必须以知识为基础、以能力建设为主题，以人才培养为主线开展员工培训。培训是 21 世纪企业从内部寻求竞争优势的最优方式，它通过对知识的学习能力和技能的更新能力的提升，从而保证企业在竞争中获得和保持优势地位。在这个过程中，培训作为企业生存发展所必须开展的人才培养、储备的手段，可以帮助员工补充和更新知识、提高技能、发展职业素质。

### 9.4.1　基于员工职业发展培训体系的重要意义

员工培训作为人力资源管理的重要内容，是现代企业必不可少的投资活动，不仅有利于企业的经营管理和持续发展，也有利于员工提高职业能力、促进潜能的开发。

培训不仅可以提高员工的技能，提高组织的效率，更重要的是，它可以增强企业对员工的吸引力，提高员工对企业的归属感。因为大部分人力资源调查显示，大多数员工在选择是否进入一个企业时，都会注重未来的发展机会，因而培训也是大多数人重点考虑的筹码。如果一个企业始终只想着如何利用员工的知识、技能和热情，是很难取得长足发展的。

良好的企业培训体系可以为改进员工的态度、提高知识与技能管理提供服务，满足员工的职业发展需要，提升企业的人力资源质量，最终可以提高企业适应市场的竞争能力。培训后即使出现人才流失的现象，只要不是群体行为，员工所带走的也只是个人学到的技能，整个组织的文化和结构是带不走的。

企业的培训需要和员工的职业发展规划保持一致，重要的在于使员工的发展和培训同步，或培训略超前于职业发展。通过分析、评价员工的能力、兴趣和价值观等，确定双方都能够接受的职业生涯目标，并通过培训、工作轮换和丰富工作经验等一系列措施，逐步实现员工职业发展目标的过程。

### 9.4.2　基于员工职业发展的培训的实施

基于员工职业发展的培训的实施，需要注意以下几点。

**1. 以组织战略目标为导向，提高培训有效性，改善职业发展规划**

组织战略目标为企业培训提供了方向，为员工职业生涯发展提供了源源不断的动力。同时，企业发展是建立在个人奋斗之上的，是在个人奋斗基础上的整合。以组织战略目标为导向，通过组织的系统设计，将员工的个人职业发展规划目标、企业培训体系同组织的发展目标整合起来，才能实现组织与个人的互动和共同发展。在个人阶段目标不断实现的同时，也不断地向组织的战略目标靠拢，既激励了员工们持续的努力和奉献，又使得组织朝着既定的方向发展，体现了以人为本的现代管理指导思想，实现了组织和个人双赢模式。

员工的职业发展规划重视个人学习和个人技能的提高，而企业培训则更强调组织成员的合作和群体知识、技能的开发。在企业组织的发展中，强调员工培训、植入职业发展规划，由个人职业规划、个人知识积累、个人技能提高推动组织整体绩效的改善，进而实现组织的战略目标。同样，组织的整体发展也可以带动个人发展，两者互相促进。一改过去员工个人独自的职业生涯设计方式，由组织引入科学的评价体系如个人性格测试、素质测试、技能评估等，帮助员工理性地认识和评价自己的兴趣和能力，并结合组织发展战略、人力资源现状、人力需求态势等，向员工科学地提供员工职业发展和职业规划的参考，与员工共同制订符合组织需要的个人职业生涯规划。同时，在组织内部设立职业发展通道，调动组织内部的岗位资源，促进员工职业生涯规划的实施，避免由于信息不对称，使得员工的职业生涯设计受到组织发展目标的影响，规避企业培训后人才流失对组织的战略发展产生的风险。

### 2. 充分了解和把握不同职业生涯发展阶段员工的特点和培训需求

职业发展管理作为组织的一种长期、动态的管理过程，贯串于员工职业发展的全过程和组织发展的全过程。而具体到每一个组织成员，由于其处于个人发展及组织发展的不同阶段，每一阶段又有各自的发展特征、发展目标和发展重点。因此，组织必须抓住每一个发展阶段的不同关键点，实施不同的职业发展管理。

例如，在职业选择阶段，职业生涯发展的重点是帮助员工选择一个满意的职业。因此，必须充分了解新员工的学识、态度、兴趣和爱好、职业价值观等特征，并指导其正确选择所提供的职业，做到职业与人的能力、特长相配，也与求职者的从业愿望相符。而在职业稳定阶段，员工的职业愿望已基本停留在某一固定的职业上，个人职业发展管理也有一个固定的目标。此时，企业职业生涯管理的重点趋向于以员工的职业锚特征为依据，根据每个员工特定的需求，引导员工自我发展并吸引员工稳定地"抛锚"。如果对有管理能力型职业锚、想走管理型职业发展通道的员工，应根据其发展，不断考评其在诸如计划能力、组织能力、指挥协调能力、控制能力、专业技术能力、商务能力、金融财会能力、交际能力方面等的进步和潜质。

### 3. 制订以员工职业发展为核心的企业培训计划

建立以员工职业发展为核心的企业培训体系旨在把企业的战略目标和不同职业生涯发展阶段员工的特点、培训需求相结合，然后有针对性地制订员工的培训与开发方案，通过培训进一步发现员工的潜在能力与特长，为其职业发展规划打下良好的基础，帮助他们尽快成长，以适应本职工作和今后职业发展的需要。

要让员工充分了解企业文化、经营理念、管理制度、企业内各个职务的工作内容、任职资格、职务升迁路线及职位空缺、工作轮换和培训等信息。通过基本素质测评，帮助员工了解自己的兴趣、能力、个性特点；通过对话及公开的职业生涯研讨会等形式，帮助员工了解自己实际的工作经验与体会，分析自己目前能做好哪些工作，如果加以培训和实际工作的锻炼，将来能做好哪些工作，并将这些工作按一定次序排列出来。在此基础上，帮助员工制定自己的短期、中期和长期职业生涯目标。企业在帮助员工制定职业发展目标时，既要尊重员工个人的意愿，也要从企业发展的全局出发，既要使员工的职业目标选择和职业发展目标确定对其具有长期、有效的激励作用，又要适合企业发展的需要，真正实现员工个人与企业双赢的目的。

### 4. 选择合适的培训方法，完善培训管理工作

培训方法是指为了有效地实现培训目标而采用的手段和方法，培训方法的选择必须与培训需求、培训目标相适应。培训方法的选择、培训管理工作的完善要注意受训者所处的职业生涯发展阶段、知识层次和岗位类型等。在大量的可供选择的培训方法面前，可采取其中一种或两种方法为重点，多种方法变换组合的方式，使培训效果达到最理想的状态。例如，在职业维持阶段，职业培训一般在业绩、能力考评的基础上进行，以帮助员工达到职业发展目标为目的。培训方法可选择：①知识补充培训，及时给员工补充新产品、新设备的知识和其他一些必备知识的更新等；②提高业务能力的培训，对基层员工来说，主要是技能培训；对管理人员来说，还必须有思维、观念方面的培训；③专业人才的培训，即根据企业需要，开展有关专业技术或管理技能的素质培训；④人员晋升的培训，即在员工晋升之前对其进行相关知识、技能、态度等方面的培训，以满足其即将就任的更高职位的要求。

### 5. 建立职业发展管理实施评估系统，营造培训成果转换环境

基于企业培训的职业发展管理实施效果评估分为两个层次。第一，个人职业成功评价。职业成功是员工个人职业发展目标的实现，具有很强的针对性。受训员工对自己的职业发展成功界定都具有一个独特的标准，包括成功意味着什么、成功的范围、被承认的地位和被承认的方式等。由于标准的多样性，企业应根据员工具体情况来制定个性化的职业生涯设计和管理策略。第二，组织职业发展管理实施效果评估。对企业来说，一切都必须以企业的战略发展目标为依据，在这一目标的指导下来开展企业员工培训工作和员工的职业生涯管理，并以此为主要目标进行两个方面的评价。①职业发展管理系统对企业的适应性评价。评价指标包括是否为企业高层领导所接受和支持？是否为全体员工所理解和支持？是否符合当前的社会观念，为社会环境所接受？②职业发展管理系统实施效果的评价。评价指标包括是否能够吸引、造就和留住企业需要的优秀人才？是否能切实提高员工的能力素质？是否能提高员工工作效率，不断提高产品的数量、质量和服务，使企业获得最大的效

益和可持续发展。

培训转化机制是解决培训有效性的关键。培训成果转化是一个动态过程，培训项目设计、受训者特点及环境因素都会影响培训成果的转化。组织选派员工参加培训项目，尤其是参加时间长、费用大的高层次培训项目，除了应考评员工的专业素质和学习能力外，还要重视对员工忠诚度的考察。因为培训项目的成功，还有赖于受训人员是否可以持续地将所学知识和技能运用于实际工作当中。根据人力资源管理的相关理论，组织必须为受训员工提供充分发挥其知识技能的工作环境，包括有竞争性的薪资待遇、职业晋升前景、更广泛的工作权利和更高的工作挑战。

## ☑ 自测题

### 一、判断题（请在题后的括号内打“√”或“×”）

1. 虽然职业生涯是个体的工作行为经历，但职业生涯管理需要个人和组织共同来进行。（　　）

2. 传统的纵向职业发展通道往往分为管理和技术两个序列。（　　）

3. 纵横双向职业发展通道分为管理通道、技术通道和技能通道，员工可以自由地选择任意通道。（　　）

4. 员工的岗位横向发展是对纵向发展的辅助和补充，因此它可以是可有可无的。（　　）

5. 员工素质发展的关键在于员工岗位素质的有效开发。（　　）

### 二、单选题（请在题后的括号内填上选中项的序号）

1. 结合公司的实际情况和管理需要，可对不同层级的岗位实行不同档次设计，通常情况下，同一个岗位根据能力差异可分为（　　）。

A. 7 档、5 档和 3 档　　B. 7 档、4 档和 3 档

C. 7 档、6 档和 3 档　　D. 6 档、4 档和 2 档

2. 纵横双向职业发展是根据员工能力的特点，通过在不同序列岗位能力纵向延伸和横向延伸来拓宽员工职业发展通道，鼓励人才向（　　）方向发展。

A. 高、专、尖　　B. 高、多、尖

C. 博、专、尖　　D. 博、多、强

3. 员工能力开发的方法主要有（　　）。

（1）工作内容丰富化

（2）教育培训

（3）绩效考评

（4）职务轮换

A.（1）（2）（3）　　B.（1）（2）（4）

C.（2）（3）（4）　　D.（1）（3）（4）

4.（　　）首次对职业锚理论进行了系统论述，提出了五种职业锚的概念。

A. 施恩　　B. 罗宾斯

C. 德鲁克　　D. 马斯洛

**三、多选题（请在题后的括号内填上选中项的序号）**

1. 员工的职业发展通道通常有（　　）。

A. 纵向通道　　B. 横向通道

C. 交流互通通道　　D. 纵横双向通道

2. 根据以岗位所需能力为主还是以员工所具备能力为主，可以把员工岗位能力开发分为（　　）。

A. 以岗位为导向的岗位能力开发模式

B. 以员工为导向的岗位能力开发模式

C. 以员工能力为导向的岗位能力开发模式

D. 能岗动态匹配的岗位能力开发模式

3. 建立基于员工职业发展培训体系的重要意义在于（　　）。

A. 利于企业的经营管理和持续发展

B. 利于员工提高职业能力、促进潜能的开发

C. 提高员工对企业的归属感

D. 提高企业适应市场的竞争能力

4. 员工岗位素质开发流程包括（　　）。

A. 确认员工素质差距

B. 分析差距

C. 制订并执行员工素质开发计划

D. 评估员工素质开发计划

## 四、练习与思考

1. 员工的职业发展通道方式有哪些？

2. 试述职业发展多重通道对企业和员工的意义。

3. 员工岗位素质开发的模式有哪些？请简要说明各个模式的含义和优缺点。

4. 员工岗位素质开发的流程是什么？

5. 基于员工职业发展的培训的具体实施步骤是什么？

## 五、案例分析题

1. 作为餐饮类领军企业，CL 公司近年来发展势头越来越好，但是 CL 公司的中坚力量——核心员工却因企业提供的条件不能满足其职业发展，而对工作满意度较低，导致流动性过大。为此，CL 公司正在为企业的核心员工设计一个完善的事业发展阶梯，并根据个人的不同情况合理实施人岗匹配，做到用其所长，避其所短， 各尽其才，提供多元化职业发展通道。该公司的具体做法为：

一是对核心员工进行定位。依据员工的人力资本对企业的战略价值和独特性两个维度，CL 公司对现有员工进行了分类、分析，并得出该公司的核心员工主要有三类：核心高层管理人员、核心技术人员，以及具有广泛外交关系和服务特质好的员工。

二是了解员工的需要、能力及自我目标，把员工的个人需要与企业的需要统一起来。

三是 CL 公司分别从纵向发展通道、横向发展通道和多重职业发展通道三个角度设计核心员工的发展、晋升通道。具体做法为：将职业发展通道分为以下阶段——领班、主管、经理助理、部门经理、副总及总经理，同时规定在纵向发展体系中，如果出现上层职位的空缺，企业会首先选择内部招聘的方式来补给；将横向职业发展通道主要分为三种方式——工作丰富化、工作轮换及参与管理；对于后厨人员和前厅人员， CL 公司设计了不同的晋升路线，以解决传统单一的晋升路线。

**思考题：**

（1）CL 公司核心员工职业发展通道设计有何特点？

（2）请从员工职业发展的角度分析 CL 公司核心员工职业发展通道设计的成功之处。

2. 三一集团（以下简称“三一”）基于“帮助员工成功”的理念，为不断提升员工岗位胜任力，促进员工职业发展，推行了一系列员工开发举措。主要如下：

（1）三一提供了两大序列（管理和专业）十六大体系（干部类；研发类；制造质量类；商务类；物流类；市场营销类；服务类；财务投资类；人力资源类；融资类；金融类；IT类；基建类；法务类；审计监察类；行政类）的职业发展通道。其中，两大序列发展通道为：管理通道：新员工—主管—科长—部长—总监—高层管理；专业通道：新员工—初级—中级—高级—专家—资深专家。

（2）导师/师傅带岗制：三一建立了一套有效的导师制度，导师以将新员工“带成器”为目标，师傅以将新员工“带入门”为目标，部门领导为每一位新员工指派一位资深员工为其导师/师傅。导师/师傅须定期与新员工进行面谈辅导，在工作生活等方面进行帮助和指导，包括对公司周围居住环境的介绍，以及帮助他们克服刚接手工作时可能出现的困难等，使其尽快适应工作环境，提升工作技能，并引导新员工做好职业发展规划。

除了针对新员工所开展的导师制度外，在每个部门，我们都配有一支资深的教授专家团队，为新员工提供顾问支持；团队成员大多为来自各所名牌大学的教授，以及一些研发中心退休的老专家。他们将在员工在工作或生活中遇到问题时，利用自己丰富的工作和生活经验，向员工提出富有成效的建议，以及接受进一步的咨询。

（3）员工职业生涯管理：为促进员工成长和组织发展的“双赢”，集团推行员工职业生涯管理流程。

组织层面发展流程：对员工进行评价→部门推荐→制订发展规划→实施发展规划→实现职业发展目标。

个人层面发展流程：自我申报→职业发展意向登记→职业发展计划制订→职业发展计划实施→职业发展目标实现。

公司及人力资源部重点关注并主导组织层面的发展流程，部门及个人重点关注个人层面的发展流程，最终实现两者有机统一。

（4）多元化的成长机会：公司为员工提供轮岗、转岗、竞聘上岗等多种方式，帮助员工获得职业发展所需的知识、技能和经验。

轮岗：即员工轮岗制度，让员工在不同岗位上得到知识和技能的全面提升。

转岗：在胜任本岗位工作的基础上，员工有意愿从事其他岗位工作且有相应岗位空缺时，可申请转岗。

竞聘上岗：当公司某部门有重要岗位空缺，而本部门内没有合适人选时，公司所有员工都有机会参与竞聘上岗。

带薪送读：公司每年挑选一批优秀员工送往国内外著名高校攻读相关学位，帮助员工提升知识水平。

职务轮换和副职挂职：对优秀的管理人员提供职务轮换和副职挂职的机会，帮助有潜力的干部扩展管理技能，站在更高的角度，全面系统地思考与解决问题。

（资料来源：http://sany.com.cn/jobs/policy/fazhan.htm）

**思考题：**

（1）结合案例材料分析三一集团如何进行员工素质开发？

（2）结合案例材料分析评价三一集团员工职业发展通道设计及员工素质开发的举措。

# 岗位激励、控制与员工自我管理

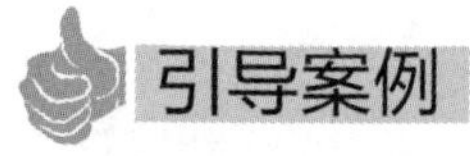


### 管理者的困境

M公司是国内一家大型私营企业，拥有多家加工工厂上万名员工，为数家世界知名品牌生产服装。王勇是新被聘任的其中一家工厂的负责人。现在，他要负责管理16支工作团队，确保他们的工作流程畅通无阻，按时保质地完成任务。

M公司从国外引进了最先进的管理系统，下属工厂的厂房干净明亮整洁，生产设备先进，每一个员工都经严格挑选而上岗。公司老总张强试图改变人们对发展中国家制衣厂形成的刻板印象，筹划将企业建设成为制衣行业的开拓者与革新者。为此，他反复对下属工厂负责人强调：千头万绪，管理者的工作就是要让员工知道，他们是工厂里最重要的人！

但王勇心里明白，起码在他的工厂里，员工们并没有觉得自己是工厂里最重要的人，工作效率不高，隔三岔五地总要出一两次不大不小的事故，工作任务经常拖期。怎么做才能让员工感觉到他们是工厂里最重要的人？王勇面临着如何激励员工的挑战。

**思考：**

如果你处在王勇的位置上，你将如何让员工知道他们是工厂里最重要的人？

## ■ 本章学习目标

1. 了解激励的含义、作用
2. 掌握岗位激励的原则和方法
3. 了解控制的含义、类型
4. 掌握岗位控制的方法
5. 理解什么是员工自我管理
6. 掌握员工自我管理的内容及方法

## ■ 学习导航

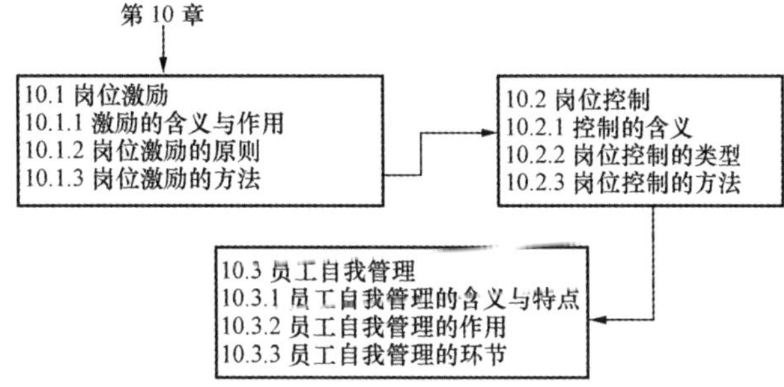

对岗位的管理有两个层次，一是组织对岗位的管理，二是员工对岗位的自我管理。组织对岗位的管理属于岗位管理的外在因素与动力，除了要使岗位和员工人岗匹配、产出岗位绩效和回报员工薪酬外，还要对岗位进行激励和控制，使员工在岗位上产生活力，激发员工的积极性，并保证员工的活力不偏不过。员工对岗位的自我管理则是岗位管理的内在因素与动力。

对于岗位而言，激励和约束机制是组成岗位的五大要素之一。岗位本身不但需要激励和控制，而且还要能产生激励和约束的作用。没有激励和约束作用，岗位就无法运作和发展。岗位一方面通过任务目标的激励和压力，对岗位主持人产生激励作用，激发岗位主持人的活力和积极性；另一方面通过职责和职权及业务流程和条件的规范，对岗位主持人进行约束，使岗位主持人的活力和积极性定向发挥，避免出现失职、越权和范围能力错位。如果说激励是岗位得以运转的动力因素的话，那么约束就是岗位得以运转的定向保障因素。只有激励与约束互为依存，相得益彰，形成一种机制，才能使岗位成为一个活的细胞，有效运转并实现任务目标。这里所讲的约束就是控制的意思。

## 10.1 岗位激励

有效的激励机制是组织高效运作的基础。科学合理的岗位激励会促使员工自觉地努力、负责地工作，提高工作效率，从而最终促使整个组织快速稳健的发展。

### 10.1.1 激励的含义与作用

#### 1. 激励的含义

“激励”一词最早起源于《史记》“欲以激励应侯”，意为激发鼓励，促人振奋。激励是指鼓励人朝着所期望的目标采取行动的过程。在管理学中，激励是管理者的重要活动之一，对员工进行充分的激励，可使员工实现岗位目标，达到组织的要求。

激励，是组织通过设计适当的外部奖酬形式和工作环境，以一定的行为规范和惩罚性措施，借助信息沟通，来激发、引导、保持和归化组织成员的行为，有效实现组织目标及其成员个人目标的系统活动。这一定义包含以下三个方面的内容。

第一，激励的目的是实现组织预期目标，同时也能让员工实现其个人目标，即达到组织目标和员工个人目标在客观上的统一。也就是说，激励就是通过设计一定的手段与机制，以使个人与组织目标最大限度的一致起来，调动个人的精神动力，让他们积极地开发利用现有的和潜在的能力和资源，在工作过程中发挥最大的效用。

第二，激励贯串于企业员工岗位工作的全过程，不但要了解岗位工作的特点、要求，而且还要了解员工个人需要、把握其个性，了解其行为过程和行为结果。通过系统设计适当的外部奖酬形式和工作环境，满足组织成员的合理需要，调动员工积极性。对员工表现出来的符合企业期望的行为进行奖励，又要对不符合员工期望的行为进行惩罚。

第三，信息沟通贯串于激励工作的始末，从对激励制度的宣传、企业员工个人的了解，到对员工行为过程的控制和对员工行为结果的评价等，都依赖于一定的信息沟通。企业组织中信息沟通是否通畅，是否及时、准确、全面，直接影响着激励制度的运用效果和激励工作的成本。

### 2. 激励的特点

激励作为人力资源管理的重要内容，是对人的潜在能力进行开发与激活的过程，主要具有以下三个特点。

第一，由于激励是从人的心理出发的，看不见，也摸不着，只能通过在其作用下的行为表现来加以观察和判断。

第二，人在激励过程中会产生动机与行为，而这些动机与行为的程度并不是一成不变的，它们受多种主、客观因素的影响，在不同时间、空间和环境条件下，其表现是不同的，是动态的。

第三，激励的目标是挖掘员工的潜在能力，激励的目的是使他们的潜能得到最大限度的发挥。由于人的能力是有限的，受生理因素、心理因素、家庭因素、个人短期目标及其他诸多因素的影响，因此激励不能越过人的生理、心理和能力等因素的最高限度，否则将失去激励的意义。如果目标是遥不可及的，即使激励力度再大，也难以实现。不仅如此，而且还会使人产生反弹心理。所以激励应该是适度的。

### 3. 激励的作用

弗朗西斯（C.Francis）曾经说过，你可以买到一个人的时间，你可以雇到一个人到指定的工作岗位，你可以买到按时或按日计算的技术操作，但你买不到热情，买不到创造性，买不到全身心的投入，你不得不设法争取这些。这句话生动地道出了激励的重要性。

第一，激励能够开发人的潜力。现代的人力资源管理不再是传统的以档案管理、人员调配、职务职称变动等为中心的静态的事物性管理，而是以人为本的动态性管理。以人为本就是视人为一种重要的资源而非成本负担和费用，进而加以开发、利用和管理，重点是开发人的潜能、激发人的活力。美国哈佛大学的管理学家威廉·詹姆斯（Wiliam James）研究证实，在缺乏激励的一般岗位上，职员仅仅能够发挥实际工作能力的 20%~30%，而受到充分激励的员工，其工作能力可以发挥出 80%左右。因此，激励有利于员工素质的提高和潜能的开发。

第二，激励有助于提高人的绩效。也许每一位管理者都有过这样的经历，一个没有积极性的下属即使很有能力也很难办好一件事情，可见，要实现组织的目标、提高组织的绩效，首先必须提高个人的绩效。个人的绩效取决于多种因素，我们可以用“绩效函数”来表示

$$P = f(M \times Ab \times E) \qquad (10\text{-}1)$$

式中：P（Performance）为个人工作绩效；M（Motivation）为工作积极性（激励水平）；Ab（Ability）为工作能力；E（Environment）为工作条件（环境）。

从式（10-1）中我们可以对激励的重要性窥豹一斑，它与个人工作能力、工作条件共同组成了对个人绩效有重要影响的三个因素，不管有多么优越的条件，不管有多高的水平，如果没有积极性，个人绩效就要大打折扣。若是这样，组织目标的实现就会面临着威胁。

第三，激励有利于吸引人才和留住人才。激励机制在调动员工积极性的同时，能够增加人才跳槽的心理成本，对人才的流动有一定抑制作用。企业对怀有远大理想的核心员工除了运用薪酬福利、职业发展、感情留人等方式外，若能再运用行之有效的长期激励方式，则不仅能使核心员工得以长期保留，而且有助于企业长远战略目标的实现。

总之，激励是企业管理的重要内容，也是企业管理水平不断提升的重要实现渠道。企业只有实施全方位的激励，并在企业管理实践中随着客观形势的变化而不断地加以改进、创新与完善，才能最大限度地激发员工，特别是激发核心员工的潜能与工作热情，进而实现企业目标，提高企业绩效。

### 10.1.2 岗位激励的原则

激励既能鼓励合意的行为也可以限制有害的行为，对积极行为进行奖励的同时必须同时对错误行为进行惩罚。作为人力资源管理中一项原则性和技术性都很强的措施，激励是组织管理的重要手段之一。在管理活动中，应坚持以下三个方面的原则，使激励发挥应有的组织管理作用。

### 1. 奖惩及时，激励实效化

及时性是奖惩工作取得最佳效果的重要保证。奖惩及时与否，与奖惩效果直接相关：越及时收效越大，反之，越不及时收效也就越小。如果对员工的功过是非视而不见，处之怠慢，不仅将使奖惩失去其应有的功效，而且造成组织的严重“内耗”。同时，奖惩还必须重视其产生的社会效果。任何奖惩都必然会在一定范围之内产生一定的社会影响，因此奖惩的实施应尽可能事先就估计到可能产生的社会效果，而要实现最佳和良好的社会效果，根本的途径就是严格按规定的奖惩原则、标准、权限和程序办事。

### 2. 正负结合，激励正向化

正向激励和负向激励之间存在着效应互补关系，任何单纯使用一方面的措施，都有可能会削弱另一方面的作用。相比而言，奖励更能达到调动员工积极性，提高工作效率的目的。因为奖励是一种正强化、正激励，可以直接满足员工的物质和精神需要，较少负面影响；而惩罚是一种负强化、负激励，是对非期望行为的一种惩罚，即剥夺其一部分物质和精神利益，使其物质和精神需要的满足程度降低，借此减少这种组织非期望行为，而转向组织期望的方向，这种手段固不可少，但负面影响较大。因此，激励应以奖励为主，辅以惩罚，这样将会收到很好的效果。

### 3. 科学考评，激励差别化

激励的基础依据是绩效考评，只有绩效考评体系科学完善，才能得出公平公正的考评结果，才能为奖励与惩罚提供准确的实施依据，使激励真正起到提高组织绩效的作用。同时，在激励的过程中，还要认清个体的差异，对员工给予个性化的奖励。组织中的员工千差万别，对激励的需求和态度不尽相同。试想，如果员工需要的是加薪而上司却给予其头衔的简单提升，则其结果不但不能起到激励的作用，反而会引起员工的不满。此时就需要管理者了解被激励者的需求，在组织情况许可的条件下，尽可能地满足员工的需求，提升员工的工作热情和对组织的认可程度。

## 10.1.3　岗位激励的方法

岗位激励的方法主要包括人岗匹配激励、岗位工作环境激励、岗位晋升激励、岗位薪酬激励、岗位目标激励及战略性激励等方法。

1. **人岗匹配激励**

人岗匹配要求岗位职责与员工个体素质特征相匹配，这是激励员工的关键。按照岗位职责的要求，结合员工的工作兴趣与特长特征等进行人员配置，将不同的人安排在各自最合适的岗位上，提高人岗匹配程度，能够充分发挥员工的特长和优势，能够吸引员工更全心地投入岗位工作，从而产生很强的内在激励，激励其努力提升投入水平，从而做到“人尽其才”，提升岗位绩效。岗位是员工职业发展的舞台，员工适合在什么岗位上工作，就尽量安排他到这个适合的岗位上去工作。只有这样，才能最大限度地调动员工的积极性，充分发挥他们的才能。也只有这样，员工才能在舞台上尽心表演，舞台表演才会精彩。许多成功的管理者都善于识人，并把人才放在适当的位置上。

2. **岗位工作环境激励**

工作环境是岗位要素中的重要方面，主要包括组织中的行为规范、人际关系、工作条件等方面的内容。组织的各项规章制度的基本目的是使员工的行为规范化。一方面，规章制度往往与物质利益联系在一起，对员工的行为有约束作用；另一方面，规章制度为员工提供行为规范，提供社会评价标准，对员工的行为有导向作用。员工遵守规章制度的情况与自我肯定、社会舆论等精神需要相联系，因此其激励作用是综合的。良好的人际关系能激发员工的工作热情和工作积极性与创造性。创造良好的人际关系环境，一要上级主管人员对下属尊重、关心和信任；二要保持工作团体内人际关系融洽，及时调解各种矛盾。通过沟通，加深同事之间、上下级之间，以及部门之间的相互了解，交流感情，避免产生各种误会、矛盾乃至冲突等。良好的工作条件、清洁美化的工作环境，能使员工安心工作，心情舒畅、精神饱满。因此工作环境激励也是一项十分重要的岗位激励手段。

3. **岗位晋升激励**

岗位晋升激励就是将员工从低一级的岗位提升到新的更高级别的岗位，同时赋予其与新岗位一致的责、权、利的过程。晋升激励是企业经常使用的一项重要的激励措施。

首先，要规范晋升的途径。要为每一个员工指明他所在的岗位应该朝哪个方向晋升。这个晋升不是指个人的晋升，而是指这个岗位未来的晋升方向。比如，你现在是专员，那么这个岗位的下一步晋升方向是主管；你是一般工程师，这个岗位的晋升方向是主任工程师。规范晋升途径，就是将所有的岗位分为几个岗位群，每一个岗位都能在自己所在的岗位群中，从下到上、一步一步地上升。很多企业晋升激励存在的问题是岗位体系设计不到位，缺失晋升途径。这种情况往往导致一个员工在一个岗位上干了十几年，除了工资稍有上升外，其他的都没有变。

其次，要建立晋升的阶梯。在确定一个岗位的晋升路径之后，接下来就需要建立晋升的阶梯，也就是说，要指明这条路径上有多少岗位，分布如何。指明管理人员走行政类、营销人员走销售类、工程师走技术类、文员走行政事务类，即规范由一个一个阶梯组成的晋升途径。以销售类为例，如将销售人员的岗位系列具体规定为由客户主任、高级客户主任、客户经理和高级客户经理组成，并对每个岗位进行分级，就可以建立晋升的阶梯。作为销售人员，就可以在这个途径上，一个岗位一个岗位地、一级一级地通过考核不断地得到晋升。建立了晋升的阶梯，就为员工的职业生涯打通了道路。这样，员工的发展就有了动力，就可以明确目标，通过不断的努力得到晋升。

最后，要制定晋升标准。规范了晋升途径、建立了晋升阶梯，并不意味着员工只靠工作年限就可以自然地得到晋升。也就是说，岗位并不是论资格排座次的，其晋升必须按一定的标准进行。具体而言，这一标准应该包括三个部分：一是晋升岗位的任职资格要求，包括学历、专业、专业年限、同行年限、同等职务年限等；二是晋升岗位的能力要求，即适合在这一岗位工作所需要具备的能力；三是绩效要求，即晋升这一岗位所需达到的绩效标准。在实施晋升激励的过程中，应该严格按照标准进行。

此外，晋升不仅仅是正向流动的，也应该包括负向的流动。也就是说，晋升标准应有两个，一个是向上晋升的标准，另一个是向下降级的标准，从而做到有升有降。对于符合晋升标准的要给予晋升，对于符合降级标准的要向下降级。此外，晋升体系在应用过程中应与薪酬相对应，将头衔的晋升与薪酬挂起钩来，只有这样，员工才能从晋升中得到激励。

**4. 岗位薪酬激励**

尽管薪酬不是激励员工的唯一手段，也不是最好的办法，但却是一个最基础、最重要、最易运用的方法。从激励的角度看，薪酬不是万能的，但是没有薪酬是万万不能的。有效的薪酬激励是相对于传统的利用工资、金钱等外在的物质因素来促使员工完成岗位工作目标而言的，它更多地从尊重员工的“能力”“愿望”“个人决策”和“自主选择”的角度出发，从而能更好地创造员工个人与组织利益“一体化”的氛围。薪酬激励在薪酬设计的时候，应考虑在薪酬构成上增强激励性因素，如奖金、物质奖励、股份、培训等。应设计适合员工需要的福利项目，福利项目设计得好，不仅能给员工带来实惠和方便，帮助他们解除后顾之忧，增加对公司的忠诚度，而且可以节省在个人所得税上的支出，同时提高公司的社会声望。还可以选用具有激励性的计酬方式，如按件计酬、按绩计酬等。此外，在薪酬支付的时候也要注意运用一定的技巧，如将现金性薪酬和非现金性薪酬结合起来运用等。具体内容详见岗位薪酬管理部分，此处不再赘述。

**5. 岗位目标激励**

岗位目标管理是建立于正确的组织分析的前提下，以各个岗位的工作分析为基础平台，以明确各个岗位的岗位目标为核心，以科学的绩效考评系统为控制，以有效的薪酬结构为激励，从而达到全方位地调动组织内各个群体和成员的积极性、创造力和成就感，使企业总目标与各个方面的分目标融为一体，以求得企业长远优化和稳定快速发展的岗位管理模式。岗位目标管理的核心是岗位目标激励。

岗位目标管理通过岗位目标既能起到激励作用，又能起到约束作用。组织中所有的岗位都不是孤立存在的，它们都在一个组织中活动，既受到环境的影响，又受到发展的制约。目标是员工产生动力的源泉。管理者要善于为每一个员工设置适当的岗位目标。目标越能体现企业组织、个人的共同利益，就越能激励员工，实现目标的可能性就越大。那么，应如何将员工个人目标与企业目标结合起来呢？一是把企业目标转化为员工个人目标，明确企业目标的实现给员工带来的好处，使员工自觉地从关心自身利益变为关心企业的利益，从而提高影响个人激励水平的效价；二是善于把企业、岗位目标展现在员工眼前，不断增强员工实现目标的自信心，提高员工实现目标的期望值；三是制定具有一定挑战性且能对员工起到激励作用的岗位目标。

**6. 战略性激励**

所谓战略性激励，就是指能起到战略效果的激励。战略性激励的实施对象往往针对企业的核心员工（或称战略性员工），一般包括三个方面的内容，即可持续发展层面的激励、期权股权层面的激励和价值观层面的激励。

（1）可持续发展层面的激励，是使员工明白自己在企业发展过程中的地位和前途，使员工能够为企业的未来也是自己的未来而奋斗，将发展视为己任，凝练自己的核心竞争力，为事业而献身。这种激励通常看重的是团队和集体要为员工提供高端的生涯通道、必要的发展机会和广阔的打拼空间，让员工能够行使充分的自主权力，与组织同步得到发展。

（2）期权股权层面的激励，是一种基于产权制度的战略性激励。要实施期权股权激励，企业必须彻底变革产权制度和治理结构，按照“以人为本”的基本原则和经营理念，实行人力资本股权化运营。期权股权激励一般可以根据企业的实际情况分为员工持股计划、管理者收购和经理股票期权计划等形式，但是不管是哪种形式，都要能保证完成企业的长期战略目标，并能经受得住市场的长期考验。

（3）价值观层面的激励，即企业文化层面的战略性激励。实施价值观激励的前提是企业要拥有一种积极的、健康的、向上的企业文化，这种文化要能为企业全体成员尤其是核心员工所认同和接受，要能形成共同的价值观和企业精神。企业与员工之间要建立良好的“心理契约”，使员工对企业有强烈的归属感和较高的认同度，变“要员工干”为“员工自己要干”，通过意识形态及文化氛围去取得战略性的效果。

以上三个层面的激励都很重要，但要强调的是无论哪一个层面的激励都不能忽视激励的出发点在本岗位，否则激励就会变空、变虚，就会变得毫无战略性价值。

## 10.2　岗位控制

当企业给予员工一定的激励与肯定以后，为了避免员工产生不同程度的惰性与偏差，还需要有强有力的制度化的内部控制机制做保证。内部控制与激励机制是企业管理运行的“双轨”，两者兼具才能使企业行得长远，这样的两条轨道缺一不可。对于岗位也是如此，光有激励还不行，一定要有控制机制。

### 10.2.1　控制的含义

经常能听到有的领导说，“用人不疑，疑人不用”。这话乍一听起来，好像很有道理，但仔细琢磨问题不少。用人是要放权的，但放权不代表着不控制。历史表明，没有控制的放权会造成失控，一旦失控，其后果一发不可收拾。

控制（control），是对各项活动的监视，从而保证各项行动按计划进行并纠正各种显著偏差的过程。斯蒂芬·P. 罗宾斯是这样描述的：“尽管计划可以制订出来，组织结构可以调整得非常有效，员工的积极性也可以调动起来，但是这仍然不能保证所有的行动按计划执行，不能保证管理者追求的目标一定能达到。”所以在这样的情况下，就需要对企业进行有效的内部控制。控制的一般原理如图 10-1 所示。

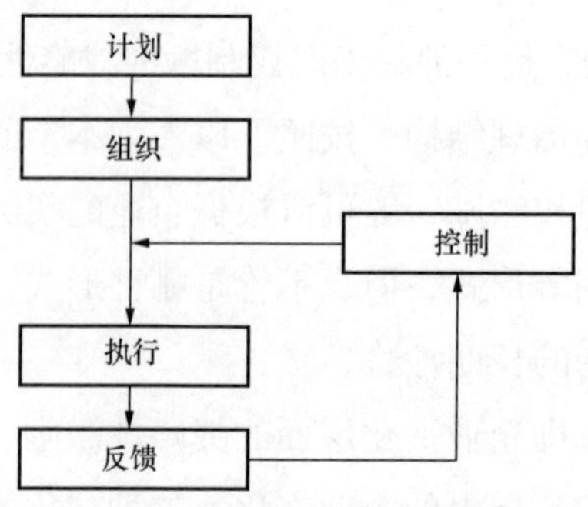


图 10-1　管理过程中的控制原理

对岗位的控制也是如此，不过岗位控制的基本点落在岗位上。岗位控制从岗位的目标出发，以岗位的主持人——员工为控制的客体，确保岗位目标得以实现。在执行过程中若有偏差，则通过反馈及时加以调整，解决偏差问题。岗位管理过程中控制的一般原理如图 10-2 所示。

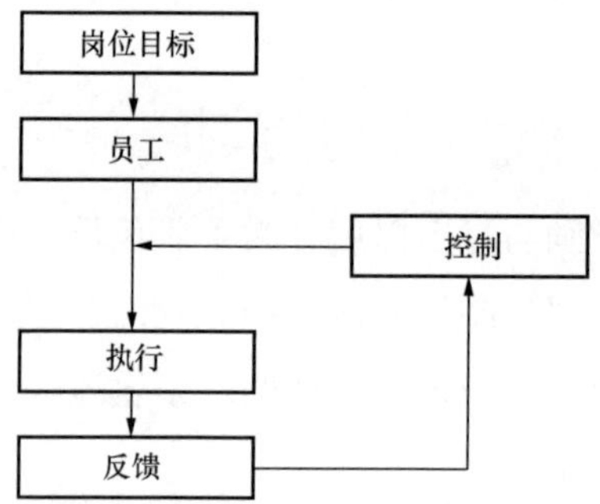


图 10-2　岗位管理过程中的控制原理

### 10.2.2　岗位控制的类型

按照不同的分类方法，岗位控制可分为不同的类型。

#### 1. 根据控制发生的环节分类

根据时机和目的的不同，可以将控制分为前馈控制、过程控制和反馈控制三种类型。其实，前馈控制、过程控制和反馈控制也是一般控制发生过程的三个环节。

（1）前馈控制（feedforward control）又称超前控制、预先控制，是指组织在某项活动开始之前预测到即将遇到的干扰和困难，防患于未然，通过及时采取纠正措施，来消除不利影响，从而进行的控制。前馈控制可以克服事后控制的时滞，具有事先预防的作用，因此在管理中有广泛的用途，包括检查资源的筹备情况和预测资源利用效果两个方面。

（2）过程控制（process control）又称同期控制、现场控制，顾名思义，是指组织在某项活动进行之中，对活动中的人财物进行监管的过程。

（3）反馈控制（process control）又称成果控制、事后控制，是指在一个时期组织的企业活动已经完成以后，对结束的阶段所进行的总结和检查，以便在未来的过程中调整不完善的地方，使其结果最大化地贴近活动目标。反馈控制主要包括财务分析、成本分析、质量分析和员工绩效考评等内容。反馈控制不仅应用于管理系统，也普遍地存在于自然界和人类社会之中。

### 2. 根据控制的手段分类

根据手段的不同，可将控制分为财务控制、资源控制和人力控制等。

（1）财务控制，是指以财务为手段对所在组织的活动进行控制。

（2）资源控制，是指以资源为手段对所在组织的活动进行控制。

（3）人力控制，是指以人力资源为手段对所在组织的活动进行控制。

一般情况下，在企业的控制活动中，不仅同时存在着这三种手段控制方式，而且也往往同时存在着三个环节的控制方式。也就是说，财务控制、资源控制和人力控制都可以分为前馈控制、过程控制和反馈控制。同理，前馈控制、过程控制和反馈控制也都可以分为财务控制、资源控制和人力控制，如图 10-3 所示。

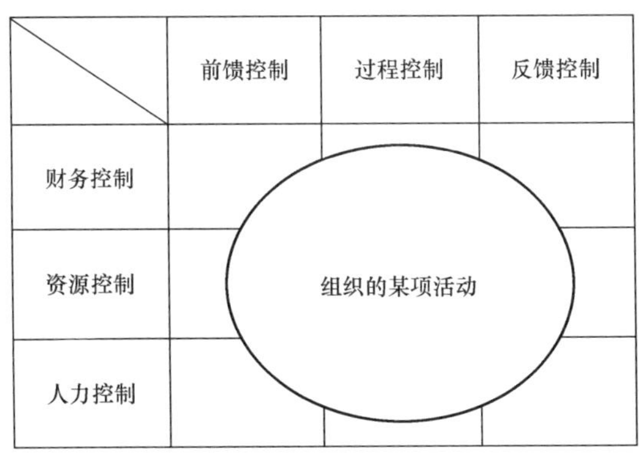


图 10-3　控制的分类

### 10.2.3 岗位控制的方法

岗位控制的基础工作是岗位设置，其原则是因事设岗，但这并不能得出否定“以人为本”的结论。因为，无论什么岗位都是以“人”为中心的。“人”和“岗”是人力资源管理的两个基本要素。人力资源管理，就是要通过组织、协调、控制、监督等一系列手段，使人与岗相互匹配，从而达到充分发挥人的潜能，把工作做得更好的目的。要在“知人”和“识岗”的基础上，因岗择人，使人与岗有机配置，并根据人与岗各自的发展变化，及时调整它们之间的关系，保持人岗相宜的良好状态。通过行政的、组织的、思想的种种办法，防止人与岗、人与人的对抗，其目的就是要充分调动员工的积极性。

岗位控制的方法主要有岗位职责控制、岗位资格控制、岗位目标绩效控制、岗位轮换控制等。

#### 1. 岗位职责控制

岗位职责控制强调通过事先的职责明确、沟通对话、建立约定等方式，将很多问题事先加以界定和解决。所以，职责控制强调的绝不是事后的惩罚和处理，在很多情况下是一种事先管理。

第一，要通过组织设计和工作分析促进组织架构趋于合理，职责划分科学，每个岗位的职责都尽量清晰地规定清楚。部门间的互相扯皮、职责不清晰和员工推卸责任等问题都是由于职责不明确而出现的。在所有规范化管理的企业中，职责都是以岗位或职务的说明书的形式来加以记载和界定的。因此，岗位或职务的说明书是用来描述岗位职责的关键文件，用以指导任职人员的工作。对于企业员工来说，上岗的首要工作就是必须首先学会解读岗位或职务的说明书。

第二，建立职责对话，消除岗位间、部门间职责隔阂，建立普遍关联与合作。企业内部部门之间、岗位之间要经常开展职责对话，首先各部门、各岗位要弄清对话的对象、要点及目的，其次要界定和确认有关对话方的关系，最后将相互间的职责建立在对方可以密切配合和全力支持的基础之上。

第三，确保权、责、利的统一。职责的实现，需要相应的权力做保证。因此，职责和权力两者是相互统一，密不可分的。如果没有配备相应的权力，职责也只能是纸上谈兵，最终无法履行。因此，拥有什么样的职责，就应该赋予什么样的权力，两者缺一不可。此外，职责、权力还需要同企业与员工的利益相结合。

第四，动态调整。因为现代企业大多属于成长型企业，岗位职责的界定也是相对的。随着企业的变化和发展，产品结构、人事、组织架构、管理系统、产权、规模等都会发生变化，岗位职责也在不断发生变化。一旦发生变化时，相应的职责就要做相应的调整，以适应新的需要。

此外，岗位职责控制还包括事中控制，即对员工职责履行情况的过程加以监督和控制。特殊情况下还包括离职控制，亦即责（离）任审计，这是一种事后的控制。一般来说，责（离）任审计是指某一重要岗位工作人员在现有工作岗位任职已达规定任职年限，或者上级主管部门有意向调动、晋升或免除某一重要岗位工作人员时，在拟离开现任工作岗位前，由主管人力资源部门委托内部审计部门，对被审计人员履职情况进行检查监督和综合评价的一种岗位管理控制制度。出现上述情况后，内部审计部门就必须坚持事前介入、独立进行、下审一级，或与以往其他专项审计相结合的原则，按规定的审计程序，对其进行专项审计。任期责任审计与离任审计依照查清事实、分清责任、提出建议、移交处理的工作程序进行。如果发现被审计人员在任期内存在严重违规违纪甚至违法行为，主管部门应按规定严肃查处，不得擅自将其调离。因此，责（离）任审计是加强重要岗位管理和内部控制的必然要求。

### 2. 岗位资格控制

不同的岗位需要有具备不同资格要求的人来担任，如果员工任职资格与岗位要求之间存在着一定的差距，必将影响工作成效。任职资格规定了岗位对任职员工的学历、工作经历、知识背景、身体条件等方面的要求。员工是岗位目标的具体实现者，优秀的员工对企业而言，是一笔价值巨大的宝贵财富。企业在进行人员招聘时，首先考察的是应聘者是否具有完全履行岗位职责的能力，是否具备了任职资格要求的各项条件。如果应聘者的能力满足要求，那就是合适的任职人选；反之，则不适合该岗位，企业不能录用。随着企业业务的不断发展，岗位对任职员工的要求标准也越来越高，很多员工可能在能力方面不再适应新的岗位要求。在这种情况下，企业就需要尽快提升员工的工作能力，对其进行培训和开发，使其能够履行新的岗位职责。

### 3. 岗位目标绩效控制

岗位目标管理既能起到岗位激励的作用，又能起到岗位控制的作用。在岗位目标管理系统中，部门上级与下级共同制定绩效目标，并且定期检查目标完成的进行情况，根据目标完成的结果确定绩效工资、奖金或其他形式的奖励。这种管理控制方法的特点主要表现在以下四个方面。

一是强调自我控制。岗位目标管理的主要动力在岗位内部，倡导的是员工用主动的自我控制的内部管理来代替被动的组织压制性的外部管理，它使岗位主持人能够有效地进行自我控制。员工在自己的岗位上自我控制，不仅体现在自己要自主自如有效地操作岗位，而且还体现在要全面地实现岗位目标，形成一种激励与约束并存的机制。

二是实行动态控制。传统的绩效控制方法是以静态的岗位绩效为控制对象，并不与岗位责任、任务和目标相联系。岗位目标管理的控制则是动态控制，强调的是以岗位职责为基础，以岗位任务为核心，以岗位目标为起点，以岗位绩效为终点，实行全面的过程动态控制。岗位目标绩效控制使岗位目标与绩效在时空上一体化，使员工明确自己该控制什么和怎样控制，使岗位控制建立在动态的反馈和调整上。

三是紧紧围绕组织目标。岗位虽然是企业最小的细胞单位，但却是任何组织不可或缺的组成单位。没有岗位的努力，任何组织的目标都不能实现。但岗位的努力必须紧紧围绕组织目标，只有这样，控制才能有的放矢。为此，组织目标要层层分解，一直落实到岗位，使岗位目标能够成为组织目标的支撑基础。岗位目标不能背离组织目标，更不能另行其事。因此，岗位目标管理要以每个岗位对组织最终成果的贡献来评价其工作的得失，从企业总目标的需要出发，制定各岗位的目标。

四是以岗位职责为基础。岗位的目标不是组织目标简单的层层分解的结果，而是要落实在岗位职责上。岗位的职责不实现，组织目标就不能得到保证。传统的目标管理往往忽视了岗位的职责体系，使得目标管理与岗位在某种程度上相脱节。而岗位目标管理则是以岗位职责为基础进行控制，使岗位的目标成为岗位职责具体化和定量化的结果，而不是异化。岗位目标的实现，就代表着岗位职责也实现。

**4. 岗位轮换控制**

岗位轮换也是组织对员工进行岗位控制的有效方式，但这种控制方式与前面提到的各种方式都不同，它主要通过使员工在不同岗位之间进行轮换来达到控制的目的。在岗位轮换方式下，一个员工能熟悉多个岗位的工作，可以提高员工综合业务素质，有利于员工业务技能的全面提高，有利于员工个人成长；而同一岗位又有多个员工能操作，不会因个别员工的缺勤或员工的临时短缺而影响各项业务活动的正常有序进行。通过轮换，能够改善员工的心理状态，提高工作效率。同时，实行岗位轮换后，同一岗位的后任者可以检查前任者的工作，及时发现存在的问题和风险隐患，无形中对前任者形成一种威慑，从而可以起到减少错弊的作用。对于不称职的员工，有岗位可以轮换，可以保证人岗匹配的效果和效率。

## 10.3 员工自我管理

员工具有相应的知识和技能，不仅能够满足不同岗位的需要，而且能够对岗位的五大要素进行组合与运作，使其产生应有的绩效。现代企业的很多岗位，特别是知识员工的岗位，其内在组成原理复杂而难以把握，各级领导者和管理者已经无法亲力亲为地进行管理。因此，岗位的管理要依靠作为岗位主持人的员工进行自我管理。

### 10.3.1 员工自我管理的含义与特点

#### 1. 员工自我管理的含义

所谓员工自我管理，指的就是员工个体对自己所在岗位进行的自主管理。具体来说，员工要使自己的能力素质满足岗位的要求，需要对岗位的各个要素进行有效组合和运作，实现岗位职责和目标，完成岗位绩效，进一步实行岗位互助，为完成组织目标尽职尽责。在这一过程中，员工要对自己的目标、思想、心理和行为等进行管理，自己将自己所在岗位的各种要素组织起来，自己激励自己，自己约束自己，自己管理自己的事务，最终完成岗位目标。

在现代企业里，组织对岗位的管理是外在的管理，而员工对自己岗位的管理则是内在的管理。对于岗位而言，员工的自我管理是组织管理的内在基础，没有员工自我管理内因的作用，组织管理难以发挥其应有的作用。可以这么说，只有通过员工的自我管理，岗位才有可能实现岗位目标，组织管理才有可能取得成效。

#### 2. 员工自我管理的特点

对于岗位而言，员工的自我管理具有四大特点。

第一，岗位管理主体的自主性。员工自我管理的主体就是主持岗位的员工，作为具有唯一能动性的岗位要素，员工在岗位上能够对包括自己在内的五大要素进行自主的组合与运作，使其形成现实的生产力。可以这么说，一个称职的员工对岗位管理的过程就是员工发挥自己主体意识和主观能动性的过程。发挥员工的自主性，对于岗位管理来说，意义尤为重大。

第二，岗位管理过程的系统性。“麻雀虽小，五脏俱全。”岗位虽小，但它是各种组织得以运转的最基本组成细胞。岗位本身就是由工作、主持人、职责与职权、环境、激励与约束机制五大要素组成的，对五大要素的管理，缺一不可。员工对自己岗位的管理，要兼管五大要素，统筹安排，系统管理。通过员工对岗位的系统性管理，岗位行为得以连续性实现，完成组织的业务流程。

第三，岗位管理与主持的合一性。所有的岗位都是由员工主持的，所有岗位的工作都是由员工承担的，所有岗位的任务都是由员工完成的。员工对自己岗位的管理过程其实就是自己主持岗位的过程，就是自己承担工作的过程，就是自己完成任务的过程。也就是说，岗位管理过程与岗位主持过程是一致的。因此，员工对岗位的自我管理要在自己主持岗位的工作过程中实施和完成，而不是另搞一套。

第四，岗位管理结果的绩效性。既然岗位管理与岗位支持是合一的，岗位管理的结果和岗位主持的结果也是一致的。通过员工对自己岗位的自我管理，在最大程度发挥自己主动性和积极性的前提下，优化五大要素的组合，提升岗位运作的效率，完成岗位任务，实现岗位目标，最后形成组织需要的岗位绩效。所以，岗位绩效是员工岗位自我管理追求的终极结果。

### 10.3.2 员工自我管理的作用

员工自我管理对组织的建设和发展起着越来越大的作用，不仅成为组织内部管理的不可或缺的组成部分，而且在一定趋势上将成为组织管理的主流。当前，员工自我管理作为领先企业的创新实践，正得到越来越广泛的认同、学习与创新。员工自我管理的作用主要表现在以下四个方面。

#### 1. 对人力资源管理的作用

在企业里，唯一能动的要素是员工。员工是企业人力资源管理的对象，但不是一般的对象，是具有能动因素的对象。正因为员工是具有能动性的活生生的人，因此如果没有员工内在因素的作用，人力资源管理是不可能取得成功的。组织人力资源管理的实现最终要通过员工的内在因素体现出来，在很多情况下要通过员工自身的人力资源管理的自觉性和积极性体现出来。也就是说，每一个员工内在因素的发挥与外在人力资源管理的耦合是人力资源管理成功与否的关键。因此，每一个员工都是人力资源管理的客体，也是人力资源管理的主体，更承担着人力资源管理责任。

员工自身的人力资源管理其实就是员工的自我管理、自我开发和自我发展、自我提高。一方面通过自我管理和自我开发，员工不断地对自己进行激励、约束和完善，实现自身的价值；另一方面通过自我发展和自我提高，员工不断地为自己在未来的发展创造基础条件，提升自身的价值。只有这样，员工才能满足组织今天的需要，并进而满足组织明天发展的需要。

### 2. 对提高组织绩效的作用

既然员工对自己岗位的管理追求的终极结果是实现岗位绩效，那么员工自我管理对提高组织绩效就具有重大作用。这是因为，组织绩效根本上取决于员工的岗位绩效，是员工岗位绩效的有机集合。员工自我管理有利于调动和激发员工工作的主动性、创造性和成功渴望，整合和优化岗位的各种要素，从而提高岗位绩效，这就为组织绩效的提升打下坚实的基础。

### 3. 对构建企业文化的作用

员工自我管理有利于构建一种充满活力的企业文化。组织能否持续成长的关键在于能否长期保持创新动力与活力，为此，构建尊重个性、激情阳光、活力向上的企业文化至关重要。当前社会，“80 后”乃至“90 后”已经逐渐成为职场生力军，员工自我管理已成为适应新的时代背景下对员工个性的尊重和有效激发员工活力的必然要求。推进员工的自我管理无疑有利于构建一种充满活力、充满激情、充满创造性的企业文化。这种趋势在未来会越来越凸显。

### 4. 对增强员工主动性和责任心的作用

员工自我管理对于增强员工的主动精神和责任感有着重大的作用。作为岗位主持人的员工，从被管理者转化为管理者，这本身就是对员工心理的一种肯定和鼓励，同时也是对管理层的一种解放，使普通员工具有相应的决定权和参与权，这既体现了组织和管理者的信任，又肯定了员工的主动精神和责任心。员工主动性和责任心的增强，对于企业实现岗位业绩进而实现组织业绩最终实现企业效益提供了可靠保证。

### 10.3.3 员工自我管理的环节

员工自我管理的内容包括多个方面，基于不同的视角，员工自我管理的内容可以被划分为不同的类别层次。从员工自我管理的环节来考察，可以将员工自我管理过程分为自我认知、自我设计、自我激励、自我控制和自我提高五个环节。这五个环节之间存在着一定的逻辑关系，一般来说，前一个环节是后一个环节的基础。员工自我管理的过程如图 10-4 所示。

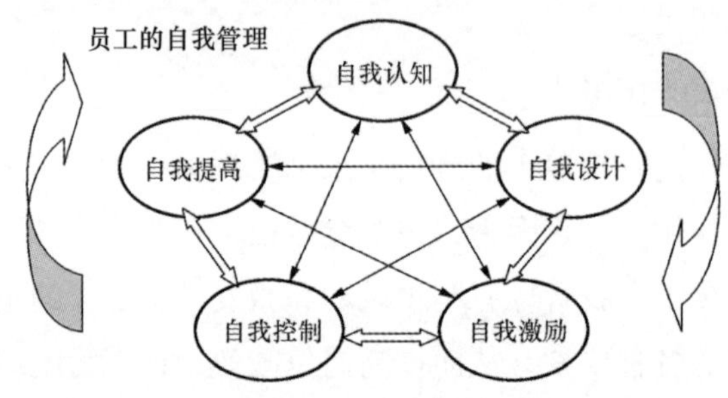


图 10-4 员工自我管理过程

#### 1. 自我认知

员工自我管理的基础是自我认知，如果自己连自己都不知道、不了解，那就根本谈不上自我管理。一般来讲，自我认知是指员工对自己的基本认识，包括对自己的生理、心理、社会活动，以及对自己与周围事物关系的觉察和理解。在岗位管理过程中，员工的自我认知主要是认知自己的能力素质，包括知识、技能、经验经历、心理活动的特征，熟谙自己的兴趣、爱好和长处、短处。只有正确地认知了自己，才有可能选择合适的岗位，才能协调好自己和岗位、团队、组织的关系，更好地实现岗位的目标。“人贵有自知之明”，作为一个员工，必须善于分析自己和解剖自己，善于从自己的经历和表现中去发现自己的长处与短处、优势与劣势，了解自己的价值观和内心真实的需求与目标。还要正确认识自己的环境，在动态环境中客观地评估自己，对自己所处的岗位、团队、组织有清晰、全面的认识，摆正自己的位置。

### 2. 自我设计

在自我认知的基础上就可以进行自我设计了。在自我设计的过程中，员工根据自己的条件和客观环境的需要，为自己设定发展的领域、方向和目标，并为自己规划实现目标的计划和相应的实施方案。自我设计不是盲目设计，其依据就是个人的条件和客观环境的需要，而客观环境中最重要的是岗位的需要和岗位发展的需要。要做好自我设计，前提就是要对自己的外部环境进行系统分析，第一要分析自己所面临的岗位、岗位体系、工作流程、工作任务和目标、岗位所需的能力素质和各种条件；第二要分析组织构架、团队成员、相互关系、自己所处的位置；第三要分析组织的发展动态、所用技术和工艺；第四要选择合适的岗位，确定合适的岗位奋斗目标；第五要制订可行的岗位行动计划和实施方案。自我设计是自我激励和自我控制的依据，没有奋斗的愿景，就无从下手去激励自己和控制自己。同时，目标和计划会指引着员工去具体奋斗。事实证明，善于自我设计的员工是出色的自我管理型员工。

### 3. 自我激励

自我激励是指员工自我激发潜能、主动鼓励自身的动机和行为的内在心理过程。从岗位管理的角度看，自我激励是其他自我管理行为产生的动力来源。自我激励有利于员工正确地认识自己，做出积极可行的决策，合理确定目标，最大限度地发挥自身能力，充分利用一切可以利用的资源。自我激励能使员工积极面对各种困难和挑战，胜不骄，败不馁，艰苦奋斗，勇往直前。善于自我激励的人能够极大地调动自己的积极性，坚持不懈地克服困难，战胜各种挫折。即使是面对逆境，他们也会勇敢接受挑战，能够爆发出令人出乎意料的巨大能量。

### 4. 自我控制

自我控制是指员工有意识地按一定的行为规范进行活动，即主动地对自身行为、情绪和欲望等进行控制的一系列行为。自我控制是自我管理的必不可少的重要内容，也是提高控制有效性的根本途径。从岗位管理的角度来看，自我控制要求员工对自己所在岗位的各种要素进行组织、协调、监督、校正和调节，从而使自己能够更好地适应岗位和组织的要求，实现岗位目标。员工的自我管理，除了要依靠自己的意志和能力来促使自己履行岗位的职责、职权，按岗位规定的程序去完成岗位任务，实现岗位目标外，还要根据现有岗位和未来岗位的任职资格和素质模型的要求，不断提高自己的能力和素质，实现自我发展与岗位发展的有机结合。在自我控制的过程中，要注意情绪的自我控制，调整心态，排解压力，保持良好的情绪和心境，使自己能够保持一种积极的、健康的、光明的、向上的精神状态，使岗位工作能够轻松、高效、有条不紊地开展。

自我控制体现在另一个方面是为了一个较长远的目标而能控制自己暂时的眼前欲望。美国心理学家沃尔特·米歇尔（Walter Mischel）曾做过一个著名的“糖果试验”：他给一些3~4 岁的孩子每人发一颗非常好吃的软糖，同时告诉他们可以吃糖，如果马上吃，只能吃一颗；如果等 20 分钟，则能吃两颗。有些孩子急不可待地马上把糖吃掉了；另一些孩子坚持漫长的 20 分钟，最终吃到了两颗糖。十几年以后，研究人员再考察这些被测试的孩子，发现那些有耐心等待更久的孩子更容易获得成功。

### 5. 自我提高

自我提高是指员工根据岗位发展的需要自觉主动地提升自己的能力素质的行为。对于岗位管理来说，自我提高是自我管理的最高层次。21 世纪是科技进步高速发展和信息化的时代，新的观念、新的理论、新的技术、新的工艺形态、新的流程、新的营销方式及新的产品层出不穷，员工要能跟上时代的步伐，就必须努力提高自己。首先，要做好自己的生涯发展设计规划，明确自己的发展目标，寻找合适的实现路径。其次，要努力学习提高，不断更新自己的知识，提高自己的技能，转变自己的观念，调整自己的心态。再次，要不断完善自己，经常对照岗位自我检查和自我总结，养成定期自我反省、自我反思的习惯，不断地完善和发展自我。最后，还要向周围岗位的同事和客户虚心学习，学习他们的长处和所需，尽可能多地了解和掌握岗位工作所需的新的知识和信息，不断提高自身的工作能力和创新能力。

## ☑ 自测题

### 一、判断题（请在题后的括号内打“√”或“×”）

1. 激励的目的只是实现组织预期目标。（　　）
2. 工作环境激励主要是指工作条件方面的内容激励。（　　）
3. 岗位职责控制强调的是事后的惩罚和处理。（　　）

4. 人岗匹配要求岗位职责与员工个体特征相匹配。（　　）

5. 自我管理就是组织让员工自己管理自己，组织无须加以干预。（　　）

## 二、单选题（请在题后的括号内填上选中项的序号）

1.（　　）是奖惩工作取得最佳效果的重要保证。

A. 及时性　　B. 全面性

C. 动态性　　D. 计划性

2.（　　）是企业领导将员工从低一级的岗位提升到新的更高的岗位，同时赋予与新岗位一致的责、权、利的过程。

A. 岗位晋升激励　　B. 人岗匹配

C. 组织设计　　D. 工作分析

3. 岗位激励主要采用的方法主要有（　　）。

（1）人岗匹配激励

（2）岗位工作环境激励

（3）岗位晋升激励

（4）岗位薪酬激励

（5）岗位目标激励

A.（1）（2）（3）（4）　　B.（1）（2）（4）（5）

C.（2）（3）（4）（5）　　D.（1）（3）（4）（5）

E.（1）（2）（3）（4）（5）

## 三、多选题（请在题后的括号内填上选中项的序号）

1. 晋升激励需要（　　）。

A. 规范晋升的途径纵向通道　　B. 建立晋升的阶梯横向通道

C. 制定晋升标准交流互通通道　　D. 打通晋升的关系

2. 根据岗位控制发生的时机和目的的不同，可将控制分为（　　）。

A. 前馈控制　　B. 过程控制

C. 反馈控制　　D. 结果控制

3. 员工自我管理的过程包括（　　）。

A. 自我认知　　B. 自我规划

C. 自我激励　　　　　　　　D. 自我控制

E. 自我学习

## 四、练习与思考题

1. 岗位激励应遵循哪些原则？

2. 岗位激励的主要方法有哪些？对于知识性员工，更有效的方法是哪种？为什么？

3. 岗位控制的方法有哪些？举例说明职责控制方法。

4. 增强员工的自我管理有何重大意义？如何帮助员工进行自我管理？

## 五、案例分析题

1. 天津市瑞华轩饼业公司是一个老字号传统食品企业，产品主要供应本地超市和批发部。但销售额徘徊不前，销售经理换了两任不见起色，市场份额不断下降。公司管理团队经过调研分析发现，公司产品在质量、口味、品种等各方面，客户还是非常认可的；定价也是向市场看齐。问题出在人身上，出在销售部门的人身上：

销售人员实行“底薪加利润提成”，资格越老，工龄越长，底薪越高，低的1 000元，高的4 000元；而提成却是统一的2%，提成比例过低，导致业务员没有太大的积极性去开拓市场，发展客户。

根据自激励原则，公司设计出一套薪酬方案套餐，将激励方式的选择权交给销售人员，由他们每年自行选择一次。

（1）金牌业务员：实行“无底薪+高提成”。月销售额10万元以内，提成比例4.5%；10万~20万元，提成比例5%；20万~30万元，提成比例5.5%；以此类推，直至120万元以上，统一按10%来发放提成。

（2）银牌业务员：实行“中等底薪+中等提成”。月底薪1 000元，月销售额5万元以内，提成比例3%；5万~10万元，提成比例3.5%；10万~20万元，提成比例4%；以此类推，直至120万元以上，统一按9%来发放提成。

（3）铜牌业务员：实行“高底薪+低提成”。月底薪为1 500元，月销售额2.5万元以内，提成比例1.5%；2.5万~5万元，提成比例2%；5万~10万元，提成比例2.5%；10万~20万元，提成比例3%；以此类推，直至120万元以上，统一按8%来发放提成。此外，铜牌业务员序列选择时限只能为一年，一年后必须升级。

多种模式并行，由员工自行权衡和选择，并在三个序列之间设置了两个转换关节点——月销售额 3.75 万元和月销售额 7.5 万元。在此之前，多拿底薪合算；在此之后，多拿提成合算。从而诱导老业务员选择“无底薪+高提成”，激发老员工潜力；同时也为新员工提供一段时间内的较高生活保障，有利于新员工的培养。

分段递增提成则放大了激励力度，要想让业务员加速向前进，就要给予“加速激励”。

此外，为进一步强化新客户开发激励力度，在已有激励基础上，新客户销售未来一年的提成比例再提高 20%，一年后按老客户对待。

由于保证了不同序列的业务员月收入比原来只多不少，加之给予三个月的新旧模式转换缓冲期，因而得以顺利实施。一年后，瑞华轩公司的年销售额增长迅速，翻了两番。三个选择金牌序列的业务员，月收入也分别激升至 1.1 万到 2.3 万元不等。

传统的管理都是教“如何管”，而自运行机制教“如何不管”。不管，不是不闻不问，什么也不做，而是不乱为，顺应事物自身的运行规律，因势利导，顺势而为，实现员工自我管理。

**思考题：**

（1）瑞华轩饼业公司对销售人员的管理方法有什么特点，发挥了怎样的作用？

（2）瑞华轩饼业公司的做法对你有什么启示？

2. 美国微软作为一家总部设在美国华盛顿州雷蒙德市的跨国科技公司，由于其所处的行业竞争激烈，产品更新换代速度极快，因此公司特别注重对员工的激励。

在微软组织内部，虽然说员工在经历层层面试过五关斩六将，以及获得工作业绩后已经得到企业及同事的认同感，但如果能从其他人身上得到一些肯定和回馈，将会有更大的帮助，甚至可以了解自己对别人的影响到底有多大，以及他们如何看待自己。也就是说，如果企业内充满敬仰的氛围，并使其成为微软企业文化一部分，将会极大地激发员工的潜能，也有助于明白自己的角色，到底是协助者或支配者，即发现自己的价值所在。

微软给员工提供更多学习成长的资源。微软员工具有较高的自我要求，并希望通过个人的努力、能力的提高得到他人的认可。他们希望能不断地接受新挑战。因此，微软不断地给予他们更多更大的空间去提高他们的自身能力，来应对未来的机遇和挑战。例如，微软为内部员工专门设计的网络课程：每周五 14: 00 定时的周五讲坛项目。这个项目邀请各行各业及微软内部的员工讲师为大家分享营销、技术、管理、公关等方面的内容，通过周五讲坛这个网络平台，实现知识的内部共享。通过来自不同部门员工的在线交流，碰撞出观点的火花。在平台里没有权威，只有平等的分享和愉快的交谈。周五讲坛的运维人员还会根据参加课程的人数及课后反馈给每一个优秀的讲师打分，并在每一个季度评选出最优秀的讲师，并且邮寄微软特制的小礼物，提高讲师的积极性与讲课的质量。没有时间在线听课的员工可以在内网下载 Live Meeting 视频学习。这些旨在提高员工综合能力的项目，使得自己的员工在未来能够胜任更加复杂的工作任务，并且不断提升自我的竞争优势。

微软强调为员工创造人性化的工作环境。这不仅能降低企业的管理难度，也势必会降低企业的经营成本及企业各层管理者的管理难度。同时，也是公司对员工的一种尊重。微软在办公楼建立员工休闲室，让员工在休息的时间一边喝咖啡一边讨论工作，这时候创新的点子就容易萌发，信息能够真正在员工之间、员工与部门经理之间，在公司内部畅通无阻，这些创新的点子也许就是未来方便用户的电子产品。就是在这样一个自由、宽松，有创造力、激情的环境中工作，微软人迸发出无数个令人惊叹的想法，并创造出数以亿计的公司价值。

微软注重有效沟通，建立团队情感。微软的每一位员工都有自由、义务或权力对每一位同事表露自己，并诚实而温和地告诉对方所给予别人的印象，这样的行为不仅可以将整个团队紧密地联结在一起，使得个人心理更为健康、团队更为完善，也是在微软的自由、民主、开放的文化下，创建更加卓越的公司最有效的方式。同时，微软也是个世界联合国，微软公司接纳任何国家拥有计算机才能的天才，这里来自不同国家文化的碰撞时有发生，但是大家通过这种紧密的联系和沟通，让团队成员之间的情感更加紧密。

（资料来源：http://www.hrsee.com/?id=475）

**思考题：**

（1）微软公司主要采用了哪些激励方法？

（2）微软公司的做法对你有什么启示？

# 参考文献

[1] 孙剑平. 薪酬管理——经济学与管理学视觉的耦合分析[M]. 长春：吉林人民出版社，2000.

[2] 芮明杰. 管理学[M]. 上海：上海人民出版社，2000.

[3] 张洪满. 企业的岗位管理[J]. 工厂管理，2000（3）:54-56.

[4] 李嘉华. “岗位工资模块”分解法[J]. 管理科学文摘，2000（5）:48-49.

[5] 魏杰. 企业前沿问题——现代企业管理方案[M]. 北京：中国发展出版社，2001.

[6] 林荣瑞. 如何选人用人育人留人[M]. 厦门：厦门大学出版社，2001.

[7] 陈清泰，吴敬琏. 公司薪酬制度概论[M]. 北京：中国财政经济出版社，2001.

[8] 斯蒂芬・P. 罗宾斯. 管理学[M]. 北京：中国人民大学出版社，2001.

[9] 加里・德斯勒. 人力资源管理[M]. 6 版. 北京：中国人民大学出版社，1999.

[10] 刘昕. 薪酬管理[M]. 北京：中国人民大学出版社，2002.

[11] 谌新民，张帆. 职业生涯规划（人力资源管理实战精解：第二辑）[M]. 广州：广东经济出版社，2002.

[12] 加里・德斯勒. 人力资源管理[M]. 12 版. 北京：中国人民大学出版社，2012.

[13] 时勘，王继承，李超平. 企业高层管理者胜任特征模型评价的研究[J]. 心理学报，2002（3）:193-199.

[14] 杨东涛，朱武生. 基于胜任力的人力资源管理研究[J]. 中国人力资源开发，2002（9）:8-10.

[15] 李莉. 企业岗位管理[D]. 南京：河海大学，2003.

[16] 姚裕群. 职业生涯规划与发展[M]. 北京：首都经济贸易大学出版社，2003.

[17] 戚鲁，杨华. 人力资源管理——能本管理与能力建设[M]. 北京：人民出版社，2003.

[18] 张再生. 职业生涯开发与管理[M]. 天津：南开大学出版社，2003.
[19] 龙立荣，李晔. 职业生涯管理（成功企业人力资源管理丛书）[M]. 北京：中国纺织出版社，2003.
[20] 仲理峰. 胜任特征研究的新进展[J]. 浙江工贸职业技术学院学报，2003（3）:33-41.
[21] 安鸿章，吴孟捷. 胜任特征模型[J]. 中国人力资源开发，2003（3）:15-17.
[22] 安鸿章. 岗位胜任特征模型的构建与完善[J]. 经济与管理研究，2003（4）:42-45.
[23] 刘昕. 宽带薪酬：一种新型的薪酬结构设计形式[J]. 人力资源开发与管理，2003（4）:31-32.
[24] 何燕珍. 美国企业薪酬发展的新趋势——整体型薪酬体系[J]. 人力资源开发与管理，2003（5）:63-65.
[25] 于雅楠，史桦鑫. 基于宽带思想的薪酬体系应用[J]. 人力资源开发与管理，2003（10）:46-50.
[26] 叶龙，张文杰，姜文生. 管理人员胜任力研究[J]. 中国软科学，2003（11）:96-99.
[27] 于秀芝. 人力资源管理[M]. 2 版. 北京：经济管理出版社，2004.
[28] 刘冰，张欣平. 职业生涯管理[M]. 济南：山东人民出版社，2004.
[29] 文跃然. 薪酬管理原理[M]. 上海：复旦大学出版社，2004.
[30] 康丽. 集团总部绩效管理体系设计[D]. 南京：河海大学，2005.
[31] 姜农娟. 岗位薪酬设计研究[D]. 南京：河海大学，2004.
[32] 朱燕. 岗位管理中的岗位评价研究[D]. 南京：河海大学，2004.
[33] 邓冬梅. 岗位管理中的绩效考评系统研究[D]. 南京：河海大学，2004.
[34] 时勘，胡志强，张宏云. 小组工作（GW）及其应用[J]. 中国人力资源开发，2004（1）:39-41.
[35] 章凯，肖莹. 胜任特征分析与人力资源管理[J]. 江淮论坛，2004（2）：65-69.
[36] 康丽，沈进. 胜任特征模型——人力资源管理的新模式[J]. 经济与管理，2004（6）：43-44.
[37] 黄春新，何志聪. 胜任力模型如何适用于高科技企业研发团队的管理[J]. 经济论坛，2004（8）：58.
[38] 康丽. 全面提升企业人力资源配置效率的对策探讨[C]. 中国人力资源开发研究会会员代表大会暨学术研讨会，2006.
[39] 殷桂春. 基于岗位的能力管理[D]. 南京：河海大学，2005.

[40] 姜海燕. 岗位胜任力评价研究[D]. 南京：河海大学，2005.
[41] 王少华. 员工素质模型理论与实践研究[D]. 北京：首都经济贸易大学，2005.
[42] 宋军. 企业的职业生涯管理[J]. 企业改革与管理，2005（5）：48-49.
[43] 鲍立刚. 不同类别企业的职业生涯规划[J]. 中国人才，2005（7）：51.
[44] 赵永乐，朱燕，邓东梅，等. 工作分析与设计[M]. 上海：上海交通大学出版社，2006.
[45] 贺丽丽. 企业薪酬管理 M-3P 模式[J]. 华东经济管理，2006（2）：76-79.
[46] 赵楠，施晨越. 职业生涯开发与管理操作手册管理[M]. 北京：经济管理出版社，2006.
[47] 曹振杰. 职业生涯设计与管理[M]. 北京：人民邮电出版社，2006.
[48] 葛苏琼. 岗位素质模型的构建与动态管理[D]. 南京：河海大学，2006.
[49] 张珺珺. 岗位管理中的人岗匹配研究[D]. 南京：河海大学，2006.
[50] 赵永乐，王培君. 人力资源管理概论[M]. 上海：上海交通大学出版社，2007.
[51] 刘洪，钱焱. 薪酬管理[M]. 北京：北京师范大学出版社，2007.
[52] 董克用，叶向峰，李超平. 人力资源管理概论[M]. 2 版. 北京：中国人民大学出版社，2007.
[53] 姚裕群，张琪，李宝元. 人力资源开发与管理案例[M]. 长沙：湖南师范大学大学出版社，2007.
[54] 彭剑锋. 人力资源管理概论[M]. 上海：复旦大学出版社，2008.
[55] 王克. 2000 年以来我国薪酬管理研究的现状与评述[D]. 北京：中国人民大学，2008.
[56] 严妍. 人力资源配置模型研究[J]. 当代经济，2008（3）：156-157.
[57] 乔治・T. 米尔科维奇，杰里・M. 纽曼. 薪酬管理[M]. 9 版. 成得礼，译. 北京：中国人民大学出版社，2008.
[58] 吴志明，孙健敏，武欣，等. 人事测评理论与实证研究[M]. 北京：机械工程出版社，2009.
[59] 于海波. 员工招聘与素质测评[M]. 北京：对外经济贸易大学出版社，2009.
[60] 赵永乐，王全蓉，陈丽芬，等. 人力资源管理概论（第 2 版）[M]. 上海：上海交通大学出版社，2010.
[61] 萧鸣政. 员工测评与选拔[M]. 上海：复旦大学出版社，2010.
[62] 陈佩. 探析人员配置系统管理模型的构建[J]. 当代经济，2010（12）：128-130.
[63] 孙家君. 现代企业专业岗位管理人才资源开发[M]. 北京：机械工业出版社，2011.

[64] 陈庆. 岗位分析与岗位评价[M]. 2 版. 北京：机械工业出版社，2011.
[65] 刘美凤，方圆媛. 绩效改进[M]. 北京：北京大学出版社，2011.
[66] 舒化鲁. 企业规范化管理系统实施方案——岗位员工管理[M]. 北京：电子工业出版社，2012.
[67] 安鸿章. 工作岗位研究原理与应用[M]. 3 版. 北京：中国劳动社会保障出版社，2012.
[68] 孙宗虎，李艳. 岗位绩效目标与考核实务手册[M]. 3 版. 北京：人民邮电出版社，2012.
[69] 刘善仕，刘学. 中国企业的最佳人力资源实践[J]. 科技管理研究，2008，28（5）:199-201.
[70] 彭娟，张光磊，刘善仕. 人力资源管理系统与组织结构匹配影响组织绩效的实证研究[J]. 华东经济管理，2015（6）:113-120.
[71] 康丽. 我国传统文化对现代 HRM 的几点启示[J]. 人力资源管理，2010（10）:164-165.
[72] 杨浩，刘佳伟. 最佳人力资源管理实践与企业绩效的关系研究[J]. 科研管理，2015（1）:265-271.
[73] 赵永乐. 建立与经济社会发展需求相适应的人才需求预测与调整机制[M]. 中国人才，2015（19）:52-53.
[74] 刘靖东，钟伯光，姒刚彦. 自我决定理论在中国人人群的应用[J]. 心理科学进展，2013，21（10）: 1-11.
[75] 康丽，沈进. 浅议岗位评价及其在薪酬设计中的应用[J]. 江苏商论，2005（3）:117-118.
[76] 邢赛鹏. 全面薪酬激励如何驱动企业人力资本价值提升—基于国家电网湖北电力公司的案例研究[J]. 中国人力资源开发，2017（11）: 119-130.
[77] 邓汉慧，黎金荣. 面向业务发展的人力资源价值链整合[J]. 中国人力资源开发，2011（6）: 29-36.
[78] 吕江洪，陈双双，崔颖，等. 人才学简明教程[M]. 北京：中国电力出版社，2016.
[79] 赵曙明. 中、美、欧企业人力资源管理差异与中国本土企业人力资源管理应用研究[J]. 管理学报，2012（9）: 380-387.
[80]刘艺戈. 基于企业家思想的企业战略与人力资源管理协同作用研究——以腾讯公司为例[J]. 中国人力资源开发，2016，33（18），92-98.
飞，赵康. 战略人力资源管理研究在中国：二十年回顾[J]. 中国人力资源开发，2013，19），21-28.
王全蓉，薄赋徭. 人力资源管理概论[M]. 3 版. 上海：上海交通大学出版社，

2014.
[83] 朱勇国. 职位分析与职位管理体系设计[M]. 北京：北京对外经济贸易大学出版社，2010.
[84] 郭京生，杨飞，熊敏鹏，等. 绩效管理案例与案例分析[M]. 2 版. 北京：中国劳动社会保障出版社，2012.
[85] 阿吉斯. 绩效管理[M]. 3 版. 刘昕，柴茂昌，孙谣，译. 北京：中国人民大学出版社，2013.
[86] 刘昕. 薪酬管理[M]. 5 版. 北京：中国人民大学出版社，2017.
[87] 姚裕群. 员工招聘与配置[M]. 北京：清华大学出版社，2016.
[88] 秦杨勇. 平衡计分卡与能力素质模型经典案例解析[M]. 北京：中国经济出版社，2012.
[89] 赵永乐，王慧. 基于人力资源管理的岗位胜任力素质模型的建立[J]. 东南大学学报（哲学社会科学版），2007（1）:52-55+124.
[90] 王鑫. 论人力资源管理中的“战略性激励”[J]. 企业经济，2012（5）:83-85.
[91] 黄勋敬，龙静. 基于胜任力的人力资源管理体系创新[J]. 中国行政管理，2011（4）:73-76.
[92] 袁声莉，毛忞歆. 工作分析与职位管理[M]. 北京：科学出版社，2018.

# 后记

岗位管理与人岗匹配，强调了两个要素，一个是岗位，一个是员工，两者不可偏废。但在已有的书中，大多偏重于介绍其中的一个要素——员工，而忽略了另一个要素——岗位。本书从克服这一矛盾出发，立足于“岗位”和“员工”两个要素，全面阐述岗位管理与人岗匹配，力求在教学和实践指导中做到真正意义上的“人岗匹配”。

书稿自 2010 年 9 月开始酝酿策划，2011 仲夏正式开工写作，2012 年 3 月基本形成初稿。初稿形成后，2012 年 4 到 6 月在河海大学文天学院为 2009 级人力资源管理专业进行了试授课，收到较好效果。之后根据授课过程中反映出的问题作进一步修改，经中国电力出版社审查于 2013 年 9 月出版发行了第 1 版。2017 年底，结合相关院校、企事业单位使用效果反馈，编写组启动了修订再版计划，经过半年多的努力，终于修订完成。

本书由赵永乐总体设计策划，康丽、薄赋徭、黄翠、段艳芳、彭励、鲍云霞等分工合作编写，陈双双、龚洪林、黄若斯、葛苏琼、李莉、朱燕、邓冬梅、姜农娟、姜海燕、仲明明、张珺珺、骆雪娇等为本书的写作提供了大量的参考资料，王佳、王燕、孙龙娟、刘健、汤玲、莫安梅、秦群等为本书的写作提出了许多宝贵的意见和建议。

本书有幸列入了南京特殊教育师范学院 2018 年度本科重点教材立项计划，得到学院重点资助，衷心感谢学院的大力支持。

本书在写作过程中参阅了国内外学者大量的文献资料和最新研究成果，在此一并致谢。同时感谢中国电力出版社领导和责任编辑的指导和辛勤劳动。

由于能力水平所限，不足之处在所难免，敬请广大读者批评指正，我们将不断加以完善。

作者